ZitateGuide für Führungskräfte
Die CD-ROM

Das finden Sie auf der CD-ROM:

- Sämtliche Zitate, Witze und Anekdoten aus dem Buch.
- Sämtliche Autoren der Zitate aus dem Buch mit Lebensdaten und Berufsbezeichnung.
- Für Ihre Begegnungen mit Geschäftspartnern aus dem Ausland finden Sie zahlreiche Zitate in der jeweiligen Originalsprache.

Die Suchfunktion

> Der Mensch hat dreierlei Wege klug zu handeln: erstens durch Nachdenken, das ist der edelste; zweitens durch Nachahmen, das ist der leichteste; drittens durch Erfahrung, das ist der bitterste.
>
> KONFUZIUS

Dieses Zitat von Konfuzius finden Sie auf der CD-ROM unter anderem unter:

Abschied
Beförderung
Benchmarking
Berater
Denken/Argumentation
Ehrgeiz
Entscheidungen
Erfolg
Fortbildung
…

Mit der ausgefeilten Suchfunktion können Sie gezielt suchen:

- über die *Schlagwortsuche* nach Zitaten und Anekdoten, die zu einer ganz bestimmten Situation passen.
  Hier finden Sie nicht nur die Zitate, die im Buch einer bestimmten Situation zugeordnet sind. Viele Zitate sind in verschiedenen Situationen einsetzbar – Ihre Auswahl an Zitaten für eine bestimmte Situation ist also entsprechend größer als im Buch.
- über die *Stichwortsuche* nach ganz bestimmten Zitaten (Volltextsuche).
  Sie suchen ein Zitat, an das Sie sich nicht mehr genau erinnern, oder dessen Autor Ihnen entfallen ist.
- nach den Zitaten eines speziellen Autors.
  Sie haben gerade an Goethes Geburtstag einen Vortrag zu halten. Ein guter Anknüpfungspunkt, wenn Sie ein passendes Zitat von ihm haben.

Stellen Sie sich Ihr persönliches Zitaterepertoire zusammen.

Mit der CD-ROM-Software können Sie sich Ihr privates Zitate-Repertoire zusammenstellen – die Zitate und Anekdoten aus dem Buch, die für Ihre Zwecke besonders gut passen, können Sie mit einem Mausklick übernehmen. Ergänzen Sie Ihr Repertoire mit eigenen Zitaten oder Erlebnissen, die Sie sich merken wollen – so erhalten Sie einen Fundus, auf den Sie schnell und situationsspezifisch zugreifen können.

Fichtl · Der ZitateGuide

Der ZitateGuide

**Als Führungskraft in jeder Situation
überzeugen und gewinnen**

Gisela Fichtl

**Haufe Mediengruppe
Freiburg · Berlin · München**

Die Deutsche Bibliothek – CIP-Einheitsaufnahme

Fichtl, Gisela:
Der ZitateGuide : als Führungskraft in jeder Situation überzeugen und gewinnen / Gisela
Fichtl. – Planegg : WRS-Verl., 2001
    ISBN 3-8092-1445-0

ISBN 3-8092-1445-0   Bestell-Nr. 00200-0001

© 2001, Haufe Mediengruppe
WRS Verlag Wirtschaft, Recht und Steuern GmbH & Co. KG
Postanschrift: Postfach 1363, 82142 Planegg
Hausanschrift: Fraunhoferstraße 5, 82152 Planegg
Tel. (0 89) 8 95 17-0, Telefax (0 89) 8 95 17-2 50
Internet: http://haufe.de
E-Mail: online@haufe.de
Redaktion: Stephan Kilian
Lektorat: Ulrike Rudolph

Umschlaggestaltung: Atelier Höpfner-Thoma, 81679 München
Satz: Kühn & Weyh, 79111 Freiburg
Druck: Schoder Druck GmbH & Co. KG, 86368 Gersthofen

Der Kragenbär in seinem Kragen
weiß nichts vom Singen und vom Sagen.
Nie traf er auch nur einen Ton.
Von Sängern dacht' er voller Hohn,
und angesichts des Sternenlichts
da blieb er stumm und sagte nichts.
Er sang nicht auf der Maienflur,
bei Diskussionen schwieg er nur.
Wie anders Goethe, Kant und Benn,
die weniger Verschwiegenen!
Sie ehret heute Flott' und Heer,
vom Kragenbär spricht niemand mehr.

ROBERT GERNHARDT, *deutscher Schriftsteller, geb. 1937*

Vorwort

> Wer zwei Paar Hosen hat, mache eins zu Geld und schaffe
> sich dieses Buch an.
>
> GEORG CHRISTOPH LICHTENBERG, *deutscher Schriftsteller und Physiker,*
> *1742–1799*

Sie kennen die Situation: Sie brauchen einen geschickten Einstieg für
eine Rede, wollen ein Gespräch auflockern oder komplizierte Argumente auf den Punkt bringen – wie oft sucht man nach einem griffigen
Spruch oder einer passenden Anekdote. Schön, wenn man dann Geistesgrößen oder Fachleute sprechen lassen kann. Doch wie findet man
passende Zitate für ganz bestimmte Situationen, noch dazu wenn es
schnell gehen muss?

Es gibt eine Menge Zitatehandbücher, die nach Stichworten geordnet
sind – nicht aber nach Situationen. Dabei kann ein Zitat, das unter dem
Stichwort „Mensch" einsortiert ist, auch hervorragend für einen Vortrag zur Kundenbindung geeignet sein oder zur Einführung einer Semi-
narveranstaltung. Die besten Zitate sind ja oft gerade solche, die nicht
das entsprechende Stichwort enthalten, weil sie aus ganz anderen Kon-
texten stammen und wie Beispiele funktionieren: Sie überraschen und
erzeugen den gewünschten Aha-Effekt.

In diesem Buch sind die Zitate deshalb einschlägigen Situationen im
Berufsleben zugeordnet. Ob Sie motivieren wollen, neue Ideen durchsetzen, Verträge aushandeln oder eine Rede zur Innovationsbereitschaft
Ihres Unternehmens halten müssen: Mit diesem Zitaten- und Anek-
dotenfundus an der Hand finden Sie rasch den treffenden Spruch – Sie
müssen es nicht mehr dem Zufall und unendlicher Geduld überlassen.

Die Kunst des Zitierens besteht aber nicht nur darin, Zitate zu finden
und zu wissen, von wem sie stammen. Ebenso wichtig ist es, die gefun-
denen Zitate auch geschickt einzusetzen. Man kennt die rasch aus-
getauschten, amüsierten Blicke, wenn ein Kollege an falscher Stelle
meint, mit seiner Bildung prahlen zu müssen. Sie erfahren deshalb in
diesem Buch auch, was Sie beim Zitieren beachten müssen, um die

gewünschte Wirkung zu erreichen, wann Sie lieber keine Zitate verwenden sollten und wie Sie sich Zitate am besten merken können. Um die Lektüre auch längerer Passagen des Zitateteils abwechslungsreich und interessant für Sie zu gestalten, sind die Aussprüche nach Sinnzusammenhängen geordnet, auf eine alphabetische oder chronologische Sortierung haben wir bewusst verzichtet.

Die beigefügte CD-ROM erleichtert Ihnen den Fund mit einer bequemen Suchfunktion zusätzlich (zum Beispiel nach der Situation, nach Stichworten oder nach bestimmten Autoren) und bietet eine noch größere Auswahl an Zitaten für die einzelnen Situationen als das Buch.

Gisela Fichtl

Vorwort   VII

Zitieren — aber wie?   1
Lassen Sie sich die Überzeugungsarbeit abnehmen   1

Wie Sie Zitate geschickt einsetzen   3
Zitieren im richtigen Moment   5
Bringen Sie Schwung in Sitzungen und Reden   6
Reden halten – von der Weihnachtsfeier bis zur Betriebspräsentation . .   7
Wann ist es sinnvoll, eine Anekdote zu erzählen?   9
Die wichtigsten Grundregeln zum erfolgreichen Zitieren   10
Woher das richtige Zitat nehmen?   11
Wie Sie sich Zitate und Anekdoten merken können   12
Wie Sie den ZitateGuide effizient nutzen   13

Zitieren — aber was?   15

Standardsituationen im Arbeitsalltag   15
Über Führung und Management   16
Mitarbeiter finden und führen – Personalmanagement   22
Motivieren   28
Mitarbeiter und Kollegen ins Boot holen   32
Mut machen   35
Begeistern   43
Stimmungstief bei Mitarbeitern und Kollegen   46
Selbstmanagement / Selbstorganisation   51
Überzeugen   60
Marketing und Werbung   61
Verkaufen / Vertrieb   73
Kundenbindung und Beschwerdemanagement   76
Qualitätsmanagement   84
Umweltschutz / Ökomanagement   87
Neue Ideen durchsetzen   92
Fortschritt / Innovation / Forschung und Entwicklung   99
Globalisierung   112
Lernen im Unternehmen / Fortbildung   115
Zusammenarbeit / Kooperation / Teamarbeit   125
Besprechungen   131
Warnungen aussprechen   140
Verhandeln und Verträge abschließen   147
Beratung / Moderation   152

Lernen am Erfolg / Benchmarking 160
Produktion / Technik / Computer 161
Börse / Geld und Finanzen 166
Kennzahlen / Statistik / Bilanzen 178
Pressearbeit / Public Relations 180
Sponsoring 184
Konflikte meistern 187
Schlechte Atmosphäre zwischen den Kollegen 190
Mit Pannen und Misserfolgen umgehen 196
Diskussionen drehen sich im Kreis 208
Betriebsblindheit 213
Schwierige Aufgaben verteilen 217
Wettbewerber 220

Offizielle Anlässe 227
Die Kunst des Redens 227
Auf einzelne Personen bezogen 232
Lob, Dank, Anerkennung für besondere Leistungen 232
Beförderung 242
Geburtstag 247
Hochzeit 252
Abschied / Pensionierung 254
Im etwas größeren Kreis 261
Präsentation 261
Antrittsrede 265
Firmenübergabe 267
Tischrede / Geschäftsessen 269
Betriebsfeiern und private Feste im Unternehmen 275
Weihnachtsfeier 277
Trauerrede 280
In aller Öffentlichkeit 284
Pressekonferenz 284
Betriebsgründung / Geschäftseröffnung 286
Einweihung / Grundsteinlegung / Richtfest 289
Firmenjubiläum 292

Konversation mit Klasse 295
Literatur 301
Autorenverzeichnis 305
Jahrestage 353
Stichwortverzeichnis 385

Zitieren — aber wie?

Zitieren ist eine wunderbare Sache. Wir blicken auf eine lange Schriftkultur zurück – seit Jahrtausenden schon kämpfen die Menschen mit ähnlichen Problemen – und finden Lösungen. Wäre es nicht geradezu dumm, diesen Schatz nicht lebendig zu erhalten? Auch das Rad wird schließlich nicht täglich neu erfunden. In Zitaten ruht ein Wissensschatz, dessen Ressourcen wir nutzen sollten. Denn:

> Ein guter Spruch ist die Wahrheit eines ganzen Buches in einem einzigen Satz.
>
> THEODOR FONTANE, *deutscher Schriftsteller, 1819–1898*

Lassen Sie sich die Überzeugungsarbeit abnehmen

Wer einmal den Reiz von Zitaten entdeckt hat, kann sich ihm kaum mehr entziehen – besonders wenn man beruflich an exponierter Stelle steht, häufig repräsentieren muss. Zitate sind schöpferische Quellen, die die Ideenfindung erleichtern und Anregungen geben. Das Schmökern in einer guten Zitatensammlung ist eine hervorragende Hilfe dabei, den eigenen Standpunkt zu finden und zu formulieren. Wer einen Vortrag vorbereiten muss, ist in der Regel dankbar, wenn er ein Mittel an die Hand bekommt, das ihm hilft, dem Text Struktur zu geben.

Wozu soll man sich lange und umständlich mit Formulierungen quälen, wenn Sokrates, Schiller oder Woody Allen es schon viel treffender gesagt haben? Ein prägnantes Zitat bringt auf den Punkt, was Sie zu einem bestimmten Problem zu sagen haben. Wer seine Argumente mit Zitaten stützen kann, holt sich Schützenhilfe von prominenter Seite und stärkt die Überzeugungskraft des eigenen Arguments.

Dabei ist das nur *ein* positiver Effekt, denn nicht nur Ihre Argumentation wird gestützt, wenn Sie mit Zitaten und Anekdoten arbeiten. Zitate, Witze oder Anekdoten wirken wie Landmarken, die es den

Zuhörern erleichtern, das Gesagte besser zu behalten: Das Zitat, mit dem Sie Ihren Beitrag abgeschlossen haben, oder den Witz, den Sie zum Thema erzählt haben, werden Ihre Zuhörer in Erinnerung behalten – und damit auch Ihre Argumente und die Quintessenz Ihrer Rede. Es ist fast schon zum Gemeinplatz geworden, dass eine gute Rede – ob vom Podium herab gesprochen oder inmitten von Kollegen in einer normalen Sitzung – nicht nur den Verstand anspricht, sondern auch eine emotionale Dimension hat. Mit einem originellen Zitat an geeigneter Stelle wird es Ihnen sicher gelingen, die Gefühle Ihrer Zuhörer positiv zum Schwingen zu bringen.

Mit Zitaten können Sie:

- eine Rede einleiten, ihr einen Wendepunkt geben oder einen pointierten Schluss verleihen,
- komplexe Argumente auf den Punkt bringen,
- schwierige Gesprächssituationen auflockern,
- mit dem Blick über den Tellerrand Sympathien gewinnen,
- Ihre Argumente von prominenter Seite unterstützen lassen,
- signalisieren, dass eine als einmalig empfundene Situation durchaus historische Parallelen kennt und andere für dieselben Probleme schon Lösungen gefunden haben,
- zeigen, dass Sie für andere Sichtweisen offen sind und sich umfassend mit dem Thema auseinander gesetzt haben.

Damit Ihre Zitate auch so ankommen, wie Sie es sich wünschen, sollten Sie einige Grundsätze beachten. Der wichtigste sei schon vorweggenommen: Verwenden Sie nur Zitate, die zu Ihnen passen, und lassen Sie sich nicht verführen, sich mit Zitaten zu schmücken, die zwar gut klingen, die Ihnen persönlich aber eigentlich nichts sagen. Bleiben Sie authentisch, auch wenn Sie „fremde Weisheiten" aussprechen.

Wie Sie Zitate geschickt einsetzen

So ein paar grundgelehrte Zitate zieren den ganzen Menschen.

Heinrich Heine, *deutscher Dichter und Publizist, 1797–1856*

Zitate sind ein edles, vornehmes Gewürz – aber sie sind kein Nahrungsmittel. Setzen Sie Zitate entsprechend sparsam ein, sonst werden sie nicht mehr gehört und verfehlen ihre Wirkung. Und nicht nur das: Über kurz oder lang wird Ihnen der Ruf des „Sprüchemachers" vorauseilen, ein Ruf, der nicht nur für Führungskräfte fatale Folgen haben kann, wenn man nicht mehr gehört und nicht mehr ernst genommen wird. Verwenden Sie Zitate nicht, um mit Ihrer Bildung zu prahlen, und tun Sie es vor allem nicht allzu häufig.

Vermeiden Sie Totschlag-Einleitungen à la: „Und wie schon Parmenides sagte: ..." Bereits vor dem Doppelpunkt haben Sie Ihre Zuhörer verloren und sich um einen guten Teil ihrer Sympathie gebracht. Denn in dieser Formel steckt eine arrogant wirkende Verbrüderung mit der zitierten Geistesgröße: „Parmenides und ICH denken, dass ..." Leider kann man sich mit solchen Formeln nicht zu den Geistesgrößen hinaufschwingen, die man zitiert, man zieht sie vielmehr zu sich „herab". Die gewünschte Wirkung ist damit verspielt. Besser ist die schlichtere Variante: „Parmenides sagt: ..." Sie können – statt es vorab zu sagen – auch erst nach dem Zitat den Autor nennen: „...., soweit Wilhelm Busch." Wenn Sie Ihr Zitat kommentieren wollen, ist es ohnehin besser, den Autor erst danach zu nennen: „Dieses Zitat von Parmenides eröffnet eine ganz neue Sichtweise ...". Gerade in einer Rede können Sie mit diesem kleinen Trick Spannung bei Ihren Zuhörern erreichen.

Ein souveräner Umgang mit Zitaten wirkt sympathisch. Der Fähigkeit, sich kluge Erkenntnisse anderer zu Nutze zu machen und sie gleichzeitig zu respektieren, wird selbst Respekt gezollt. In solchem Licht erscheinen Sie als gebildet und belesen.

Andererseits verzichten Sie lieber auf ein noch so überzeugendes Zitat, wenn Sie nicht genau wissen, was es mit Ihrem Zitatgeber auf sich hat, denn das kann leicht schief gehen. Wer vor einer Gruppe junger Unternehmerinnen Schopenhauer zitiert, der als notorischer Frauenhasser bekannt ist, könnte mit der Wirkung Pech haben. Das Renommee des Zitatgebers ist also wichtig. Konnte man vor dem großen Skandal Jürgen Schneider noch als erfolgreichen Immobilien-Hai zitieren, wird man sich heute mit seinen Statements das beste Argument kaputt machen. Gegner greifen gerne zu Sprüchen wie: „Ja, wenn Sie mir mit dem kommen: Hat der nicht auch seine Firma in den Sand gesetzt?" Als Trick können Sie dem erwarteten Widerspruch freilich auch vorauseilen: „Wir wissen, dass sich Schopenhauer nicht gerade als Optimist und vor allem nicht als Verehrer der Frauen einen Namen gemacht hat, doch stammt von ihm ein Gedanke, der mir in unserem Zusammenhang höchst interessant scheint ...."

An dieser Stelle sei noch eine kleine Warnung angefügt: Viele der gängigen Zitate aus den Zitatenschätzen der Weltliteratur haben einen lehrhaften Duktus, den wir heute oft als unangenehm und bevormundend empfinden. Als Führungskraft sollten Sie Ihren Mitarbeitern gegenüber äußerst vorsichtig mit solchen Zitaten umgehen – mag ihre Aussage noch so treffend sein. Natürlich können Sie sie trotzdem verwenden, doch sollten Sie es mit Bedacht tun, am besten, Sie beziehen sie auf sich selbst, damit es nicht nach erhobenem Zeigefinger aussieht. Auch die Flucht nach vorne ist ein probates Mittel – sagen Sie einfach ganz offen, dass sich das Zitat recht altbacken anhört, dass dies der Wahrheit, die dahintersteckt, aber keinen Abbruch tut. Ihnen selbst können diese Zitate unbenommen als Motto für Ihre Arbeit oder gar für Ihr Leben dienen – und das dürfen Sie ruhig auch öffentlich zugeben.

Zitieren im richtigen Moment

Eine Sammlung von Anekdoten und Maximen ist für den Weltmann der größte Schatz, wenn er die ersten an schicklichen Orten ins Gespräch einzustreuen, der letzten im treffenden Falle sich zu erinnern weiß.

JOHANN WOLFGANG VON GOETHE, *deutscher Dichter, 1749–1832*

Ein geschickt eingesetztes Zitat zum richtigen Zeitpunkt kann nicht nur umständliche Erläuterungen überflüssig machen. Es lässt auch aufhorchen, weil es den gleichmäßigen Redefluss unterbricht – andere Worte, ein anderer Tonfall. Und Zitate entführen in eine andere Welt als die, von der gerade die Rede ist. Das schafft oft genau den Abstand zu einer Sache, den man braucht, um sie besser, sachlicher einzuschätzen.

Ein Aphorismus ist für eine lange Gedankenkette der kürzeste und schönste Faden.

CARL AUGUST EMGE, *deutscher Schriftsteller, 1886–1970*

Zitieren ist also vor allem dann sinnvoll, wenn Sie auflockern und neue Denkansätze anregen wollen – in Sitzungen, Reden, bei Geschäftsessen und ähnlichen Situationen. Immer wenn es unangenehm wird, wenn Sie selbst oder Ihr Gesprächspartner vom Inhalt des Gesprächs stark betroffen sind, sollten Sie dagegen sehr vorsichtig mit Zitaten umgehen. Die Versuchung ist groß, sich in solchen Momenten auf die Worte anderer „zurückzuziehen". Eine Kündigung oder ein Todesfall, eine schwere Krankheit in der Familie eines Mitarbeiters oder finanzielle Probleme Ihres Betriebes, die Entlassungen erforderlich machen – überlassen Sie es nicht den Worten anderer, Ihre persönliche Betroffenheit auszudrücken. Ihre Zuhörer oder Gesprächspartner können Zitate allzu leicht als zynisch empfinden. Eine Ausnahme sind öffentliche Trauerreden, wo ein gut gewähltes Zitat durchaus Trost spenden kann.

Bringen Sie Schwung in Sitzungen und Reden

> Das Zitat, vor allem das geflügelte Wort, hat noch andere
> Aufgaben: Es kann als eine Art geistiger Kurzschrift dienen.
>
> LUDWIG REINERS, deutscher Schriftsteller, 1896–1957

Ein gutes Zitat zu finden, ist erst der Anfang der Kunst. Es ist Ihre kreative Leistung, welche Zitate Sie für welche Situationen auswählen. Oft kann ein eher langweiliges Zitat in einer bestimmten Situation gerade deshalb einschlagen, weil man es mit dem Gesprächsthema zunächst nicht in Verbindung gebracht hätte. Sortieren Sie ein Zitat auch dann nicht gleich aus, wenn es quer zu Ihrer Argumentation läuft. Lassen Sie Ihre Fantasie ein wenig spielen, drehen Sie Situationen um. Wenn Sie ein Zitat gewählt haben, das gerade das Gegenteil von dem behauptet, was Sie sagen wollen, wird das die Zuhörer zunächst schockieren oder zum Lachen bringen, auf jeden Fall aber bindet es ihre Aufmerksamkeit. Wenn Sie sich dann gegen den Inhalt des Zitates absetzen, haben Sie auf elegante Weise schon einige mögliche Gegenargumente geschlagen. Spielen Sie mit der Überraschung Ihrer Gesprächspartner oder Zuhörer!

> Ein Aphorismus, der lebhaften Widerspruch auslöst, hat seinen Sinn fast ebenso wenig verfehlt wie einer, der rasche Zustimmung findet.
>
> JOACHIM GÜNTHER, deutscher Publizist, 1905–1990

Eine weitere Möglichkeit, sich aktive Zuhörer zu schaffen, sind aktuelle Anspielungen. Erzählen Sie, was Ihnen heute Morgen mit Ihrer Tochter passiert ist, wenn es sich als Aufhänger zu Ihrem Sitzungsthema anbietet, oder wenn das Erlebnis eine Idee unterstützt, die Sie vorstellen wollen. Wenn Sie an einem 22. März eine Rede halten müssen, erinnern Sie daran, dass gerade heute Goethes Todestag ist, und zitieren Sie ihn zum Thema der Rede oder bringen Sie einen passenden Ausspruch eines Wirtschaftsvertreters, den Sie morgens in der Zeitung gelesen haben. Der Fantasie sind keine Grenzen gesetzt. Einen guten Redner –

ob im kleinen Kreis oder vor vielen Zuhörern – zeichnet es gerade aus, dass er sein Thema in einen größeren Kontext einbetten kann. Und das ist keine Frage des Talents, sondern reine Übungssache. Suchen Sie ganz gezielt nach solchen „Aufhängern" und Parallelen in Ihrem Alltagsleben.

Reden halten — von der Weihnachtsfeier bis zur Betriebspräsentation

> Gemessen an mancher Feierrede wirkt das Alphabet wie eine Ode.
>
> HANS-HORST SKUPY, *slowakischer Schriftsteller und Aphoristiker, geb. 1942*

Reden zu halten, ist für die wenigsten eine Aufgabe, nach der sie sich drängen. Wenn Sie nicht gerade eines der wenigen Redner-Naturtalente sind, brauchen Sie umso mehr Anregungen von außen. Ob Sie nun mit einem Zitat beginnen, eine Anekdote einflechten, Ihre Zuhörer mit dem Gedanken eines großen Zeitgenossen entlassen oder sich auch nur Anregungen aus der Lektüre von Zitaten holen – die Möglichkeiten, mithilfe eines Zitatenschatzes die eigene Rede „glänzend" zu machen, sind unbegrenzt.

Je nachdem, ob Sie lediglich ein paar begrüßende Worte an das Publikum zu richten haben oder einen ausgedehnten Vortrag über die Zukunft Ihrer Produktgruppe halten wollen: Vorträge erlauben auch etwas längere Zitate. Oft sind Anekdoten wirkungsvoller als Zitate, sie lockern den Vortrag auf, statt ihm schwere Würde zu verleihen, und Ihre Zuhörer sind aufmerksamer und konzentrierter. Aber auch hier gilt: Zitieren Sie niemals nur um des Zitierens willen – Ihren Zuhörern muss der Zusammenhang zwischen dem Zitat oder der Anekdote und Ihrem Vortrag unmittelbar einleuchten. Besonders gut kommt es an, wenn der Zusammenhang zu Beginn der Erzählung erst einmal stutzig macht und dann als Pointe den gewünschten Aha-Effekt produziert. Wem das gelingt, der hat nicht nur die Lacher auf seiner Seite, er hat auch volle Aufmerksamkeit erreicht.

Ob sich die Redner darüber klar sind, dass 90 Prozent des Beifalls, den sie beim Zusammenfalten des Manuskriptes entgegennehmen, ein Ausdruck der Erleichterung ist?

ROBERT LEMBKE, deutscher Journalist und Quizmaster, 1913–1989

Wohl kaum – die eigene Erleichterung, eine Rede hinter sich zu haben, schafft ein solches Glücksgefühl, dass man den wahren Anlass des Beifalls nicht mehr wahrzunehmen vermag. Deshalb sollten Sie vorbeugen und Strategien entwickeln, wie Sie von 10 Prozent wenigstens auf 50 oder 60 Prozent der Zuhörer kommen, die aus Anerkennung applaudieren. Versetzen Sie sich in die Lage Ihrer Zuhörer. Wie verhalten Sie sich selbst, wenn Sie im Publikum sitzen und einer Rede lauschen? Seien Sie ehrlich – in einigen Fällen werden Sie für den Gegenstand der Rede allenfalls Interesse heucheln. Gehen Sie also bei Ihren Redekonzepten immer davon aus, dass auch der Gegenstand Ihrer Rede nur einen Teil der Zuhörer wirklich interessiert – aber gerade die Gruppe der Gleichgültigen müssen Sie zu gewinnen versuchen. Konzipieren Sie Ihre Rede niemals nur für die ohnehin Interessierten.

Suchen Sie deshalb, wenn Sie vor einer relativ homogenen Gruppe sprechen, nach einem Aspekt, der diese Gruppe sicher interessiert – den können Sie zum Ausgangspunkt Ihrer Rede machen. Ihre konzeptuelle Leistung besteht nun darin, von diesem Teilaspekt eine geschickte Brücke zu Ihrem Redethema zu schlagen. Wenn Sie vor einer Gruppe von Kundenmanagern über die Entwicklung der Textilbranche in Fernost sprechen müssen, beginnen Sie doch einfach mit einem Zitat über das Unwesen der Marktforschung oder mit einem Zitat, das die Untugend karikiert, die Fehler stets beim anderen (nämlich beim Kunden) zu suchen statt bei sich selbst. Packen Sie Ihre Zuhörer bei ihrem Interesse für das Kundenmanagement. Wenn Sie es einmal geschafft haben, die Aufmerksamkeit zu binden, werden sie Ihnen bei Ihren weiteren Ausführungen interessierter folgen.

Kommen Ihre Zuhörer aus sehr unterschiedlichen Bereichen, ist es geschickter, ein allgemeines Thema zu wählen, das aber doch die meisten Menschen angeht: Ein witziges Zitat zum Thema Liebe, Glück, eine verquere Lebensweisheit oder eine Anspielung auf eine menschliche

Schwäche wird Ihre Zuhörer erst einmal überraschen und sie werden gespannt verfolgen, wie Sie den Bogen zum Thema schlagen. Denken Sie auch im Lauf Ihrer Rede immer wieder daran „Farbkleckse" einzustreuen, nutzen Sie Gelegenheiten, die es Ihnen ermöglichen, auch später noch einmal eine augenzwinkernde Anspielung auf Ihr Einstiegszitat unterzubringen. Sie werden dann am meisten Interesse wecken, wenn man einerseits spürt, wie sehr Sie selbst für Ihr Thema engagiert sind, wenn Sie andererseits aber auch eine souveräne Distanz dazu einnehmen können. Selbstverliebte Redner, die von ihrem Thema nicht lassen können, sind genauso ermüdend und langweilig wie Redner, denen der eigene Redegegenstand augenscheinlich selbst herzlich gleichgültig ist.

Wann ist es sinnvoll, eine Anekdote zu erzählen?

> Ein Aphorismus, rechtschaffen geprägt und ausgegossen, ist damit, dass er abgelesen ist, noch nicht „entziffert"; vielmehr hat nun erst dessen Auslegung zu beginnen, zu der es einer Kunst der Auslegung bedarf.
>
> FRIEDRICH NIETZSCHE, deutscher Philosoph, 1844–1900

Anekdoten einzuflechten, kann wieder neuen Schwung in eine Sitzung bringen, bei der komplexe Sachverhalte zur Debatte stehen. Anekdoten sind scharfe Charakterisierungen von Persönlichkeiten, merkwürdigen Begebenheiten, von Gedankengebäuden oder Charaktertypen, die zum Nachdenken anregen. Anekdoten können blitzartig Zusammenhänge herstellen, die zuvor verborgen waren. Die Gedanken der Teilnehmer oder Zuhörer werden auf zunächst abwegig Erscheinendes gelenkt – und siehe da: Das Gespräch wird wieder munter, man findet Ergebnisse, wo man bereits in einer Sackgasse steckte. Dabei gibt es nur eines zu beachten: Der Zusammenhang mit der Situation, in der Sie Ihre Anekdote erzählen, sollte (nach der Pointe!) offensichtlich sein. Müssen Sie den Zusammenhang erst umständlich erklären, haben Sie schon verloren. Vor der Pointe ist es dagegen sogar besser, wenn Ihre Zuhörer nicht verstehen, warum Sie abschweifen: nicht nur weil sie dann neugierig die Pointe erwarten, sondern auch weil der Überraschungseffekt größer wird. Anekdoten enden immer mit einer Pointe, die meist witzig ist. Auch das kann Ihnen nützen, denn: Lachen lockert die Atmosphäre und fördert somit kreatives Denken.

Die wichtigsten Grundregeln zum erfolgreichen Zitieren

> Den Witz eines Witzigen erzählen heißt bloß: einen Pfeil aufheben. Wie er abgeschossen wurde, sagt das Zitat nicht.
>
> KARL KRAUS, *österreichischer Schriftsteller und Kritiker, 1874–1936*

- Setzen Sie Zitate sparsam ein.
- Vermeiden Sie Eingangsformeln in der Art „Und wie schon Kant sagte, ...", sagen Sie schlicht: „Kant sagte, ..." oder am Ende des Zitats „..., soweit Kant".
- Verwenden Sie nur Zitate, die Sie persönlich ansprechen, die Ihre Zustimmung oder Ablehnung geradezu herausfordern. Wenn ein Zitat zur hohlen Phrase wird, schaden Sie Ihrer Glaubwürdigkeit.
- Beim mündlichen Zitieren gilt: je kürzer, desto einprägsamer. Verwenden Sie nur Zitate, die man ohne langes Nachdenken verstehen kann.
  Ausnahme: Wenn Sie eine Rede mit einem Zitat beginnen oder enden, kann das Zitat schon mal länger und komplexer ausfallen, Sie müssen es dann allerdings langsam und gut prononciert vortragen.
- Achten Sie darauf, wen Sie zitieren. Ein schlechter Ruf des Zitierten kann das beste Zitat zunichte machen.
- Verwenden Sie dasselbe Zitat, dieselbe Anekdote in demselben Kreis nicht häufiger. Zitate sollten immer wohl durchdacht eingesetzt werden. Wenn sie allzu häufig gebraucht werden, kann man diesen Eindruck nicht mehr erwecken, mag das Zitat auch noch so passend sein.
- Scheuen Sie sich nicht, gereimte Zitate zu verwenden oder solche, deren Sprachduktus unserem heutigen fremd ist. Solche Zitate schaffen eine wohl tuende Zäsur und erhöhen die Aufmerksamkeit.

Vorsicht allerdings bei Zitaten, die wie ein erhobener Zeigefinger
wirken – solche Zitate müssen Sie kommentieren oder scherzhaft
einfügen.

- Setzen Sie Zitate auch mal „gegen den Strich" ein, zum Beispiel
  Zitate, die Ihrer Position widersprechen. Überraschen Sie damit Ihre
  Zuhörer, und setzen Sie dann Ihre Argumentation dagegen.

- Mit Anekdoten können Sie nicht nur Schwung in Reden bringen, sie
  eignen sich auch hervorragend, um festgefahrene Diskussionen wieder zu beleben.

Woher das richtige Zitat nehmen?

Zitate gibt es wie Sand am Meer, doch wehe, man braucht eine gute
Einleitung für ein Wochenendseminar oder einen guten Schluss für
eine Rede vor der Aktionärsversammlung. Die meisten Zitatenschätze
sind nach Stichworten geordnet – wie oft gibt man da nach zehn bis
fünfzehn Zitaten frustriert die Suche auf. Dieses Buch dagegen ist nach
Situationen aufgebaut, damit Sie gezielter suchen können. Meist sind
es ja gerade die Zitate aus anderen Themenbereichen, die zu einer
bestimmten Situation besonders gut passen.

Schaffen Sie sich darüber hinaus auch Ihr persönliches Zitaterepertoire.
Schreiben Sie sich Zitate auf, die Ihnen gefallen, und notieren Sie dazu,
für welche Situationen sie sich eignen könnten. Ob Sie sich einen elektronischen oder realen Zettelkasten zulegen oder mit der Software auf
der CD-ROM dieses Buches arbeiten: Erst mit Ihrem persönlichen Repertoire, das Sie laufend erweitern, werden Sie dahin gelangen, das
passende Zitat parat zu haben, wenn Sie es brauchen. Und noch ein
Tipp: Markieren Sie die Zitate, die Sie schon verwendet haben, am besten mit Datum und Angabe der Situation! Es ist zwar nicht tragisch,
wenn man ein gutes Zitat im kleineren Kreis schon zum zweiten Mal
einstreut, beim dritten und vierten Mal aber wird es peinlich. Bei Vor-
trägen müssen Sie ganz besonders darauf achten – wenn Ihre Zuhörer
dieselbe Anekdote aus Ihrem Mund schon zum zweiten Mal hören,
macht das Ihre ganze Rede kaputt.

Wir haben es oben schon angedeutet: Wenn Sie nach einem Zitat
suchen, denken Sie auch einmal darüber nach, ob es nicht ein persön-

liches Erlebnis gibt, das Sie für Ihr Thema verwenden können. Ein negatives Erlebnis bei Ihrem letzten Möbelkauf kann ein wunderbares Beispiel sein, wenn Sie Qualitätsmanagement in Ihrem Unternehmen einführen wollen. Ein Konflikt mit einem Kollegen, eine witzige Bemerkung Ihrer Tochter, ein kleines Malheur beim Frühstück – scheuen Sie sich nicht, solche „persönlichen" Elemente heranzuziehen, um Ihre Position deutlich zu machen oder Ihre Argumente zu stützen.

Wie Sie sich Zitate und Anekdoten merken können

Ein Zitat oder einen guten Witz sofort parat zu haben – davon können die meisten nur träumen. Zwar hat man vor ein paar Tagen in der Zeitung den Ausspruch eines Aufsichtsratsvorsitzenden gelesen, den man unbedingt behalten wollte, will man ihn dann aber loswerden, bringt man ihn nicht mehr richtig zusammen. Die genialsten Witze und originellsten Sprüche – man hat sie zwar einmal mit den besten Vorsätzen gehört, sie sich zu merken, doch man erinnert sich nur noch daran, dass es diesen Witz gab oder bei welcher Gelegenheit man einen Spruch anbringen wollte. Es gibt einige Tricks, mit denen Sie gegensteuern können.

- Versuchen Sie sich zunächst auf einige wenige Zitate, Witze oder Anekdoten zu beschränken, die Sie sich umso besser einprägen. Sie müssen nicht gleich ein ganzes Seminarwochenende mit Zitaten und Anekdoten bestreiten wollen.
- Merken Sie sich Schlüsselwörter aus dem Zitat, dem Witz oder der Anekdote. Stellen Sie sich mithilfe dieser Schlüsselwörter den Inhalt des Zitats, die Handlung des Witzes oder der Anekdote so bildlich und realistisch wie möglich vor.
- Bilden Sie Assoziationen, die Sie mit den Schlüsselwörtern verknüpfen. Die Assoziationen können vollkommen verrückt oder banal sein – wenn Ihnen bei Briefträger ein Kleiderschrank einfällt, warum nicht?
- Schreiben Sie sich das Zitat auf, das Sie sich merken wollen, und hängen Sie den Zettel irgendwo an Ihrem Arbeitsplatz auf – so fällt

immer wieder einmal der Blick darauf und Sie profitieren von diesem Wiederholungseffekt.

- Wenn Sie sich ein persönliches Zitaterepertoire angelegt haben, werfen Sie ab und zu mal einen Blick hinein. Denken Sie sich für jedes Zitat immer wieder neue Situationen aus, in denen es passend oder ganz besonders unpassend wäre.

Wie Sie den ZitateGuide effizient nutzen

Die Zitate in diesem Buch sind nach Situationen aus dem Berufsleben geordnet. Sie finden unter der Überschrift „Präsentation" vor allem solche Zitate, die thematisch in den Rahmen einer solchen Veranstaltung passen, das Stichwort „Präsentation" muss jedoch nicht enthalten sein. In alle Kapitel sind aber auch immer wieder Zitate eingestreut, die sich zur Sache selbst äußern. Auf diese Weise können Sie sich also auch Denkanstöße für Ihre Rede oder für ein Treffen mit Geschäftspartnern holen, ohne direkt Zitate einstreuen zu müssen. Das Buch lädt Sie neben seinem direkten Nutzeffekt auch ein wenig zum Schmökern ein – die besten Ideen entstehen bekanntlich in Situationen, wo man die Seele ein wenig baumeln lässt.

Unter jedem Zitat finden Sie nicht nur den Namen seines Urhebers, sondern auch seine Lebensdaten und seine Funktion. Tatsächlich hat so manches Zitat seine Pointe auch darin, wann oder von wem es geäußert wurde. Das Zitat „Essen und Beischlaf sind die beiden großen Begierden des Mannes" wäre weniger originell, wenn es nicht von Konfuzius stammte. Auch darauf sollten Sie bei der Suche nach dem passenden Zitat also achten.

Im Anhang finden Sie eine Liste sämtlicher Autoren aus dem Buch und zu einzelnen Autoren auch Details zu Leben und Schaffen. Das kann bei einer Rede sehr nützlich sein und einen zusätzlichen Aspekt einbringen. Im Verzeichnis der Jahrestage sind die Geburts- und Sterbedaten der Zitateautoren noch einmal nach Kalendertagen geordnet. Nutzen Sie die Möglichkeit, am Tag Ihrer Rede das passende Zitat von jemandem zu nehmen, der an eben diesem Tag vielleicht gerade seinen

150. Geburtstag hätte – ein solcher biografischer Bezug schafft einen weiteren Anknüpfungspunkt.

Mit der CD-ROM haben Sie die Möglichkeit, Ihre Suche nach einem Zitat ganz gezielt einzugrenzen. Sie können nach Stichworten suchen, aber auch nach spezifischen Redegegenständen und Situationen. Außerdem bringt Ihnen die Suche auf der CD-ROM wesentlich mehr Zitate für die jeweilige Situation.

Zitieren — aber was?

Im Folgenden finden Sie viele Zitate und Anekdoten, die schon nach typischen Situationen geordnet sind. Sie müssen also nicht endlose Zitatenschätze durchblättern und es dem Zufall überlassen, ein geeignetes Zitat zu finden. Das beste Zitat ist das, das Sie auch persönlich anspricht, das Ihre Zustimmung oder Ablehnung herausfordert. Heften Sie sich Zitate nicht wie Orden ans Revers, nur weil sie so schön glänzen. Wenn ein Zitat eine hohle Phrase bleibt, schadet das Ihrer Glaubwürdigkeit.

Sie werden rasch entdecken, dass einige Situationen, die Führungskräfte zu bewältigen haben, in diesem Buch fehlen. Dies sind vor allem Anlässe, in denen es grundsätzlich nicht angebracht ist, sich fremder Worte zu bedienen. Ob Sie eine Entlassung aussprechen müssen oder ein Mitarbeitergespräch mit einem schwierigen Kollegen führen – in Situationen, die für Ihren Gesprächspartner und/oder für Sie selbst emotional belastend sind, sollten Sie auf Zitate in aller Regel verzichten. Sie wirken in solchen Momenten allzu leicht zynisch, auch wenn dies nicht in Ihrer Absicht liegt. Wenn es im einen oder anderen Fall dennoch gut sein mag, ein tröstendes oder auflockerndes Zitat in einer solchen Situation einzustreuen, werden Sie sicher unter den Zitaten zu anderen Situationen oder auf der CD-ROM fündig.

Standardsituationen im Arbeitsalltag

> Nicht Sprüche sind es, woran es fehlt; die Bücher sind voll davon. Woran es fehlt, sind Menschen, die sie anwenden.
> EPIKTET, *griechischer Philosoph, ca. 50–138*

Der Arbeitsalltag einer Führungskraft ist bestimmt von kommunikativen Leistungen: Sie wollen Ihre Mitarbeiter und sich selbst *motivieren*, Sie möchten Kollegen, Geschäftspartner oder Vorgesetzte von Ihren

Plänen *überzeugen* – ob dies neue Strategien im Marketing sind, Probleme beim Kostenmanagement, veränderte Anforderungen durch die Globalisierung oder neue Aspekte im Qualitätsmanagement – und Sie müssen mit *Konfliktsituationen* zurechtkommen – Probleme zwischen Kollegen klären, eigene Misserfolge oder die Ihres Teams managen, festgefahrene Debatten entflechten oder unangenehme Entscheidungen bekannt geben. In all diesen Situationen können Zitate für die schriftliche wie für die mündliche Kommunikation hilfreich sein.

Die Zitate in diesem Buch sind so zusammengestellt, dass Sie neben einschlägigen Zitaten, die Sie in der Situation direkt anwenden können, immer auch Zitate finden, die eher Anregungen sind, wie Sie sich in der jeweiligen Situation verhalten können. Darüber hinaus werden Sie in jedem Kapitel Zitate finden, die in der entsprechenden Situation Anlass zur Heiterkeit geben. Denn Lachen ist fast immer die beste Unterstützung – beim Motivieren, beim Überzeugen und beim Konfliktelösen.

Über Führung und Management

Doch zunächst Nachdenkliches, Freches und Analytisches zum Thema Management und Führung. Die folgenden Zitate können Sie sich über Ihr Bett hängen (es darf auch der Schreibtisch sein) und für die Definition Ihres Selbstverständnisses heranziehen, Sie können Zitate aus diesem Kapitel aber auch bei Antrittsreden, Tischreden oder Präsentationen anwenden. Auch wenn Sie eine Dankesrede für einen Kollegen oder Mitarbeiter halten möchten, der eine Führungsposition innehat oder hatte, können Ihnen die Zitate in diesem Kapitel gute Dienste erweisen.

> Management ist nichts anderes als die Kunst, andere Menschen zu motivieren.
>
> Lee Iacocca, *amerikanischer Industriemanager, geb. 1924*

> Management ist die kreativste aller Künste. Es ist die Kunst, Talente richtig einzusetzen.
>
> Robert Strange McNamara, *amerikanischer Politiker, Weltbankpräsident, 1916–1997*

Management nennt man die Kunst, drei Leute dazu zu bringen, die Arbeit von drei Leuten zu verrichten.

WILLIAM FAULKNER, *amerikanischer Schriftsteller, 1897–1962*

Wir brauchen Führungskräfte, die ihren Erfolg an dem messen, was ihre Mitarbeiter bewirken, „Vorgesetzte", die nicht alles selber tun, sondern ihre eigenen Fähigkeiten mithilfe anderer ständig multiplizieren.

ULRICH A. WEVER, *Generalbevollmächtigter i. R. der Hypobank, geb. 1928*

Alles selbst machen zu wollen, ist das Kennzeichen des Unbegabten.

RICHARD SCHAUKAL, *österreichischer Schriftsteller, 1874–1942*

Wer – wo auch immer – führt, muss den Menschen, die ihm anvertraut sind, reinen Wein einschenken, auch wenn das unangenehm ist.

ROMAN HERZOG, *deutscher Jurist und Politiker (CDU), geb. 1934*

Ein Fürst ist am glücklichsten, wenn er es dahin bringt, dass die Untertanen nicht ihn, sondern für ihn fürchten.

PLUTARCH, *griechischer Schriftsteller, ca. 46–120*

Wenn ich die Qualitäten, die eine gute Führungskraft ausmachen, in einem Begriff zusammenfassen müsste, dann würde ich sagen, dass es letztlich eine Frage der Tatkraft ist. Am Ende muss man alle Informationen auf einen Nenner bringen, muss einen Zeitplan machen und muss handeln.

LEE IACOCCA, *amerikanischer Industriemanager, geb. 1924*

Ein Manager sollte den Mut haben, den atemberaubenden Rhythmus der Wirtschaft und das Tempo der technologischen Entwicklung manchmal etwas aufhalten zu wollen.

DANIEL GOEUDEVERT, *deutscher Industriemanager, geb. 1942*

Führungskrise: Zu viele Bewerber für einen Stuhl. Oder: Einer soll weg, aber der will nicht. Oder: Einer, der etwas sagen sollte, sagt's nicht. Oder: Er sagt es, aber die anderen tun es nicht.

MANFRED ROMMEL, *deutscher Politiker (CDU), geb. 1928*

Topmanager und Unternehmer haben eine Rechenschaftspflicht gegenüber der Öffentlichkeit.

GERTRUD HÖHLER, *Literaturwissenschaftlerin, Unternehmensberaterin, geb. 1941*

Ist es, zum Unglücke so mancher, nicht genug, dass Fürsten Menschen sind?

GOTTHOLD EPHRAIM LESSING, *deutscher Schriftsteller und Philosoph, 1729–1781*

Ein Führer, das ist einer, der die anderen unendlich nötig hat.

ANTOINE DE SAINT-EXUPÉRY, *französischer Schriftsteller, 1900–1944*

Wer alles lenken will, steuert gar nichts.

MANFRED ROMMEL, *deutscher Politiker (CDU), geb. 1928*

Die Managerkrankheit ist eine Epidemie, die durch den Uhrzeiger hervorgerufen und durch den Terminkalender übertragen wird.

JOHN STEINBECK, *amerikanischer Schriftsteller, 1902–1968*

Führungskräfte sollten nicht nur wissen, was sie zu tun, sondern auch, was sie zu lassen haben. Eine römische Anekdote zeigt, dass es manchmal klüger sein kann, sich zurückzuziehen:

Nachdem das Volk erfahren hatte, dass Cato bei den Spielen der Flora anwesend sei, verzichtete die Menge darauf, sich wie sonst Spielerinnen in aufreizenden Gewändern zu wünschen. Catos Freund Favonius machte ihn darauf aufmerksam, und Cato verließ das Theater, damit seine Gegenwart den gewöhnlichen Gang des Vergnügens nicht störte. Rauschender Beifall begleitete ihn, als er sich entfernte; und das Volk kam in den Genuss der traditionellen lustigen Szenen.

VALERIUS MAXIMUS, *1. Jh. n. Chr.*

Das Management ist ein Macht- und Kontrollsystem, dazu bestimmt, größtmöglichen Nutzen aus dem relevanten Wissen, aus der hierarchischen Organisation menschlicher Fähigkeiten und dem Informationsfluss von unten nach oben, von oben nach unten, von innen nach außen und von außen nach innen zu ziehen.

NEIL POSTMAN, *amerikanischer Medienwissenschaftler, geb. 1931*

Eine Führungspersönlichkeit ist ein Mann, der genau weiß, was er nicht kann, und der sich dafür die richtigen Leute sucht.

PHILIP ROSENTHAL, *deutscher Unternehmer und Politiker (SPD), geb. 1916*

Das Management ist meist selbst die Krise, die es zu bewältigen sucht.

REINHARD K. SPRENGER, *deutscher Unternehmensberater und Publizist*

Managementqualität bedeutet berechenbaren Gewinn.

MARTIN EBNER, *schweizerischer Banker, geb. 1945*

Das Vorhandensein unwürdiger Präsentanten erweist die Lebensfähigkeit einer Organisation.

RICHARD SCHAUKAL, *österreichischer Schriftsteller, 1874–1942*

Es gibt zwei Möglichkeiten Karriere zu machen: Entweder man leistet wirklich etwas oder man behauptet, etwas zu leisten. Ich rate zu der ersten Methode, denn hier ist die Konkurrenz bei weitem nicht so groß!

DANNY KAYE, *amerikanischer Schauspieler, 1913–1987*

An der Härte der Strafen erkennt man die Schwäche des Regimes.

MARTIN KESSEL, *deutscher Schriftsteller, 1901–1990*

Oben wird immer geleitet, aber unten wird meistens gelitten.

MARTIN KESSEL, *deutscher Schriftsteller, 1901–1990*

Eine Diktatur ist ein Staat, in dem das Halten von Papageien mit Lebensgefahr verbunden ist.

JACK LEMMON, *amerikanischer Schauspieler und Regisseur, geb. 1925*

Die Führungssysteme heutiger Unternehmen haben nur allzu oft einen aggressiv-destruktiven Charakter.

UWE RENALD MÜLLER, *deutscher Verleger und Autor, geb. 1954*

Der Wille des Monarchen verleiht die Tugend wie das Glück.

FRIEDRICH SCHILLER, *deutscher Dichter, 1759–1805*

Aber wie soll man die Knechte loben,
Kömmt doch das Ärgernis von oben!
Wie die Glieder, so auch das Haupt!

FRIEDRICH SCHILLER, *deutscher Dichter, 1759–1805*

Absurd der Begriff der Klasse, des Industriellen, des Ausbeuters. Es gibt nur Menschen. Die Verkündigung der Kategorien hatte hier schon alles verfälscht.

ANTOINE DE SAINT-EXUPÉRY, *französischer Schriftsteller, 1900–1944*

Die Grenze des Risikos liegt immer da, wo es im negativen Fall zu einer ernsten Existenzgefährdung kommen könnte. Ein Rückschlag muss noch kalkulierbar sein.

ROLF RODENSTOCK, *Unternehmer, 1917–1997*

Im Rückblick stelle ich fest, dass ich bei allen Änderungen der Führungskultur immer zuerst mich selbst geändert habe.

UWE RENALD MÜLLER, *deutscher Verleger und Autor, geb. 1954*

Der Arbeiter soll seine Pflicht tun, der Arbeitgeber soll mehr tun als seine Pflicht.

MARIE VON EBNER-ESCHENBACH, *österreichische Erzählerin, 1830–1916*

Die wichtigsten „Management-by"-Sprüche dürfen hier natürlich nicht fehlen:

Management by Känguru: mit leerem Beutel große Sprünge machen.

Management by Nilpferd: sich mit großer Schnauze über Wasser halten.

Management by Helikopter: lärmend angerauscht kommen, viel Staub aufwirbeln und gleich wieder verschwinden.

Management by Möwe: lärmend und schnatternd plötzlich auftauchen, dein Brot wegfressen und gleich wieder verschwinden.

Management by Blue Jeans: an allen entscheidenden Stellen eine Niete.

Management by Champignons: alle Mitarbeiter mit Mist zudecken – steckt einer den Kopf raus, sofort abschneiden.

Management by Robinson: alle warten auf Freitag.

Management by Pingpong: jedes Projekt sofort zurückschlagen, bis es nicht wiederkehrt.

Management by Fußball: treten, treten, treten – und ja nicht ins Abseits geraten.

Management by Ballon: mit viel heißer Luft nach oben gelangen.

Management by Wolke: über allen Dingen schweben und Mitarbeiter wie Besucher mit Feuchtigkeit und Kühle empfangen.

Management by Hering: immer mit dem Strom schwimmen und nie laut werden.

Mitarbeiter finden und führen — Personalmanagement

Bei Management und Führung geht es nicht nur um strategisches Planen, Verhandeln und Entscheiden: Die wichtigsten Managementfragen sind letztlich Fragen der Personalführung und -entwicklung.

Es ist mir gleichgültig, ob einer aus Sing Sing kommt oder von Harvard. Ich suche Mitarbeiter, nicht Biografien.

HENRY FORD, *amerikanischer Automobilhersteller, 1863–1947*

Ein weiterer Erfolgsfaktor war, dass ich immer wieder auf Seiteneinsteiger gesetzt habe. Seiteneinsteiger brechen den Alltagstrott, der sich in vielen Unternehmen nach einiger Zeit zwangsläufig einspielt. Sie sind in der Lage, die angebotenen Dienstleistungen mit den Augen des Kunden zu sehen.

PETER DUSSMANN, *deutscher Unternehmer, geb. 1938*

Wir lieben diese Karrierewege, die nicht ganz geradeaus verlaufen. Der Vorteil: Diese Leute kennen das Geschäft. Und sie sorgen dafür, dass Sie keine festgefahrenen Strukturen und Denkmuster im Unternehmen bekommen.

MICHAEL HILTI, *Konzernchef der Hilti AG, geb. 1946*

Die ganze Kunst der so schwierigen Menschenführung besteht darin, seine Untergebenen so zu behandeln, wie man selbst von seinem Vorgesetzten behandelt werden möchte.

RICHARD NIXON, *37. Präsident der USA, geb. 1913*

Treibet die Furcht aus! Dann ist Hoffnung, dass der gute
Geist einziehen werde.

JOHANN GOTTFRIED SEUME, *deutscher Dichter, 1763–1810*

Kreative Mitarbeiter senken Kosten, erfinden neue Produkte
und Vermarktungsstrategien, haben Lust zu arbeiten, produzieren Qualität.

MICHAEL HILTI, *Konzernchef der Hilti AG, geb. 1946*

Bisher waren die Führungskompetenzen überwiegend ana-
lytischer Natur. Es ging darum, Rechenschaftspflichten zu
schaffen und Zuständigkeiten zu definieren. Aber in einer
Umgebung, in der sich alles um die Kreativität dreht, ist das
ganz anders. Dort besteht die Gefahr, dass man mit den
konventionellen Instrumenten sogar Schaden anrichten
könnte. Das liegt daran, dass es etwas ganz anderes ist,
kreative Teams zu führen als etwa die Beziehung zwischen
Arbeiter und Meister zu regeln. […] An Stelle des Befehlens
steht das Moderieren und Zulassen im Vordergrund.

JOHN KAO, *Professor an der Harvard University, Kreativitätstrainer, geb. 1952*

Das Management der Kreativität erfordert mehr Vertrautheit, denn es hat mit der Persönlichkeit, der psychologi-
schen Landschaft eines Menschen zu tun. Es hat mit der Art
und Weise zu tun, wie man Beziehungen knüpft. Es hat mit
der Atmosphäre zu tun, die man zur Unterstützung des
kreativen Prozesses schafft. Derartige Führungsfähigkeiten
sind eher psychologischer Natur. Man ermutigt anstatt zu
fordern.

JOHN KAO, *Professor an der Harvard University, Kreativitätstrainer, geb. 1952*

Es lohnt sich, wenn Mitarbeiter nicht als bloße Kostenfakto-
ren eingestuft werden, um nach Belieben hin- und her-
geschoben und im Konfliktfall wegrationalisiert werden zu
können.

RUDOLF MIELE, *deutscher Unternehmer, geb. 1929*

23

Ein Standort muss für Talente attraktiv sein: Freiräume (wenig Regeln), kulturelle Umfelder und andere Talente sind genauso wichtig, denn Talente ziehen wiederum Talente an.

BOLKO VON OETINGER, Unternehmensberater, geb. 1943

Wenn man seine Beschäftigten an das Unternehmen binden will, darf man sie eigentlich nicht als Arbeitnehmer bezeichnen. Um sie zu halten brauchen sie eine gewisse Kontinuität und ein Zugehörigkeitsgefühl. Wir müssen auch über Engagement sprechen, und zwar in beide Richtungen – das Engagement des Unternehmens für das Mitglied und des Mitglieds für das Unternehmen.

CHARLES HANDY, englischer Managementtheoretiker, geb. 1932

Es gibt kein besseres Mittel, das Gute in den Menschen zu wecken, als sie so zu behandeln, als wären sie schon gut.

GUSTAV RADBRUCH, deutscher Jurist, 1878–1949

Oh! hättest du vom Menschen besser stets gedacht, du hättest besser auch gehandelt.

FRIEDRICH SCHILLER, deutscher Dichter, 1759–1805

Wer Menschen nicht lieben kann, ist unfähig, sie zu führen.

HEINRICH BINDER, Industriemanager, geb. 1950

Was ist der Unterschied zwischen Demokratie und allem anderen? Alles andere ist leichter.

DIETER HILDEBRANDT, deutscher Kabarettist, geb. 1927

Es ist der größte Übelstand, dass es in unsern Zeiten keinen Dummkopf mehr gibt, der nicht etwas gelernt hätte.

CHRISTIAN FRIEDRICH HEBBEL, deutscher Dichter, 1813–1863

… denn letzten Endes sind alle Probleme der Wirtschaft Personalprobleme.

ALFRED HERRHAUSEN, deutscher Bankmanager, 1930–1989

Der beste Vorgesetzte ist derjenige, der sich mit sicherem Instinkt gute Leute aussucht, die tun, was er getan haben möchte, und genügend Selbstbeherrschung besitzt, um sich nicht einzumischen, solange sie es tun.

THEODORE ROOSEVELT, 26. Präsident der USA, 1858–1919

Personalmanagement ist nicht nur die Kunst, Mitarbeiter zu finden und zu führen, es bedeutet auch, sie zu Eigenverantwortlichkeit und Engagement zu ermutigen.

Der beste Manager lehrt seine Mitarbeiter nicht, wie sie denken sollen, sondern dass sie denken sollen.

DANIEL GOEUDEVERT, deutscher Industriemanager, geb. 1942

Wer mündige Mitarbeiter führen will, muss jederzeit Kompetenz zeigen. Und die Manager müssen Motoren der Veränderung sein.

MICHAEL HILTI, Konzernchef der Hilti AG, geb. 1946

Die Führungskraft der Zukunft kann nicht mehr als eine allgemeine Richtung vorgeben. Sie muss sich dann darauf verlassen, dass viele Leute an der Kundenschnittstelle das Richtige tun. In solchem Vertrauen sehe ich einen künftigen Wert.

JOST STOLLMANN, deutscher Unternehmer, geb. 1955

Ein Manager von heute sollte Autorität durch Leistung und nicht durch Hierarchie anstreben, er muss weniger durch Befehl als vielmehr durch Überzeugung führen und kooperativ handeln.

DANIEL GOEUDEVERT, deutscher Industriemanager, geb. 1942

Führungsqualität ist eine gelungene Kombination aus strategischem Können und Charakter. Muss man jedoch auf eines davon verzichten, dann lieber auf ersteres.

NORMAN SCHWARZKOPF, *US-amerikanischer General, geb. 1934*

Welche Regierung die beste sei? Diejenige, die uns lehrt, uns selbst zu regieren.

JOHANN WOLFGANG VON GOETHE, *deutscher Dichter, 1749–1832*

Eine gute Führungskraft gibt jedem Teammitglied das Gefühl, es habe selbst entschieden.

DANIEL GOEUDEVERT, *deutscher Industriemanager, geb. 1942*

Für ein paar Groschen kann man viel Freundlichkeit und guten Willen kaufen.

JOHANN PETER HEBEL, *deutscher Dichter, 1760–1826*

Doch Vorsicht:

Wer mit Nüssen bezahlt, bekommt auch nur Affen.

SÜDAFRIKANISCHES SPRICHWORT

Man sieht nur mit dem Herzen gut, das Wesentliche ist für die Augen unsichtbar. – On ne voit bien qu'avec le cœur, l'essentiel est invisible pour les yeux.

ANTOINE DE SAINT-EXUPÉRY, *französischer Schriftsteller, 1900–1944*

Befehle nicht, wo dir die Macht gebricht.

SOPHOKLES, *griechischer Tragiker, ca. 496–406 v. Chr.*

Willst du etwas erledigt haben, geh selbst; wenn nicht, schick andere. – If you'd have it done, go; if not, send.

BENJAMIN FRANKLIN, *amerikanischer Schriftsteller,*
Naturwissenschaftler und Politiker, 1706–1790

Es ist mit den Menschen umgekehrt wie mit den Nesseln:
Wenn man sie sanft angreift, sind sie alle gut; wenn man
sie fest angreift, sind sie alle schlecht. Zum Troste wollen
wir sagen: fast alle.

MORITZ HEIMANN, *deutscher Schriftsteller, 1868–1925*

Gute Führung kann man nicht so einfach lernen wie die
Bedienung einer Maschine. Aber man kann lernen, die Vor-
aussetzungen für eine Führungskultur zu schaffen, die Fehler toleriert, den Menschen in den Mittelpunkt rückt und
seine Motivation nicht untergräbt.

UWE RENALD MÜLLER, *deutscher Verleger und Autor, geb. 1954*

Führungskräfte werden sich künftig weniger mit der Frage
beschäftigen: „Wie löse ich diese Aufgabe?" als mit der
Frage: „Wie setze ich das Team zusammen, das die Aufgabe
lösen kann?"

UWE RENALD MÜLLER, *deutscher Verleger und Autor, geb. 1954*

Fluktuation ist in unserer Firma ein Fremdwort. Entscheidend ist, dass die Leute im Job ein emotionales Umfeld
haben, in dem sie sich wohl fühlen.

MARTIN IMDAHL *deutscher Unternehmer, geb. 1958*

Willst du im laufenden Jahr ein Ergebnis sehen, so säe
Samenkörner. Willst du in zehn Jahren ein Ergebnis sehen,
so setze Bäume. Willst du das ganze Leben lang ein Ergebnis sehen, so entwickle die Menschen.

KUAN CHUNG TZU, *chinesischer Philosoph, 350–290 v. Chr.*

Und Kritisches zum Schluss:

> Es gibt zwei Arten von Arbeit: einmal die Lage von Dingen auf oder nahe der Erdoberfläche zu verändern; zum anderen Menschen anzuweisen, es zu tun. Die erste Art ist unangenehm und schlecht bezahlt; die zweite ist angenehm und hoch bezahlt.
>
> BERTRAND RUSSELL, *englischer Philosoph, 1872–1970*

> Was uns die Geschichte immer wieder lehrt, ist, dass die Kleinen stets durch die Torheiten der Großen leiden.
>
> JEAN DE LA FONTAINE, *französischer Dichter, 1621–1695*

Motivieren

> Wer einen Menschen bessern will, muss ihn erst einmal respektieren.
>
> ROMANO GUARDINI, *deutsch-italienischer Theologe, 1885–1968*

Motivation ist die vornehmste Aufgabe einer Führungskraft. Die Aspekte dabei sind vielfältig: Man muss Mut machen, ein Stimmungstief überwinden helfen, das Ziel wieder vor Augen führen, Lob und Anerkennung für eine gute Arbeit aussprechen, immer wieder eine vertrauensvolle Atmosphäre schaffen und vieles mehr. Ehrlich gemeinte, aufmunternde Worte fördern die Lust an der Arbeit – manchmal effizienter als eine Gehaltsverbesserung (auf deren motivierende Wirkung man freilich auf Dauer auch nicht verzichten sollte). Mit einem knappen Zitat können Sie dabei viel erreichen und Verständnis für die Situation Ihrer Mitarbeiter signalisieren, denn:

> Wie oft verglimmen die gewaltigsten Kräfte, weil kein Wind sie anbläst!
>
> JEREMIAS GOTTHELF, *schweizerischer Schriftsteller, 1797–1854*

28

Auch wenn Sie selbst wissen, warum *Motivieren* so wichtig ist – wenn Sie dies Ihren Mitarbeitern und Kollegen weitergeben wollen oder wenn Sie einen Vortrag über Personalführung und -management zu halten haben, finden Sie hier die passenden Zitate. Sie können in diesem Kapitel auch nachschlagen, wenn Sie einen Vorgesetzten verabschieden möchten oder einer Führungskraft für ihr Engagement danken wollen.

Das entscheidende Ziel ist die Identifikation der Mitarbeiter mit den Führungszielen, weil diese ihre Motivation zur Leistung wesentlich bestimmt. Das gilt nicht nur für die Geführten, sondern auch für die Führenden selbst: Nur motivierte Vorgesetzte können ihre Mitarbeiter motivieren!

OTTO ESSER, deutscher Unternehmer, geb. 1917

Führungskräfte müssen das Umfeld ihrer Mitarbeiter so gestalten, dass deren Motivation erhalten bleibt.

UWE RENALD MÜLLER, deutscher Verleger und Autor, geb. 1954

Man muss Mitarbeiter motivieren statt Druck auszuüben. Nur dann entstehen neue Ideen.

MINORU TOMINAGA, Berater, geb. 1950

Die meisten Führungskräfte zögern, ihre Leute mit dem Ball laufen zu lassen. Aber es ist erstaunlich, wie schnell ein informierter und motivierter Mensch laufen kann.

LEE IACOCCA, amerikanischer Industriemanager, geb. 1924

Was verwandelt die geistige Atmosphäre in ein Vakuum? Nichts Eigenes mehr sein zu dürfen.

GERHART HAUPTMANN, deutscher Schriftsteller, 1862–1946

Keine Gesellschaft kann ohne einen dynamischen Unternehmer an der Spitze erfolgreich sein.

ERICH SIXT, Vorstandschef und Großaktionär des Autovermieters, geb. 1944

Es ist mit der Liebe auch wie mit anderen Pflanzen: Wer Liebe ernten will, muss Liebe pflanzen.

Jeremias Gotthelf, *schweizerischer Schriftsteller, 1797–1854*

Studiere die Menschen, nicht, um sie zu überlisten und auszubeuten, sondern um das Gute in ihnen aufzuwecken und in Bewegung zu setzen.

Gottfried Keller, *schweizerischer Schriftsteller, 1819–1890*

Wer die Menschen behandelt, wie sie sind, macht sie schlechter. Wer die Menschen aber behandelt, wie sie sein könnten, macht sie besser.

Johann Wolfgang von Goethe, *deutscher Dichter, 1749–1832*

Die Menschheit wird erst glücklich sein, wenn alle Menschen Künstlerseelen haben werden, das heißt, wenn allen ihre Arbeit Freude macht.

Johann Wolfgang von Goethe, *deutscher Dichter, 1749–1832*

Nur auf das Ziel zu sehen, verdirbt die Lust am Reisen.

Friedrich Nietzsche, *deutscher Philosoph, 1844–1900*

Die meisten Menschen brauchen mehr Liebe, als sie verdienen.

Marie von Ebner-Eschenbach, *österreichische Erzählerin, 1830–1916*

Abhängigkeiten? Ja! Durch Liebe, aber nicht durch Furcht.

Gerhart Hauptmann, *deutscher Schriftsteller, 1862–1946*

Was uns im Leben am meisten Not tut, ist ein Mensch, der uns zu dem zwingt, was wir können.

Ralph Waldo Emerson, *amerikanischer Dichter und Philosoph, 1803–1882*

Lob ist eine gewaltige Antriebskraft, dessen Zauber seine Wirkung nie verfehlt.

ANDOR FOLDES, *ungarischer Pianist und Dirigent, 1913–1992*

Wenn gute Reden sie begleiten, dann fließt die Arbeit munter fort.

FRIEDRICH SCHILLER, *deutscher Dichter, 1759–1805*

Motivation ist die durch das Erkennen hindurchgehende Kausalität.

ARTHUR SCHOPENHAUER, *deutscher Philosoph, 1788–1860*

Anerkennung braucht jedermann. Alle Eigenschaften können durch totale Gleichgültigkeit der Umgebung zu Grunde gerichtet werden.

KARL LEBERECHT IMMERMANN, *deutscher Schriftsteller, 1796–1840*

Das Bedürfnis hoher Anerkennung ist eines der Passiva, die auf den meisten ungewöhnlichen Begabungen ruhen.

OTTO VON BISMARCK, *deutscher Politiker, 1815–1898*

Es gibt keine andere vernünftige Erziehung, als Vorbild sein, wenn's nicht anders geht, ein abschreckendes.

ALBERT EINSTEIN, *deutscher Physiker, 1879–1955*

Willst lustig leben, geh mit zwei Säcken, einen zum Geben, einen, um einzustecken. Da gleichst du Prinzen, plünderst und beglückst Provinzen.

JOHANN WOLFGANG VON GOETHE, *deutscher Dichter, 1749–1832*

Mitarbeiter und Kollegen ins Boot holen

Der Begriff „motivieren" ist bekanntlich mit dem lateinischen Wort „movere" = „bewegen" verwandt. Führungskräfte können viel in Bewegung setzen, wenn sie ihren Mitarbeitern Ziele nennen, für die sich das Engagement lohnt. „Warum denn in die Ferne schweifen, wenn das Gute liegt so nah.", lautet ein Sprichwort. Beim Motivieren kann genau das Gegenteil oft erfolgreicher sein. Geben Sie Ihren Mitarbeitern deshalb auch gute Gründe sich zu engagieren, die über die Sache hinausweisen und sie einem größeren Ganzen zuordnen – gerade wenn die Sache selbst nicht schon auf den ersten Blick attraktiv erscheint.

> Der oberste Zweck des Kapitals ist nicht, mehr Geld zu schaffen, sondern zu bewirken, dass das Geld sich in den Dienst der Verbesserung des Lebens stellt.
>
> HENRY FORD, *amerikanischer Automobilhersteller, 1863–1947*

> Man soll nicht bloß handeln, sondern es auch mit der Zuversicht tun, als hänge der Erfolg lediglich von einem selbst ab.
>
> WILHELM VON HUMBOLDT, *deutscher Philosoph, 1767–1835*

> Wenn ein Mensch keinen Grund hat, etwas zu tun, so hat er einen Grund, es nicht zu tun.
>
> WALTER SCOTT, *schottischer Dichter, 1771–1832*

> Wenn Sie die hierarchischen Barrieren beiseite räumen, wundern Sie sich, was da von unten an Ideen kommt.
>
> Gerhard CROMME, *Industriemanager, geb. 1943*

> Wenn jemand etwas sehr gerne tut, so hat er fast immer etwas in der Sache, was die Sache nicht selbst ist. Dieses ist eine Bemerkung, die eine tiefsinnige Untersuchung durch den nützlichen Erfolg belohnen würde.
>
> GEORG CHRISTOPH LICHTENBERG, *deutscher Schriftsteller und Physiker, 1742–1799*

Die Grenze der Autorität liegt dort, wo die freiwillige Zustimmung aufhört.

BERTRAND DE JOUVENEL, *französischer Schriftsteller, 1903–1979*

Eine Sache lernt man, indem man sie macht.

CESARE PAVESE, *italienischer Schriftsteller, 1908–1950*

Wenn einer allein träumt, ist es nur ein Traum. Wenn viele gemeinsam träumen, ist das der Anfang einer neuen Wirklichkeit.

FRIEDENSREICH HUNDERTWASSER, *österreichischer Maler, 1928–2000*

Business ist schließlich bloß eine andere Form von menschlichem Miteinander; wieso sollten wir also … geringere Ansprüche daran stellen als an uns selbst und an unsere Mitmenschen?

ANITA RODDICK, *Unternehmerin, Gründerin von The Body Shop, geb. 1942*

Ich glaube, jedermann empfindet Befriedigung bei der Erfüllung einer herausfordernden Aufgabe und Genugtuung, wenn die eigene Leistung und die Rolle des einzelnen im Rahmen des Unternehmens anerkannt wird.

AKIO MORITA, *japanischer Unternehmer, geb. 1931*

Es ist traurig, eine Ausnahme zu sein. Aber noch viel trauriger ist es, keine zu sein.

PETER ALTENBERG, *österreichischer Schriftsteller, 1859–1919*

An seinen Idealen zu Grunde gehen können, heißt lebensfähig sein.

PETER ALTENBERG, *österreichischer Schriftsteller, 1859–1919*

Ideale erziehen und regen unser Leben an. Ideale sind biologische Sprungfedern. Ohne Ideale kein Leben.

JOSÉ ORTEGA Y GASSET, *spanischer Kulturphilosoph und Essayist, 1883–1955*

Gute Ansichten allein sind wertlos. Es kommt darauf an, wer sie hat.

KARL KRAUS, *österreichischer Schriftsteller und Kritiker, 1874–1936*

Und hier noch ein Beispiel, wie es nicht geht:

Man kann eine widerspenstige Rinderherde mit Peitschen treiben, aber man kann sie während des Peitschens nicht an die gute Weide glauben machen, zu der man vorgibt, sie zu treiben.

GERHART HAUPTMANN, *deutscher Schriftsteller, 1862–1946*

Vielleicht lassen sich Ihre Mitarbeiter ja mit etwas unkonventionelleren Aufforderungen in „das gemeinsame Boot" holen:

Arm in Arm mit dir, so forder' ich mein Jahrhundert in die Schranken.

FRIEDRICH SCHILLER, *deutscher Dichter, 1759–1805*

Mann der Arbeit aufgewacht! Und erkenne deine Macht!

GEORG HERWEGH, *deutscher Dichter und Revolutionär, 1817–1875*

Alle Räder stehen still,
Wenn dein starker Arm es will.

GEORG HERWEGH, *deutscher Dichter und Revolutionär, 1817–1875*

Die letzten beiden Zitate stammen von dem Revolutionsdichter Georg Herwegh. Ihm ging es damals freilich darum, die Arbeiter gegen die krasse soziale Ungerechtigkeit seiner Zeit zu mobilisieren und zu solidarisieren, indem er ihnen ihre Bedeutung klarmachte – und nicht darum, sie für die Arbeit zu motivieren.

Mut machen

Wenn Sie Zitate anwenden, um Ihren Kollegen und Mitarbeitern Mut zu machen, achten Sie besonders darauf, dass Sie nicht „von oben herab" zitieren. Wenn man ein Zitat im Kopf hat, das doch so wunderbar auf eine Situation passt, ist man schnell verführt, es einfach auszusprechen, ohne sich Gedanken darüber zu machen, wie es beim anderen ankommt. Wenn sich Ihre Mitarbeiter von einem anstehenden Problem überfordert fühlen und Sie sie zum Beispiel mit dem folgenden Zitat motivieren wollen, dürfen Sie es auf keinen Fall beim Zitieren bewenden lassen.

> Jedes Schreckbild verschwindet, wenn man es fest ins Auge fasst.
>
> JOHANN GOTTLIEB FICHTE, *deutscher Philosoph, 1762–1814*

Lassen Sie ein solches Zitat so stehen, ernten Sie hinter Ihrem Rücken allenfalls ein ironisches „Na, vielen Dank auch für die tolle Hilfe" – und haben im Endeffekt eher demotiviert. Mit dem Nachsatz: „Lassen Sie uns doch einmal zusammensetzen und ganz konkrete Schritte planen, wie wir mit den Schwierigkeiten zurande kommen", haben Sie dagegen Mut gemacht. Die Mitarbeiter sehen, dass Sie das Problem ernst nehmen und sich selbst auch um eine Lösung bemühen.

Die folgenden Zitate können Sie in Sitzungen ebenso einsetzen wie bei einer Rede, mit der Sie Ihre Mitarbeiter wieder in Schwung bringen wollen.

> Ratlosigkeit und Unzufriedenheit sind die ersten Vorbedingungen des Fortschritts.
>
> THOMAS ALVA EDISON, *amerikanischer Erfinder, 1847–1931*

Von Edison – der übrigens neben der Erfindung der Glühbirne weit mehr als 1000 Patente angemeldet hat – stammt auch der berühmte Spruch:

> Genie ist ein Prozent Inspiration und neunundneunzig Prozent Transpiration.
>
> THOMAS ALVA EDISON, *amerikanischer Erfinder, 1847–1931*

Es bleibt einem jeden immer noch so viel Kraft, das auszuführen, wovon er überzeugt ist.

JOHANN WOLFGANG VON GOETHE, *deutscher Dichter, 1749-1832*

Doch der den Augenblick ergreift, das ist der rechte Mann!

JOHANN WOLFGANG VON GOETHE, *deutscher Dichter, 1749-1832*

Es ist so gewiss als wunderbar, dass Wahrheit und Irrtum aus
einer Quelle entstehen; deswegen man oft dem Irrtum nicht
schaden darf, weil man zugleich der Wahrheit schadet.

JOHANN WOLFGANG VON GOETHE, *deutscher Dichter, 1749-1832*

Der kommt am weitesten, der anfangs selbst nicht weiß, wie
weit er kommen werde, dafür aber jeden Umstand, den ihm
die Zeit gewährt, nach festen Maßregeln gebraucht.

JOHANN GOTTFRIED HERDER, *deutscher Philosoph und Dichter, 1744-1803*

Abends muss man die Idee haben, morgens die kritische
Haltung und mittags den Entschluss treffen.

ANDRÉ KOSTOLANY, *amerikanischer Finanzexperte und Journalist, 1906-1999*

Ein kluger Mann wird sich mehr Gelegenheiten schaffen,
als sich ihm bieten. – A wise man will make more oppor-
tunities than he finds.

FRANCIS BACON, *englischer Philosoph, Schriftsteller und Politiker, 1561-1626*

Dass alles eine Frage der Perspektive ist, zeigt folgendes Zitat:

Wir wissen immer nur, was nicht geht, anstatt zu sagen, wir
wissen noch nicht, ob es geht.

GERHARD SCHRÖDER, *deutscher Politiker (SPD), geb. 1944*

Ich denke, wenn man etwas in die Luft bauen will, so sind es immer besser Schlösser als Kartenhäuser.

GEORG CHRISTOPH LICHTENBERG, *deutscher Schriftsteller und Physiker, 1742–1799*

Handeln schafft mehr Vermögen als Vorsicht.

LUC DE CLAPIER VAUVENARGUES, *französischer Schriftsteller, 1715–1747*

Fantasie ist wichtiger als Wissen, denn Wissen ist begrenzt.

ALBERT EINSTEIN, *deutscher Physiker, 1879–1955*

Wenn ich als erfolgreicher Mann einen Rat zu geben hätte, dann diesen: Wer erfolgreich sein will, muss denken. Und zwar denken, bis es wehtut.

ROY HERBERT THOMSON OF FLEET, *kanadisch-britischer Zeitungsverleger, 1894–1976*

Ein Mensch kann viel mehr als er tut. Er kann sich immer wieder neu orientieren.

BEATE UHSE, *Unternehmerin, geb. 1919*

Blicke in dein Inneres! Da drinnen ist eine Quelle des Guten, die niemals aufhört zu sprudeln, solange du nicht aufhörst nachzugraben.

MARC AUREL, *römischer Kaiser, 121–180*

Die Wege, die zu den Sternen führen, sind rau. – Per aspera ad astra.

SPRICHWORT

Vor dem Gewitter erhebt sich zum letzten Male der Staub gewaltsam, der nun bald für lange getilgt sein soll.

JOHANN WOLFGANG VON GOETHE, *deutscher Dichter, 1749–1832*

Ich möchte ewig leben. Und sei es nur, um zu sehen, dass die Menschen in hundert Jahren dieselben Fehler machen wie ich.

WINSTON CHURCHILL, *britischer Politiker und Schriftsteller, 1874–1965*

Wer nicht mehr liebt und nicht mehr irrt, der lasse sich begraben.

JOHANN WOLFGANG VON GOETHE, *deutscher Dichter, 1749–1832*

Der Anfang ist die Hälfte des Ganzen.

ARISTOTELES, *griechischer Philosoph, 384–322 v. Chr.*

Angst haben wir alle. Der Unterschied liegt in der Frage wovor.

FRANK THIESS, *deutscher Schriftsteller, 1890–1977*

Wenn das Gehirn des Menschen so einfach wäre, dass wir es verstehen könnten, dann wären wir so dumm, dass wir es doch nicht verstehen würden.

JOSTEIN GAARDER, *norwegischer Schriftsteller, geb. 1952*

Im Essen bist du schnell, im Gehen bist du faul. Iss mit den Füßen, Freund, und nimm zum Gehn das Maul!

GOTTHOLD EPHRAIM LESSING, *deutscher Schriftsteller und Philosoph, 1729–1781*

Die Bemerkung, dass viele Menschen das Geniale nie rein auf sich wirken lassen, sondern lieber gleich selbst anfangen zu stümpern, hat doch nur für den Egoismus etwas Unangenehmes. Die rechte Wirkung des Vollkommnen ist eben, jeden auf seine Weise tätig zu machen, wie kümmerlich dies im Einzelnen auch ausfallen mag.

KARL LEBERECHT IMMERMANN, *deutscher Schriftsteller, 1796–1840*

Angst ist für die Seele ebenso gesund wie ein Bad für den Körper.

MAXIM GORKI, *russischer Schriftsteller, 1868–1936*

Sicherheit erreicht man nicht, indem man Zäune errichtet, sondern indem man Tore öffnet.

URHO KALEVA KEKKONNEN, *finnischer Staatspräsident, 1900–1986*

Wenn wir keine Fehler machen, heißt das, dass wir nicht genug neue Dinge ausprobieren.

PHIL KNIGHT, *Industrieller, Gründer von NIKE, geb. 1938*

Ohne die Kälte und Trostlosigkeit des Winters gäbe es die Wärme und die Pracht des Frühlings nicht.

HO CHI MINH, *vietnamesischer Politiker, 1890–1969*

Auch aus Steinen, die einem in den Weg gelegt werden, kann man was Schönes bauen.

JOHANN WOLFGANG VON GOETHE, *deutscher Dichter, 1749–1832*

Wer durch des Argwohns Brille schaut, sieht Raupen selbst im Sauerkraut.

WILHELM BUSCH, *deutscher Dichter und Maler, 1832–1908*

Kein Unglück ist in Wirklichkeit so groß wie unsere Angst.

FRANZ WERFEL, *österreichischer Schriftsteller, 1890–1945*

Alles Fertige wird angestaunt, alles Werdende wird unterschätzt.

FRIEDRICH NIETZSCHE, *deutscher Philosoph, 1844–1900*

Gefahrlos lässt sich Gefahr niemals überwinden.

GRIECHISCHES SPRICHWORT

Wenn man sich die Messlatte von vornherein so hoch legt, dass man sie schon beim ersten Versuch „reißt", kann daraus nur Frust entstehen.

UWE RENALD MÜLLER, *deutscher Verleger und Autor, geb. 1954*

Große Wendungen werden nicht immer durch starke Hände herbeigeführt, sondern durch ein glückliches Zugreifen im geeigneten Augenblick.

JONATHAN SWIFT, *irisch-englischer Schriftsteller, 1667–1745*

Man muss das Glück unterwegs suchen, nicht am Ziel, da ist die Reise zu Ende.

Sᴘʀɪᴄʜᴡᴏʀᴛ

Nicht selten erweisen sich Projekte, die mit großer Euphorie in Angriff genommen wurden, als wesentlich komplexer und arbeitsintensiver als zunächst vermutet. Wenn Ihr Team in einer Krise steckt, weil all die investierte Energie keinen Erfolg zu bringen scheint, können Sie Ihm mit der äsopischen Fabel von den zwei Fröschen vielleicht wieder Mut machen. Denn der Erfolg stellt sich oft später ein, als man dachte:

Zwei Frösche waren in einen Milchtopf gehüpft und ließen es sich schmecken. Als sie wieder heraus wollten, schafften sie es nicht, weil die glatte Wand nicht zu bezwingen war. Die Frösche strampelten um ihr Leben. Der eine gab auf und ertrank. Der andere kämpfte weiter, bis er die ersten festen Butterbrocken spürte. Er stieß sich mit letzter Kraft ab und war im Freien.

Äsᴏᴘ, *griechischer Fabeldichter, ca. 6. Jh. v. Chr.*

Überall herrscht der Zufall; lass deine Angel nur hängen; wo du's am wenigsten glaubst, sitzt im Strudel der Fisch.

Oᴠɪᴅ, *römischer Dichter, 43 v. Chr. – ca. 17 n. Chr.*

Manchmal ist schlicht auch etwas Gelassenheit gegenüber anstehenden Schwierigkeiten angebracht:

Wer will denn alles gleich ergründen, sobald der Schnee schmilzt, wird sich's finden.

Jᴏʜᴀɴɴ Wᴏʟғɢᴀɴɢ ᴠᴏɴ Gᴏᴇᴛʜᴇ, *deutscher Dichter, 1749–1832*

Wenn man einen Riesen sieht, so untersuche man erst den Stand der Sonne und gebe Acht, ob es nicht der Schatten eines Pygmäen ist.

Nᴏᴠᴀʟɪs, *deutscher Dichter der Romantik, 1772–1801*

(Die Pygmäen sind übrigens ein Geschlecht kleinwüchsiger Menschen, von dem schon Homer erzählte.)

Lebenskunst ist die Kunst des richtigen Weglassens.

Coco Chanel, *französische Modeschöpferin, 1883–1971*

Gar sehr verzwickt ist diese Welt; mich wundert's, dass sie wem gefällt.

Wilhelm Busch, *deutscher Dichter und Maler, 1832–1908*

Wer möchte nicht lieber durch Glück dümmer als durch Schaden klug werden?

Salvador Dalí, *spanischer Maler, 1904–1989*

Ich jage niemals zwei Hasen auf einmal.

Otto von Bismarck, *deutscher Politiker, 1815–1898*

Der Weg von der Idee bis zum fertigen Produkt kann auf die verrückteste Weise gelingen. Sogar die Wut kann zum Meister des Erfolgs werden:

Ein hervorragender Maler hatte sich zum Gegenstand ein Pferd erkoren. Er wollte den Augenblick malen, da es zu Tode erschöpft von der Rennbahn kommt. Mit viel Bedacht und Mühe war das Werk vollendet, nur der Schaum an seinen Nüstern fehlte noch. Der Maler quälte sich und quälte sich, aber es wollte sich kein akzeptables Ergebnis einstellen. Da wurde er so wütend, dass er einen Schwamm packte, mit dem er die verschiedensten Farben weggetupft hatte, und ihn gegen die Leinwand schleuderte. Durch Zufall landete der Schwamm gerade an der Nase des Pferdes – und das Werk war aufs Wundervollste vollendet.

Valerius Maximus, *1. Jh. n. Chr.*

Schließlich erreicht jeder Mensch jedes Ziel. Er muss es nur genügend weit zurückstecken.

Hans Söhnker, *deutscher Schauspieler, 1903–1981*

41

Seit die Zukunft begonnen hat, wird die Gegenwart täglich schlechter.

DIETER HILDEBRANDT, *deutscher Kabarettist, geb. 1927*

Der Mensch ist das einzige Tier, das arbeiten muss.

IMMANUEL KANT, *deutscher Philosoph, 1724–1804*

Das Fischen von lebenden Fischen mit der Angel wird von vielen Seiten als Grausamkeit empfunden; hauptsächlich vom Fisch selbst.

KARL VALENTIN, *bayerischer Komiker und Schriftsteller, 1882–1948*

Es muss einem nicht gleich so Großes gelingen wie Katharina von Siena, die den Papst zur Rückkehr aus dem Exil in Avignon nach Rom bewegen konnte. Ihre Ratschläge können freilich auch bei einfacheren Aufgaben helfen:

Nicht das Beginnen wird belohnt, sondern einzig und allein das Durchhalten.

KATHARINA VON SIENA, *Mystikerin und Dichterin, 1347–1380*

Dem Tapferen sind Glück und Unglück wie seine rechte und linke Hand, er bedient sich beider.

KATHARINA VON SIENA, *Mystikerin und Dichterin, 1347–1380*

Den Gewinn zu beschützen bedarf es so viel Kraft, wie ihn erst zu erwerben.

OVID, *römischer Dichter, 43 v. Chr.– ca. 17 n. Chr.*

Gib der Alltäglichkeit ihr Recht, und sie wird dir mit ihren Anforderungen nicht zur Last fallen.

CLEMENS BRENTANO, *deutscher Dichter, 1778–1842*

Die Neigung der Menschen, kleine Dinge für wichtig zu halten, hat sehr viel Großes hervorgebracht.

GEORG CHRISTOPH LICHTENBERG, *deutscher Schriftsteller und Physiker, 1742–1799*

Wer gar zu viel bedenkt, wird wenig leisten.

FRIEDRICH SCHILLER, *deutscher Dichter, 1759–1805*

Es kommt nicht darauf an, was für einen Hut man auf dem Kopf hat, sondern was für einen Kopf unter dem Hut.

HERBERT GEORGE WELLS, *englischer Schriftsteller, 1866–1946*

Dass sich so manches auch lohnen kann, wenn aller Anschein dagegen spricht, ist die Quintessenz der folgenden Anekdote:

Der Vater hat Syphilis, die Mutter Tuberkulose. Das erste Kind ist blind, das zweite stirbt, das dritte ist taub, das vierte tuberkulosekrank. Die Mutter ist wieder schwanger. Der Professor fragt seine Studenten: „Was meinen Sie – soll man zu einem Schwangerschaftsabbruch raten?" – Die meisten sagen „Ja". Der Professor: „Bravo! Sie haben eben Beethoven umgebracht!"

Begeistern

In dir muss brennen, was du in anderen entzünden willst.

HL. AUGUSTINUS, *Kirchenvater, 354–430*

Begeisterung ist der Schlüsselbegriff, wenn es um echte Motivation geht. Es gibt eine Fülle von Zitaten zu diesem Thema aus den unterschiedlichsten Epochen und verschiedenster Provenienz.

In meinen Adern welches Feuer! In meinem Herzen welche Glut!

JOHANN WOLFGANG VON GOETHE, *deutscher Dichter, 1749–1832*

Begeisterung heißt Tempo, Unschlüssigkeit heißt Zögern.

PAUL AUSTER, *amerikanischer Schriftsteller, geb. 1947*

Die Begeisterungsfähigkeit trägt deine Hoffnungen empor zu den Sternen. Sie ist das Funkeln in deinen Augen, die Beschwingtheit deines Ganges, der Druck deiner Hand und der Wille und die Entschlossenheit, deine Wünsche in die Tat umzusetzen.

HENRY FORD, *amerikanischer Automobilhersteller, 1863–1947*

Ohne Begeisterung schlafen die besten Kräfte unseres Gemütes. Es ist ein Zunder in uns, der funken will.

JOHANN WOLFGANG VON GOETHE, *deutscher Dichter, 1749–1832*

Es siegt immer die Begeisterung über den, der nicht begeistert ist.

JOHANN GOTTLIEB FICHTE, *deutscher Philosoph, 1762–1814*

Trinkt, o Augen, was die Wimper hält, von dem gold'nen Überfluss der Welt.

GOTTFRIED KELLER, *schweizerischer Schriftsteller, 1819–1890*

Ehrliche, herzliche Begeisterung ist einer der wirksamsten Erfolgsfaktoren.

DALE CARNEGIE, *Psychologe, Schriftsteller, Verkaufsgenie, 1888–1955*

Begeisterung spricht nicht immer für den, der sie weckt, und immer für den, der sie empfindet.

MARIE VON EBNER-ESCHENBACH, *österreichische Erzählerin, 1830–1916*

Amor besiegt alles. – Omnia vincit Amor.

VERGIL, *römischer Dichter, 70–19 v. Chr.*

Aus Begeisterung und Liebe quillt alles.

THEODOR FONTANE, *deutscher Schriftsteller, 1819–1898*

Begeisterung aber ist die Mutter alles Großen.

FRANZ GRILLPARZER, *österreichischer Schriftsteller, 1791–1872*

Ohne Begeisterung, welche die Seele mit einer gesunden Wärme erfüllt, wird nie Großes zu Stande gebracht.

ADOLF FRANZ FRIEDRICH VON KNIGGE, *Jurist und Schriftsteller, 1752–1796*

Begeisterung ist keine Heringsware, die man einpökelt auf einige Jahre.

JOHANN WOLFGANG VON GOETHE, *deutscher Dichter, 1749–1832*

Es ist nicht so wichtig, wofür sich der Jüngling begeistert, wenn er sich nur begeistert.

JOHANN WOLFGANG VON GOETHE, *deutscher Dichter, 1749–1832*

Freude heißt die starke Feder
In der ewigen Natur.
Freude, Freude treibt die Räder
In der großen Weltenuhr.

FRIEDRICH SCHILLER, *deutscher Dichter, 1759–1805*

Eifer ist Begeisterung, gemildert durch Vernunft.

BLAISE PASCAL, *Philosoph und Mathematiker, 1623–1662*

Der Mensch kann bei fast allem erfolgreich sein, wenn er unbegrenzte Begeisterung mitbringt.

GUSTAV SCHWAB, *Pfarrer und Professor, 1792–1850*

Begeisterung flößt der menschlichen Seele die Kraft ein, ihre schönsten Anstrengungen zu machen.

SAMUEL SMILES, englischer Arzt und Sozialreformer, 1812–1904

Energie als Mittelpunkt des Willens schafft die Wunder der Begeisterung zu allen Zeiten. Überall ist sie Triebfeder dessen, was wir Charakterstärke nennen, und die erhaltende Kraft jeder großen Tat.

SAMUEL SMILES, englischer Arzt und Sozialreformer, 1812–1904

Reißenden Strömen wird auch die Tiefe nicht fehlen. Lieber zu viel als zu wenig Schwung. Denn Begeisterung wohnt nicht in kleinen Herzen und niederen Seelen.

CARL SONNENSCHEIN, Theologe, 1876–1929

Ein recht krasser Spruch zum Thema „Begeisterung" stammt von einem amerikanischen Footballtrainer:

Wenn du nicht von der eigenen Begeisterung angefeuert wirst, wirst du mit Begeisterung gefeuert.

VINCE LOMBARDI, amerikanischer Footballtrainer

Stimmungstief bei Mitarbeitern und Kollegen

Einem Stimmungstief begegnet man am besten mit Verständnis. Es ist eine ganz normale Sache, dass die Motivation schwankt. Wenn Ihre Mitarbeiter zum Beispiel nach einem Erfolg wieder neu in Schwung kommen müssen, können Sie sie auch mit aufmunternden Sprüchen wieder motivieren. Stecken sie dagegen in einem echten Tief, sollten Sie lieber mit fundierteren Zitaten arbeiten.

Nicht was wir erleben, sondern wie wir empfinden, was wir erleben, macht unser Schicksal aus.

MARIE VON EBNER-ESCHENBACH, österreichische Erzählerin, 1830–1916

Es gibt nur einen Weg zum Glück und der bedeutet aufzu-
hören mit der Sorge um Dinge, die jenseits der Grenzen
unseres Einflussvermögens liegen.

EPIKTET, *griechischer Philosoph, ca. 50–138*

Es gibt nur eine Mannschaft, die uns schlagen kann – das
sind wir selbst!

FRANZ BECKENBAUER, *deutscher Fußballspieler und -manager, geb. 1945*

Nicht: Es muss etwas geschehen, sondern: Ich muss etwas
tun.

HANS SCHOLL, *deutscher Student und Nazigegner, 1918–1943*

Erfahrung ist fast immer eine Parodie auf die Idee.

JOHANN WOLFGANG VON GOETHE, *deutscher Dichter, 1749–1832*

Kaum sind wir heimisch einem Lebenskreise
Und traulich eingewohnt, so droht Erschlaffen,
Nur wer bereit zu Aufbruch ist und Reise,
Mag lähmender Gewöhnung sich entraffen.

HERMANN HESSE, *deutscher Dichter, 1877–1962*

Die eine Hälfte des Lebens ist Glück, die andere ist Disziplin
– und die ist entscheidend, denn ohne Disziplin könnte man
mit seinem Glück nichts anfangen.

CARL ZUCKMAYER, *deutscher Schriftsteller, 1896–1977*

Du wirst es nie zu Tücht'gem bringen
Bei deines Grames Träumerein,
Die Tränen lassen nichts gelingen:
Wer schaffen will, muss fröhlich sein.

THEODOR FONTANE, *deutscher Schriftsteller, 1819–1898*

Wer seine Schweißtropfen zählt, wird nie sein Geld zählen.

CHRISTIAN FRIEDRICH HEBBEL, *deutscher Dichter, 1813–1863*

Ist bei Ihren Mitarbeitern mal die „Luft raus", verweisen Sie doch zum Trost darauf, dass es auch den kreativsten Menschen – wie zum Beispiel dem amerikanischen Schriftsteller Mark Twain – zuweilen ähnlich gehen kann:

> Es ist idiotisch, sieben oder acht Monate an einem Roman zu schreiben, wenn man in jedem Buchladen für zwei Dollar einen kaufen kann.

MARK TWAIN, *amerikanischer Schriftsteller, 1835–1910*

Wie sehr sich Eigeninitiative lohnen kann, beweist der Gründer der SOS-Kinderdörfer:

> Alles Große in unserer Welt geschieht nur, weil jemand mehr tut, als er muss.

HERMANN GMEINER, *österreichischer Sozialpädagoge, Gründer der SOS-Kinderdörfer, 1919–1986*

> Lieber Staub aufwirbeln als Staub ansetzen.

HUBERT BURDA, *Verleger, Eigentümer der Burda-GmbHs, geb. 1940*

> Des Menschen Tätigkeit kann allzu leicht erschlaffen,
> Er liebt sich bald die unbedingte Ruh …

JOHANN WOLFGANG VON GOETHE, *deutscher Dichter, 1749–1832*

Manchmal reicht das größte Engagement nicht aus, und die Mühe war am Ende umsonst. Vergessen Sie in solchen Situationen über dem Misserfolg nicht, den großen Einsatz Ihrer Mitarbeiter dennoch anzuerkennen.

Reichen die Kräfte nicht aus, so ist doch der Wille zu loben.
– Ut desint vires, tamen est laudanda voluntas.

OVID, römischer Dichter, 43 v. Chr.– ca. 17 n. Chr.

Hoffnung, nicht Furcht, ist das schöpferische Prinzip in menschlichen Dingen.

BERTRAND RUSSELL, englischer Philosoph, 1872–1970

Wenn die anderen glauben, man ist am Ende, so muss man erst richtig anfangen.

KONRAD ADENAUER, deutscher Politiker (CDU), 1876–1967

Ein Misserfolg ist die Chance, es beim nächsten Mal besser zu machen.

HENRY FORD, amerikanischer Automobilhersteller, 1863–1947

Anfangs wollt' ich fast verzagen, und ich glaubt', ich trüg' es nie; und ich hab' es doch getragen – aber fragt mich nur nicht: wie?

HEINRICH HEINE, deutscher Dichter und Publizist, 1797–1856

Erfolg ist etwas Sein, etwas Schein und sehr viel Schwein.

PHILIP ROSENTHAL, deutscher Unternehmer und Politiker (SPD), geb. 1916

Erfahrung ist jener kostbare Besitz, der uns befähigt, einen Fehler sofort zu erkennen, wenn wir ihn immer wieder machen.

DANNY KAYE, amerikanischer Schauspieler, 1913–1987

Als hätte Demokrit schon in der Antike um unser Problem mit der Informationsflut gewusst:

Viel Denken, nicht viel Wissen soll man pflegen.

DEMOKRIT, griechischer Philosoph, ca. 470–380 v. Chr.

Es gibt eine Theorie, die besagt, wenn jemals irgendwer genau herausfindet, wozu das Universum da ist und warum es da ist, dann verschwindet es auf der Stelle und wird durch noch etwas Bizarreres und Unbegreiflicheres ersetzt. – Es gibt eine andere Theorie, nach der das schon passiert ist.

Douglas Adams, englischer Schriftsteller, geb. 1952

Jeder Mensch hat die Anlage, schöpferisch zu arbeiten. Die meisten merken es nur nicht.

Truman Capote, amerikanischer Schriftsteller, 1924–1984

Ein kluger Mann lässt sich von Schwierigkeiten nicht entmutigen, er verdoppelt seine Energie und seinen Fleiß, setzt seine Bemühungen standhaft fort und kommt schließlich sicher zum Erfolg.

Lord Philip Dormer Stanhope Chesterfield, englischer Staatsmann,
Vizekönig von Irland und Schriftsteller, 1694–1773

Wenn Zweifel Herzens Nachbar wird, die Seele sich in Leid verirrt.

Wolfram von Eschenbach, deutscher Dichter, ca. 1170/80–1220

Zum Schluss noch ein kleines Beispiel, wie Sie ein Stimmungstief endgültig „in den Keller" schicken können:

Bill Gates hat bei Besprechungen seine Mitarbeiter gerne mit dem Standardsatz „That's the stupidest thing I ever heard!" abgekanzelt. Der Microsoft-Manager Chris Peters sagte daraufhin einmal zu ihm, er solle sich doch langsam mal einen neuen Spruch einfallen lassen. Gates zögerte nicht. Mitarbeitern, die eine langweilige Projektvorstellung abliefern, stellt er seither gerne die Frage: „Do we actually pay you?"

50

Selbstmanagement / Selbstorganisation

In diesem Kapitel finden Sie Tipps zur Arbeitsorganisation, aber auch Lebenseinstellungen, persönliche Statements und ironische Einwände, die sich mit typischen Verdrängungsmechanismen auseinander setzen. Anwenden können Sie diese Zitate in vielerlei Weise, indem Sie sie einfach selbst in die Tat umsetzen, sie anderen als Orientierungshilfe an die Hand geben, Ihr eigenes Chaos selbstironisch kommentieren, einen Kollegen bei einer Geburtstagsrede humorvoll mit seinen „Fehlern" konfrontieren, bei einer Antritts- oder Dankesrede Ihre Wertvorstellungen erläutern usw.

> Arbeit macht das Leben süß, macht es nie zur Last,
> der nur hat Bekümmernis, der die Arbeit hasst.
>
> GOTTLOB WILHELM BURMANN, *deutscher Schriftsteller, 1737–1805*

> Nicht, wie glücklich man lebt, ist entscheidend, sondern wie beglückend.
>
> WILHELM BUSCH, *deutscher Dichter und Maler, 1832–1908*

> Nichts erfordert mehr Geist, als nichts zu tun zu haben und trotzdem nichts zu tun.
>
> KARL HEINRICH WAGGERL, *österreichischer Schriftsteller, 1897–1973*

> Wer sich selbst anspornt, kommt weiter als der, welcher das beste Ross anspornt.
>
> JOHANN HEINRICH PESTALOZZI, *schweizerischer Pädagoge und Sozialreformer, 1746–1827*

> Lebensklugheit bedeutet: alle Dinge möglichst wichtig, aber keines völlig ernst nehmen.
>
> ARTHUR SCHNITZLER, *österreichischer Schriftsteller, 1862–1931*

Wenn du dich ärgerst, denk' daran: Der Ärger ist ein blödes Vieh. Er fängt am falschen Ende an und frisst nur dich – den Anlass nie.

KARL-HEINZ SÖHLER, *deutscher Publizist, geb. 1923*

Das Ärgerliche am Ärger ist, dass man sich schadet, ohne anderen zu nützen.

KURT TUCHOLSKY, *deutscher Schriftsteller und Journalist, 1890–1935*

In jeder Minute, die du im Ärger verbringst, versäumst du 60 glückliche Sekunden deines Lebens.

ALBERT SCHWEITZER, *deutsch-französischer Arzt und Kulturphilosoph, 1875–1965*

Überstunden? – Cyril Parkinson gibt ein ernüchterndes Statement dazu und ist sich darin mit Sokrates ebenso einig wie mit Lee Iacocca. Über Stress und lange Arbeitszeiten zu klagen, käme demnach einem „Schuss nach hinten" gleich:

Der Fleißige hat die meiste Freizeit.

CYRIL NORTHCOTE PARKINSON, *englischer Historiker und Publizist, 1909–1993*

Es ist nicht wenig Zeit, die wir haben, sondern viel Zeit, die wir nicht nutzen.

SOKRATES, *griechischer Philosoph, ca. 470–399 v. Chr.*

Effizienz ist keine Frage der Zeit. Nur Dummköpfe machen regelmäßig Überstunden.

LEE IACOCCA, *amerikanischer Industriemanager, geb. 1924*

Fass kein Papier zweimal an.

BEATE UHSE, *Unternehmerin, geb. 1919*

Mit gutem Beispiel voranzugehen, ist nicht nur der beste Weg, andere zu beeinflussen, es ist der einzige.

ALBERT SCHWEITZER, *deutsch-französischer Arzt und Kulturphilosoph, 1875–1965*

Moralisch ist, wonach man sich gut fühlt. Unmoralisch ist, wonach man sich schlecht fühlt.

ERNEST HEMINGWAY, *amerikanischer Schriftsteller, 1899–1961*

Der ideale Mensch fühlt Freude, wenn er anderen einen Dienst erweisen kann.

ARISTOTELES, *griechischer Philosoph, 384–322 v. Chr.*

Der Mensch ist zur Freiheit verdammt. – L'homme est condamné à être libre.

JEAN-PAUL SARTRE, *französischer Philosoph und Schriftsteller, 1905–1980*

Noch nie war einer glücklich, welcher Unrecht tat.

EURIPIDES, *griechischer Dichter, 485 oder 484–406 v. Chr.*

Die wahren Lebenskünstler sind bereits glücklich, wenn sie nicht unglücklich sind.

JEAN ANOUILH, *französischer Dramatiker, 1910–1987*

Courage ist gut, aber Ausdauer ist besser. Ausdauer, das ist die Hauptsache.

THEODOR FONTANE, *deutscher Schriftsteller, 1819–1898*

Gegenüber der Fähigkeit, die Arbeit eines einzigen Tages sinnvoll zu ordnen, ist alles andere im Leben ein Kinderspiel.

JOHANN WOLFGANG VON GOETHE, *deutscher Dichter, 1749–1832*

Gebraucht der Zeit, sie geht so schnell von hinnen,
Doch Ordnung lehrt Euch Zeit gewinnen.

JOHANN WOLFGANG VON GOETHE, *deutscher Dichter, 1749–1832*

Wenn der Mensch alles leisten soll, was man von ihm fordert, so muss er sich für mehr halten als er ist.

JOHANN WOLFGANG VON GOETHE, *deutscher Dichter, 1749–1832*

Ich akzeptiere das Chaos, ich bin mir nicht sicher, ob es auch mich akzeptiert. – I accept chaos. I am not sure whether it accepts me.

BOB DYLAN, *amerikanischer Rockmusiker, geb. 1941*

Wir unterschätzen keine Pflicht so sehr wie die Pflicht, glücklich zu sein.

ROBERT LOUIS BALFOUR STEVENSON, *schottischer Schriftsteller, 1850–1894*

Gib deine Illusionen nicht auf. Hast du sie verloren, so magst du zwar noch dein Dasein fristen, aber leben im eigentlichen Sinne kannst du nicht mehr. – Don't part with your illusions. When they are gone, you may still exist, but you have ceased to live.

MARK TWAIN, *amerikanischer Schriftsteller, 1835–1910*

Wenn mir eine Sache missfällt, so lasse ich sie liegen oder mache sie besser.

JOHANN WOLFGANG VON GOETHE, *deutscher Dichter, 1749–1832*

Enthaltsamkeit ist das Vergnügen
An Sachen, welche wir nicht kriegen.

WILHELM BUSCH, *deutscher Dichter und Maler, 1832–1908*

Willensstärke ist die Fähigkeit, beim Fernsehen aus einer vollen Schale nur eine Salzmandel zu essen.

ROBERT LEMBKE, *deutscher Journalist und Quizmaster, 1913–1989*

Es ist leichter, den ersten Wunsch zu unterdrücken, als die folgenden zu erfüllen.

BENJAMIN FRANKLIN, *amerikanischer Schriftsteller,*
Naturwissenschaftler und Politiker, 1706–1790

Man vermag nichts mit seiner Intelligenz, wenig mit seinem Geist, alles mit seinem Charakter.

CHAMFORT, *französischer Schriftsteller, 1741–1794*

Ich habe nämlich keine Angst mehr vor dem Denken, seit mir nichts anderes übrig bleibt. Und ich freu mich über meine Gedanken, selbst wenn sie Wüsten entdecken.

ÖDÖN VON HORVÁTH, *ungarisch-deutscher Schriftsteller, 1901–1938*

Wer über etwas lachen kann, befreit sich davon. – He who can laugh about something frees himself of it.

CYRIL NORTHCOTE PARKINSON, *englischer Historiker und Publizist, 1909–1993*

Ein positives Selbstbild – Grundvoraussetzung für den beruflichen Erfolg – und Selbstüberschätzung liegen oft gar nicht weit auseinander.

Eigenliebe ist der Beginn einer lebenslangen Romanze. – To love oneself is the beginning of a lifelong romance.

OSCAR WILDE, *englischer Schriftsteller, 1856–1900*

Wer in sich selbst verliebt ist, hat wenigstens den Vorteil, dass er nicht viele Nebenbuhler erhalten wird.

GEORG CHRISTOPH LICHTENBERG, *deutscher Schriftsteller und Physiker, 1742–1799*

Nichts hindert so sehr daran, natürlich zu sein, wie der Wunsch, es zu scheinen.

FRANÇOIS DE LA ROCHEFOUCAULD, *französischer Schriftsteller, 1613–1680*

Seit ich nicht mehr mich selbst suche, führe ich das glücklichste Leben, das es geben kann.

HL. THERESIA VON LISIEUX, *1873–1897*

Mache aus deiner Arbeit einen Sport!

August Oetker, *deutscher Unternehmer, 1862-1918*

Der Eifer der Arbeit wirkt oft in einer Stunde mehr als der mechanische, schläfrige Fleiß in drei Stunden.

Christian Fürchtegott Gellert, *deutscher Dichter, 1715-1769*

Arbeitsamkeit verriegelt die Tür dem Laster, das dem Müßiggang zur Seite schleicht und hinter ihm das Unglück.

Johann Gottfried Herder, *deutscher Philosoph und Dichter, 1744-1803*

Höhepunkt des Glücks ist es, wenn der Mensch bereit ist, das zu sein, was er ist.

Erasmus von Rotterdam, *niederländischer Humanist, 1466/1469-1536*

Das Vergleichen ist das Ende des Glücks und der Anfang der Unzufriedenheit.

Søren Kierkegaard, *dänischer Philosoph, 1813-1855*

Willst du dich selber erkennen, so sieh, wie die andern es treiben, willst du die andern verstehn, blick in dein eigenes Herz.

Friedrich Schiller, *deutscher Dichter, 1759-1805* und
Johann Wolfgang von Goethe, *deutscher Dichter, 1749-1832*

So entsetzlich die folgende Geschichte auch sein mag, eines macht sie sehr deutlich: wie stark die Kraft der Suggestion sein kann. Glücklich, wer sich solcher Kräfte im positiven Sinne zu bedienen weiß:

Ein Anhalter wurde von einem Lastwagen mit Tiefkühlprodukten mitgenommen. Da vorne kein Platz war, bot ihm der Fahrer an, hinten in den Wagen einzusteigen. Der Anhalter war einverstanden. Nach ein paar Minuten im Dunkeln jedoch begann er zu frieren und geriet in Panik, weil er glaubte, die Tiefkühlfunktion sei angeschaltet. Er trommelte gegen die Wände und schrie, doch der Fahrer hörte ihn nicht. Am Ziel öffnete der Fahrer die Tür. Der Anhalter lag mit allen Anzeichen von Erfrierungen tot im Wagen – die Kühlfunktion aber war nicht angeschaltet gewesen!

Achte auf deine Gedanken! Sie sind der Anfang deiner Taten.

CHINESISCHE WEISHEIT

Willst du glücklich sein, dann lerne erst leiden.

IWAN TURGENJEW, *russischer Dichter, 1818–1883*

Wenn man glücklich ist, soll man nicht noch glücklicher sein wollen.

THEODOR FONTANE, *deutscher Schriftsteller, 1819–1898*

Fordere viel von dir selbst und erwarte wenig von anderen! So wird dir Ärger erspart bleiben.

KONFUZIUS, *chinesischer Philosoph, 551–479 v. Chr.*

Wo die Eitelkeit anfängt, hört der Verstand auf.

MARIE VON EBNER-ESCHENBACH, *österreichische Erzählerin, 1830–1916*

Alle Menschen schieben auf und bereuen den Aufschub.

GEORG CHRISTOPH LICHTENBERG, *deutscher Schriftsteller und Physiker, 1742–1799*

Der Aufschub ist der Dieb der Zeit. – Procrastination is the thief of time.

EDWARD YOUNG, *englischer Dichter, 1683–1765*

Jeder von uns ist sein eigener Teufel, und wir machen uns diese Welt zur Hölle.

OSCAR WILDE, *englischer Schriftsteller, 1856–1900*

Ohne unsere Fehler sind wir Nullen.

Arthur Miller, *amerikanischer Schriftsteller, 1915*

Autorität ist das Vermögen, die Zustimmung anderer zu gewinnen.

Bertrand de Jouvenel, *französischer Schriftsteller, 1903–1979*

Neigungen zu haben und sie zu beherrschen ist rühmlicher als Neigungen zu meiden.

Novalis, *deutscher Dichter der Romantik, 1772–1801*

Alle Beschränkung beglückt.

Arthur Schopenhauer, *deutscher Philosoph, 1788–1860*

Man muss denken wie die wenigsten und reden wie die meisten.

Arthur Schopenhauer, *deutscher Philosoph, 1788–1860*

Mit sich selbst in Frieden leben, ist wohl das höchste Glück auf Erden.

Matthias Claudius, *deutscher Dichter, 1740–1815*

Es ist besser Ehrungen zu verdienen und nicht geehrt zu sein, als geehrt zu sein und es nicht zu verdienen.

Mark Twain, *amerikanischer Schriftsteller, 1835–1910*

Wer sich nicht selbst zum Besten haben kann, der ist gewiss nicht von den Besten.

Johann Wolfgang von Goethe, *deutscher Dichter, 1749–1832*

Tu nur das Rechte in deinen Sachen;
Das andere wird sich von selber machen.

Johann Wolfgang von Goethe, *deutscher Dichter, 1749–1832*

Wer sich nicht selbst befiehlt, bleibt immer Knecht.

JOHANN WOLFGANG VON GOETHE, *deutscher Dichter, 1749–1832*

Von allen Lügen in der Welt sind manchmal die eigenen Ängste am schlimmsten.

RUDYARD KIPLING, *englischer Schriftsteller, 1865–1936*

Menschen, die Einfluss auf andere haben wollen, müssen darauf achten, dass sie nicht zu oft zu sehen sind.

RICARDA HUCH, *deutsche Schriftstellerin, 1864–1947*

Was Einsicht, Charakterfestigkeit und Glück miteinander zu tun haben, wussten schon die alten Römer.

Der Einsichtige beherrscht sich selbst. Wer sich selbst beherrscht, bleibt charakterfest. Wer charakterfest ist, lässt sich nicht aus der Ruhe bringen. Wer sich nicht aus der Ruhe bringen lässt, kennt keine Traurigkeit. Wer keine Traurigkeit kennt, ist glücklich. Mithin ist der Einsichtige glücklich.

LUCIUS ANNAEUS SENECA, *römischer Politiker, Philosoph und Dichter,*
ca. 4 v. Chr. – 65 n. Chr.

Der zum Glück bestimmte Mensch braucht sich nicht zu beeilen.

CHINESISCHE WEISHEIT

Niemand ist frei, der nicht über sich selbst Herr ist.

MATTHIAS CLAUDIUS, *deutscher Dichter, 1740–1815*

Zum Thema „Kernkompetenz" passt vielleicht das folgende Zitat des Allround-Genies Leonardo da Vinci:

Wer nicht kann, was er will, muss das wollen, was er kann. Denn das zu wollen, was er nicht kann, wäre töricht.

LEONARDO DA VINCI, *italienischer Maler, Bildhauer, Baumeister und Forscher, 1452–1519*

59

Warum es sinnvoll sein kann, sich auf seine Kernkompetenzen zu besinnen und nicht allzu weit „in die Ferne zu schweifen", kann man auch mit Ringelnatz' Hilfe schön auf den Punkt bringen:

> In Hamburg lebten zwei Ameisen, die wollten nach Australien reisen. Bei Altona auf der Chaussee, da taten ihnen die Beine weh.
>
> JOACHIM RINGELNATZ, deutscher Schriftsteller, 1883–1934

Überzeugen

> Ein Zitat ist besser als ein Argument. Man kann damit in einem Streit die Oberhand gewinnen, ohne den Gegner überzeugt zu haben.
>
> GABRIEL LAUB, deutsch-tschechischer Schriftsteller, 1928–1998

Dieses Zitat ist freilich nicht ganz ernst gemeint – denn ein Sieg ohne echte Überzeugung der Gesprächspartner wird kaum von Dauer sein. Aber Wahres steckt dennoch dahinter, denn Zitate können wie eine Art Katalysator bei der Überzeugungsarbeit wirken. Sie können das Fundament schaffen, auf dem Ihre Gesprächspartner für Argumente empfänglich werden. Hier einige Zitate zur Überzeugungsarbeit selbst, bevor die Zitate folgen, mit denen Sie zu verschiedenen Themen von Marketing bis zu Ökomanagement, von Benchmarking bis Teamarbeit argumentieren können.

> Ehe wir uns anschicken, andere zu überzeugen, müssen wir selbst überzeugt sein.
>
> DALE CARNEGIE Psychologe und Schriftsteller, 1888–1955

> Es gibt keinen schlimmeren Feind des Denkens als den Dämon der Analogie.
>
> ANDRÉ GIDE, französischer Schriftsteller, 1869–1951

Der Gebildete treibt die Genauigkeit nicht weiter, als es der Natur der Sache entspricht.

ARISTOTELES, *griechischer Philosoph, 384–322 v. Chr.*

Einen Gescheiten kann man überzeugen, einen Dummen muss man überreden.

CURT GOETZ, *Schauspieler und Schriftsteller, 1888–1960*

Der Pragmatiker entscheidet Fälle nicht nach Grundsätzen, sondern fallweise.

RON KRITZFELD, *deutscher Chemiekaufmann, geb. 1921*

Auch Worte sind Taten.

LUDWIG WITTGENSTEIN, *österreichischer Philosoph, 1889–1951*

Gang und Haltung verraten mehr als das Gesicht.

ALEC GUINNESS, *englischer Schauspieler, 1914–2000*

Einfachheit ist das Resultat der Reife.

FRIEDRICH SCHILLER, *deutscher Dichter, 1759–1805*

Marketing und Werbung

Mit Zitaten von Aristoteles bis Zino Davidoff und Lee Iacocca, von Friedrich Schiller bis Woody Allen, von Napoleon bis Albert Einstein werden Sie gewiss in Sitzungen, bei Verhandlungen, Präsentationen oder Ansprachen zum Thema das Richtige finden. Manche Zitate werden Ihnen auch Anregungen für die eigene Marketingstrategie geben oder Sie in Ihrer Haltung bestätigen können. Sie finden in diesem Kapitel auch viel Kritisches zum Thema Marketing und Werbung – Sie können diese Kritik teilen oder ihr geschickt widersprechen – und vielleicht einem gängigen Einwand vorgreifen.

Wer keine Werbung macht, um Geld zu sparen, könnte ebenso seine Uhr anhalten, um Zeit zu sparen.

HENRY FORD, *amerikanischer Automobilhersteller, 1863–1947*

Zufriedene sind das Unglück der Werbung.

HELMAR NAHR, *deutscher Mathematiker und Wirtschaftswissenschaftler, 1931–1990*

Enten legen ihre Eier in aller Stille. Hühner gackern dabei wie verrückt. Was ist die Folge? Alle Welt isst Hühnereier.

HENRY FORD, *amerikanischer Automobilhersteller, 1863–1947*

Ein Bild sagt mehr als tausend Worte. – One picture is worth a thousand words.

SPRICHWORT

Was glänzt, ist für den Augenblick geboren.

JOHANN WOLFGANG VON GOETHE, *deutscher Dichter, 1749–1832*

In bunten Bildern wenig Klarheit,
Viel Irrtum und ein Fünkchen Wahrheit,
So wird der beste Trank gebraut,
Der alle Welt erquickt und auferbaut.

JOHANN WOLFGANG VON GOETHE, *deutscher Dichter, 1749–1832*

Die Menge geht nach dem Glück.

FRIEDRICH SCHILLER, *deutscher Dichter, 1759–1805*

Das Schönste, was wir erleben können, ist das Geheimnisvolle.

ALBERT EINSTEIN, *deutscher Physiker, 1879–1955*

Man kommt zum schaun, man will am liebsten sehn.

JOHANN WOLFGANG VON GOETHE, *deutscher Dichter, 1749–1832*

Wie schwierig und ambivalent die Aufgabe des Werbeberaters ist, geht aus dem folgenden Zitat hervor.

> Der Berater, der eine Werbung konzipiert, die zwar ihm gefällt, zu der er als Ästhet und als geistiger Vater stolz stehen möchte, die aber dem Charakter des Unternehmens widerspricht, macht – auch wenn es ihm gelingt, der Firma kurzfristig seine Kampagne zu verkaufen – eine Dummheit. Seine Kampagne wird in der Praxis im Widerspruch stehen zum Inserenten. Werbe-Stil und Firmen-Stil klaffen auseinander, stimmen nicht überein; und das ist ein Unglück für beide, für die Firma und den Berater.

ADOLF WIRZ, *schweizerischer Werbefachmann, 1906–1997*

> Das Ziel ist, in die größtmögliche Zahl der Köpfe von Menschen zu kommen zu einem möglichst niedrigen Preis.

ADOLF WIRZ, *schweizerischer Werbefachmann, 1906–1997*

> Manche witzige Einfälle sind wie das überraschende Wiedersehen zwei befreundeter Gedanken nach einer langen Trennung.

FRIEDRICH SCHLEGEL, *deutscher Dichter, 1772–1829*

> Leute, die nach dem Zeitgeist streben, sind automatisch altmodisch.

VIVIENNE WESTWOOD, *englische Modeschöpferin, geb. 1941*

> Das Etikett soll nicht größer sein als der Sack.

LUKIAN, *griechischer Satiriker, ca. 120–180*

> Der Schein soll nie die Wirklichkeit erreichen,
> Und siegt Natur, so muss die Kunst entweichen.

FRIEDRICH SCHILLER, *deutscher Dichter, 1759–1805*

> Wenn man ein Seher ist, braucht man kein Beobachter zu sein.

MARIE VON EBNER-ESCHENBACH, *österreichische Erzählerin, 1830–1916*

Ich habe kein Marketing gemacht. Ich habe immer nur meine Kunden geliebt.

ZINO DAVIDOFF, *schweizerischer Unternehmer und Tabakhändler, 1906–1994*

Ich finde nichts natürlicher, als alles zu verbinden, was uns Vergnügen und Vorteil bringt.

JOHANN WOLFGANG VON GOETHE, *deutscher Dichter, 1749–1832*

Wenn Sie einen Dollar in Ihr Unternehmen stecken wollen, so müssen Sie einen zweiten bereithalten, um das bekannt zu geben.

HENRY FORD, *amerikanischer Automobilhersteller, 1863–1947*

Dabeisein ist 80 Prozent des Erfolges.

WOODY ALLEN, *amerikanischer Filmregisseur und -schauspieler, geb. 1935*

Wer nun mal keine deutlichen, schwer kopierbaren und ständig beweisbaren Wettbewerbsvorteile hat, kann den Wettbewerb leider nur über den Preis führen. Und dieser Preisdruck wird – davon bin ich überzeugt – noch zunehmen. Vor allem zwischen substituierbaren, also sehr ähnlichen Produkten. Unikate jedoch werden dieses Problem nicht haben! Machen Sie also Ihr Unternehmen zu einem Unikat!

KLAUS KOBJOLL, *deutscher Hotelier und Dozent für Marketing, geb. 1948*

Die Einzigartigkeit der Produkte oder Leistungen eines Unternehmens herauszustellen ist für Anita Roddick ein Erfolgsgarant.

Man muss die Merkmale, die einen deutlich vom Wettbewerb abheben, betonen und darf sich nicht dazu verleiten lassen, sie zu verwässern.

ANITA RODDICK, *Unternehmerin, Gründerin von The Body Shop, geb. 1942*

Das Geheimnis des Erfolgs? Anders sein als die anderen.

WOODY ALLEN, *amerikanischer Filmregisseur und -schauspieler, geb. 1935*

Wer nicht weiß, wohin er will, dem ist kein Wind recht.

WILHELM VON ORANIEN, *König von England, Schottland und Irland, 1650–1702*

Es ist ein Irrglaube zu denken, je größer ein Unternehmen wird, desto schwieriger ist es, an seinem ursprünglichen Stil festzuhalten.

ANITA RODDICK, *Unternehmerin, Gründerin von The Body Shop, geb. 1942*

Je größer der Stiefel, desto größer der Absatz.

KARL KRAUS, *österreichischer Schriftsteller und Kritiker, 1874–1936*

Das Überflüssige, ein höchst notwendiges Ding.

VOLTAIRE, *französischer Schriftsteller und Philosoph, 1694–1778*

Gegen eine Dummheit, die gerade in Mode ist, kommt keine Klugheit auf.

THEODOR FONTANE, *deutscher Schriftsteller, 1819–1898*

Das Publikum beklatscht ein Feuerwerk, aber keinen Sonnenaufgang.

CHRISTIAN FRIEDRICH HEBBEL, *deutscher Dichter, 1813–1863*

Die Ideale einer Nation erkennt man an ihrer Reklame. – You can tell the ideals of a nation by its advertisements.

NORMAN DOUGLAS, *englischer Schriftsteller, 1868–1952*

Das Herz hat seine Gründe, die der Verstand nicht kennt. – Le cœur a ses raisons que la raison ne connaît point.

BLAISE PASCAL, *Philosoph und Mathematiker, 1623–1662*

Das Publikum braucht nichts als Empfänglichkeit, und diese besitzt es.

FRIEDRICH SCHILLER, *deutscher Dichter, 1759–1805*

Die Menschheit besteht aus einigen wenigen Vorläufern, sehr viele Mitläufern und einer unübersehbaren Zahl von Nachläufern.

JEAN COCTEAU, *französischer Dichter und Regisseur, 1889–1963*

Veränderung ist das Salz des Vergnügens.

FRIEDRICH SCHILLER, *deutscher Dichter, 1759–1805*

Heu machen kann schließlich jeder, wenn der Himmel Gras wachsen lässt.

KARL HEINRICH WAGGERL, *österreichischer Schriftsteller, 1897–1973*

Künstler ist einer, der aus der Lösung ein Rätsel machen kann.

KARL KRAUS, *österreichischer Schriftsteller und Kritiker, 1874–1936*

Ein Wissen, das auf neue Art den Wohlstand mehrt, bahnt sich immer seinen Weg.

JOST STOLLMANN, *deutscher Unternehmer, geb. 1955*

Werbung treiben heißt oft, bei den Kunden erst Bedürfnisse zu wecken und auf diesem Weg einen Markt zu entwickeln.

Wir vermarkten nicht bereits entwickelte Produkte, sondern wir entwickeln einen Markt für Produkte, die wir herstellen.

AKIO MORITA, *japanischer Unternehmer, geb. 1931*

Denn an sich ist nichts weder gut noch böse; das Denken erst macht es dazu. – There is nothing either good or bad but thinking makes it so.

WILLIAM SHAKESPEARE, *englischer Dramatiker, 1564–1616*

Wer vor der Zeit beginnt, der endigt früh.

WILLIAM SHAKESPEARE, *englischer Dramatiker, 1564–1616*

Ruhm muss erworben werden, die Ehre hingegen braucht nur nicht verloren werden.

ARTHUR SCHOPENHAUER, *deutscher Philosoph, 1788–1860*

Die Welt wird nie das Glück erlauben, als Beute wird es nur gehascht, entwenden musst du's oder rauben, eh' dich die Missgunst überrascht.

FRIEDRICH SCHILLER, *deutscher Dichter, 1759–1805*

Unsere Eigenschaften müssen wir kultivieren, nicht unsere Eigenheiten.

JOHANN WOLFGANG VON GOETHE, *deutscher Dichter, 1749–1832*

Dass es immer darauf ankommt, wie man die Gründe seines Tuns „verkauft", schildert eine Anekdote aus dem Jahr 1805:

Der englische Admiral Nelson und sein französischer Kontrahent, Vizeadmiral Villeneuve, trafen sich vor der Seeschlacht bei Trafalgar. Villeneuve hatte Nelson vorgeworfen, dass die Engländer nur um des Geldes willen kämpften, die Franzosen aber um die Ehre. Nelson gab ihm zur Antwort: „Jeder kämpft um das, was er nicht hat."

In der Fabrik stellen wir Kosmetika her. Über die Ladentheke verkaufen wir Hoffnung.

CHARLES REVON, *Alt-Präsident von Revon*

Nur die Hartnäckigen gewinnen Schlachten.

NAPOLEON I., *französischer Kaiser, 1769–1821*

Zum zehnten Mal wiederholt, wird es gefallen.

HORAZ, *römischer Dichter, 65–8 v. Chr.*

Der Markt ist ein von Menschen betriebenes Naturereignis.

HELMAR NAHR, *deutscher Mathematiker und Wirtschaftswissenschaftler, 1931–1990*

Man wird des Guten und auch des Besten, wenn es alltäglich zu sein beginnt, sobald satt.

GOTTHOLD EPHRAIM LESSING, *deutscher Schriftsteller und Philosoph, 1729–1781*

Wer zuerst kommt, mahlt zuerst.

EIKE VON REPGOW, *Verfasser des Sachsenspiegels, ca. 1180–1233*

Den besten Strategien liegen oft die schlichtesten Ideen zu Grunde:

Ich misstraue allen Systematikern und gehe ihnen aus dem Weg. Der Wille zum System ist ein Mangel an Rechtschaffenheit.

FRIEDRICH NIETZSCHE, *deutscher Philosoph, 1844–1900*

Wenn die Rose selbst sich schmückt,
Schmückt sie auch den Garten.

FRIEDRICH RÜCKERT, *deutscher Dichter, 1788–1866*

Jeder Misthaufen ist das Zentrum der Welt, wenn der richtige Hahn drauf kräht.

WOLF BIERMANN, *deutscher Lyriker und Sänger, geb. 1936*

Ein Star ist jemand, der andere überragt, weil er geschickt genug war, auf einen Stuhl zu steigen.

BILLY WILDER, *amerikanischer Filmregisseur, geb. 1906*

Zum Thema „Angemessenheit der Mittel" können Sie folgende Anekdote über Hannibal erzählen:

König Antilochus hatte für Hannibal Truppen zusammen-
gezogen, um gegen die Römer Krieg zu führen. Er lud Hannibal zum Exerzierfeld, um sein Urteil zu hören. Die Infan-
terie blitzte nur so von Silber und Gold, dann kamen die
Elefanten mit ihren Türmen, Sichelwagen rasselten heran.
Auch die Kavallerie war reich verziert, alles funkelte und
strahlte. Antilochus, ungeheuer stolz auf all die Herrlich-
keit, wollte nun von König Hannibal wissen, ob dies denn
für die Römer genüge? Hannibal antwortete: „Aber sicher,
das wird wohl genügen und sollten die Römer noch so hab-
gierig sein."

AULUS GELLIUS, römischer Schriftsteller, ca. 2. Jh. n. Chr.

Wenn die Mittel nicht mehr adäquat sind, mag es einem Unternehmen
ergehen wie dem alten Frosch aus der Fabel von Äsop:

Ein alter Frosch saß auf einer Wiese und begutachtete nei-
disch einen großen Ochsen, der dort weidete. Vor seinen
Freunden feixte er, sie sollten sich doch mal diesen Koloss
ansehen, den er, der Frosch, doch leicht an Größe würde
übertreffen können. Da blies er sich auf und immer mehr
und immer weiter, so lange bis er platzte.

ÄSOP, griechischer Fabeldichter, ca. 6. Jh. v. Chr.

Dies ist die Erkenntnis von der Natur der Dinge: Das Weiche, Schwache wird das Harte und Starke überdauern.

LAO TSE, chinesischer Philosoph, 6. Jh. v. Chr.

Wenn eine Idee fortwirken soll, muss sie die Möglichkeit
bieten, missverstanden zu werden.

KARL HEINRICH WAGGERL, österreichischer Schriftsteller, 1897–1973

Man kann immerhin ehrlich sein, es ist nur dumm sich's
merken zu lassen.

LUDWIG BÖRNE, deutscher Schriftsteller, 1786–1837

Oh, man ist auch verzweifelt wenig, wenn man weiter nichts ist als ehrlich.

GOTTHOLD EPHRAIM LESSING, *deutscher Schriftsteller und Philosoph, 1729–1781*

Unkraut nennt man die Pflanzen, deren Vorzüge noch nicht erkannt worden sind.

RALPH WALDO EMERSON, *amerikanischer Dichter und Philosoph, 1803–1882*

Respekt vor dem Gemeinplatz! Er ist seit Jahrhunderten aufgespeicherte Weisheit.

MARIE VON EBNER-ESCHENBACH, *österreichische Erzählerin, 1830–1916*

Der kürzeste Weg ist nicht der möglichst gerade, sondern der, bei welchem die günstigsten Winde unsere Segel schwellen; so sagt die Lehre der Schifffahrer.

FRIEDRICH NIETZSCHE, *deutscher Philosoph, 1844–1900*

Der Glaube an diese oder jene Motive ist wesentlicher als das, was wirklich Motiv war.

FRIEDRICH NIETZSCHE, *deutscher Philosoph, 1844–1900*

Im Marketing gilt für die Strategie eines gesamten Unternehmens nicht selten, was auch für Menschen gilt:

Das, was jemand von sich selbst denkt, bestimmt sein Schicksal.

MARK TWAIN, *amerikanischer Schriftsteller, 1835–1910*

Man muss sein Leben aus dem Holz schnitzen, das man zur Verfügung hat.

THEODOR STORM, *deutscher Schriftsteller, 1817–1888*

Die einzigen Dinge, die zählen, sind doch die, die uns erschauern lassen.

OLIVER SACKS, *englischer Neurologe, geb. 1933*

Mögen täten wir schon wollen, aber dürfen haben wir uns nicht getraut.

KARL VALENTIN, *bayerischer Komiker und Schriftsteller, 1882–1948*

Es ist das Schicksal unserer Zeit, mit der ihr eigenen Rationalisierung und Intellektualisierung, vor allem: der Entzauberung der Welt, dass gerade die letzten und sublimsten Werte zurückgetreten sind aus der Öffentlichkeit.

MAX WEBER, *deutscher Wirtschafts- und Sozialwissenschaftler, 1864–1920*

Man müsste sich die Unbestechlichkeit bezahlen lassen können.

WERNER SCHNEYDER, *österreichischer Kabarettist und Schriftsteller, geb. 1937*

Seine Methode ist streng schulgerecht. Darum sind seine Ergebnisse schülerhaft.

HELMUT ARNTZEN, *deutscher Schriftsteller, geb. 1931*

Die Klage über die Schärfe des Wettbewerbs ist in Wirklichkeit nur eine Klage über den Mangel an Einfällen.

WALTHER RATHENAU, *deutscher Industrieller und Politiker, 1867–1922*

Auch der Zufall ist nicht unergründlich – er hat seine Regelmäßigkeit.

NOVALIS, *deutscher Dichter der Romantik, 1772–1801*

Nähme man den Zeitungen den Fettdruck –: um wie viel stiller wäre es in der Welt –!

KURT TUCHOLSKY, *deutscher Schriftsteller und Journalist, 1890–1935*

Gut! Wenn ich wählen soll, so will ich Rheinwein haben. Das Vaterland verleiht die allerbesten Gaben.

JOHANN WOLFGANG VON GOETHE, *deutscher Dichter, 1749–1832*

71

Wenn das Haus durchsichtig wird, gehören die Sterne mit zum Fest.

HUGO VON HOFMANNSTHAL, *österreichischer Dichter, 1874–1929*

Wenn wir schon kein Geld haben, dann brauchen wir wenigstens gute Ideen.

OSKAR LAFONTAINE, *deutscher Politiker (SPD), geb. 1943*

Wenn ich mich zwischen zwei Sünden entscheiden muss, begehe ich immer diejenige, die ich noch nicht kenne. – Whenever I'm caught between two evils, I take the one I've never tried.

MAE WEST, *amerikanische Schauspielerin, 1893–1980*

Das Geheimnis des Agitators ist, sich so dumm zu machen, wie seine Zuhörer sind, damit sie glauben, sie seien so gescheit wie er.

KARL KRAUS, *österreichischer Schriftsteller und Kritiker, 1874–1936*

Beenden Sie mit dem folgenden Zitat ein für alle Mal Forderungen nach Patentrezepten:

Es gibt drei goldene Regeln, um eine Novelle zu schreiben – leider sind sie unbekannt.

WILLIAM SOMERSET MAUGHAM, *englischer Schriftsteller, 1874–1965*

Das folgende Zitat kann sicherlich auch für Werbung und Marketing gelten:

Politik ist wie Steilwandfahren. Man muss ständig Vollgas geben. Wer bremst, stürzt ab.

KLAUS KINKEL, *deutscher Politiker (FDP), geb. 1936*

Der Aberglaub', in dem wir aufwachsen, verliert, auch wenn wir ihn erkennen, darum doch seine Macht nicht über uns.

GOTTHOLD EPHRAIM LESSING, *deutscher Schriftsteller und Philosoph, 1729–1781*

Wer stets zu den Sternen aufblickt, wird bald auf der Nase liegen.

SCHOTTISCHES SPRICHWORT

Das Merkwürdige an den Statussymbolen ist, dass die Symbole den Menschen wichtiger sind als der Status. – The remarkable thing about status symbols is that the symbols are more important for us than the status.

CYRIL NORTHCOTE PARKINSON, *englischer Historiker und Publizist, 1909–1993*

Verkaufen / Vertrieb

Kritisches, Nachdenkliches und Witziges finden Sie in diesem Kapitel. Bei Verkaufsgesprächen ist es gut, kurze, markante Leitsprüche im Hinterkopf zu haben, um Fehler zu vermeiden. Grundsätzliche Statements zur Welt des Vertriebs können kurzen Ansprachen oder Begrüßungen Substanz verleihen.

Der Markt ist der einzig demokratische Richter, den es überhaupt in der modernen Wirtschaft gibt.

LUDWIG ERHARD, *deutscher Politiker (CDU), 1897–1977*

Im Geschäftsleben ist keine Geistesgabe so erfolgreich wie eine gute, wenn auch geheime Meinung von sich selbst.

LORD PHILIP DORMER STANHOPE CHESTERFIELD, *englischer Staatsmann,*
Vizekönig von Irland und Schriftsteller, 1694–1773

Denn der Buchstabe tötet, aber der Geist macht lebendig.

BIBEL

Sind Rüben auf dem Markt gefragt, muss man sie nicht waschen.

CHINESISCHES SPRICHWORT

Tun Sie gelegentlich etwas, womit Sie weniger oder gar nichts verdienen. Es zahlt sich aus.

OLIVER HASSENCAMP, *deutscher Schriftsteller, 1921–1988*

Barmherzigkeit gegen die Wölfe ist Unrecht gegen die Schafe.

NIEDERLÄNDISCHES SPRICHWORT

Wie mit den Füßen, so darf man auch mit den Hoffnungen nicht zu weit ausholen.

EPIKTET, *griechischer Philosoph, ca. 50–138*

Zwei Dinge sind schädlich für jeden, der die Stufen des Glücks will ersteigen: schweigen, wenn Zeit ist zu reden, und reden, wenn Zeit ist zu schweigen.

FRIEDRICH M. VON BODENSTEDT, *deutscher Schriftsteller, 1819–1892*

Für das Überzeugungsvermögen ist die Überzeugungskraft wichtiger als die Beherrschung von Überzeugungstechniken. Dialektiktraining (auch Verkaufstraining) ist also sehr viel mehr Persönlichkeitsbildung als Drill von Techniken.

RUPERT LAY, *deutscher Jesuitenpater und Philosoph, geb. 1929*

Wir sind dabei, die Welt zu reduzieren auf Angebot und Nachfrage.

GERTRUD HÖHLER, *Unternehmensberaterin, geb. 1941*

Der Mensch ist von Geburt an gut, aber die Geschäfte machen ihn schlecht.

KONFUZIUS, *chinesischer Philosoph, 551–479 v. Chr.*

Für den Unternehmer ist der Markt wie das Meer: voller Risiken.

JEAN-JACQUES SERVAN-SCHREIBER, *französischer Journalist und Politiker, geb. 1924*

Die Fähigkeit, auf welche die Menschen den meisten Wert legen, ist die Zahlungsfähigkeit.

OSKAR BLUMENTHAL, *deutscher Schriftsteller, 1852–1917*

Vergisst du den Kunden, so hat er dich bereits vergessen.

HEINZ M. GOLDMANN, *Unternehmensberater, geb. 1919*

Bilder malen lernt man ja ganz von selbst, aber wie man Bilder verkauft, das sollten sie einem auf der Akademie beibringen.

OLAF GULBRANSSON, *norwegischer Maler, 1873–1958*

Es gibt aber nichts, was einen so anständigen Eindruck macht, als die Beharrlichkeit bei der geschäftlichen Verrichtung und bei jedem Entschluss.

MARCUS TULLIUS CICERO, *römischer Staatsmann, Redner und Philosoph, 106–43 v. Chr.*

Stellst du einen Mann an die Spitze, mag er sein, was er will, Jurist oder Techniker; bewährt er sich, so ist er ein Kaufmann.

WALTHER RATHENAU, *deutscher Industrieller und Politiker, 1867–1922*

Der wahre Präsident des Unternehmens ist der Konsument.

HELMUT MAUCHER, *schweizerischer Nestlé-Manager, geb. 1927*

Oft büßt das Gute ein, wer Bessres sucht.

WILLIAM SHAKESPEARE, *englischer Dramatiker, 1564–1616*

Je stärker eine Ware als ein wirklicher „Glücksfall" oder als eine besondere Gelegenheit empfunden wird, desto mehr verschwinden preisliche Bedenken.

HEINZ M. GOLDMANN, Unternehmensberater, geb. 1919

Wer so überzeugt ist von seinem Produkt wie Lichtenberg, wird kaum verkäuferischen Schiffbruch erleiden:

Wer zwei Paar Hosen hat, mache eins zu Geld und schaffe sich dieses Buch an.

GEORG CHRISTOPH LICHTENBERG, deutscher Schriftsteller und Physiker, 1742–1799

Sei nicht ungeduldig, wenn man deine Argumente nicht gelten lässt.

JOHANN WOLFGANG VON GOETHE, deutscher Dichter, 1749–1832

Denke lieber an das, was du hast, als an das, was dir fehlt!

MARC AUREL, römischer Kaiser, 121–180

Verkaufen ist immer auch eine Sache des richtigen Argumentierens. Vor- und Nachteile sind eben auch Interpretationssache, wie der folgende Witz beweist:

Einer prahlt, wie schön seine Frau sei. Da nimmt ihn ein Freund beiseite und fragt ihn sacht: „Weißt du wirklich nicht, dass deine Frau dich mit vier Liebhabern betrügt?" – „Na und? Ich bin lieber mit zwanzig Prozent an einer guten Sache beteiligt als mit hundert an einer schlechten."

Kundenbindung und Beschwerdemanagement

Der Wandel zur Dienstleistungsgesellschaft lässt eine gute Kundenbetreuung immer wichtiger werden, gleichzeitig sind die Defizite in diesem Bereich besonders hoch. Zitate von Lao Tse über Leonardo da

Vinci bis zu Beate Uhse und Peter Dussmann können Ihnen bei der Überzeugungsarbeit in Sachen Kundenorientierung helfen.

Höflichkeit ist Klugheit; folglich ist Unhöflichkeit Dummheit.

ARTHUR SCHOPENHAUER, *deutscher Philosoph, 1788–1860*

Dinge wahrzunehmen ist der Keim der Intelligenz.

LAO TSE, *chinesischer Philosoph, 6. Jh. v. Chr.*

Vertrauen ist für alle Unternehmungen das Betriebskapital, ohne welches kein nützliches Werk auskommen kann.

ALBERT SCHWEITZER, *deutsch-französischer Arzt und Kulturphilosoph, 1875–1965*

Der Verkauf von Dienstleistungen lebt vom Vertrauen.

PETER DUSSMANN, *deutscher Unternehmer, geb. 1938*

Der Wurm, der an der Angel hängt, muss nicht dem Angler schmecken, sondern dem Fisch.

BEATE UHSE, *Unternehmerin, geb. 1919*

Wer essen will, soll den Koch nicht beleidigen.

CHINESISCHES SPRICHWORT

Der Kunde ist die erste und die letzte Instanz aller unternehmerischen Entscheidungen.

PETER DUSSMANN, *deutscher Unternehmer, geb. 1938*

Wir müssen in erster Linie an den Kunden denken, wenn wir wollen, dass der Kunde auch an uns denkt.

EMIL OESCH, *schweizerischer Schriftsteller, 1894–1974*

Aufmerksamkeit auf einfache kleine Sachen zu verschwenden, die die meisten vernachlässigen, macht ein paar Menschen reich.

HENRY FORD, *amerikanischer Automobilhersteller, 1863–1947*

Glück entsteht oft durch Aufmerksamkeit in kleinen Dingen, Unglück oft durch Vernachlässigung kleiner Dinge.

WILHELM BUSCH, *deutscher Dichter und Maler, 1832–1908*

Gerade bei Kundenbeschwerden bewahrheitet sich das folgende Zitat Goethes:

Der Widerspruch ist es, der uns produktiv macht.

JOHANN WOLFGANG VON GOETHE, *deutscher Dichter, 1749–1832*

Auch die folgenden Zitate passen zum Thema Beschwerden:

Ein Mann von Geist wird nicht allein nie etwas Dummes sagen, er wird auch nie etwas Dummes hören.

LUDWIG BÖRNE, *deutscher Schriftsteller, 1786–1837*

Wer zur Quelle gehen kann, gehe nicht zum Wassertopf.

LEONARDO DA VINCI, *italienischer Maler, Bildhauer, Baumeister und Forscher, 1452–1519*

Man muss es immer dahin bringen, dass man zurückgewünscht wird.

BALTASAR GACIÁN Y MORALES, *spanischer Schriftsteller, 1602–1658*

Besonders allergisch reagiere ich, wenn einer meiner Mitarbeiter vom Kunden erwartet, dass dieser Verständnis für seine Probleme hat, statt dass er die Probleme des Kunden löst.

CLAUS WISSER, *deutscher Unternehmer, geb. 1942*

Wahrheiten, die man ganz besonders ungern hört, hat man besonders nötig.

JEAN DE LA BRUYÈRE, *französischer Schriftsteller, 1645–1696*

Wir werden immer gut tun, Vorwürfe, die uns wie nur im Scherz gemacht wurden, getrost als im Ernst gemeint hinzunehmen.

KARL GUTZKOW, *deutscher Schriftsteller, 1811–1878*

Eltern verzeihen ihren Kindern die Fehler am schwersten, die sie selbst ihnen anerzogen haben.

MARIE VON EBNER-ESCHENBACH, *österreichische Erzählerin, 1830–1916*

Jede kleine Ehrlichkeit ist besser als eine große Lüge.

LEONARDO DA VINCI, *italienischer Maler, Bildhauer, Baumeister und Forscher, 1452–1519*

Wer das Jucken ein Übel nennt, der denkt gewiss nichts ans Kratzen.

CHRISTIAN FRIEDRICH HEBBEL, *deutscher Dichter, 1813–1863*

Vielleicht werden besondere Aktionen oder Events zur Kundenbindung in Ihrem Unternehmen inflationär eingesetzt und drohen ihren Ereignischarakter zu verlieren – hier eine Überzeugungshilfe:

Zehn Küsse werden leichter vergessen als ein Kuss.

JEAN PAUL, *deutscher Schriftsteller, 1763–1825*

Der Mensch darf nicht zu reich sein. Hat er zwischen einer Überzahl von Möglichkeiten die Wahl, so leidet er Schiffbruch und verliert den Sinn für das Notwendige.

JOSÉ ORTEGA Y GASSET, *spanischer Kulturphilosoph und Essayist, 1883–1955*

Bei den weichen Servicefaktoren kommt es gar nicht so sehr darauf an, was alles an attraktiven Dienstleistungen geboten wird, sondern vielmehr, wie der Service rübergebracht wird.

KLAUS KOBJOLL, *deutscher Hotelier und Dozent für Marketing, geb. 1948*

Wer dem Publikum hinterherläuft, sieht doch nur dessen Hinterteil.

JOHANN WOLFGANG VON GOETHE, *deutscher Dichter, 1749–1832*

Wir leben in einer Zeit, in der die Menschen nicht wissen, was sie wollen, aber alles tun, um es zu bekommen.

DONALD MARQUIS, *amerikanischer Schriftsteller, 1878–1937*

Abonnenten sind nicht so leicht zu vertreiben. Es ist zum Staunen, was ein guter Abonnent vertragt.

JOHANN NESTROY, *österreichischer Dramatiker und Schauspieler, 1801–1862*

Die Menschen nehmen es hin, wenn man ihnen auf die Hühneraugen tritt. Aber sie nehmen es nicht hin, wenn man ihnen sagt, sie hätten Hühneraugen.

NORMAN MAILER, *amerikanischer Schriftsteller, geb. 1923*

Wer sagt: Hier herrscht Freiheit, der lügt, denn Freiheit herrscht nicht.

ERICH FRIED, *österreichischer Schriftsteller, 1921–1988*

Den Stil verbessern, das heißt den Gedanken verbessern.

FRIEDRICH NIETZSCHE, *deutscher Philosoph, 1844–1900*

Aufmerksamkeit und Liebe bedingen einander wechselseitig.

HUGO VON HOFMANNSTHAL, *österreichischer Dichter, 1874–1929*

Ein Mensch ohne Lächeln sollte kein Geschäft aufmachen.

CHINESISCHES SPRICHWORT

Man muss als Zwerg das tun, was die Riesen nicht können.

Niki Lauda, *österreichischer Rennfahrer und Unternehmer, geb. 1949*

Das Vergnügen ist ein Prüfstein der Natur, ein Zeichen ihrer Zustimmung. Wenn wir glücklich sind, sind wir immer gut. Aber nicht jeder, der gut ist, ist glücklich.

Oscar Wilde, *englischer Schriftsteller, 1856–1900*

Das Betragen ist ein Spiegel, in welchem jeder sein Bild zeigt.

Johann Wolfgang von Goethe, *deutscher Dichter, 1749–1832*

Mit dem, was du selber tun kannst, bemühe nie andere.

Thomas Jefferson, *3. Präsident der USA, 1743–1826*

Echte Kundenorientierung dürfte sich ex negativo geradezu perfekt aus dem folgenden Zitat von Cyril Northcote Parkinson ableiten lassen.

Die Post ist eine Institution zur verteuerten Verlangsamung der Briefzustellung mit dem Ziel der Selbstabholung gegen zehnfache Gebühr.

Cyril Northcote Parkinson, *englischer Historiker und Publizist, 1909–1993*

Die Kundenbindung bei Maus und Löwe dagegen hat funktioniert:

Eine arme kleine Maus war in die Fänge eines Löwen geraten. Der jedoch erwies sich als großmütig, denn auf die flehentlichen Bitten der Maus, sie wieder loszulassen, ließ er sie tatsächlich frei. Wenig später verwickelte der Löwe sich in ein Netz. Die Maus erinnerte sich an seine Großzügigkeit, machte sich über das Garn her und befreite den Löwen aus den Schlingen.

Äsop, *griechischer Fabeldichter, ca. 6. Jh. v. Chr.*

Gerade im Umgang mit Kunden werden Mitarbeiter schnell dazu verleitet, Wertungen vorzunehmen, die der Wirklichkeit nichtentsprechen. Ob Sie diesen Umstand ganz direkt mit Manfred Rommel in Erinnerung rufen wollen oder etwas vorsichtiger mit der gerade erzählten Fabel vom Löwen und der Maus ist eine Frage der Situation – aber auch Ihres persönlichen Stils.

> Einigen, die vom hohen Rosse her auf uns herabblicken, sollten wir gelegentlich sagen: „Wir sind nicht hier, weil du dort oben sitzest, sondern du sitzest dort oben, weil wir hier sind."
>
> MANFRED ROMMEL, *deutscher Politiker (CDU), geb. 1928*

> Das deutsche Schicksal: vor einem Schalter zu stehn. Das deutsche Ideal: hinter einem Schalter zu sitzen.
>
> KURT TUCHOLSKY, *deutscher Schriftsteller und Journalist, 1890–1935*

Möge Werner Schneyders Kritik böse Ironie bleiben:

> Konsumentenberatung ist dazu da, Konsumentenaufklärung zu verhindern.
>
> WERNER SCHNEYDER, *österreichischer Kabarettist und Schriftsteller, geb. 1937*

Ob Telefonmarketing oder E-Mail – der richtige Zeitpunkt für die Kontaktaufnahme mit einem Kunden kann durchaus relevant sein. Zu Morgensterns Zeiten gab es offensichtlich bei der Briefpost noch mehrmals am Tag Zustellungen:

> Es ist eine Kunst für sich, einen Brief zur rechten Zeit ankommen zu lassen. Man vergisst ihrer gewöhnlich. Und doch – wie oft ein intimes, beschauliches Gespräch am Morgen keine Hörer an uns fände, so mutet uns ein Brief morgens und abends anders an.
>
> CHRISTIAN MORGENSTERN, *deutscher Schriftsteller, 1871–1914*

Die Katzen halten keinen für eloquent, der nicht miauen kann.

Marie von Ebner-Eschenbach, *österreichische Erzählerin, 1830–1916*

Ein Urteil lässt sich widerlegen, aber niemals ein Vorurteil.

Marie von Ebner-Eschenbach, *österreichische Erzählerin, 1830–1916*

Und es ist besser, Unrecht zu leiden, als Unrecht tun.

Gotthold Ephraim Lessing, *deutscher Schriftsteller und Philosoph, 1729–1781*

In jedem Menschen kann mir Gott erscheinen.

Novalis, *deutscher Dichter der Romantik, 1772–1801*

Ist denn der Mensch deswegen so schlimm und so schlecht, weil die bösen Neigungen zuerst in seinem Herzen erwachen und das Gute nur durch Erziehung und Unterricht bei ihm anschlägt? Euer bester Ackerboden trägt doch auch nur Gras und Unkraut aus eigener Kraft und euer Leben lang keine Weizenernte.

Johann Peter Hebel, *deutscher Dichter, 1760–1826*

Es gibt zwei Sorten Ratten:
Die hungrigen und die satten.
Die satten bleiben vergnügt zu Haus,
Die hungrigen aber wandern aus.

Heinrich Heine, *deutscher Dichter und Publizist, 1797–1856*

Wenn unserm Denken und Fühlen jedweden Dinges nicht ein Tropfen von dem Wissen um die Vergänglichkeit auch des kostbarsten Dinges, um sein vergleichsweise leichtes Gewicht beigemischt ist, so ist es nicht viel damit. Halte die Hand offen, und der wunderbare Vogel sitzt darauf nieder und singt; drückst du sie aber schnell über ihm zu, so ist er dir aus den Augen, und, glaube mir, er ist auch nicht mehr in deiner geballten Hand.

Moritz Heimann, *deutscher Schriftsteller, 1868–1925*

Qualitätsmanagement

Zum Qualitätsmanagement gehören nicht nur die Einhaltung von Vorschriften und die Rentabilität der Produktion, sondern auch Kundenzufriedenheit und Umweltverträglichkeit. Wenn Sie Zitate zu diesem Thema suchen, dann schlagen Sie je nach Ihrem Schwerpunkt auch einmal in den Kapiteln „Kundenbindung und Beschwerdemanagement" (S. 76), „Umweltschutz / Ökomanagement" (S. 87) und „Mit Pannen und Misserfolgen umgehen" (S. 196) nach.

> Qualität beginnt beim Menschen, nicht bei den Dingen. Wer hier einen Wandel herbeiführen will, muss zuallererst auf die innere Einstellung aller Mitarbeiter abzielen.
>
> PHILIP B. CROSBY, *amerikanischer Unternehmensberater, geb. 1926*

> Qualität … ist, gute Produkte herzustellen, sie mit konkurrenzfähigen Preisen zu versehen und dazu einen ordentlichen Kundendienst anzubieten.
>
> LEE IACOCCA, *amerikanischer Industriemanager, geb. 1924*

> Nur wenn man das kleinste Detail im Griff hat, kann man präzise arbeiten.
>
> NIKI LAUDA, *österreichischer Rennfahrer und Unternehmer, geb. 1949*

> Es gibt zwei Dinge, auf denen das Wohlgelingen in allen Verhältnissen beruht. Das eine ist, dass Zweck und Ziel der Tätigkeit richtig bestimmt sind. Das andere aber besteht darin, die zu diesem Endziel führenden Handlungen zu finden.
>
> ARISTOTELES, *griechischer Philosoph, 384–322 v. Chr.*

> Steigst du nicht auf die Berge, so siehst du auch nicht in die Ferne.
>
> CHINESISCHES SPRICHWORT

> Prüft aber alles, und das Gute behaltet.
>
> BIBEL

Irrtümer entspringen nicht allein daher, weil man gewisse Dinge nicht weiß, sondern weil man sich zu urteilen unternimmt, obgleich man noch nicht alles weiß, was dazu erfordert wird.

IMMANUEL KANT, *deutscher Philosoph, 1724–1804*

Was wert ist, getan zu werden, ist wert, gut getan zu werden. – Whatever is worth doing at all, is worth doing well.

LORD PHILIP DORMER STANHOPE CHESTERFIELD, *englischer Staatsmann,*
Vizekönig von Irland und Schriftsteller, 1694–1773

Es ist leichter, den Schaden zu verhüten als wieder gut zu machen.

JOHANN PETER HEBEL, *deutscher Dichter, 1760–1826*

Auch eine gewisse Betriebsblindheit kann einem effizienten Qualitätsmanagement im Weg stehen (siehe auch Kapitel „Betriebsblindheit" S. 213):

Die absoluten Wahrheiten, scheint mir, haben das größte Unheil angerichtet. Daher ist weniger verbrochen durch Wissen als durch Glauben, durch Denken als durch Eingebung. Die „Nägel" im Menschenhirn, das ist die Gefahr: Um sie herum beginnt es immer zu eitern.

GERHART HAUPTMANN, *deutscher Schriftsteller, 1862–1946*

Je mehr du dich selbst liebst, je mehr bist du dein eigener Feind.

MARIE VON EBNER-ESCHENBACH, *österreichische Erzählerin, 1830–1916*

Die Erfahrungen sind die Samenkörner, aus denen die Klugheit emporwächst.

KONRAD ADENAUER, *deutscher Politiker (CDU), 1876–1967*

Man achte immer auf Qualität. Ein Sarg zum Beispiel muss fürs Leben halten.

KURT TUCHOLSKY, *deutscher Schriftsteller und Journalist, 1890–1935*

Qualität ist, wenn der Kunde zurückkommt, nicht das Produkt.

M<small>AXIME BEI</small> M<small>ERCEDES</small> B<small>ENZ</small>

Diejenigen Berge, über die man im Leben am schwersten hinwegkommt, häufen sich immer aus Sandkörnchen auf.

C<small>HRISTIAN</small> F<small>RIEDRICH</small> H<small>EBBEL</small>, *deutscher Dichter, 1813–1863*

Wenn die Löhne zu hoch sind, stimmt das Produkt nicht. Beides muss zusammenpassen.

R<small>UDOLF</small> M<small>IELE</small>, *deutscher Unternehmer, geb. 1929*

Auch das beste Qualitätsmanagement kann nicht alle Unwägbarkeiten des Lebens ausschließen:

Und wenn dir ein Ziegelstein auf den Kopf fällt, bist du ganz sicher, dass es nicht doch bis zu einem bestimmten Grade deine eigene Schuld war? Dass du die Möglichkeit seines Falles nicht vorher erwogen, war das nicht ein Mangel an Voraussicht? Und ist es gänzlich auszuschließen, dass es nicht vielleicht dein eigener Schritt war, der den Stein lockerte? Oder gingst du nicht am Ende schon in der unbewussten Absicht vorüber, das Haus zu erschüttern, von dessen Dache er dir auf den Kopf fiel?

A<small>RTHUR</small> S<small>CHNITZLER</small>, *österreichischer Schriftsteller, 1862–1931*

Ich würde jedes Altauto unserer Marke zurücknehmen, nur geben es mir die Kunden nicht. Unsere Autos werden nicht verschrottet.

W<small>ENDELIN</small> W<small>IEDEKING</small>, *Porsche-Vorstand, geb. 1952*

Es ist keine Höflichkeit, einem Lahmen den Stock tragen zu wollen.

A<small>RTHUR</small> S<small>CHNITZLER</small>, *österreichischer Schriftsteller, 1862–1931*

Man wird nicht besser mit den Jahren –
Wie sollt' es auch, man wird bequem
Und bringt, um sich die Reu' zu sparen,
Die Fehler all in ein System.

THEODOR FONTANE, *deutscher Schriftsteller, 1819–1898*

Erfolge bringen Erfolg hervor, so wie das Geld das Geld vermehrt. – Les succès produisent les succès, comme l'argent produit l'argent.

CHAMFORT, *französischer Schriftsteller, 1741–1794*

Nichts ist erfolgreicher als der Erfolg. Wenn man fünfmal erfolgreich war, egal ob beim Weitsprung, Golfspielen oder mit einer Firma, wird man selbstbewusst und ist überzeugt, dass es beim nächsten Mal wieder klappt.

BEATE UHSE, *Unternehmerin, geb. 1919*

Umweltschutz / Ökomanagement

Ökomanagement ist inzwischen zu einem allgemeinen Thema geworden – und das nicht nur deshalb, weil es heute mehr umweltrechtliche Vorschriften gibt als noch vor einigen Jahren. Immer mehr Unternehmen stecken sich mit großem Erfolg selbst Umweltschutzziele und wollen möglichst hohe Umweltstandards erreichen. Wenn Sie intern für solche Ziele plädieren oder die Umweltpolitik Ihres Unternehmens der Öffentlichkeit vorstellen wollen, werden Sie in diesem Kapitel Material dazu finden.

Sofern wir in die Natur eingreifen, haben wir strengstens auf die Wiederherstellung ihres Gleichgewichts zu achten.

HERAKLIT, *griechischer Philosoph, ca. 550–480 v. Chr.*

Bevor man die Welt verändert, wäre es vielleicht doch wichtiger, sie nicht zu Grunde zu richten.

PAUL CLAUDEL, *französischer Dichter, 1868–1955*

87

Der Mensch muss sich in die Natur schicken; aber er will, dass sie sich in ihn schicken soll.

IMMANUEL KANT, *deutscher Philosoph, 1724–1804*

Die Frage heute ist, wie man die Menschheit überreden kann, in ihr eigenes Überleben einzuwilligen.

BERTRAND RUSSELL, *englischer Philosoph, 1872–1970*

Noch ein wenig Fortschritt, dann wird die fühllose Natur das einzige beseelte Wesen auf unserem Planeten sein.

KARL HEINRICH WAGGERL, *österreichischer Schriftsteller, 1897–1973*

Hat ein Unternehmen nicht auch eine gesellschaftliche Verantwortung? Hat ein Unternehmen, dessen Erfolg von der Gesellschaft abhängt, nicht auch die Pflicht, ihr etwas zurückzugeben?

ANITA RODDICK, *Unternehmerin, Gründerin von The Body Shop, geb. 1942*

Wenn man mit Sonnenstrahlen Bomben bauen könnte, gäbe es schon längst wirtschaftlich arbeitende Sonnenkraftwerke.

HELMAR NAHR, *deutscher Mathematiker und Wirtschaftswissenschaftler, 1931–1990*

Das dringendste Problem der Technologie von heute ist nicht mehr die Befriedigung von Grundbedürfnissen und uralten Wünschen der Menschen, sondern die Beseitigung von Übeln und Schäden, welche uns die Technologie von gestern hinterlassen hat.

DENNIS GÁBOR, *englisch-ungarischer Physiker, 1900–1979*

Wehr im Beginne dem Übel; zu spät wird Heilung bereitet, wenn es Stärke gewann durch zu langen Verzug.

OVID, *römischer Dichter, 43 v. Chr.– ca. 17 n. Chr.*

Es ist nicht genug, dass man verstehe, der Natur Daumenschrauben anzulegen; man muss sie auch verstehen können, wenn sie aussagt.

ARTHUR SCHOPENHAUER, *deutscher Philosoph, 1788–1860*

Ungerechtigkeit irgendwo auf der Welt gefährdet die
Gerechtigkeit überall. – Injustice anywhere is a threat to
justice everywhere.

MARTIN LUTHER KING, *amerikanischer Bürgerrechtler, 1929–1968*

Noch niemals hatte die Menschheit so viel Angst wie heutzutage – und noch niemals hatte sie so viel Grund dazu.

BERTRAND RUSSELL, *englischer Philosoph, 1872–1970*

Ihrem eigenen Trieb überlassen neigt die Masse immer
dazu, aus Lebensbegierde die Grundlagen ihres Lebens zu
zerstören.

JOSÉ ORTEGA Y GASSET, *spanischer Kulturphilosoph und Essayist, 1883–1955*

Die Welt nötigt uns zur Angst. Angst ist nicht Schwäche
des Urteils, sondern eine sie betreffende Erkenntnis.

CARL FRIEDRICH VON WEIZSÄCKER, *deutscher Physiker und Philosoph, geb. 1912*

Die Freiheit besteht darin, dass man alles tun kann, was
einem anderen nicht schadet.

MATTHIAS CLAUDIUS, *deutscher Dichter, 1740–1815*

Das Anthropozentrische ist auch eine Art von Chauvinismus.

HUGO VON HOFMANNSTHAL, *österreichischer Dichter, 1874–1929*

Gute Ansichten sind wertlos. Es kommt darauf an, wer sie
hat.

KARL KRAUS, *österreichischer Schriftsteller und Kritiker, 1874–1936*

Wer sich mit der Natur verträgt, dem tut sie nichts.

Henry Miller, *amerikanischer Schriftsteller, 1891–1980*

Das öffentliche Wohl soll das oberste Gesetz sein.

Marcus Tullius Cicero, *römischer Staatsmann, Redner und Philosoph, 106–43 v. Chr.*

Ethik ist ins Grenzenlose erweiterte Verantwortung gegen alles, was lebt.

Albert Schweitzer, *deutsch-französischer Arzt und Kulturphilosoph, 1875–1965*

Fortschritt ist die Verwirklichung von Utopien.

Gottfried Benn, *deutscher Dichter und Arzt, 1886–1956*

Das Fortrücken in der Kalenderjahrzahl macht wohl den Menschen, aber nicht die Menschheit reifer.

Johann Peter Hebel, *deutscher Dichter, 1760–1826*

Doch das ist ewig wahr: Wer nichts für andere tut, tut nichts für sich.

Johann Wolfgang von Goethe, *deutscher Dichter, 1749–1832*

Wir sind auf einer Mission: Zur Bildung der Erde sind wir berufen.

Novalis, *deutscher Dichter der Romantik, 1772–1801*

Das Problem ist heute nicht die Atomenergie, sondern das Herz des Menschen.

Albert Einstein, *deutscher Physiker, 1879–1955*

Der Mensch ist das einzige Tier, das erröten kann – oder muss.

Mark Twain, *amerikanischer Schriftsteller, 1835–1910*

Das folgende Zitat von Philip Rosenthal ist nicht im Zusammenhang mit Ökomanagement gefallen, dennoch passt es gerade in diesen Kontext hervorragend:

Lieber etwas weniger Wohlstand, dafür aber länger.

PHILIP ROSENTHAL, *deutscher Unternehmer und Politiker (SPD), geb. 1916*

Man muss an Utopien glauben, um sie verwirklichen zu können.

JEAN-JACQUES SERVAN-SCHREIBER, *französischer Journalist und Politiker, geb. 1924*

Unsere Rohstoffe und Energiequellen sind begrenzt – aber mithilfe der Technologie können wir sie immer wieder neu aufbereiten und erschließen. Ich bin Ingenieur und von der Machbarkeit und Bewältigbarkeit der Probleme dieser Welt überzeugt.

AKIO MORITA, *japanischer Unternehmer, geb. 1931*

In Deutschland haben wir eine doppelbödige Diskussion: Alle wollen zurück zur Natur, aber nicht zu Fuß.

JOACHIM MILBERG, *Industriemanager, geb. 1943*

Wer die Welt bewegen will, sollte sich erst selbst bewegen.

SOKRATES, *griechischer Philosoph, ca. 470–399 v. Chr.*

Wer Ökomanagement praktizieren will, muss sich meist gegen eine Haltung durchsetzen, deren bekannteste Formulierung übrigens von der Marquise de Pompadour stammt:

Nach uns die Sintflut. – Après nous le déluge!

MARQUISE DE POMPADOUR, *Mätresse Ludwigs XV., 1721–1764*

Erfolg ist die Kunst, dem Sinnvollen das Rentable vorzuziehen.

Helmar Nahr, *deutscher Mathematiker und Wirtschaftswissenschaftler, 1931–1990*

Gerade in Sachen Ökomanagement kann ein Perspektivwechsel nicht schaden – wie in diesem Witz:

Treffen sich zwei Planeten: „Wie geht's denn?" – „Nicht so gut." – „Wieso, was hast du denn?" – „Ach, ich habe homo sapiens." – „Ach so. Das ist nicht so schlimm, das hatte ich auch schon mal. Das geht vorüber."

Greenpeace

Neue Ideen durchsetzen

Die Innovationsfreudigkeit von Unternehmen macht einen Großteil ihres Erfolges aus, dennoch ist nichts schwerer als eingefahrene Gleise zu verlassen und neue Ideen durchzusetzen. In diesem Kapitel finden Sie vor allem Hilfe für Ihre Überzeugungsarbeit, im Kapitel „Fortschritt / Innovation / Forschung und Entwicklung" (S. 99) sind dann solche Zitate zusammengestellt, die Sie brauchen, wenn Sie eine Innovation ankündigen wollen oder wenn Sie grundsätzliche Statements zum Thema abgeben müssen. Wenn Ihre Überzeugungsarbeit schon am Problembewusstsein Ihres Umfelds scheitert, schauen Sie doch im Kapitel „Betriebsblindheit" (S. 213) nach, ob Sie nicht passende Zitate entdecken.

Ist es doch eine allgemein menschliche Schwäche, sich von unsicheren und unbekannten Dingen allzu sehr in Hoffnung wiegen und in Schrecken setzen zu lassen.

Gajus Julius Cäsar, *römischer Staatsmann, Feldherr und Schriftsteller, 100–44 v. Chr.*

Die Wahrheit ist unteilbar. Nur die Köpfe, in die sie nicht hineingeht, können gespalten werden.

Peter Bamm, *deutscher Schriftsteller, 1897–1975*

Die das Dunkel nicht fühlen, werden sich nie nach dem Licht umsehen.

HENRY THOMAS BUCKLE, *britischer Kulturhistoriker, 1821–1862*

Das Gefährliche an den Verboten: dass man sich auf sie verlässt, dass man nicht darüber nachdenkt, wann sie zu ändern wären.

ELIAS CANETTI, *Schriftsteller, 1905–1994*

Für die Zukunftsfähigkeit von Gesellschaft, Staat und Wirtschaft kommt es entscheidend auf die Einstellung zum Wandel an. Wird er nur widerwillig akzeptiert, ist die Startposition denkbar ungünstig.

HEINRICH VON PIERER, *Vorstandsvorsitzender der Siemens AG, geb. 1941*

Jedes Mal, wenn wir in der IBM einen Fortschritt gemacht haben, dann geschah das, weil jemand gewillt war, ein Risiko zu übernehmen, seinen Kopf hinzuhalten und etwas Neues auszuprobieren.

THOMAS J. WATSON, *Manager*

Viel zu viel Wert auf die Meinung anderer legen ist ein allgemein herrschender Irrwahn.

ARTHUR SCHOPENHAUER, *deutscher Philosoph, 1788–1860*

Wohin ich auch zu gehen gedenke, so muss ich doch erst immer einen Schlagbaum der Gewohnheit freimachen, so sorgfältig hat sie alle unsere Straßen verrammelt.

MICHEL DE MONTAIGNE, *französischer Schriftsteller und Moralist, 1533–1592*

Ich kann freilich nicht sagen, ob es besser werden wird, wenn es anders wird; aber so viel kann ich sagen, es muss anders werden, wenn es gut werden soll.

GEORG CHRISTOPH LICHTENBERG, *deutscher Schriftsteller und Physiker, 1742–1799*

Welcher Mann würde schon an einem Ort leben wollen, an dem es keinen Wagemut gibt? Ich halte nichts davon, irgendwelche verrückten Dinge auszuprobieren, aber wenn man nichts ausprobiert, tut sich auch nichts. – What kind of man would live where there is no daring? I don't believe in taking foolish chances, but nothing can be without taking any chances at all.

CHARLES AUGUSTUS LINDBERGH, *amerikanischer Flieger, 1902–1974*

Es ist unmöglich Staub aufzuwirbeln, ohne dass einige Leute husten.

ERWIN PISCATOR, *deutscher Theaterregisseur, 1893–1966*

Regulierung und Standardisierung bedeuten das Ende evolutionärer Veränderung.

UWE RENALD MÜLLER, *deutscher Verleger und Autor, geb. 1954*

Die Widerstände gegen das Neue werden gespeist von der Angst vor dem Fremden. Da das Fremde nur in der Spiegelung am Eigenen sichtbar wird, steht hinter der Angst vor dem Fremden die Angst, sich selber ändern zu müssen.

BOLKO VON OETINGER, *Unternehmensberater, geb. 1943*

Du kannst nicht zwei Pferde mit einem Hintern reiten.

WOODY ALLEN, *amerikanischer Filmregisseur und -schauspieler, geb. 1935*

Der Erfolg bietet sich meist denen, die kühn handeln; nicht denen, die alles wägen und nichts wagen wollen.

HERODOT, *griechischer Geschichtsschreiber, ca. 490–430 v. Chr.*

Über der Veränderung liegt stets ein Hauch von Unbegreiflichkeit.

CARL FRIEDRICH VON WEIZSÄCKER, *deutscher Physiker und Philosoph, geb. 1912*

Wenn wir nicht von vorne anfangen, dürfen wir nicht hoffen, weiterzukommen.

JOHANN GOTTFRIED SEUME, *deutscher Dichter, 1763–1810*

Wenn einem Philosophen ein Licht aufgeht, ist's für den anderen immer ein Schatten.

CHRISTIAN FRIEDRICH HEBBEL, *deutscher Dichter, 1813–1863*

Neue Ideen sind nur durch ihre Ungewohntheit schwer verständlich.

FRANZ MARC, *deutscher Maler, 1880–1916*

Neue Ideen können auch aus Variationen bewährter Traditionen entstehen:

Es ist schön, immer mit derselben Frau zu schlafen und immer Erdbeeren im Juni zu essen. Einige unserer wichtigsten Lebenserfahrungen basieren auf Wiederholung.

PETER GREENAWAY, *englischer Filmregisseur, geb. 1942*

Tradition ist bewahrter Fortschritt, Fortschritt ist weitergeführte Tradition.

CARL FRIEDRICH VON WEIZSÄCKER, *deutscher Physiker und Philosoph, geb. 1912*

Gedanken werden dann nur gestaltend und schöpferisch, wenn sie an etwas Vorhandenes anknüpfen.

KARL GUTZKOW, *deutscher Schriftsteller, 1811–1878*

Die Philosophen haben die Welt nur verschieden interpretiert, es kömmt drauf an, sie zu verändern.

KARL MARX, *deutscher Philosoph und Politiker, 1818–1883*

95

Nur wer sich ändert, bleibt sich treu.

WOLF BIERMANN, *deutscher Lyriker und Sänger, geb. 1936*

Ausnahmen sind nicht immer Bestätigung der alten Regel;
sie können auch die Vorboten einer neuen Regel sein.

MARIE VON EBNER-ESCHENBACH, *österreichische Erzählerin, 1830–1916*

Nicht ohne Schauder greift des Menschen Hand
In des Geschicks geheimnisvolle Urne.

FRIEDRICH SCHILLER, *deutscher Dichter, 1759–1805*

Ich kann nicht an andere Ufer vordringen, wenn ich nicht
den Mut aufbringe, die alten zu verlassen.

ANDRÉ GIDE, *französischer Schriftsteller, 1869–1951*

Wer sichere Schritte tun will, muss sie langsam tun.

JOHANN WOLFGANG VON GOETHE, *deutscher Dichter, 1749–1832*

Der Geist lebt vom Zufall, aber er muss ihn ergreifen.

ELIAS CANETTI, *Schriftsteller, 1905–1994*

Die gemeinsten Meinungen und was jedermann für ausgemacht hält, verdient oft am meisten untersucht zu werden.

AUGUST VON PLATEN, *deutscher Dichter, 1796–1835*

Versuchen ist nicht so übel als Verfinden.

EMIL GÖTT, *deutscher Schriftsteller, 1864–1908*

Einer neuen Wahrheit ist nichts schädlicher als ein alter Irrtum.

JOHANN WOLFGANG VON GOETHE, *deutscher Dichter, 1749–1832*

Es erben sich Gesetz' und Rechte
Wie eine ew'ge Krankheit fort;
Sie schleppen von Geschlecht sich zum Geschlechte
Und rücken sacht von Ort zu Ort.

JOHANN WOLFGANG VON GOETHE, *deutscher Dichter, 1749–1832*

Es gibt viele „Wahrheiten", die den Umgang mit der Vernunft als einen zu schlechten Verkehr ablehnen.

RICHARD SCHAUKAL, *österreichischer Schriftsteller, 1874–1942*

Was hilft eine überzeugende innovative Strategie, wenn das Umfeld im Unternehmen oder in der Gesellschaft Veränderungen nicht zulässt? Denn:

Nicht Tatsachen, sondern Meinungen über Tatsachen bestimmen das Zusammenleben.

EPIKTET, *griechischer Philosoph, ca. 50–138*

Alles Ganze, Vollendete ist eben vollendet, fertig und daher abgetan, gewesen; das Halbe ist entwicklungsfähig, fortschreitend, immer auf der Suche nach seinem Komplement. Vollkommenheit ist steril.

EGON FRIEDELL, *österreichischer Schriftsteller, 1878–1938*

Die größten Schwierigkeiten liegen da, wo wir sie nicht suchen.

JOHANN WOLFGANG VON GOETHE, *deutscher Dichter, 1749–1832*

Bereit zum Untergang ist reif zum Aufgang.

EMIL GÖTT, *deutscher Schriftsteller, 1864–1908*

Wenn die Angst vor der Veränderung sich darauf beschränkt, als revolutionär zu gelten, dann trösten Sie doch mit Hannah Arendt:

Der radikalste Revolutionär ist ein Konservativer am Tag nach der Revolution.

HANNAH ARENDT, *deutsch-amerikanische Philosophin und Soziologin, 1906–1975*

Damit das Mögliche entsteht, muss immer wieder das Unmögliche versucht werden.

HERMANN HESSE, *deutscher Dichter, 1877–1962*

Das folgende Zitat kann auch als gutes Argument für Diversifikation herhalten:

Man darf das Schiff nicht an einen einzigen Anker und das Leben nicht an eine einzige Hoffnung binden.

EPIKTET, *griechischer Philosoph, ca. 50–138*

Jedes Verbot verschlechtert den Charakter bei denen, die sich ihm nicht willentlich, sondern gezwungen unterwerfen.

FRIEDRICH NIETZSCHE, *deutscher Philosoph, 1844–1900*

Überzeugungen sind gefährlichere Feinde der Wahrheit als Lügen.

FRIEDRICH NIETZSCHE, *deutscher Philosoph, 1844–1900*

Leben ist die Kunst, taugliche Schlussfolgerungen aus unzureichenden Prämissen zu ziehen.

SAMUEL BUTLER, *englischer Schriftsteller, 1612–1680*

Wenn fünfzig Millionen Menschen etwas Dummes sagen, bleibt es trotzdem eine Dummheit.

ANATOLE FRANCE, *französischer Schriftsteller, 1844–1924*

Ein Gedanke, der immer nur danach schielt, ob die Tatsachen und die Geschichte ihn bestätigen, ist ein Abgänger.

GOTTFRIED BENN, *deutscher Dichter und Arzt, 1886–1956*

Du glaubst zu schieben und du wirst geschoben.

JOHANN WOLFGANG VON GOETHE, *deutscher Dichter, 1749–1832*

Ein Grab ist doch immer die beste Befestigung wider die Stürme des Schicksals.

GEORG CHRISTOPH LICHTENBERG, *deutscher Schriftsteller und Physiker, 1742–1799*

Jeder neue Gedanke ist ein Widerspruch. Denken heißt widersprechen können.

HANS LOHBERGER, *österreichischer Schriftsteller, 1920–1979*

Es gibt wichtigeres im Leben, als beständig dessen Geschwindigkeit zu erhöhen.

MAHATMA GANDHI, *Führer der indischen Unabhängigkeitsbewegung, 1869–1948*

Echte Anschauungen sind nicht Gedanken, sondern Gedanken-Mütter.

CHRISTIAN FRIEDRICH HEBBEL, *deutscher Dichter, 1813–1863*

Fortschritt / Innovation / Forschung und Entwicklung

Sie müssen nicht Leiter einer Entwicklungsabteilung sein, um immer wieder Stellung zu Forschung, Innovation und Fortschritt nehmen zu müssen. Dass dieses Kapitel gleich mit vier Begriffen überschrieben ist, hat seinen guten Grund: Die meisten der hier versammelten Zitate lassen sich bei Reden, Präsentationen oder Treffen mit in- und ausländischen Geschäftspartnern zum Thema Forschung und Entwicklung ebenso einsetzen wie zum Thema Innovationen. Wenn Sie die Überzeugungsarbeit noch vor sich haben, finden Sie im Kapitel „Neue Ideen durchsetzen" (S. 92) weitere passende Zitate.

> Wohin kämen wir, bitte, wenn wir immer nur Idealen nachhängen würden? Zu den Idealen!
>
> PETER ALTENBERG, *österreichischer Schriftsteller, 1859–1919*

> Wer kann was Dummes, wer was Kluges denken, das nicht die Vorwelt schon gedacht.
>
> JOHANN WOLFGANG VON GOETHE, *deutscher Dichter, 1749–1832*

> Wer mit den Füßen fest auf der Erde steht, kann nicht mit dem Scheitel den Himmel berühren.
>
> HANS KUDSZUS, *deutscher Schriftsteller, 1901–1977*

> Geist kämpft nicht. Er spielt im Sandkasten. Das Mögliche ist notwendiger als das Wirkliche.
>
> HANS KUDSZUS, *deutscher Schriftsteller, 1901–1977*

> Der Fortschritt geschieht heute so schnell, dass, während jemand eine Sache für gänzlich undurchführbar erklärt, er von einem anderen unterbrochen wird, der sie schon realisiert hat.
>
> ALBERT EINSTEIN, *deutscher Physiker, 1879–1955*

> Regelmäßige Studienreisen nach USA und / oder Fernost, Benchmarking mit den Besten in und außerhalb unserer Branche, sorgfältige Beobachtung von Trends und ein funktionierendes Verbesserungsvorschlagswesen bringen ständigen Innovationsschub.
>
> KLAUS KOBJOLL, *deutscher Hotelier und Dozent für Marketing, geb. 1948*

Das Angenehme, Harmonische, Angepasste ist zwar bequem, schafft aber keinen Fortschritt.

Anpassung ist der Kerkermeister der Freiheit und der Feind des Wachstums. – Conformity is the jailer of freedom and the enemy of growth.

JOHN FITZGERALD KENNEDY, *35. Präsident der USA, 1917–1963*

Nicht die harmonische, eingespielte Routinearbeit bringt ein Unternehmen weiter.

BEATE UHSE, *Unternehmerin, geb. 1919*

Das Wesentliche an der Existenz des Menschen ist seine Fähigkeit, sich nicht anzupassen.

KARL HEINRICH WAGGERL, *österreichischer Schriftsteller, 1897–1973*

Wer eine neue wissenschaftliche Wahrheit entdeckt, musste vorher fast alles, was er gelernt hatte, zerstören.

JOSÉ ORTEGA Y GASSET, *spanischer Kulturphilosoph und Essayist, 1883–1955*

Der Fortschritt besteht nicht darin, das Gestern zu zerstören, sondern seine Essenz zu bewahren, welche die Kraft hatte, das bessere Heute zu schaffen.

JOSÉ ORTEGA Y GASSET, *spanischer Kulturphilosoph und Essayist, 1883–1955*

Es ist eine zutiefst fehlerhafte Binsenwahrheit, die alle Schönschreibhefte und alle bedeutenden Menschen in ihren Reden wiederholen, dass wir die Gewohnheit kultivieren sollten, über unser Tun nachzudenken. Genau das Gegenteil ist der Fall. Die Zivilisation macht Fortschritte, indem sie die Anzahl wichtiger Operationen erweitert, die wir ausführen können, ohne über sie nachzudenken.

ALFRED NORTH WHITEHEAD, *englischer Mathematiker und Philosoph, 1861–1947*

Wenn wir die Geschichte besser kennen würden, fänden wir am Ursprung jeder Neuerung viel Wissen.

ÉMILE MÂLE, französischer Kunsthistoriker, 1862–1954

Die Menschheit lässt sich keinen Irrtum nehmen, der ihr nützt. Sie würde an Unsterblichkeit glauben, und wenn sie das Gegenteil wüsste.

CHRISTIAN FRIEDRICH HEBBEL, deutscher Dichter, 1813–1863

Würden die Menschen nach ihrem eigenen vernünftigen Interesse handeln, wäre die Welt ein Paradies im Vergleich zu ihrem tatsächlichen Zustand.

BERTRAND RUSSELL, englischer Philosoph, 1872–1970

Ich bin zu der Überzeugung gekommen, dass die ganze Welt ein Rätsel ist, ein harmloses Rätsel, das schrecklich wird durch unseren eigenen verrückten Versuch, sie zu deuten, als ob ihr eine tiefe Wahrheit zu Grunde läge.

UMBERTO ECO, italienischer Semiotiker und Schriftsteller, geb. 1932

Wer eine Überzeugung hat, wird mit allem fertig. Überzeugungen sind der beste Schutz vor dem Lebendig-Wahren.

MAX FRISCH, schweizerischer Schriftsteller, 1911–1991

Wer vom Glück immer nur träumt, darf sich nicht wundern, wenn er es verschläft.

ERNST DEUTSCH, deutscher Schauspieler, 1890–1969

Nichts beflügelt die Wissenschaft so wie der Schwatz mit Kollegen auf dem Flur.

ARNOLD PENZIAS, amerikanischer Physiker, geb. 1933

Ich bin ein guter Schwamm, denn ich sauge Ideen auf und mache sie dann nutzbar. Die meisten meiner Ideen gehörten ursprünglich anderen Leuten, die sich nicht die Mühe gemacht haben, sie weiterzuentwickeln.

THOMAS ALVA EDISON, *amerikanischer Erfinder, 1847–1931*

Der Einfall ersetzt nicht die Arbeit.

MAX WEBER, *deutscher Wirtschafts- und Sozialwissenschaftler, 1864–1920*

Der Irrtum ist viel leichter zu erkennen, als die Wahrheit zu finden; jener liegt auf der Oberfläche, damit lässt sich wohl fertig werden; diese ruht in der Tiefe, danach zu forschen ist nicht jedermanns Sache.

JOHANN WOLFGANG VON GOETHE, *deutscher Dichter, 1749–1832*

Alles Wissen geht aus einem Zweifel hervor und endigt in einem Glauben.

MARIE VON EBNER-ESCHENBACH, *österreichische Erzählerin, 1830–1916*

Nur wenn sich die Kreativität auf diese drei Bereiche - Technologie, Produktplanung und Marketing - erstreckt, kann das Publikum aus einer neuen Technologie Nutzen ziehen. Ohne eine Unternehmensorganisation, die diesen drei Teilbereichen das zum Teil sehr langfristig erforderliche Ineinandergreifen gestattet, wird man neue Produkte nur schwerlich reifen sehen.

AKIO MORITA, *japanischer Unternehmer, geb. 1931*

Der Gründer von Sony, Akio Morita, hat mit seiner Haltung, die ihm oft als Selbstherrlichkeit angekreidet wurde, große Erfolge erzielt. Als er die Entwicklung des Walkman initiierte, hatte er die eigene Forschungscrew und die gesamte Marketingabteilung gegen sich:

Wir kümmern uns daher nicht viel um Marktforschung, sondern tüfteln ein Produkt und seine Verwendungsmöglichkeiten aus und versuchen dann, einen Markt dafür zu schaffen, indem wir die Öffentlichkeit durch Kommunikation sozusagen „produktreif" machen.

AKIO MORITA, *japanischer Unternehmer, geb. 1931*

Die Industrie eines Landes wird niemals eine leitende Stellung erwerben und sich erhalten können, wenn das Land nicht gleichzeitig an der Spitze des naturwissenschaftlichen Fortschritts steht. Dies herbeizuführen ist das wirksamste Mittel zur Hebung der Industrie.

WERNER VON SIEMENS, *deutscher Ingenieur und Unternehmer, 1816–1892*

Alle Narrheit erschöpfen – so gelangt man zum Boden der Weisheit.

LUDWIG BÖRNE, *deutscher Schriftsteller, 1786–1837*

Jede theoretische Erklärung ist eine Reduzierung der Intuition.

PETER HØEG, *dänischer Schriftsteller, geb. 1957*

Ein Gedanke kann nicht erwachen, ohne andere zu wecken.

MARIE VON EBNER-ESCHENBACH, *österreichische Erzählerin, 1830–1916*

Hoher Sinn liegt oft in kindischem Spiel.

FRIEDRICH SCHILLER, *deutscher Dichter, 1759–1805*

Ins geistige Abenteuer nimmt man den Regenschirm der Meinungen mit.

RICHARD SCHAUKAL, *österreichischer Schriftsteller, 1874–1942*

Unter „Fortschritt" verstehen die meisten – unbewusst – die Unfähigkeit, Wurzel zu fassen.

RICHARD SCHAUKAL, *österreichischer Schriftsteller, 1874–1942*

Unser Entscheiden reicht weiter als unser Erkennen.

IMMANUEL KANT, *deutscher Philosoph, 1724–1804*

Als Künstlernatur bezeichnen wir im Allgemeinen die Summe von Eigenschaften, die den Künstler im Produzieren behindert.

ARTHUR SCHNITZLER, *österreichischer Schriftsteller, 1862–1931*

Mein Dank gilt allen, die mich durch ihr Nichtstun haben gewähren lassen.

HEINZ NIXDORF, *deutscher Unternehmer, 1925–1986*

Was Herrn Keuner in der folgenden Geschichte von Bertolt Brecht so erschreckt, sollte auch Unternehmen erschrecken, von denen Ähnliches gesagt wird:

Ein Mann, der Herrn Keuner lange nicht gesehen hatte, begrüßte ihn mit den Worten: „Sie haben sich gar nicht verändert." – „Oh!", sagte Herr Keuner und erbleichte.

BERTOLT BRECHT, *deutscher Schriftsteller und Regisseur, 1898–1956*

Ton knetend formt man Gefäße. Doch erst ihr Hohlraum, das Nichts, ermöglicht die Füllung. Das Sichtbare, das Seiende, gibt dem Werk die Form. Das Unsichtbare, das Nichts, gibt ihm Wesen und Sinn.

LAO TSE, *chinesischer Philosoph, 6. Jh. v. Chr.*

Besäße der Mensch die Beharrlichkeit, so wäre ihm fast nichts unmöglich.

CHINESISCHER SPRUCH

Die Undefiniertheit des Seins dispensiert nicht von der Frage nach einem Sinn, sondern fordert dazu gerade auf.

MARTIN HEIDEGGER, *deutscher Philosoph, 1889–1976*

Erfindungen sind nur selten erfolgreich, wenn sie nicht aus der vollen Sachkenntnis hervorgehen und den Zweck haben, eine vorhandene störende Lücke auszufüllen. 99 unter 100 Erfindungen beruhen auf mangelndem Verständnis und die vermeintliche Erfindungsgabe auf Einbildung.

WERNER VON SIEMENS, *deutscher Ingenieur und Unternehmer, 1816–1892*

Der Fortschritt ist die Verwirklichung von Ideen.

OSCAR WILDE, *englischer Schriftsteller, 1856–1900*

Wer ständig glücklich sein möchte, muss sich oft verändern.

KONFUZIUS, *chinesischer Philosoph, 551–479 v. Chr.*

Es geschieht zu jeder Zeit etwas Unerwartetes; unter anderem ist auch deshalb das Leben so interessant.

MARIE VON EBNER-ESCHENBACH, *österreichische Erzählerin, 1830–1916*

Ohne Begeisterung ist noch nie etwas Großes erreicht worden.

RALPH WALDO EMERSON, *amerikanischer Dichter und Philosoph, 1803–1882*

Das Kunsturteil des Dilettanten und des Meisters unterscheiden sich darin, dass ersterer dabei das Kunstwerk mit sich in Einstimmung zu bringen sucht; letzterer sich mit dem Kunstwerke.

FRANZ GRILLPARZER, *österreichischer Schriftsteller, 1791–1872*

Innovation ist für das Unternehmen, was Sauerstoff für den Menschen ist. Menschen können nur sehr kurze Zeit ohne Sauerstoff überleben. Entsprechend können Betriebe nur kurze Zeit überleben, ohne neue Produkte oder Leistungen zu entwickeln. Und die Zeit, während der Betriebe ohne Entwicklung neuer Produkte, Verfahren oder Dienstleistungen überleben können, wird immer kürzer.

JAN TRØJBORG, *dänischer Minister für Entwicklungszusammenarbeit*

Auch wenn mir vielleicht Experten widersprechen: Es gibt eine menschliche Wesensart, ohne die die Innovation auf Dauer nicht rund läuft – die Faulheit, oder etwas vornehmer, der Hang zur Rationalisierung.

RON SOMMER, *Vorstandsvorsitzender der Deutschen Telekom AG, geb. 1949*

Weit hinderlicher als die Kosten ist jedoch die Selbststrangulierung von Wirtschaft und Gesellschaft, die ihr den Atem zur Innovation nimmt. Die Kreativität ist umzingelt von Vorschriften, Ge- und Verboten.

RON SOMMER, *Vorstandsvorsitzender der Deutschen Telekom AG, geb. 1949*

Je mehr wir lernen, desto mehr neue Dinge entdecken wir immer wieder. Es bedeutet auch, dass es keine Grenze für neue Entdeckungen und Erkenntnisse gibt.

PAUL M. ROMER, *amerikanischer Wirtschaftswissenschaftler, geb. 1957*

Wir sind auf Erden um das Glück zu suchen, nicht um es zu finden.

SIDONIE GABRIELLE COLETTE, *französische Schriftstellerin, 1873–1954*

Raum, ihr Herrn, dem Flügelschlag
Einer freien Seele!

GEORG HERWEGH, *deutscher Dichter und Revolutionär, 1817–1875*

107

Das ganze Gebarme um „Innovation" ist auch nur Beschäftigungstherapie. Wir kennen ja nicht einmal das, was wir erneuern wollen, weil wir das, wovon wir reden: es sei innovationsbedürftig, gar nicht kennen. Mit dieser Erkenntnis sind wir geweckt und können uns endlich dem wirklichen Lernen zuwenden: dem Kennen-Lernen des Vorhandenen. Daraus wird unweigerlich Neues entstehen.

WOLFGANG RIHM, *deutscher Komponist, geb. 1952*

Der Anstoß zur Kreativität kommt also aus der Enttäuschung. Ich glaube, auf diese Weise werden die meisten von uns motiviert.

PETER GREENAWAY, *englischer Filmregisseur, geb. 1942*

Spielen ist Experimentieren mit dem Zufall.

NOVALIS, *deutscher Dichter der Romantik, 1772–1801*

Man reist nicht billiger und nicht schneller als in Gedanken.

GEORG WEERTH, *deutscher Schriftsteller, 1822–1856*

Die Natur des Menschen, seine Trägheit und intellektuelle Taubheit, wird schon lange als Hemmschuh des Fortschritts erkannt:

Der Mensch wird in der Welt nur das gewahr, was schon in ihm liegt; aber er braucht die Welt, um gewahr zu werden, was in ihm liegt; dazu aber sind Tätigkeit und Leiden nötig.

HUGO VON HOFMANNSTHAL, *österreichischer Dichter, 1874–1929*

Mit dem Ohr der Menschheit ist es so beschaffen, dass es den Schall zu verschlafen und erst durch das Echo zu erwachen pflegt.

ARTHUR SCHNITZLER, *österreichischer Schriftsteller, 1862–1931*

Heute wird jede Minute eine neue chemische Formel, alle drei Minuten ein neuer physikalischer Zusammenhang und alle fünf Minuten eine neue medizinische Erkenntnis gewonnen. Pro Tag wird inzwischen mehr gedruckt als in der ganzen Zeit von der Erfindung des Buchdrucks bis zum ersten Weltkrieg zusammen.

HEINRICH VON PIERER, *Vorstandsvorsitzender der Siemens AG, geb. 1941*

Es gibt manche Erlebnisse in unserem Dasein, die uns nichts zu sagen haben, solange wir sie anrufen; und wir halten sie für stumm. Aber wenn wir nur die Geduld haben, ein wenig zuzuwarten und stillzuhalten, so hallt uns mit einem Male ihr drei- und vierfaches Echo donnernd zurück.

EGON FRIEDELL, *österreichischer Schriftsteller, 1878–1938*

Jeder Mensch findet sich von den frühsten Momenten seines Lebens an, erst unbewusst, dann halb, endlich ganz bewusst, immerfort bedingt, begrenzt in seiner Stellung.

JOHANN WOLFGANG VON GOETHE, *deutscher Dichter, 1749–1832*

Wer die höchste Unwirklichkeit erfasst, wird die höchste Wirklichkeit gestalten.

HUGO VON HOFMANNSTHAL, *österreichischer Dichter, 1874–1929*

Wie mancher Gedanke fällt um wie ein Leichnam, wenn er mit dem Leben konfrontiert wird.

CHRISTIAN MORGENSTERN, *deutscher Schriftsteller, 1871–1914*

Mehrheiten zementieren das Bestehende, Fortschritt ist nur über Minderheiten möglich.

BERTRAND RUSSELL, *englischer Philosoph, 1872–1970*

Moral, ein Maulkorb für den Willen; Logik, ein Steigriemen für den Geist.

Franz Grillparzer, österreichischer Schriftsteller, 1791–1872

Fantasie ist nur in der Gesellschaft des Verstandes erträglich.

Christian Friedrich Hebbel, deutscher Dichter, 1813–1863

Durch Erfindungen sein Glück zu machen, ist eine sehr saure, schwere Arbeit, die wenige zum Ziel führt und schon unzählige tüchtige Leute zu Grunde gerichtet hat.

Werner von Siemens, deutscher Ingenieur und Unternehmer, 1816–1892

In jeder Möglichkeit liegt der Beweis, dass irgendwo in der Welt eine eben solche Wirklichkeit ist.

Wilhelm von Scholz, deutscher Schriftsteller, 1874–1969

Die auf dem Ozean des menschlichen Wissens rudern wollen, kommen nicht weit, und die die Segel aufziehen, verschlägt der Sturm.

Franz Grillparzer, österreichischer Schriftsteller, 1791–1872

Wie groß sind die Fortschritte der Menschheit, wenn wir auf den Punkt sehen, von dem sie ausging, und wie klein, betrachten wir den Punkt wo sie hin will.

Franz Grillparzer, österreichischer Schriftsteller, 1791–1872

Jeder Zuwachs an Technik bedingt, wenn damit ein Zuwachs und nicht eine Schmälerung des menschlichen Glücks verbunden sein soll, einen entsprechenden Zuwachs an Weisheit.

Bertrand Russell, englischer Philosoph, 1872–1970

Fortschritt: die bekannten alten Sorgen gegen unbekannte neue, noch kompliziertere Sorgen eintauschen.

JOSÉ ORTEGA Y GASSET, spanischer Kulturphilosoph und Essayist, 1883–1955

Von dem folgenden Zitat des Archimedes, der bekanntlich schon in der Antike einen Näherungswert für die Zahl π errechnete, leitet sich übrigens der sprichwörtliche Ausdruck „archimedischer Punkt" ab, mit dem man einen ruhenden Pol bezeichnet:

Gib mir nur einen Punkt, wo ich hintreten kann, und ich bewege die Erde.

ARCHIMEDES, griechischer Mathematiker und Physiker, 285–212 v. Chr.

Säen ist nicht so beschwerlich als ernten.

JOHANN WOLFGANG VON GOETHE, deutscher Dichter, 1749–1832

Alle Spekulationen, vielleicht alles Philosophieren ist nur ein Denken in Spiralen; wir kommen wohl höher, aber nicht eigentlich weiter. Und dem Zentrum der Welt bleiben wir immer gleich fern.

ARTHUR SCHNITZLER, österreichischer Schriftsteller, 1862–1931

Ich glaube nicht an Fügung und Schicksal, als Techniker bin ich gewohnt, mit den Formeln der Wahrscheinlichkeit zu rechnen.

MAX FRISCH, schweizerischer Schriftsteller, 1911–1991

Die Schurken sind immer praktisch tüchtiger als die ehrlichen Leute, weil ihnen die Mittel gleichgültig sind.

FRANZ GRILLPARZER, österreichischer Schriftsteller, 1791–1872

Den lieb ich, der Unmögliches begehrt.

JOHANN WOLFGANG VON GOETHE, deutscher Dichter, 1749–1832

Die Bestialität hat jetzt Handschuh über die Tatzen gezogen! Das ist das Resultat der ganzen Weltgeschichte.

CHRISTIAN FRIEDRICH HEBBEL, *deutscher Dichter, 1813–1863*

Mit dem das Pferd nie durchgeht, der reitet einen hölzernen Gaul.

CHRISTIAN FRIEDRICH HEBBEL, *deutscher Dichter, 1813–1863*

Wer sich an Kant hält, dem muss alle Metaphysik erscheinen wie das hartnäckige Surren einer großen Fliege an einem fest geschlossenen Fenster. Überall wird das Tier einen Durchlass vermuten und nirgends gewährt die unerbittliche Scheibe etwas anderes als – Durchsicht.

CHRISTIAN MORGENSTERN, *deutscher Schriftsteller, 1871–1914*

Globalisierung

Mit dem Thema Globalisierung müssen sich inzwischen nicht mehr nur große Konzerne beschäftigen. Spätestens das Internet hat über die Möglichkeit des E-Commerce auch kleine und mittlere Unternehmen „internationalisiert". Sie finden hier einige Zitate, die sich direkt mit dem Thema auseinander setzen, aber auch solche, die sich mit den Problemen und Sorgen befassen, die mit der Globalisierung zusammenhängen oder ihr auch nur unterstellt werden.

Globale Ideen wandern von außen nach innen ins Unternehmen und von innen wieder nach außen. Diesen inspirierenden Kreislauf zu leiten, ist die erste große Managementaufgabe, denn wer heute zu lange nach innen (Europa) schaut, hat bereits die Hälfte seiner Kunden (Asien) verpasst. Wer den „Hinweg" nach Asien sieht, aber den „Rückweg" übersieht, verlagert nur und erneuert sich nicht. Wir benötigen den globalen Manager, der diesen Austausch wie eine natürliche Osmose am Laufen hält.

BOLKO VON OETINGER, *Unternehmensberater, geb. 1943*

112

Im Rahmen der Globalisierung kann Neues uns unwahrscheinlich bereichern, nicht durch physisch abgepacktes Versenden einer Entdeckung von einem Platz zum anderen, sondern durch das „Werden einer Möglichkeit", das sich während des Austauschs herauskristallisiert.

BOLKO VON OETINGER, *Unternehmensberater, geb. 1943*

Was ich vom Euro-Manager erwarte: Neugierde und damit die Bereitschaft, an der Zukunft schon in der Gegenwart zu arbeiten.

HELMUT MAUCHER, *schweizerischer Nestlé-Manager, geb. 1927*

Unter den heutigen Bedingungen sind Spitzenmanager gezwungen, sich mehr mit dem Geld- und Devisenmarkt auseinander zu setzen als mit dem langfristigen Gedeihen ihres Unternehmens.

AKIO MORITA, *japanischer Unternehmer, geb. 1931*

Zivilisation: Der Osten verliert sein Östliches, der Westen sein Westliches: beide ihr Köstliches!

GERHART HAUPTMANN, *deutscher Schriftsteller, 1862–1946*

Jede Zeit hat ihre Aufgabe, und durch die Lösung derselben rückt die Menschheit weiter.

HEINRICH HEINE, *deutscher Dichter und Publizist, 1797–1856*

Wir sind in Todesangst, dass die Nächstenliebe sich zu weit ausbreiten könnte, und richten Schranken gegen sie auf – die Nationalitäten.

MARIE VON EBNER-ESCHENBACH, *österreichische Erzählerin, 1830–1916*

Nach Ägypten wär's nicht so weit. Aber bis man zum Südbahnhof kommt.

KARL KRAUS, *österreichischer Schriftsteller und Kritiker, 1874–1936*

In einer Bahnhofshalle, nicht für es gebaut, geht ein Huhn hin und her.

CHRISTIAN MORGENSTERN, *deutscher Schriftsteller, 1871–1914*

Fünf Schicksale leiten den Menschen: seine geistige Natur, sein Körper, sein Volk, seine Heimat, die Sprache: sich über alle fünf zu erheben, ist das Göttliche.

HUGO VON HOFMANNSTHAL, *österreichischer Dichter, 1874–1929*

Alle nationale Politik führt letzten Endes in ein unvermittelbares Element, in den Idiotismus, das Wort in seinem Ursinn verstanden.

HUGO VON HOFMANNSTHAL, *österreichischer Dichter, 1874–1929*

Gegen einen engstirnigen Nationalbegriff lässt sich mit dem folgenden Schillerzitat argumentieren:

Schnell knüpfen sich der Liebe zarte Bande.
Wo man beglückt, ist man im Vaterlande.

FRIEDRICH SCHILLER, *deutscher Dichter, 1759–1805*

Schiller spielt damit übrigens auf ein lateinisches Zitat an, das auf Aristophanes zurückgeht:

Wo es mir gut geht, da ist das Vaterland. – Ubi bene, ibi patria.

ARISTOPHANES, *griechischer Komödiendichter, ca. 445–385 v. Chr.*

Die Agora als der Versammlungsort war ein Platz ohne Mauern und ohne Zugangsbeschränkungen, auf dem sich die Bürger trafen um zu kommunizieren. Das Internet bietet als erste globale Agora freien Zugang zum freien globalen Dialog. Der Marktplatz Welt entsteht!

BOLKO VON OETINGER, *Unternehmensberater, geb. 1943*

Märkte sind wie Fallschirme: Sie funktionieren nur, wenn sie offen sind.

HELMUT SCHMIDT, *deutscher Politiker (SPD), geb. 1918*

Keine Gesellschaft kann gedeihen und glücklich sein, in der der weitaus größte Teil ihrer Mitglieder arm und elend ist.

ADAM SMITH, *schottischer Nationalökonom und Moralphilosoph, 1723–1790*

Der Glaube, nicht die Erkenntnis bestimmt, was sein soll; ja sogar: was ist! Darin liegt viel Segen für die Menschheit und ihr ganzes Elend!

WILHELM VON SCHOLZ, *deutscher Schriftsteller, 1874–1969*

Lernen im Unternehmen / Fortbildung

In diesem Kapitel finden Sie Zitate, die Sie als Führungskraft nutzen können, um für Fortbildungsmaßnahmen zu plädieren; Zitate, die Ihnen als Seminarleiter oder Trainer den Einstieg erleichtern, die Ihre Gruppe zum Lachen bringen, und Zitate, die sich für eine Rede beispielsweise zum Abschluss einer Gesellenprüfung oder für ein Statement zum Stand der Ausbildung von Hochschulabgängern eignen.

Was ist Geld? Geld ist rund und rollt weg, aber die Bildung bleibt.

HEINRICH HEINE, *deutscher Dichter und Publizist, 1797–1856*

Die Investition in Wissen zahlt die besten Zinsen.

BENJAMIN FRANKLIN, *amerikanischer Schriftsteller, Naturwissenschaftler und Politiker, 1706–1790*

Ein Talent hat jeder Mensch, nur gehört zumeist das Licht der Bildung dazu, um es aufzufinden.

PETER ROSEGGER, *österreichischer Schriftsteller, 1843–1918*

Was nicht im Menschen ist, kommt auch nicht von außen
in ihn hinein.

WILHELM VON HUMBOLDT, *deutscher Philosoph, 1767–1835*

Heute können wir nicht aufhören zu lernen, bloß weil wir
unsere Grundausbildung beendet haben. Dies gilt für jeden,
sowohl für Facharbeiter als auch für Akademiker. Die in
den Unternehmen durchzuführenden Innovationen hängen
von der Fähigkeit ab, fortwährend zu lernen und das
Erlernte anzuwenden. Deshalb muss die Fortbildung einen
natürlichen Bestandteil in einem zukunftsorientierten Unternehmen ausmachen.

JAN TRØJBORG, *dänischer Minister für Entwicklungszusammenarbeit*

Wissen ist der Rohstoff für Innovationen.

WERNER VON SIEMENS, *deutscher Ingenieur und Unternehmer, 1816–1892*

Die Bausteine eines innovativen und veränderungsfreudi-
gen Unternehmens sind Wissen und Kompetenz.

JAN TRØJBORG, *dänischer Minister für Entwicklungszusammenarbeit*

Das Ich ist nichts anderes als Wollen und Vorstellen.

NOVALIS, *deutscher Dichter der Romantik, 1772–1801*

Jedes Kind ist ein Künstler. Das Problem besteht darin, wie
es ein Künstler bleiben kann, wenn es aufwächst.

PABLO PICASSO, *spanischer Maler, 1881–1973*

Grau, teurer Freund, ist alle Theorie,
Und grün des Lebens goldner Baum.

JOHANN WOLFGANG VON GOETHE, *deutscher Dichter, 1749–1832*

Über die Halbwertszeit von Wissen scheint man sich einig zu sein, ob Benjamin Britten, Philip Rosenthal oder ein chinesisches Sprichwort. – Wem dies Angst macht, der lasse sich von dem darunter stehenden Zitat von Edgar Allan Poe gleich wieder Mut machen:

> Lernen ist wie Rudern gegen den Strom. Sobald man aufhört, treibt man zurück.
>
> BENJAMIN BRITTEN, *Komponist, 1913–1976*

> Wer aufhört besser zu werden, hat aufgehört gut zu sein.
>
> PHILIP ROSENTHAL, *deutscher Unternehmer und Politiker (SPD), geb. 1916*

> Eine Fähigkeit, die nicht täglich zunimmt, geht täglich zurück.
>
> CHINESISCHE WEISHEIT

> Nicht in der Erkenntnis liegt das Glück, sondern im Erwerben der Erkenntnis.
>
> EDGAR ALLAN POE, *amerikanischer Schriftsteller, 1809–1849*

> Das Ziel der Bildung ist nicht die Kenntnis von Fakten, sondern von Werten. – The aim of education is the knowledge not of facts but of values.
>
> WILLIAM RALPH INGE, *englischer Theologe, 1860–1954*

> Mancher unserer sehr mittelmäßigen Gelehrten hätte ein größerer Mann werden können, wenn er nicht so viel gelesen hätte.
>
> GEORG CHRISTOPH LICHTENBERG, *deutscher Schriftsteller und Physiker, 1742–1799*

> Es gibt zweierlei Arten von Neugier: die eine aus Eigennutz, die uns antreibt zu erfahren, was uns nützen kann; die andere aus Stolz, die dem Trieb entspringt, zu wissen, was andere nicht wissen.
>
> FRANÇOIS DE LA ROCHEFOUCAULD, *französischer Schriftsteller, 1613–1680*

Mit Fortschritt und Entwicklung hat Glaube und Zweifel nichts zu tun. Nur der Tätige bringt die Welt weiter, und da sowohl der Gläubige als der Zweifler tätig sein können, so wird es das Beste sein, jeden in demjenigen Seelenzustand zu belassen, der eben seiner Tätigkeit förderlich ist.

ARTHUR SCHNITZLER, *österreichischer Schriftsteller, 1862–1931*

Für die Entwicklung eines Menschen zu einem reichen und freien Leben sind viele Kontakte nötig.

AUGUST STRINDBERG, *schwedischer Dichter, 1849–1912*

Lang ist der Weg durch Lehren, kurz und wirksam durch Beispiele.

LUCIUS ANNAEUS SENECA, *römischer Politiker, Philosoph und Dichter,*
ca. 4 v. Chr. – 65 n. Chr.

Immer lernt der Kluge von Dummen mehr als der Dumme von Klugen.

PETER ROSEGGER, *österreichischer Schriftsteller, 1843–1918*

Den folgenden Vers von Menander hat Goethe seiner Autobiografie „Dichtung und Wahrheit" vorangestellt.

Ein Mensch, der nicht geschunden wird, wird nicht erzogen.

MENANDER, *griechischer Dichter, 342/341–291/290 v. Chr.*

Von Natur besitzen wir keinen Fehler, der nicht zur Tugend, keine Tugend, die nicht zum Fehler werden könnte.

JOHANN WOLFGANG VON GOETHE, *deutscher Dichter, 1749–1832*

Man muss die Menschen so belehren, als ob man sie nicht belehrt, und unbekannte Dinge vortragen, als seien sie nur vergessen.

ALEXANDER POPE, *englischer Dichter, 1688–1744*

Das Talent hat darin immer einen Vorsprung vor dem Genie, dass jenes andauert, dieses oft verpufft.

KARL GUTZKOW, *deutscher Schriftsteller, 1811–1878*

Dass nicht nur die weniger Erfahrenen von den „alten Hasen" lernen können, sondern auch umgekehrt – das ist ein Effekt, den man häufig in Teams beobachten kann. Bei Gertrud von Le Fort hört sich das so an:

Geboren wird nicht nur das Kind durch die Mutter, sondern auch die Mutter durch das Kind.

GERTRUD VON LE FORT, *deutsche Schriftstellerin, 1876–1971*

Als ich nun so studierte und schlief.

GEORG CHRISTOPH LICHTENBERG, *deutscher Schriftsteller und Physiker,*
1742–1799

Es war doch immer nützlich zu wissen, von welchen Dingen wir nichts wissen können. Wer uns vor nutzlosen Wegen warnt, leistet uns einen ebenso guten Dienst wie derjenige, der uns den rechten Weg anzeigt.

HEINRICH HEINE, *deutscher Dichter und Publizist, 1797–1856*

Der größte Fehler, den man bei der Erziehung zu begehen pflegt, ist dieser, dass man die Jugend nicht zum eigenen Nachdenken gewöhnet.

GOTTHOLD EPHRAIM LESSING, *deutscher Schriftsteller und Philosoph, 1729–1781*

Erfahrung ist eine verstandene Wahrnehmung.

IMMANUEL KANT, *deutscher Philosoph, 1724–1804*

Was man nicht versteht, besitzt man nicht.

JOHANN WOLFGANG VON GOETHE, *deutscher Dichter, 1749–1832*

Es gibt viele Menschen, die sich einbilden, was sie erfahren, verstünden sie auch.

JOHANN WOLFGANG VON GOETHE, *deutscher Dichter, 1749–1832*

Der erste Beweis, dass ein junger Mensch klüger geworden, ist, wenn er anfängt, Dinge, die ihm immer ganz begreiflich und natürlich vorkamen, nicht zu verstehen.

FRANZ GRILLPARZER, *österreichischer Schriftsteller, 1791–1872*

Es gibt zwei Wege, sich zu bilden. Der eine geht im Tale entlängst den Bächen und Flüssen. Man misst, schreitet vor und zurück und kommt am Ende wohl zu einem Begriffe dessen, was man durchschritten. Der andre führt grade auf den Berg, von wo herab du das ganze Stromgebiet mit einem Blicke überschaust.

KARL LEBERECHT IMMERMANN, *deutscher Schriftsteller, 1796–1840*

In den Bau der Welt taugt nur der abgeschliffene Stein.

JOHANN HEINRICH PESTALOZZI, *schweizerischer Pädagoge und Sozialreformer, 1746–1827*

Ein Buch ist ein Spiegel, wenn ein Affe hineinsieht, so kann kein Apostel herausgucken.

GEORG CHRISTOPH LICHTENBERG, *deutscher Schriftsteller und Physiker, 1742–1799*

Wer aufhört zu lernen, ist alt. Er mag zwanzig oder achtzig sein.

HENRY FORD, *amerikanischer Automobilhersteller, 1863–1947*

Glücklich sind die Menschen, wenn sie haben, was gut für sie ist.

PLATON, *griechischer Philosoph, ca. 428–348 v. Chr.*

Wissen ist wenig; im rechten Bezug zu wissen ist viel, im rechten Punkt zu wissen ist alles.

HUGO VON HOFMANNSTHAL, *österreichischer Dichter, 1874–1929*

Eigentlich lernen wir nur aus Büchern, die wir nicht beurteilen können. Der Autor eines Buches, das wir beurteilen können, müsste von uns lernen.

JOHANN WOLFGANG VON GOETHE, *deutscher Dichter, 1749–1832*

Am gefährlichsten ist die Dummheit, die nicht der Ausdruck von Unbildung, sondern von Ausbildung ist.

HELMUT ARNTZEN, *deutscher Schriftsteller, geb. 1931*

Eigenheiten, die werden schon haften;
Kultiviere deine Eigenschaften.

JOHANN WOLFGANG VON GOETHE, *deutscher Dichter, 1749–1832*

Die Toren wissen gewöhnlich das am besten, was jemals in Erfahrung zu bringen der Weise verzweifelt.

MARIE VON EBNER-ESCHENBACH, *österreichische Erzählerin, 1830–1916*

Das edle: Ich will! hat keinen schlimmeren Feind als das feige, selbstbetrügerische: Ja, wenn ich wollte!

MARIE VON EBNER-ESCHENBACH, *österreichische Erzählerin, 1830–1916*

Wie wir die Welt wahrnehmen, was wir als Problem, was als Glück betrachten, hat vor allem damit zu tun, was wir wissen:

Büchergelehrsamkeit vermehrt zwar die Kenntnisse, aber erweitert nicht den Begriff und die Einsicht, wo nicht Vernunft dazukommt.

IMMANUEL KANT, *deutscher Philosoph, 1724–1804*

121

Ein Mann aus dem tiefen Binnenland unternahm die erste Schiffsreise seines Lebens. Während eines ungeheuren Sturms blieb das Schiff auf einer Sandbank sitzen. Der Mann war glücklich und erleichtert und hielt für seine Rettung, was in Wahrheit das größte Unglück war.

ÄSOP, *griechischer Fabeldichter, ca. 6. Jh. v. Chr.*

Es steht nicht in unserer Macht, Irrtümer „abzulegen", wie man Kleider ablegt, weil einem andere besser gefallen, sondern erst, wenn wir unsere Irrtümer nicht mehr brauchen, wenn sie wirklich „aufgetragen" sind, entsteht in uns die Kraft, sie abzulegen.

EGON FRIEDELL, *österreichischer Schriftsteller, 1878–1938*

Der modische Irrtum ist, dass wir durch Erziehung jemand etwas geben können, das wir nicht haben.

GILBERT KEITH CHESTERTON, *englischer Schriftsteller, 1874–1936*

Es ist nichts beständig als die Unbeständigkeit.

IMMANUEL KANT, *deutscher Philosoph, 1724–1804*

Alle Berufe sind Verschwörungen gegen den Laien. – All professions are conspiracies against the laity.

GEORGE BERNARD SHAW, *irischer Schriftsteller, 1856–1950*

Lernen besteht in einem Erinnern von Informationen, die bereits seit Generationen in der Seele des Menschen wohnen.

SOKRATES, *griechischer Philosoph, ca. 470–399 v. Chr.*

Der Denker braucht grade ein solches Licht wie der Maler: hell, ohne unmittelbaren Sonnenschein oder blendende Reflexe, und, wo möglich, von oben herab.

FRIEDRICH SCHLEGEL, *deutscher Dichter, 1772–1829*

Manchen fehlt es an Gegenwart des Geistes – dafür haben sie desto mehr Zukunft des Geistes.

NOVALIS, *deutscher Dichter der Romantik, 1772–1801*

Seid aber Täter des Worts und nicht Hörer allein; sonst betrügt ihr euch selbst.

BIBEL

Bildung und Erziehung haben vieles gemeinsam, nicht nur die Haltung der Lernenden:

Jeder junge Mensch macht früher oder später die verblüffende Entdeckung, dass auch Eltern gelegentlich Recht haben könnten.

ANDRÉ MALRAUX, *französischer Politiker und Schriftsteller, 1901–1976*

Für angenehme Erinnerungen muss man im Voraus sorgen.

PAUL HÖRBIGER, *österreichischer Schauspieler, 1894–1981*

Wer den Geist bindet, indem er ihn rein einem Zweck unterwirft, richtet ihn (und damit sich) zu Grunde; wer den Geist ganz frei und richtungslos laufen lässt, richtet sich (und damit ihn) zu Grunde.

ERICH BROCK, *deutscher Schriftsteller, 1889–1976*

Die Menschheit ist zu weit vorwärts gegangen, um sich zurückzuwenden, und bewegt sich zu rasch, um anzuhalten.

WINSTON CHURCHILL, *britischer Politiker und Schriftsteller, 1874–1965*

Ein eigentümlicher Fehler der Deutschen ist, dass sie, was vor den Füßen liegt, in den Wolken suchen.

ARTHUR SCHOPENHAUER, *deutscher Philosoph, 1788–1860*

123

Die beste Bildung hat, wer das meiste von dem Leben versteht, in das er gestellt wird.

HELEN KELLER, *amerikanische Schriftstellerin und Sozialreformerin, 1880–1968*

Ein Experte ist ein Mann, der hinterher genau sagen kann, warum seine Prognose nicht gestimmt hat.

WINSTON CHURCHILL, *britischer Politiker und Schriftsteller, 1874–1965*

Armselig der Schüler, der seinen Meister nicht übertrifft.

LEONARDO DA VINCI, *italienischer Maler, Bildhauer, Baumeister und Forscher, 1452–1519*

Etwas heftig Begehrtes schnell erreichen und dann leise davon enttäuscht sein, ist vielleicht der glücklichste Zustand; denn er führt den Menschen am sichersten wieder zu sich selbst.

RICHARD BENZ, *deutscher Kulturhistoriker, 1884–1966*

Nicht um alles in der Welt möchte ich akademischer Lehrer sein. Das Beste von dem, was man weiß, darf man doch nicht sagen, und das Beste von dem, was man sagt, wird nicht verstanden.

LUDWIG BÖRNE, *deutscher Schriftsteller, 1786–1837*

Wer sein Vaterland nicht kennt, hat keinen Maßstab für fremde Länder.

JOHANN WOLFGANG VON GOETHE, *deutscher Dichter, 1749–1832*

Eine der schlimmsten Erfahrungen des reiferen Alters ist die, dass man niemanden vorwärts bringen kann außer sich selbst.

HUGO VON HOFMANNSTHAL, *österreichischer Dichter, 1874–1929*

Zusammenarbeit / Kooperation / Teamarbeit

Lassen Sie sich von den Zitaten in diesem Kapitel inspirieren, wenn Sie zum Beispiel dafür plädieren, mit neuen Geschäftspartnern zu kooperieren, ein Projektteam einzusetzen oder wenn Sie die Solidarität Ihrer Mitarbeiter stärken wollen.

Einer mag überwältigt werden, aber zwei können widerstehen, und eine dreifache Schnur reißt nicht leicht entzwei.

BIBEL

Wenn alle Menschen sich immer gegenseitig beistünden, dann bedürfte niemand des Glückes.

MENANDER, *griechischer Dichter, 342/341–291/290 v. Chr.*

Zusammenkunft ist ein Anfang. Zusammenhalt ist ein Fortschritt. Zusammenarbeit ist der Erfolg.

HENRY FORD, *amerikanischer Automobilhersteller, 1863–1947*

Selbst die beste technische Vernetzung ist nur so gut wie die zwischenmenschliche Kommunikation, die dahintersteht.

ERICH J. LEJEUNE, *Unternehmer und Motivationstrainer, geb. 1944*

Man kann wohl einen Schwarm Mücken im Zimmer sumsen hören, aber nicht eine.

JEAN PAUL, *deutscher Schriftsteller, 1763–1825*

Es ist eine große Torheit, allein weise sein zu wollen. – C'est une grande folie de vouloir être sage tout seul.

FRANÇOIS DE LA ROCHEFOUCAULD, *französischer Schriftsteller, 1613–1680*

Toleranz sollte eigentlich nur eine vorübergehende Gesinnung sein: Sie muss zur Anerkennung führen. Dulden heißt beleidigen.

JOHANN WOLFGANG VON GOETHE, *deutscher Dichter, 1749–1832*

Niemand wird es müde, sich helfen zu lassen. Helfen aber ist eine Handlung gemäß der Natur. Werde daher nicht müde, dir helfen zu lassen, indem du anderen hilfst.

MARC AUREL, *römischer Kaiser, 121–180*

Dieses geht mich gar nichts an,
Denn ich bin ein Untertan.

GOTTFRIED KINKEL, *deutscher Schriftsteller, 1815–1882*

Dem jungen Menschen ist die Freundschaft eine Hilfe, damit er keine Fehler begeht, dem Greis verhilft sie zur Pflege und ergänzt, wo er aus Schwäche nicht zu handeln vermag, den Erwachsenen unterstützt sie zu edlen Taten; denn „zwei miteinander" sind tauglicher zu denken und zu handeln.

ARISTOTELES, *griechischer Philosoph, 384–322 v. Chr.*

Wenn über das Grundsätzliche keine Einigkeit besteht, ist es sinnlos, miteinander Pläne zu schmieden.

KONFUZIUS, *chinesischer Philosoph, 551–479 v. Chr.*

Menschen, die einander ohne tatsächlichen klaren Grund nicht trauen, trauen sich selber nicht.

FRIEDRICH THEODOR VISCHER, *deutscher Schriftsteller und Philosoph, 1807–1887*

Es ist beschämender, seinen Freunden zu misstrauen, als von ihnen getäuscht zu werden. – Il est plus honteux de se défier de ses amis que d'en être trompé.

FRANÇOIS DE LA ROCHEFOUCAULD, *französischer Schriftsteller, 1613–1680*

Wir Erdenkinder sind einer des andern Engel, einer des andern Teufel, mancher sein eigener.

JOHANN PETER HEBEL, *deutscher Dichter, 1760–1826*

Effiziente Zusammenarbeit funktioniert nur, wenn Regeln eingehalten werden. Doch auch Flexibilität und Offenheit dürfen nicht fehlen:

Wer a sagt, der muss nicht b sagen. Er kann auch erkennen, dass a falsch war.

BERTOLT BRECHT, *deutscher Schriftsteller und Regisseur, 1898–1956*

Organisieren besteht darin, weder den Dingen ihren Lauf noch den Menschen ihren Willen zu lassen.

HELMAR NAHR, *deutscher Mathematiker und Wirtschaftswissenschaftler, 1931–1990*

Organisieren heißt: eine Generalanweisung bis zum letzten Handgriff detaillieren, die Ausführung überwachen und die Einzeltätigkeiten zu einem sinnvollen Ganzen vereinigen.

HELMAR NAHR, *deutscher Mathematiker und Wirtschaftswissenschaftler, 1931–1990*

Alle Menschen sind Demokraten, wenn sie glücklich sind.

GILBERT KEITH CHESTERTON, *englischer Schriftsteller, 1874–1936*

Wer damit anfängt, dass er allen traut, wird damit enden, dass er einen jeden für einen Schurken hält.

CHRISTIAN FRIEDRICH HEBBEL, *deutscher Dichter, 1813–1863*

Solange wir selber nicht daran glauben, dass im Austausch neuer Wert geschaffen wird, findet der Austausch auch nicht statt.

BOLKO VON OETINGER, *Unternehmensberater, geb. 1943*

Die Menschen, denen wir eine Stütze sind, die geben uns den Halt im Leben.

MARIE VON EBNER-ESCHENBACH, *österreichische Erzählerin, 1830–1916*

Ein Opfer ist nur dann was wert, wenn man auch was davon hat.

BERTOLT BRECHT, *deutscher Schriftsteller und Regisseur, 1898–1956*

Es gibt nichts Ungünstigeres als einen trägen Freund.

Plautus, römischer Komödiendichter, ca. 250–184 v. Chr.

Wir könnten viel, wenn wir zusammenstünden.

Friedrich Schiller, deutscher Dichter, 1759–1805

Man unterwirft sich dem Großen, um über Kleine Herr zu sein: Diese Lust überredet uns zur Unterwerfung.

Friedrich Nietzsche, deutscher Philosoph, 1844–1900

Man erkennt niemand an als den, der uns nutzt.

Johann Wolfgang von Goethe, deutscher Dichter, 1749–1832

Ich merke wohl, im Ehestand muss man sich manchmal streiten, denn dadurch erfährt man was voneinander.

Johann Wolfgang von Goethe, deutscher Dichter, 1749–1832

Das Genie entdeckt die Frage. Das Talent beantwortet sie.

Karl Heinrich Waggerl, österreichischer Schriftsteller, 1897–1973

Die Fruchtbarkeit einer engen Kooperation oder gar einer Fusion will von allen Seiten wohl geprüft sein:

Ein Huhn schlug einem Schwein eine enge Kooperation vor. Das Huhn hatte genaue Verträge zusammengestellt und erklärte dem Schwein begeistert, welche Chancen in einer Zusammenarbeit stecken. Seine Geschäftsidee war, gemeinsam Ei auf Schinken anzubieten. Das Schwein war von der Idee angetan. Das Huhn legt daraufhin ein paar Eier und bestellt den Metzger. Das machte das Schwein nun aber doch stutzig: „Du bist ja verrückt, bei dieser Kooperation gehe ich doch drauf!" „Aber mein liebes Schwein", erwiderte das Huhn, „ich bitte dich, beim Kooperieren geht schließlich immer einer drauf."

Aspekte wie Solidarität, Gesamtnutzen vor Einzelnutzen und Gruppendienlichkeit müssen im Unternehmen in den Vordergrund gerückt und bewusst gelebt werden. Sie stellen die ethische Basis für die Zusammenarbeitskultur dar.

UWE RENALD MÜLLER, *deutscher Verleger und Autor, geb. 1954*

Frauen setzen eigene Vorschläge und Ideen innerhalb von gemischten Arbeitsgruppen oft auch dann nicht durch, wenn diese objektiv besser sind. Männer sind dagegen erheblich aggressiver, wenn es darum geht, Interessen durchzusetzen.

UWE RENALD MÜLLER, *deutscher Verleger und Autor, geb. 1954*

Autorität: Ohne sie kann der Mensch nicht existieren, und doch bringt sie eben soviel Irrtum als Wahrheit mit sich.

JOHANN WOLFGANG VON GOETHE, *deutscher Dichter, 1749–1832*

Schlimm ist, dass bei uns nur die Wahl zwischen Ehe und Einsamkeit ist.

NOVALIS, *deutscher Dichter der Romantik, 1772–1801*

Die meisten Menschen ertragen es leichter, dass man ihnen zuwider handelt, als dass man ihnen zuwider spricht.

MARIE VON EBNER-ESCHENBACH, *österreichische Erzählerin, 1830–1916*

Wenn der Mann das Amt hat und die Frau den Verstand, dann gibt es eine gute Ehe.

MARIE VON EBNER-ESCHENBACH, *österreichische Erzählerin, 1830–1916*

Ich habe nie verlangt, dass allen Bäumen eine Rinde wachse.

GOTTHOLD EPHRAIM LESSING, *deutscher Schriftsteller und Philosoph, 1729–1781*

Einander kennen lernen heißt lernen, wie fremd man einander ist.

CHRISTIAN MORGENSTERN, *deutscher Schriftsteller, 1871–1914*

Sind der Bauleute zu viele, so wird das Haus schief.

CHINESISCHES SPRICHWORT

Adel vereinsamt; wer weiß es besser als ich? Arbeit verbindet.

ERNST WEISS, *österreichischer Schriftsteller, 1884–1940*

Alle Tiere sind gleich, aber einige Tiere sind gleicher als andere. – All animals are equal but some animals are more equal than others.

GEORGE ORWELL, *englischer Schriftsteller, 1903–1950*

Freundschaft, das ist wie Heimat.

KURT TUCHOLSKY, *deutscher Schriftsteller und Journalist, 1890–1935*

Letzten Endes kann man alle wirtschaftlichen Vorgänge auf drei Worte reduzieren: Menschen, Produkte und Profite. Die Menschen stehen an erster Stelle. Wenn man kein gutes Team hat, kann man mit den beiden anderen nicht viel anfangen.

LEE IACOCCA, *amerikanischer Industriemanager, geb. 1924*

Immer strebe zum Ganzen, und kannst du selber kein Ganzes Werden, als dienendes Glied schließ an ein Ganzes dich an.

FRIEDRICH SCHILLER, *deutscher Dichter, 1759–1805* und
JOHANN WOLFGANG VON GOETHE, *deutscher Dichter, 1749–1832*

Besprechungen

Man darf wohl getrost behaupten, dass Führungskräfte die meiste Zeit auf Sitzungen oder Konferenzen verbringen – und da sind Kommunikationsfähigkeit, direkte Überzeugungsarbeit und Moderationskünste gefragt. Sie finden in diesem Kapitel eine Fülle von Zitaten: zum Auflockern, zum Wutablassen, zum Schmunzeln und zum Nachdenken. Für schwierige Besprechungen können Sie sich außerdem in den Kapiteln „Diskussionen drehen sich im Kreis" (S. 208), „Schwierige Aufgaben verteilen" (S. 217), „Warnungen aussprechen" (S. 140) und „Mit Pannen und Misserfolgen umgehen" (S. 196) inspirieren lassen.

Gewöhnlich glaubt der Mensch, wenn er nur Worte hört, es müsse sich dabei doch auch was denken lassen.

JOHANN WOLFGANG VON GOETHE, *deutscher Dichter, 1749–1832*

Das ist keine Lüge, sondern eine sachzwangreduzierte Ehrlichkeit.

DIETER HILDEBRANDT, *deutscher Kabarettist, geb. 1927*

Es ist besser zu schweigen und als Idiot verdächtigt zu werden, als zu reden und dadurch alle Zweifel zu beseitigen.

ABRAHAM LINCOLN, *16. Präsident der USA, 1809–1865*

Gepriesen sei derjenige, der nichts zu sagen hat und davon absieht, das zu beweisen.

GEORGE ELIOT, *englische Schriftstellerin, 1819–1880*

Gründe, die an den Haaren herbeigezerrt werden, sind immer die ersten, die eine Glatze bekommen.

MARTIN KESSEL, *deutscher Schriftsteller, 1901–1990*

Schlechte Argumente bekämpft man am besten dadurch, dass man ihre Darstellung nicht stört.

SYDNEY SMITH, *englischer Geistlicher, 1771–1845*

Die ältesten und kürzesten Wörter – „Ja" und „Nein" –
erfordern auch das stärkste Nachdenken.

PYTHAGORAS, *griechischer Mathematiker und Philosoph, ca. 570–480 v. Chr.*

Euer Ja sei ein Ja, euer Nein ein Nein; alles andere stammt
vom Bösen.

BIBEL

Oh, der Einfall war kindisch, aber göttlich schön!

FRIEDRICH SCHILLER, *deutscher Dichter, 1759–1805*

In der Welt ist es sehr selten mit dem Entweder-Oder getan,
die Empfindungen und Handlungsweisen schattieren sich
so mannigfaltig, als Abfälle zwischen einer Habichts- und
Stumpfnase sind.

JOHANN WOLFGANG VON GOETHE, *deutscher Dichter, 1749–1832*

Gott schweigt – wenn wir jetzt bloß die Menschen dazu
brächten, die Klappe zu halten.

WOODY ALLEN, *amerikanischer Filmregisseur und -schauspieler, geb. 1935*

Die ambivalente Innovationsakzeleration setzt eine uner-
schütterliche Geistesgläubigkeit voraus.

PHRASEN-DRESCHMASCHINE

Man braucht zwei Jahre, um sprechen zu lernen, und fünfzig, um schweigen zu lernen.

ERNEST HEMINGWAY, *amerikanischer Schriftsteller, 1899–1961*

Aufmerksamkeit und Konzentration können in jeder Sitzung schon
mal nachlassen:

Dann und wann schläft selbst der wackere Homer.

HORAZ, *römischer Dichter, 65–8 v. Chr.*

Wie wohl ist dem, der dann und wann
Sich etwas Schönes dichten kann!

WILHELM BUSCH, *deutscher Dichter und Maler, 1832–1908*

Zum Thema „Dichten" hier eine kleine (wahre!) Geschichte: Dem Journalisten Tom Kummer wurde immer wieder vorgeworfen, seine Interviews mit Hollywoodstars, die in renommierten Zeitungen und Zeitschriften erschienen, erfunden zu haben. Auf die direkte Frage eines Kollegen, ob er die Interviews denn nun tatsächlich geführt habe oder nicht, antwortete Tom Kummer: „Die Frage ist mir zu eindimensional."

Argumente nützen gegen Vorurteile so wenig wie Schokoladenplätzchen gegen Stuhlverstopfung.

MAX PALLENBERG, *österreichischer Schauspieler, 1877–1934*

Denken ist schwer, darum urteilen die meisten.

CARL GUSTAV JUNG, *schweizerischer Psychoanalytiker, 1875–1961*

Alles Denken ist unmoralisch. Seine Quintessenz ist die Vernichtung. Sowie man über etwas nachdenkt, hat man es schon erwürgt. Nichts widersteht der Mordlust des Gedankens.

OSCAR WILDE, *englischer Schriftsteller, 1856–1900*

Getretner Quark
Wird breit, nicht stark.

JOHANN WOLFGANG VON GOETHE, *deutscher Dichter, 1749–1832*

Ist denn die Welt nicht schon voller Rätsel genug, dass man die einfachsten Erscheinungen auch noch zu Rätseln machen soll?

JOHANN WOLFGANG VON GOETHE, *deutscher Dichter, 1749–1832*

Gäbe es doch so viele Gründe zu pflücken wie Brombeeren.
– If reasons were as plenty as blackberries.

WILLIAM SHAKESPEARE, englischer Dramatiker, 1564–1616

Manch einer hält sich für unbestechlich, weil er Argumente ignoriert.

HELMAR NAHR, deutscher Mathematiker und Wirtschaftswissenschaftler, 1931–1990

Im Handy-Zeitalter wahrer denn je:

Das Telefon gehört zu den Unentbehrlichkeiten, die nicht gekannt zu haben ein rohes Zeitalter adelt.

RICHARD SCHAUKAL, österreichischer Schriftsteller, 1874–1942

Wär's abgetan, wenn es getan, dann wär's am besten schnell getan.

WILLIAM SHAKESPEARE, englischer Dramatiker, 1564–1616

Machen Sie sich erst einmal unbeliebt, dann werden Sie auch ernst genommen.

KONRAD ADENAUER, deutscher Politiker (CDU), 1876–1967

Ich bin glücklich, und wenn ich's nicht bin, so wohnt wenigstens all das tiefe Gefühl von Freud und Leid in mir.

JOHANN WOLFGANG VON GOETHE, deutscher Dichter, 1749–1832

Dummheit ist auch eine natürliche Begabung.

WILHELM BUSCH, deutscher Dichter und Maler, 1832–1908

Lerne zuhören, und du wirst auch von denjenigen Nutzen ziehen, die dummes Zeug reden.

PLATON, griechischer Philosoph, ca. 428–348 v. Chr.

Dank sei der gepriesenen Walterin Natur, dass sie das Notwendige leicht erreichbar schuf, das schwer Erreichbare aber als nicht notwendig.

EPIKUR, griechischer Philosoph, 341–270

Ach Kronenkranich, plärr nicht so!
Du bist doch nicht allein im Zoo!

ROBERT GERNHARDT, deutscher Schriftsteller, geb. 1937

Durch Heftigkeit ersetzt der Irrende,
Was ihm an Wahrheit und an Kräften fehlt.

JOHANN WOLFGANG VON GOETHE, deutscher Dichter, 1749–1832

Lärm ist ein geeignetes Mittel, die Stimme des Gewissens zu übertönen.

PEARL S. BUCK, amerikanische Schriftstellerin, 1892 1973

Haben Sie einmal so gar keine Lust auf die nächste Sitzung, trösten Sie sich vielleicht damit:

Aus einem tiefen Weltschmerz reißt uns zuweilen sehr wohltätig ein kleines Alltagsärgernis.

HANS FALLADA, deutscher Schriftsteller, 1893–1947

Wir hätten wenig Mühe, wenn wir niemals unnötige Mühe hätten.

MARIE VON EBNER-ESCHENBACH, österreichische Erzählerin, 1830–1916

Der Gescheitere gibt nach! Eine traurige Wahrheit; sie begründet die Weltherrschaft der Dummheit.

MARIE VON EBNER-ESCHENBACH, österreichische Erzählerin, 1830–1916

Manch einer wähnt sich schon weitsichtig, wenn er das Naheliegende außer Acht lässt.

OLE ANDERS, *deutscher Publizist, geb. 1926*

Die Beleidigungen sind die Argumente jener, die über keine Argumente verfügen.

JEAN-JACQUES ROUSSEAU, *französischer Philosoph und Schriftsteller, 1712–1778*

Bürokraten bekämpft man am besten, indem man ihre Vorschriften genau befolgt.

CYRIL NORTHCOTE PARKINSON, *englischer Historiker und Publizist, 1909–1993*

Dass man mit Dienst nach Vorschrift die Urheber der Vorschriften lächerlich machen kann, ist eine herrliche Pointe der Bürokratie.

CYRIL NORTHCOTE PARKINSON, *englischer Historiker und Publizist, 1909–1993*

Eine Kommission ist ein Gremium, das sich mit dem Entwerfen des Entwurfs für den Entwurf zum Entwurf beschäftigt.

CYRIL NORTHCOTE PARKINSON, *englischer Historiker und Publizist, 1909–1993*

Man sollte nicht nur zu wissen meinen, sondern auch zu meinen wissen.

KARL HEINRICH WAGGERL, *österreichischer Schriftsteller, 1897–1973*

Mein Gehirn
Treibt öfters wunderbare Blasen auf,
Die schnell, wie sie entstanden sind, zerspringen.

FRIEDRICH SCHILLER, *deutscher Dichter, 1759–1805*

Der Vorteil des schlechten Gedächtnisses ist, dass man dieselben guten Dinge mehrere Male zum ersten Male genießt.

FRIEDRICH NIETZSCHE, *deutscher Philosoph, 1844–1900*

Das ist der ganze Jammer: Die Dummen sind so sicher und
die Gescheiten so voller Zweifel.

Helmut Schmidt, *deutscher Politiker (SPD), geb. 1918*

Wer Recht behalten will und hat nur eine Zunge,
Behält's gewiss.

Johann Wolfgang von Goethe, *deutscher Dichter, 1749–1832*

Die Dummheit der formalen Logik überwindet jedes Hindernis natürlicher Einsicht ins Chaos des Lebendigen.

Richard Schaukal, *österreichischer Schriftsteller, 1874–1942*

Gegensätze soll man nicht auszugleichen trachten, sondern
produktiv gestalten.

Richard Schaukal, *österreichischer Schriftsteller, 1874–1942*

Das Argument des Stärksten ist immer das beste.

Jean de La Fontaine, *französischer Dichter, 1621–1695*

Manchmal wird in Besprechungen über Sachverhalte gestritten, deren
ursprünglicher Zweck vollkommen aus dem Blick geriet und möglicherweise die Diskussion gar nicht mehr rechtfertigen würde. Eine
„Geschichte vom Herrn Keuner" mag Ihnen dabei helfen, die Diskussion auf das eigentliche Problem zu lenken:

Nachdem Herr Keuner dies gehört hatte, dass sein Nachbar
Musik machte, um zu turnen, turnte, um kräftig zu sein,
kräftig sein wollte, um seine Feinde zu erschlagen, seine
Feinde erschlug, um zu essen, stellte er seine Frage:
„Warum isst er?"

Bertolt Brecht, *deutscher Schriftsteller und Regisseur, 1898–1956*

In der wahren Prosa muss alles unterstrichen sein.

Novalis, *deutscher Dichter der Romantik, 1772–1801*

137

Schlechte Zeiten sind gute Gesprächsthemen.

WOLF WONDRATSCHEK, *deutscher Schriftsteller, geb. 1943*

Zynismus ist der geglückte Versuch, die Welt so zu sehen, wie sie wirklich ist.

JEAN GENET, *französischer Schriftsteller, 1910–1986*

Pünktlichkeit ist die Höflichkeit der Könige. – L'exactitude est la politesse des rois.

LUDWIG XIV., *französischer König, 1638–1715*

Eine Rose ist eine Rose ist eine Rose ist eine Rose. – Rose is a rose is a rose is a rose.

GERTRUDE STEIN, *amerikanische Schriftstellerin, 1874–1946*

Zu wenig Leute haben den Mut, vollkommenen Blödsinn zu sagen. Häufig wiederholter Blödsinn wird integrierendes Moment unseres Denkens; bei einer gewissen Stufe der Intelligenz interessiert man sich für das Korrekte, Vernünftige gar nicht mehr.

CARL EINSTEIN, *deutscher Schriftsteller, 1885–1940*

Eine Idee verliert außerordentlich, wenn ich ihr den Stempel meiner Erfindung aufdrücke, und sie zu einer Patentidee mache.

NOVALIS, *deutscher Dichter der Romantik, 1772–1801*

Sie haben wichtige Unterlagen vergessen, die Sie für die Besprechung dringend brauchen und nun noch holen müssen? Wenn es Ihnen nicht zu „militärisch" ist, hier ein passendes Zitat von Friedrich Schiller:

Mir fehlt der Arm, wenn mir die Waffe fehlt.

FRIEDRICH SCHILLER, *deutscher Dichter, 1759–1805*

Wenn einer noch so klug ist, so ist er oft doch nicht klug genug, um den Dummen zu begreifen.

FRIEDL BEUTELROCK, *deutsche Schriftstellerin, 1889–1958*

Ich möchte hingehn wie das Abendrot.

GEORG HERWEGH, *deutscher Dichter und Revolutionär, 1817–1875*

Wer ganz Ohr ist, hört nicht.

MORITZ HEIMANN, *deutscher Schriftsteller, 1868–1925*

In gewissen Ländern scheint man der Meinung, drei Esel machten zusammen einen gescheiten Menschen aus. Das ist aber grundfalsch. Mehrere Esel in concreto geben den Esel in abstracto, und das ist ein furchtbares Tier.

FRANZ GRILLPARZER, *österreichischer Schriftsteller, 1791–1872*

Wäre mancher schon erschaffen gewesen, er hätte Gott bei der Schöpfung Rat erteilt.

CHRISTIAN FRIEDRICH HEBBEL, *deutscher Dichter, 1813–1863*

Die Sprache ist der Papagei des Gedankens, und ein schwer gelehriger, nichts weiter.

CHRISTIAN FRIEDRICH HEBBEL, *deutscher Dichter, 1813–1863*

Es ist unglaublich, wie viel Geist in der Welt aufgeboten wird, um Dummheiten zu beweisen.

CHRISTIAN FRIEDRICH HEBBEL, *deutscher Dichter, 1813–1863*

Es gehört weniger Mut dazu, der allein Tadelnde als der allein Lobende zu sein.

MARIE VON EBNER-ESCHENBACH, *österreichische Erzählerin, 1830–1916*

Warnungen aussprechen

Kein Tag vergeht, da in den Wirtschaftsteilen der großen Zeitungen nicht die Rede wäre vom Bedarf an neuen Ideen, an Innovation, von der notwendigen Flexibilität und Anpassung an gesellschaftliche Veränderungen. Doch Änderungsprozesse müssen auch organisiert werden, Details sollen aufeinander abgestimmt sein und die verschiedensten Einflussgrößen müssen bedacht werden. Sie werden also häufig in die Situation kommen, einerseits vor falschen Entwicklungen warnen zu müssen, andererseits vor mangelnder Veränderungsbereitschaft. Oder Sie müssen Vorschläge, die aus reiner Profilierungssucht hervorgingen, gegen sachgerechte Lösungen verteidigen. Für solche und ähnliche Situationen sind die Zitate in diesem Kapitel gedacht, aber auch zur Orientierung bei Ihrer persönlichen Standortbestimmung.

> Neue Ideen begeistern jene am meisten, die auch mit den alten nichts anzufangen wussten.
>
> KARL HEINRICH WAGGERL, *österreichischer Schriftsteller, 1897–1973*

> Hohle Gefäße geben mehr Klang als gefüllte. Ein Schwätzer ist meistens ein hohler Kopf.
>
> AUGUST VON PLATEN, *deutscher Dichter, 1796–1835*

> In der Geschichte wie im menschlichen Leben bringt Bedauern einen verlorenen Augenblick nicht mehr wieder, und tausend Jahre kaufen nicht zurück, was eine einzige Stunde versäumt.
>
> STEFAN ZWEIG, *österreichischer Schriftsteller, 1881–1942*

> Es gibt Leute, die nur aus dem Grunde in jeder Suppe ein Haar finden, weil sie, wenn sie davor sitzen, so lange den Kopf schütteln, bis eins hineinfällt.
>
> CHRISTIAN FRIEDRICH HEBBEL, *deutscher Dichter, 1813–1863*

Humanität besteht darin, dass nie ein Mensch einem Zweck geopfert wird.

ALBERT SCHWEITZER, *deutsch-französischer Arzt und Kulturphilosoph, 1875–1965*

Wenn Sie vor ungleichen Verträgen oder vor einem schlecht beleumundeten Geschäftspartner warnen wollen, kann Ihnen vielleicht eine dieser Fabeln von Äsop helfen:

Ein Löwe, ein Wolf, ein Bär und ein Fuchs gingen eines Tages miteinander jagen. Sie hatten ausgemacht, alles was sie fangen würden gleich unter sich zu verteilen. So erlegten sie einen Hirsch, den sie sofort in vier Teile teilten. Als jeder sein Stück nehmen wollte, erhob der Löwe Einspruch. Er hätte schließlich die meiste Arbeit gehabt und wer ihm nicht alle Teile gönnen wollte, müsste sich schon auf einen Kampf mit ihm einlassen. Da blieb den anderen nichts als stumm und ohne Beute abzuziehen.

ÄSOP, *griechischer Fabeldichter, ca. 6. Jh. v. Chr.*

Eine Krähe hackte an einer Muschel herum, um sie zu öffnen, doch es wollte und wollte ihr nicht gelingen. Da kam eine andere, erfahrenere Krähe dazu und gab ihr den Rat, mit der Muschel hoch in die Lüfte zu fliegen und sie dann auf einen Felsen fallen zu lassen, so würde die Muschel sicherlich zerbrechen. Die Krähe nahm den Rat an und hatte Erfolg. Die zweite erfahrenere Krähe aber hatte unten gewartet und flog nun mit der Muschel davon.

ÄSOP, *griechischer Fabeldichter, ca. 6. Jh. v. Chr.*

Den Schritt muss man dem Bein anpassen.

FRANZÖSISCHES SPRICHWORT

Man sollte alles so einfach wie möglich sehen – aber auch nicht einfacher.

ALBERT EINSTEIN, *deutscher Physiker, 1879–1955*

Die gefährlichste Sorte von Dummheit ist ein scharfer Verstand.

HUGO VON HOFMANNSTHAL, *österreichischer Dichter, 1874–1929*

Hüte dich vor dem Imposanten! Aus der Länge des Stiels kann man nicht auf die Schönheit der Blüte schließen.

PETER ALTENBERG, *österreichischer Schriftsteller, 1859–1919*

Wir sind nicht nur für unser Tun verantwortlich, sondern auch für das, was wir nicht tun.

MOLIÈRE, *französischer Komödiendichter, ca. 1622–1673*

Wenn ein Unternehmen schnell wächst, sollte man nicht zu viel und nicht zu viel Verschiedenes auf einmal planen.

BEATE UHSE, *Unternehmerin, geb. 1919*

Der Weg zum Misserfolg ist mit Erfolgserlebnissen gepflastert.

HELMAR NAHR, *deutscher Mathematiker und Wirtschaftswissenschaftler, 1931–1990*

Trau keinem, der nie Partei genommen
Und immer im Trüben ist geschwommen!

GOTTFRIED KELLER, *schweizerischer Schriftsteller, 1819–1890*

Wehre den Anfängen. – Principiis obsta.

OVID, *römischer Dichter, 43 v. Chr.– ca. 17 n. Chr.*

Das eben ist der Fluch der bösen Tat, dass sie, fortzeugend, immer Böses muss gebären.

FRIEDRICH SCHILLER, *deutscher Dichter, 1759–1805*

142

Wer das erste Knopfloch verfehlt, kommt mit dem Zuknöpfen nicht zurande.

JOHANN WOLFGANG VON GOETHE, *deutscher Dichter, 1749–1832*

Die Weltgeschichte ist auch die Summe dessen, was vermeidbar gewesen wäre.

KONRAD ADENAUER, *deutscher Politiker (CDU), 1876–1967*

Man irrt so hartnäckig, weil man selten gänzlich irrt.

KARL HEINRICH WAGGERL, *österreichischer Schriftsteller, 1897–1973*

Wissenschaftlichkeit: Das heißt zu wissen, was man weiß und was man nicht weiß. Unwissenschaftlich ist alles totale Wissen, als ob man im Ganzen Bescheid wüsste.

KARL JASPERS, *deutscher Philosoph, 1883–1969*

Wer zu spät an die Kosten denkt, ruiniert sein Unternehmen. Wer immer zu früh an die Kosten denkt, tötet die Kreativität.

PHILIP ROSENTHAL, *deutscher Unternehmer und Politiker (SPD), geb. 1916*

Sparmaßnahmen muss man ergreifen, wenn man viel Geld verdient. Sobald man in den roten Zahlen ist, ist es zu spät.

JOHN PAUL GETTY, *amerikanischer Industrieller, Ölmilliardär, 1892–1976*

Wenn wir nur etwas, das uns Sorge macht, aus unserer Gegenwart verbannen können, da glauben wir schon, nun sei es abgetan.

JOHANN WOLFGANG VON GOETHE, *deutscher Dichter, 1749–1832*

Stellt einer die Behauptung auf, die Erdkugel sei ein Würfel, so denkt er ohne Zweifel unabhängig. Allerdings auch falsch.

HANS KASPER, *deutscher Schriftsteller und Satiriker, geb. 1916*

143

Aus Uhrmachern sind die Deutschen mathematische Instrumentenmacher geworden, welche die Instrumente machen, mit denen man Uhren macht; und wenn zuletzt die Uhrmacherkunst ganz verloren ist, wird niemand mehr wissen, wie viel Zeit ist.

FRANZ GRILLPARZER, *österreichischer Schriftsteller, 1791–1872*

Wenn der Glaube stark ist, kann er Berge versetzen. Aber ist er auch noch blind, dann begräbt er das Beste darunter.

KARL HEINRICH WAGGERL, *österreichischer Schriftsteller, 1897–1973*

Der Kompromiss ist ein guter Regenschirm, aber ein schlechtes Dach.

JAMES RUSSELL LOWELL, *amerikanischer Schriftsteller, 1819–1891*

Ob hohe Fluktuationsraten in Ihrem Unternehmen oder extrem offensive Strategien eines Wettbewerbers – wer die Wirkungen schon in ihren Ursachen erkennt, kann rechtzeitig gegensteuern:

Eine Schwalbe beobachtete einen Bauern, wie er Hanf säte. Schnell rief sie etliche kleine Vögel zusammen, um sie zu warnen. Sie erklärte ihnen, dass aus Hanf all die Netze und Schlingen der Vogelsteller gefertigt würden und riet ihnen, den Samen rechtzeitig auszuhacken. Die kleinen Vögel aber kümmerten sich nicht um die Warnung und der Hanf wuchs langsam in die Höhe. Noch einmal versuchte die Schwalbe, die Vögel dazu zu bringen, mit all ihrem Fleiß den Hanf doch noch auszurotten. Doch keiner hörte auf sie und so beschloss die Schwalbe in der Stadt bei den Menschen zu leben. Der Hanf wurde geerntet und verarbeitet, und die Schwalbe sah so manchen Vogel, den sie gewarnt hatte, in einem Hanfnetz gefangen. Jetzt aber war es zu spät der versäumten Gelegenheit nachzutrauern.

ÄSOP, *griechischer Fabeldichter, ca. 6. Jh. v. Chr.*

Was mit wenigem abgetan werden kann, muss nicht mit vielem getan werden.

MATTHIAS CLAUDIUS, *deutscher Dichter, 1740–1815*

Falls Freiheit überhaupt irgendetwas bedeutet, dann bedeutet sie das Recht darauf, den Leuten das zu sagen, was sie nicht hören wollen.

GEORGE ORWELL, *englischer Schriftsteller, 1903–1950*

Lass, von Gefahr umdrängt, dich unerschrocken und standhaft sehn; doch bei zu gutem Wind versäume nicht, die aufgeblähten Segel aus kluger Vorsicht einzuziehn!

HORAZ, *römischer Dichter, 65–8 v. Chr.*

Jedwedes Übel ist ein Zwilling.

HEINRICH VON KLEIST, *deutscher Dramatiker und Erzähler, 1777–1811*

Aufschwung ist auch eine Übung, bei der man den Boden unter den Füßen verliert.

MARTIN BUCHHOLZ, *deutscher Schauspieler, geb. 1933*

Der Grad der Furchtsamkeit ist ein Gradmesser der Intelligenz.

FRIEDRICH NIETZSCHE, *deutscher Philosoph, 1844–1900*

Das Schlimmste, was einem Dichter passieren kann, das ist: für seinen eigenen Einfall nicht reif zu sein.

ARTHUR SCHNITZLER, *österreichischer Schriftsteller, 1862–1931*

Ist dies schon Tollheit, hat es doch Methode. – Though this be madness, yet there is method in't.

WILLIAM SHAKESPEARE, *englischer Dramatiker, 1564–1616*

Zweifel ist keine angenehme Voraussetzung, aber Gewissheit ist eine absurde.

VOLTAIRE, *französischer Schriftsteller und Philosoph, 1694–1778*

145

Die Ehrgeizigen und die Wollüstigen haben nur selten Zeit zu denken.

VOLTAIRE, *französischer Schriftsteller und Philosoph, 1694–1778*

Was man mit Gewalt gewinnt, kann man nur mit Gewalt behalten.

MAHATMA GANDHI, *Führer der indischen Unabhängigkeitsbewegung, 1869–1948*

Wer zu früh kommt, verbrät nur Geld.

HASSO PLATTNER, *Industriemanager, geb. 1944*

Alles ist gut! Nur nicht immer, nur nicht überall, nur nicht für alle.

NOVALIS, *deutscher Dichter der Romantik, 1772–1801*

Die erfolgreichen Methoden des einen sind noch lange nicht geeignet, auch anderen zum Erfolg zu verhelfen. Dass die Gleichheit der Mittel keine Gewähr für einen ähnlichen Effekt bietet, lässt sich an Äsops Fabel vom Esel und vom Schoßhund wunderbar illustrieren:

> Ein Mann hatte einen Schoßhund, den er sehr liebte und der ihn ständig begleitete. Der Hund war recht lebhaft und verspielt und alle freuten sich an seinem Übermut. Der Esel hatte dies beobachtet und weil er meinte, er würde von seinem Herrn benachteiligt, versuchte er durch ähnliche Ausgelassenheiten, seinen Herrn zu erfreuen. Doch die Peitsche lehrte ihn bald, dass die Späßchen des Hundes mit den seinen nicht zu vergleichen waren.

ÄSOP, *griechischer Fabeldichter, ca. 6. Jh. v. Chr.*

Sei am Tage mit Lust bei den Geschäften, aber mache nur solche, dass du nachts ruhig schlafen kannst.

THOMAS MANN, *deutscher Schriftsteller, 1875–1955*

Es gibt Leute, die glauben, alles wäre vernünftig, was mit einem ernsten Gesicht zu tun hat.

GEORG CHRISTOPH LICHTENBERG, *deutscher Schriftsteller und Physiker, 1742–1799*

Verhandeln und Verträge abschließen

Verhandlungen sind zwar tägliches Brot, dennoch ist jede Verhandlung eine Ausnahme- und meist auch Stresssituation. Beide Verhandlungspartner haben Vorgaben und stehen unter Erfolgsdruck. Solche Situationen wollen gut vorbereitet sein. Ein Blick in dieses Kapitel wird Sie vor einer Verhandlung vielleicht noch einmal an den einen oder anderen Verhandlungsgrundsatz erinnern, Sie finden hier aber auch Zitate, mit denen Sie die Situation geschickt steuern oder auflockern können.

Der Kompromiss ist die Kunst, eine Torte so aufzuteilen, dass jeder glaubt, das größte Stück zu haben.

PAUL HENRI SPAAK, *belgischer Politiker, 1899–1972*

Um Erfolg in der Welt zu haben, muss man närrisch scheinen und weise sein.

CHARLES DE SECONDAT, BARON DE MONTESQUIEU, *französischer Schriftsteller und Staatsphilosoph, 1689–1755*

Der Vorteil der Klugheit besteht darin, dass man sich dumm stellen kann.

KURT TUCHOLSKY, *deutscher Schriftsteller und Journalist, 1890–1935*

Drum prüfe, wer sich ewig bindet,
Ob sich das Herz zum Herzen findet!

FRIEDRICH SCHILLER, *deutscher Dichter, 1759–1805*

Merkwürdig, dass man mit einem heißen Eisen in der Hand am schnellsten kalte Füße bekommt.

DANNY KAYE, *amerikanischer Schauspieler, 1913–1987*

Denn, was uns reizt, das lieben wir verhüllt!

Christian Friedrich Hebbel, deutscher Dichter, 1813–1863

Am Regenbogen muss man nicht Wäsche aufhängen wollen.

Christian Friedrich Hebbel, deutscher Dichter, 1813–1863

Der Ring macht Ehen,
Und Ringe sind's, die eine Kette machen.

Friedrich Schiller, deutscher Dichter, 1759–1805

Auf schnelle Fragen gib langsame Antwort.

Sprichwort

Wenn man alle Gesetze studieren wollte, so hätte man gar keine Zeit, sie zu übertreten.

Johann Wolfgang von Goethe, deutscher Dichter, 1749–1832

Noch subversiver ist die Variante von Jean Genet:

Wer die Gesetze nicht kennt, bringt sich um das Vergnügen, gegen sie zu verstoßen.

Jean Genet, französischer Schriftsteller, 1910–1986

Advokaten, die Bratenwender der Gesetze, die so lange die Gesetze wenden und anwenden, bis ein Braten für sie dabei abfällt.

Heinrich Heine, deutscher Dichter und Publizist, 1797–1856

Aufs hohe Ross setzen sich meistens diejenigen, die nicht reiten können.

Friedl Beutelrock, deutsche Schriftstellerin, 1889–1958

Lieber keinen Erfolg als keinen Entschluss.

Karl Heinrich Waggerl, österreichischer Schriftsteller, 1897–1973

Das folgende Zitat stammt aus Schillers Drama „Wallenstein". Es hat sich nicht etwa nach Tisch der Sinn der Verhandlungspartner gewandelt, vielmehr war der Vertrag, kurz bevor er zur Unterschrift kommen sollte, noch einmal manipuliert worden, indem man eine wichtige Klausel wegließ.

Ich merkt es wohl, vor Tische las man's anders.

Friedrich Schiller, deutscher Dichter, 1759–1805

Das also war des Pudels Kern!

Johann Wolfgang von Goethe, deutscher Dichter, 1749–1832

Es ist leichter, zehn praktische Gedanken zu fassen als einen theoretischen, und wiegt auch dementsprechend weniger.

Moritz Heimann, deutscher Schriftsteller, 1868–1925

Wer sich bewegen kann, ist nicht verpflichtet, Meinungen zu widerlegen.

Richard Schaukal, österreichischer Schriftsteller, 1874–1942

Wer gern Recht behält, den überhört man.

Lao Tse, chinesischer Philosoph, 6. Jh. v. Chr.

Wenn die Seele erst einmal zum Argwohn gespannt ist, so trifft sie auch in allen Kleinigkeiten Bestätigungen an.

Ludwig Tieck, deutscher Schriftsteller, 1773–1853

Man muss schon etwas wissen, um verbergen zu können, dass man nichts weiß.

Marie von Ebner-Eschenbach, österreichische Erzählerin, 1830–1916

So weit deine Selbstbeherrschung geht, soweit geht deine Freiheit.

Marie von Ebner-Eschenbach, österreichische Erzählerin, 1830–1916

Schlagfertigkeit ist etwas, worauf man erst 24 Stunden später kommt.

MARK TWAIN, *amerikanischer Schriftsteller, 1835–1910*

Man kann nicht erwarten, dass ein rundlicher Mann gleich in ein viereckiges Loch passt. Man muss ihm Zeit geben, sich anzupassen.

MARK TWAIN, *amerikanischer Schriftsteller, 1835–1910*

Was wir aufgeben, müssen wir mit freier Wahl aufgeben, nicht wie der Fuchs die Trauben.

GOTTFRIED KELLER, *schweizerischer Schriftsteller, 1819–1890*

Es gibt nur eine Sünde, und das ist die Dummheit. – There is no sin but stupidity.

OSCAR WILDE, *englischer Schriftsteller, 1856–1900*

Man kann nicht jedes Unrecht gut-, wohl aber jedes Recht schlecht machen.

MARIE VON EBNER-ESCHENBACH, *österreichische Erzählerin, 1830–1916*

Aufschub ist die tödlichste Form der Ablehnung.

CYRIL NORTHCOTE PARKINSON, *englischer Historiker und Publizist, 1909–1993*

Bei Beurteilung der politischen Ereignisse kann als Regel dienen, dass hinter allem, was den Anschein des Unverfänglichen hat, ein geheimer Plan steckt, wogegen das, was planmäßig zu sein scheint, gewöhnlich keinen Hintergrund hat als die vollkommenste Gedankenlosigkeit.

FRANZ GRILLPARZER, *österreichischer Schriftsteller, 1791–1872*

Doch dünkt mich keine Sünde, den betrügen,
Der als ein falscher Spieler hofft zu siegen.

WILLIAM SHAKESPEARE, *englischer Dramatiker, 1564–1616*

Was du auch tust, tu es klug und bedenke das Ende! – Quidquid agis, prudenter agas et respice finem.

HERODOT, *griechischer Geschichtsschreiber, ca. 490–430 v. Chr.*

Und eh man sich's versieht, ist's eben ein Roman.

JOHANN WOLFGANG VON GOETHE, *deutscher Dichter, 1749–1832*

Heiß mich nicht reden, heiß mich schweigen,
Denn mein Geheimnis ist mir Pflicht …

JOHANN WOLFGANG VON GOETHE, *deutscher Dichter, 1749–1832*

Nur wenn sie reif ist, fällt des Schicksals Frucht.

FRIEDRICH SCHILLER, *deutscher Dichter, 1759–1805*

Cäsar sprach diese berühmten Worte, als er im Jahr 49 v. Chr. mit dem Überschreiten des Grenzflusses Rubikon den Bürgerkrieg gegen Pompeius begann:

Alea iacta est! – Der Würfel ist geworfen!

GAJUS JULIUS CÄSAR, *römischer Staatsmann, Feldherr und Schriftsteller,*
100–44 v. Chr.

Kunst, die Dinge ruhen zu lassen: umso mehr, je wütender die Wellen des öffentlichen oder häuslichen Lebens toben.

BALTASAR GRACIÁN Y MORALES, *spanischer Schriftsteller, 1602–1658*

Und allzu straff gespannt, zerspringt der Bogen.

FRIEDRICH SCHILLER, *deutscher Dichter, 1759–1805*

Ich sage wenig, denke desto mehr.

WILLIAM SHAKESPEARE, *englischer Dramatiker, 1564–1616*

Beratung / Moderation

Beratung und Moderation sind auf den ersten Blick sehr unterschiedliche Bereiche – ein Berater macht offensiv Verbesserungsvorschläge, ein Moderator schafft die Basis für Problemlösungen, ohne selbst aktiv in die Prozesse einzugreifen. Dennoch werden Sie entdecken, dass viele Zitate auf beide Situationen passen. Ob ein Moderator oder eine Unternehmensberatung eingreift, es fehlt an Perspektiven, Probleme in den Griff zu bekommen, gleichgültig, ob vor allem Objektivität gefragt ist oder die größere Sachkompetenz. In diesem Kapitel finden Sie Zitate für Berater und Moderatoren ebenso wie für Führungskräfte, die für oder gegen die externe Hilfe argumentieren wollen. In den Kapiteln „Konflikte meistern" (S. 187) und „Zusammenarbeit / Kooperation / Teamarbeit" (S. 125) werden Sie weitere einschlägige Zitate finden.

> Wer nicht weiß, was ist, wie will er voraussagen, was werden soll, oder erkennen, was einmal gewesen ist?
>
> GERHART HAUPTMANN, *deutscher Schriftsteller, 1862–1946*

> Wann wird der Retter kommen diesem Lande?
>
> FRIEDRICH SCHILLER, *deutscher Dichter, 1759–1805*

> Alles ist richtig, auch das Gegenteil. Nur: „Zwar ... aber" – das ist nie richtig.
>
> KURT TUCHOLSKY, *deutscher Schriftsteller und Journalist, 1890–1935*

> Häufig ist die Prophezeiung die Hauptursache für das prophetische Ereignis.
>
> THOMAS HOBBES, *englischer Philosoph und Staatstheoretiker, 1588–1679*

> Wenn alle Experten sich einig sind, ist Vorsicht geboten.
>
> BERTRAND RUSSELL, *englischer Philosoph, 1872–1970*

> Wer nicht sucht, wird bald nicht mehr gesucht.
>
> JEAN PAUL, *deutscher Schriftsteller, 1763–1825*

Ein Prognostiker ist ein Mann, der in lichten Momenten düstere Ahnungen hat.

Tennessee Williams, *amerikanischer Dramatiker, 1911–1983*

Wer professionelle Beratungen anbietet, der sollte über fundierte Erfahrungen verfügen, denn:

Vieles erfahren zu haben, heißt noch nicht Erfahrung besitzen.

Marie von Ebner-Eschenbach, *österreichische Erzählerin, 1830–1916*

Es ist Arznei, nicht Gift, was ich dir reiche.

Gotthold Ephraim Lessing, *deutscher Schriftsteller und Philosoph, 1729–1781*

Nur die allergescheitesten Leute benützen ihren Scharfsinn nicht bloß zur Beurteilung anderer, sondern auch ihrer selbst.

Marie von Ebner-Eschenbach, *österreichische Erzählerin, 1830–1916*

Man kann keine Eierkuchen backen, ohne ein paar Eier zu zerschlagen.

Napoleon I., *französischer Kaiser, 1769–1821*

Die Menschen verdrießt's, dass das Wahre so einfach ist; sie sollten bedenken, dass sie noch Mühe genug haben, es praktisch zu ihrem Nutzen anzuwenden.

Johann Wolfgang von Goethe, *deutscher Dichter, 1749–1832*

Durch Eintracht wachsen selbst kleine Dinge, Zwietracht zerstört die größten.

Sallust, *römischer Geschichtsschreiber, 86–35 v. Chr.*

Auch das Chaos gruppiert sich um einen festen Punkt, sonst wäre es nicht einmal als Chaos da.

Arthur Schnitzler, *österreichischer Schriftsteller, 1862–1931*

Selbsterkenntnis ist fast niemals der erste Schritt zur Besserung, aber oft genug der letzte zur Selbstbespiegelung.

ARTHUR SCHNITZLER, *österreichischer Schriftsteller, 1862–1931*

Was heißt ein Seher? Der auf gutes Glück für eine Wahrheit zehen Lügen sagt. Gerät es, gut. Wo nicht, ihm geht es hin.

FRIEDRICH SCHILLER, *deutscher Dichter, 1759–1805*

Man tadelt einen Kritiker, wenn er beißend wird. Wie ungereimt! Wenn die Fackel der Kritik leuchtet, soll sie nicht auch brennen!

FRANZ GRILLPARZER, *österreichischer Schriftsteller, 1791–1872*

Wir sind gegen keine Fehler an andern intoleranter, als welche die Karikatur unsrer eigenen sind.

FRANZ GRILLPARZER, *österreichischer Schriftsteller, 1791–1872*

Viele Leute glauben, wenn sie einen Fehler erst eingestanden haben, brauchen sie ihn nicht mehr abzulegen.

MARIE VON EBNER-ESCHENBACH, *österreichische Erzählerin, 1830–1916*

Autorität über sich erkennen ist ein Zeichen höherer Menschlichkeit.

HUGO VON HOFMANNSTHAL, *österreichischer Dichter, 1874–1929*

Sprich sanft, aber trage einen großen Stock bei dir. – Speak softly and carry a big stick.

THEODORE ROOSEVELT, *26. Präsident der USA, 1858–1919*

Allwissend bin ich nicht; doch viel ist mir bewusst.

JOHANN WOLFGANG VON GOETHE, *deutscher Dichter, 1749–1832*

(Dieses Zitat ist die Antwort Mephistos auf Fausts Vorwurf, er hätte wohl Spaß am Spionieren.)

Aufrichtig zu sein, kann ich versprechen, unparteiisch zu sein, aber nicht.

Johann Wolfgang von Goethe, *deutscher Dichter, 1749–1832*

Wenn man vorhat, eine Führungskultur zu schaffen oder zu ändern, kommt es weniger darauf an, mit welchen Maßnahmen begonnen wird, als darauf, dass man den Prozess initiiert und seine Kontinuität erhält. Gerade auf dem Gebiet der Führung sind selten Einzelmaßnahmen wirksam. Führungserfolg zu haben heißt, ständig auf vielen Ebenen etwas dafür zu tun.

Uwe Renald Müller, *deutscher Verleger und Autor, geb. 1954*

Ein Prophet gilt nirgends weniger als in seinem Vaterland und in seinem Hause.

Bibel

Berate dich mit deinem Freund in allem, aber zuvor berate dich über ihn selbst.

Lucius Annaeus Seneca, *römischer Politiker, Philosoph und Dichter, ca. 4 v. Chr. – 65 n. Chr.*

Innerhalb einer Epoche gibt es keinen Standpunkt, eine Epoche zu betrachten.

Johann Wolfgang von Goethe, *deutscher Dichter, 1749–1832*

Der Anfang aller Weisheit ist die Verwunderung.

Aristoteles, *griechischer Philosoph, 384–322 v. Chr.*

Ein Wort, geredet zu rechter Zeit, ist wie goldene Äpfel auf silbernen Schalen.

Bibel

Wie in der Psychoanalyse so auch hier: Die erbittertsten Feinde sind immer diejenigen, die ihre Anwendbarkeit auf die eigene Seele zwar ahnen, aber nicht wahrhaben wollen.

WOLFGANG HILDESHEIMER, *deutscher Schriftsteller, 1916–1991*

Kommt, reden wir zusammen
wer redet, ist nicht tot …

GOTTFRIED BENN, *deutscher Dichter und Arzt, 1886–1956*

Allgemeine Begriffe und großer Dünkel sind immer auf dem Wege, entsetzliches Unheil anzurichten.

JOHANN WOLFGANG VON GOETHE, *deutscher Dichter, 1749–1832*

Wir lieben die Menschen, die frisch heraus sagen, was sie denken – falls sie das Gleiche denken wie wir.

MARK TWAIN, *amerikanischer Schriftsteller, 1835–1910*

Denn wo das Strenge mit dem Zarten,
Wo Starkes sich und Mildes paarten,
Da gibt es einen guten Klang.

FRIEDRICH SCHILLER, *deutscher Dichter, 1759–1805*

Der Nachteil eines reinen Tisches ist, dass nichts drauf ist.

PETER MAIWALD, *deutscher Schriftsteller, geb. 1946*

Die Welt des Glücklichen ist eine andere als die des Unglücklichen.

LUDWIG WITTGENSTEIN, *österreichischer Philosoph, 1889–1951*

Wenn Du eine weise Antwort verlangst, musst Du vernünftig fragen.

JOHANN WOLFGANG VON GOETHE, *deutscher Dichter, 1749–1832*

Welch „schräge" Kommunikationssituationen entstehen können, weil die einzelnen Partner ihre Sicht der Dinge absolut setzen, schildert Ciceros Geschichte von Ennius und Scipio Nasica:

> Eines Tages wollte Scipio Nasica den Dichter Ennius besuchen. An der Tür erklärte ihm die Magd, Ennius sei nicht zu Hause. Nasica aber war sich sicher, dass Ennius sehr wohl zu Hause war, aber der Magd aufgetragen hatte, ihn zu verleugnen. Als einige Tage später Ennius zu Nasica kam und an der Türe nach ihm fragte, rief Nasica laut, er sei nicht daheim. Ennius aber rief hinein: „Was? Ich höre doch deine Stimme." Nasica erwiderte: „Du bist mir vielleicht unverschämt; als ich nach dir fragte, glaubte ich deiner Magd, dass du nicht zu Hause bist, und du willst es mir selber nicht glauben?"

MARCUS TULLIUS CICERO, *römischer Staatsmann, Redner und Philosoph, 106–43 v. Chr.*

Der Mittelmäßige fühlt sich dem Ausgezeichneten gegenüber immer im Zustand der Notwehr.

MARIE VON EBNER-ESCHENBACH, *österreichische Erzählerin, 1830–1916*

Ich finde nichts lächerlicher als etwas lächerlich zu finden.

LUDWIG BÖRNE, *deutscher Schriftsteller, 1786–1837*

Die Edelsten leiden den meisten Schmerz. Auch der Schmerz wählt den besten Boden.

CHRISTIAN FRIEDRICH HEBBEL, *deutscher Dichter, 1813–1863*

Auch die andere Partei werde gehört. – Audiatur et altera pars.

RECHTSREGEL

Schlimmer als Schwierigkeiten ist die Tendenz, sie zu meiden.

EMIL OESCH, *schweizerischer Schriftsteller, 1894–1974*

157

Die Krankheiten, unter denen wir leiden, sind nicht unheilbar, und uns, die wir zum Rechten geboren, hilft die Natur selbst, wenn wir die Heilung nur wollen.

LUCIUS ANNAEUS SENECA, *römischer Politiker, Philosoph und Dichter, ca. 4 v. Chr. – 65 n. Chr.*

Man beherrscht die Menschen mit dem Kopf: mit einem guten Herzen spielt man nicht Schach. – On gouverne les hommes avec la tête. On ne joue pas aux échecs avec un bon coeur.

CHAMFORT, *französischer Schriftsteller, 1741–1794*

Das Verständnis reicht oft viel weiter als der Verstand.

MARIE VON EBNER-ESCHENBACH, *österreichische Erzählerin, 1830–1916*

Wer im Verkehr mit Menschen die Manieren einhält, lebt von seinen Zinsen, wer sich über sie hinwegsetzt, greift sein Kapital an.

HUGO VON HOFMANNSTHAL, *österreichischer Dichter, 1874–1929*

Höflichkeit ist der Versuch, Menschenkenntnis durch gute Manieren zu mildern.

JEAN GABIN, *französischer Schauspieler, 1904–1976*

Höflichkeit ist wie ein Luftkissen: Es mag wohl nicht viel drin sein, aber es mildert die Stöße des Lebens.

ARTHUR SCHOPENHAUER, *deutscher Philosoph, 1788–1860*

… die Sprache ist wie ein Meißel, der alles weghaut, was nicht Geheimnis ist, und alles Sagen bedeutet ein Entfernen.

MAX FRISCH, *schweizerischer Schriftsteller, 1911–1991*

Abend wird es wieder:
Über Wald und Feld
Säuselt Frieden nieder,
Und es ruht die Welt!

AUGUST HEINRICH HOFFMANN VON FALLERSLEBEN, *deutscher Lyriker und Germanist, 1798-1874*

Wer viel fragt, lernt viel und macht sich angenehm, besonders wenn er seine Fragen dem Wissen der Gefragten anpasst; denn er gibt ihnen so Gelegenheit, sich in Reden zu ergehen, und er selbst erntet fortwährend Erkenntnisse.

FRANCIS BACON, *englischer Philosoph, Schriftsteller und Politiker, 1561-1626*

Von zwei Narren hält der größere den kleinen für den größeren.

EMIL GÖTT, *deutscher Schriftsteller, 1864-1908*

Wenn man etwas recht gründlich hasst, ohne zu wissen, warum, so kann man überzeugt sein, dass man davon einen Zug in seiner eigenen Natur findet.

CHRISTIAN FRIEDRICH HEBBEL, *deutscher Dichter, 1813-1863*

O Freunde, nicht diese Töne, sondern lasst uns angenehmere anstimmen, und freudenvollere.

LUDWIG VAN BEETHOVEN, *deutscher Komponist, 1770-1827*

Man tut besser, dass man sich grad ausspricht, ohne viel beweisen zu wollen; alle Beweise, die wir vorbringen, sind doch nur Variationen unserer Meinung.

JOHANN WOLFGANG VON GOETHE, *deutscher Dichter, 1749-1832*

Verloren ist, wer den Humor verlor.

OTTO JULIUS BIERBAUM, *deutscher Schriftsteller, 1865-1910*

Was unsere Seele am schnellsten und am schlimmsten abnützt, das ist: verzeihen ohne zu vergessen.

ARTHUR SCHNITZLER, *österreichischer Schriftsteller, 1862–1931*

Lernen am Erfolg / Benchmarking

Ob Sie tatsächlich einen echten Benchmarking-Prozess ins Rollen bringen wollen oder Ihre Organisation mit dem erfolgreichen Konzept einer anderen Abteilung in Ihrem Unternehmen optimieren wollen – in diesem Kapitel werden Sie Argumentationsideen und -futter finden.

Alles Gescheite ist schon gedacht worden, man muss nur versuchen, es noch einmal zu denken.

JOHANN WOLFGANG VON GOETHE, *deutscher Dichter, 1749–1832*

Die Gefahren anderer pflegen Vorsichtigen von Nutzen zu sein.

PHAEDRUS, *römischer Fabeldichter, gest. um 50 n. Chr.*

Kluge Leute lernen auch von ihren Feinden.

ARISTOTELES, *griechischer Philosoph, 384–322 v. Chr.*

Der Mensch hat dreierlei Wege, klug zu handeln: erstens durch Nachdenken, das ist der edelste; zweitens durch Nachahmen, das ist der leichteste; drittens durch Erfahrung, das ist der bitterste.

KONFUZIUS, *chinesischer Philosoph, 551–479 v. Chr.*

Das Geheimnis des Erfolges ist, den Standpunkt des anderen zu verstehen.

HENRY FORD, *amerikanischer Automobilhersteller, 1863–1947*

Frage lieber einen erfahrenen Mann um Rat als einen Gelehrten.

ARABISCHES SPRICHWORT

Es gibt Menschen, die auf die Mängel ihrer Freunde sinnen; dabei ist nichts zu gewinnen. Ich habe immer auf die Verdienste meiner Widersacher Acht gehabt und davon Vorteil gezogen.

JOHANN WOLFGANG VON GOETHE, *deutscher Dichter, 1749–1832*

Unsere besten Gedanken sind nicht diejenigen, die wir finden, wenn wir selbst suchen, sondern diejenigen, die wir finden, wenn wir andern Suchenden nachgehen.

KARL GUTZKOW, *deutscher Schriftsteller, 1811–1878*

Der Genius weist den Weg, den das Talent geht.

MARIE VON EBNER-ESCHENBACH, *österreichische Erzählerin, 1830–1916*

Produktion / Technik / Computer

Die Technikeuphorie des ausgehenden 19. und frühen 20. Jahrhunderts wurde von einer großen Technikfeindlichkeit abgelöst, die inzwischen einer eher nüchternen, abwägenden Haltung Platz gemacht hat. All diese Entwicklungen spiegeln sich in den folgenden Zitaten von Goethe über Einstein bis Ron Sommer und Heinrich von Pierer wider:

Denkt auch daran, dass die Techniker es sind, die erst wahre Demokratie möglich machen. Denn sie erleichtern nicht nur des Menschen Tagwerk, sondern machen auch die Werke der feinsten Denker und Künstler, deren Genuss noch vor kurzem ein Privileg bevorzugter Klassen war, der Gesamtheit zugänglich und erwecken so die Völker aus schläfriger Stumpfheit.

ALBERT EINSTEIN, *deutscher Physiker, 1879–1955*

Eine Maschine kann die Arbeit von fünfzig gewöhnlichen Menschen leisten, aber nicht einen einzigen außergewöhnlichen ersetzen.

ELBERT HUBBARD, *amerikanischer Schriftsteller, 1856–1915*

Die Technik selbst ist nur ein Instrument und insofern moralisch ein unbeschriebenes Blatt.

HEINRICH VON PIERER, Vorstandsvorsitzender der Siemens AG, geb. 1941

Computer sind die klügsten Idioten, die es gibt.

NORMAN MAILER, amerikanischer Schriftsteller, geb. 1923

Dieter Hildebrandt übrigens bezeichnet Computer als „Genieprothesen".

Computer sind die neueste technische Errungenschaft zur wirksamen Verzögerung der Büroarbeit.

CYRIL NORTHCOTE PARKINSON, englischer Historiker und Publizist, 1909–1993

Das Unsympathische an den Computern ist, dass sie nur ja oder nein sagen können, aber nicht vielleicht.

BRIGITTE BARDOT, französische Schauspielerin, geb. 1934

Die Unmenschlichkeit des Computers beruht unter anderem darauf, dass er, richtig programmiert und einwandfrei funktionierend, so absolut ehrlich ist.

ISAAC ASIMOV, amerikanischer Biochemiker und Schriftsteller, 1920–1992

Der Computer ist die logische Weiterentwicklung des Menschen: Intelligenz ohne Moral.

JOHN OSBORNE, englischer Dramatiker, geb. 1929

Der Computer arbeitet deshalb so schnell, weil er nicht denkt.

GABRIEL LAUB, deutsch-tschechischer Schriftsteller, 1928–1998

Die Technik spart uns zwar keine Zeit, aber sie verteilt sie anders.

HELMAR NAHR, deutscher Mathematiker und Wirtschaftswissenschaftler, 1931–1990

162

Die Kommunikationschancen der neuen elektronischen Medien laufen nicht auf das Zerrbild des „Großen Bruders" hinaus. Sie beleben vielmehr jene demokratischen Werte, die in Bürokratien zu ersticken drohen: Gleichberechtigung, Informations- und Entscheidungsfreiheit, Chancengerechtigkeit. Insofern ist der Chip der beste Lobbyist der Freiheit. Er ist der natürliche Gegenspieler von Bevormundung und Obrigkeit.

RON SOMMER, *Vorstandsvorsitzender der Deutschen Telekom AG, geb. 1949*

Das Auto ist ein Mittel der Technik, das uns in Stand setzt, in der Regel viel schneller und bequemer die nächste Reparaturwerkstatt zu erreichen, als wir das zu Fuß vermöchten.

HELMAR NAHR, *deutscher Mathematiker und Wirtschaftswissenschaftler, 1931–1990*

Zivilisation ist die unablässige Vermehrung unnötiger Notwendigkeiten.

MARK TWAIN, *amerikanischer Schriftsteller, 1835–1910*

Die Technik ist auf dem Wege, eine solche Perfektion zu erreichen, dass der Mensch bald ohne sich selbst auskommt.

STANISLAW JERZY LEC, *polnischer Lyriker, 1909–1966*

Das überhand nehmende Maschinenwesen quält und ängstigt mich, es wälzt sich heran wie ein Gewitter, langsam, langsam; aber es hat seine Richtung genommen, es wird kommen und treffen.

JOHANN WOLFGANG VON GOETHE, *deutscher Dichter, 1749–1832*

Aus den Träumen des Frühlings wird im Herbst Marmelade gemacht.

PETER BAMM, *deutscher Schriftsteller, 1897–1975*

Glücklich, wer mit den Verhältnissen zu brechen versteht,
ehe sie ihn gebrochen haben!

FRANZ VON LISZT, ungarischer Pianist und Komponist, 1811–1886

Softwareprobleme am PC lassen auch schnell schon mal den „menschlichen Speicher" überlaufen:

Des Menschen Hirn fasst so
Unendlich viel, und ist doch manchmal auch
So plötzlich voll! von einer Kleinigkeit
So plötzlich voll!

GOTTHOLD EPHRAIM LESSING, deutscher Schriftsteller und Philosoph, 1729–1781

Maughams Erkenntnis aus dem folgenden Zitat hilft in der Welt der Computer wohl mehr, als in jedem anderen Bereich:

Sehr lange hat es gedauert, bis ich begriffen habe, wie einfach es ist, ganz offen zu bekennen: „Das verstehe ich nicht."

WILLIAM SOMERSET MAUGHAM, englischer Schriftsteller, 1874–1965

Man soll sich nicht über Dinge ärgern, denn das ist ihnen völlig egal.

EURIPIDES, griechischer Dichter, 485 oder 484–406 v. Chr.

Wer in der schnellsten Branche der Welt müde wird oder in Versuchung gerät, sich auf seinen Erfolgen auszuruhen, für den gehören Erfolge bald zur Vergangenheit. In diesem Markt gibt es nur zweierlei Manager: die schnellen und die toten.

ERICH J. LEJEUNE, Unternehmer und Motivationstrainer, geb. 1944

Bill Gates war Anfang der 80er-Jahre noch der Meinung, dass 640 KB für jeden Rechner genügend Speicherkapazität wären. Heute steht in jedem Kinderzimmer schon ein PC mit mindestens 64 MB, mit dem noch nicht einmal animierte Spiele vernünftig laufen. Der Computer der Mondlandefähre Apollo hatte 1969 einen Hauptspeicher von gerade einmal 77.832 Bytes!

Die Geschwindigkeit ist das Opium der Technik, dadurch gerät sie ins Träumen.

MARTIN KESSEL, deutscher Schriftsteller, 1901–1990

Wozu Socken? Sie schaffen nur Löcher!

ALBERT EINSTEIN, deutscher Physiker, 1879–1955

Ein Bund Stroh aufzuheben, muss man keine Maschine in Bewegung setzen.

GOTTHOLD EPHRAIM LESSING, deutscher Schriftsteller und Philosoph, 1729–1781

Der Mensch hat angesichts der gewaltigen technischen Umwälzungen mit seiner inneren Entwicklung nicht Schritt gehalten, und daher verfehlt er, sie geistig zu meistern.

EMIL OESCH, schweizerischer Schriftsteller, 1894–1974

Die Maschine wird alles tun können, sie wird alle Probleme, die man ihr stellt, lösen können, aber sie wird niemals ein Problem zu stellen vermögen.

ALBERT EINSTEIN, deutscher Physiker, 1879–1955

Schämen sollen sich die Menschen, die sich gedankenlos der Wunder der Wissenschaft und Technik bedienen und nicht mehr davon geistig erfasst haben als die Kuh von der Botanik der Pflanzen, die sie mit Wohlbehagen frisst.

ALBERT EINSTEIN, deutscher Physiker, 1879–1955

Den schreckt der Berg nicht, der darauf geboren.

FRIEDRICH SCHILLER, deutscher Dichter, 1759–1805

Die letzten Ausläufer der Kultur enden in der Zivilisation.

GERTRUD VON LE FORT, *deutsche Schriftstellerin, 1876–1971*

Es ist gut zu pflügen, wenn der Acker gereinigt ist; aber den Wald und die Stöcke ausrotten und den Acker zurichten, das will niemand.

MARTIN LUTHER, *deutscher Reformator, 1483–1546*

Der Wechsel allein ist das Beständige.

ARTHUR SCHOPENHAUER, *deutscher Philosoph, 1788–1860*

Börse / Geld und Finanzen

Reichtum und Armut, Geld und Schulden, Gewinn und Verlust – ein Thema aller Zeiten. Im zweiten Teil von Goethes Faust führt Mephisto ungedecktes Papiergeld ein, mit dem er die staatliche Finanzkrise lösen will – kurzfristig mit Erfolg. Die Szenen erinnern an die Aktieneuphorie unserer Tage mit ihrer immens hohen Bewertung der Papiere aus der Software- und Computerbranche und daran, wie nahe Fluch und Segen an der Börse beieinander liegen.

Unser Jahrhundert beweihräuchert den Reichtum. Reichtum ist die Gottheit dieses Jahrhunderts.

OSCAR WILDE, *englischer Schriftsteller, 1856–1900*

Wo Gott der Herr seine Hand hingelegt hatte, haben die „Herren" ihre Hand draufgelegt und Aktien an der Börse auf. Sie sollen den Erdenfleck sehr verschönert haben.

WILHELM RAABE, *deutscher Schriftsteller, 1831–1910*

Der Börsianer lebt von seinen Erfahrungen und Überlegungen und von seinem Spürsinn. Der Engländer sagt: „My home is my castle." Des Börsianers Devise ist: „My nose is my castle."

ANDRÉ KOSTOLANY, *amerikanischer Finanzexperte und Journalist, 1906–1999*

Bereit sein ist alles. – The readiness is all.

WILLIAM SHAKESPEARE, *englischer Dramatiker, 1564–1616*

Gleich dem Bildnis des Monds verwandelt das Antlitz des Glücks sich. Zunehmend – abnehmend, kann niemals beständig sein.

JOHANN JOACHIM WINCKELMANN, *deutscher Archäologe, 1717–1768*

Bargeld in der Tasche und gleichzeitig die Absicht zu haben, bei niedrigen Kursen in die Börse einzusteigen, ist dasselbe Vergnügen, wie hungrig zu sein und sich auf dem Weg in ein Restaurant zu befinden.

ANDRÉ KOSTOLANY, *amerikanischer Finanzexperte und Journalist, 1906–1999*

Wer gut essen will, kauft Aktien; wer gut schlafen will, kauft Anleihen.

ANDRÉ KOSTOLANY, *amerikanischer Finanzexperte und Journalist, 1906–1999*

Beim Kaufen muss man Fantasie haben, beim Verkaufen weise sein.

ANDRÉ KOSTOLANY, *amerikanischer Finanzexperte und Journalist, 1906–1999*

Wer den Dollar nicht hat, wenn er zurückgeht, hat ihn auch nicht, wenn er wieder steigt.

ANDRÉ KOSTOLANY, *amerikanischer Finanzexperte und Journalist, 1906–1999*

Die ganze Börse hängt nur davon ab, ob es mehr Aktien gibt als Idioten oder mehr Idioten als Aktien.

ANDRÉ KOSTOLANY, *amerikanischer Finanzexperte und Journalist, 1906–1999*

Der Kleinaktionär ist das Kanonenfutter des Wertpapierhandels.

HELMAR NAHR, *deutscher Mathematiker und Wirtschaftswissenschaftler, 1931–1990*

167

Der Staatspapierkurs, das Thermometer des Volksglücks.

HEINRICH HEINE, *deutscher Dichter und Publizist, 1797–1856*

Aktiengesellschaften sind der Inbegriff für große Schritte in die Zukunft – der Ausbau der Eisenbahnverbindungen, der Ausbau der Telegrafen- und Fernmeldenetze, die Kontinente umspannten, der Aufbau von Schifffahrtslinien, immer waren es Aktiengesellschaften, die maßgeblich daran beteiligt waren.

ERICH J. LEJEUNE, *Unternehmer und Motivationstrainer, geb. 1944*

Nichts war so wie vorher nach dem Tag, an dem The Body Shop eine Aktiengesellschaft wurde.

ANITA RODDICK, *Unternehmerin, Gründerin von The Body Shop, geb. 1942*

Das Kapital eines Dienstleistungsunternehmens ist nicht das Börsenkapital, sondern das Humankapital. Wenn Shareholder-Value zum alleinigen Credo wird, dann stehen Anleger gegen Mitarbeiter.

PETER DUSSMANN, *deutscher Unternehmer, geb. 1938*

Mit den folgenden Worten begründet Peter Dussmann, warum er sein Unternehmen *nicht* an die Börse bringen will:

In einer Aktiengesellschaft wird kurzfristig und gewinnmaximierend von Geschäftsbericht zu Geschäftsbericht gedacht. In langfristig angelegte Pläne wird nicht investiert.

PETER DUSSMANN, *deutscher Unternehmer, geb. 1938*

In den Vereinigten Staaten sind die Aktionäre die Eigentümer. Punktum. Sie haben das letzte Wort. Aber wer in Japan die Frage beantwortet, wem ein Unternehmen gehört, würde ganz selbstverständlich sagen, dass es zuerst den Mitarbeitern und dann den Aktionären gehöre. Aus dieser

Perspektive – die auch die unsrige ist – ergibt sich die Verpflichtung, langfristig zu denken und zu planen. Ich glaube, dass dies ein Vorteil ist, der uns vor manchen Fehlern bewahren wird.

Minoru Makihara, Präsident der Mitsubishi Corporation

Eine Bank ist ein Ort, an dem man Geld geliehen bekommt, wenn man nachweisen kann, dass man es nicht braucht. – A bank is a place that will lend you money if you can prove that you don't need it.

Bob Hope, amerikanischer Komiker, geb. 1903

Ein Bankier ist ein Mensch, der einen Schirm verleiht, wenn die Sonne scheint, und der ihn sofort zurückhaben will, wenn es zu regnen beginnt.

Mark Twain, amerikanischer Schriftsteller, 1835–1910

Anita Roddick weiß wovon sie spricht. Als sie die erste Filiale von „The Body Shop" gründen wollte, haben ihr die Banken das Geld dafür verweigert. Ein entfernter Bekannter hat das Risiko gewagt.

Ich frage mich oft, wie viele fantastische Ideen nur deshalb niemals zum Erfolg kommen, weil es den Leuten, die in diesem Land hinter den Schaltern der Banken sitzen, an Vorstellungskraft und an der Bereitschaft mangelt, auch mal ein Risiko einzugehen.

Anita Roddick, Unternehmerin, Gründerin von The Body Shop, geb. 1942

Reichtum macht das Herz schneller hart als kochendes Wasser ein Ei.

Ludwig Börne, deutscher Schriftsteller, 1786–1837

Geld macht nicht glücklich, aber reich.

Kilian Emmerich Stephan, Ökonom, 1867–1930

Nur auf den ersten Blick anderer Meinung ist Seneca:

Das Geld hat noch keinen reich gemacht.

LUCIUS ANNAEUS SENECA, *römischer Politiker, Philosoph und Dichter,*
ca. 4 v. Chr. – 65 n. Chr.

Wie kommt es, dass der Reichtum seinen Besitzern eher Unglück bringt als Glück, wo nicht gar das furchtbarste Verderben. Die uralten Mythen vom goldenen Vlies und vom Nibelungshort sind sehr bedeutungsvoll. Das Gold ist ein Talisman, worin Dämonen hausen, die alle unsre Wünsche erfüllen, aber uns dennoch gram sind ob des knechtischen Gehorsams, womit sie uns dienen müssen, und diesen Zwang tränken sie uns ein durch geheime Tücke, indem sie eben die Erfüllung unserer Wünsche zu unserem Unheil verkehren und uns daraus alle möglichen Nöte bereiten.

HEINRICH HEINE, *deutscher Dichter und Publizist, 1797–1856*

Man will Geld verdienen um glücklich zu leben, und die ganze Anstrengung, die beste Kraft eines Lebens konzentriert sich auf den Erwerb dieses Geldes. Das Glück wird vergessen, das Mittel wird Selbstzweck.

ALBERT CAMUS, *französischer Schriftsteller, 1913–1960*

Volkswirtschaft ist die Lehre von der Notwendigkeit, dass der Mensch ein Auto braucht um Geld zu verdienen, damit er sich ein Auto kaufen kann.

ROBERT LEMBKE, *deutscher Journalist und Quizmaster, 1913–1989*

Sollten Sie trotz dieser Warnungen noch immer reich werden wollen – hier einige konkrete Ratschläge für den Weg zum Erfolg:

Früh zu Bett und früh aufstehen macht gesund, reich und klug. – Early to bed and early to rise makes a man healthy, wealthy, and wise.

BENJAMIN FRANKLIN, *amerikanischer Schriftsteller, Naturwissenschaftler*
und Politiker, 1706–1790

Die Kunst, reich zu werden, besteht nicht aus Geschäften, noch weniger aus Sparsamkeit, sondern aus besserer Ordnung, aus Pünktlichkeit, aus der Fähigkeit, am richtigen Ort zu sein.

RALPH WALDO EMERSON, *amerikanischer Dichter und Philosoph, 1803–1882*

Zivilisation bedeutet, dass die Eskimos warme Wohnungen bekommen und arbeiten müssen, um Geld für Kühlschränke zu verdienen.

GABRIEL LAUB, *deutsch-tschechischer Schriftsteller, 1928–1998*

Man könnte viele Beispiele für unsinnige Ausgaben nennen, aber keines ist treffender als die Errichtung einer Friedhofsmauer. Die, die drinnen sind, können ohnehin nicht hinaus, und die, die draußen sind, wollen nicht hinein.

MARK TWAIN, *amerikanischer Schriftsteller, 1835–1910*

Nicht Geld schafft Geld, Ideen schaffen Geld.

THEO LIEVEN, *Unternehmer, Mitgründer der VOBIS AG, geb. 1952*

Geld erleichtert das Leben. Aber man kann nicht mehr als ein Steak essen.

BEATE UHSE, *Unternehmerin, geb. 1919*

Das Geld gleicht dem Seewasser. Je mehr davon getrunken wird, desto durstiger wird man.

ARTHUR SCHOPENHAUER, *deutscher Philosoph, 1788–1860*

Bankraub ist eine Unternehmung von Dilettanten. Wahre Profis gründen eine Bank.

BERTOLT BRECHT, *deutscher Schriftsteller und Regisseur, 1898–1956*

Ich glaube, die Funktion von Profit besteht nicht darin, noch mehr Profit zu machen, sondern darin, die Räder sozialer Bewegung, sozialen Fortschritts zu ölen, für gute Sachen einzutreten und Veränderungen voranzutreiben.

ANITA RODDICK, *Unternehmerin, Gründerin von The Body Shop, geb. 1942*

Was ich in dreißig Jahren gelernt habe, ist die Erkenntnis, dass Profit die Basis für Eigenkapital ist, das sich in neue Arbeitsplätze umsetzen lässt.

HEINZ NIXDORF, *deutscher Unternehmer, 1925–1986*

Wenn wir es schaffen, Moral und Ethik in unser wirtschaftliches Handeln mit einzubeziehen, werden wir noch größeren Erfolg haben. Zu Deutsch: mehr Geld verdienen.

DANIEL GOEUDEVERT, *deutscher Industriemanager, geb. 1942*

Ein Geschäft, bei dem man nichts außer Geld verdient, ist kein Geschäft.

HENRY FORD, *amerikanischer Automobilhersteller, 1863–1947*

Wer immer „ja" sagt, macht Umsatz. Wer auch mal „nein" sagt, macht Gewinn.

SPRUCH

Das Thema Sparen, Kostenreduzierung oder Lean Management kann man auch als „Unternehmensdiät" begreifen. In jedem Falle gilt:

Das Erste, was man bei einer Abmagerungskur verliert, ist die gute Laune.

GERT FRÖBE, *deutscher Schauspieler, 1913–1988*

Man muss weniger essen und trotzdem satt sein, das ist die Kunst.

MANFRED NERLINGER, *deutscher Gewichtheber, geb. 1960*

Wenn's umsonst ist, ess ich warm.

BEATE UHSE, Unternehmerin, geb. 1919

Es gibt Leute, die gut zahlen, die prompt zahlen, die nie zahlen, Leute, die schleppend zahlen, Leute, die bar zahlen, die abzahlen, draufzahlen, heimzahlen – nur Leute, die gern zahlen, die gibt es nicht.

GEORG CHRISTOPH LICHTENBERG, deutscher Schriftsteller und Physiker, 1742–1799

Im Deutschen reimt sich Geld auf Welt: Es ist kaum möglich, dass es einen vernünftigeren Reim gebe.

GEORG CHRISTOPH LICHTENBERG, deutscher Schriftsteller und Physiker,
1742–1799

Was der liebe Gott vom Gelde hält, kann man an den Leuten sehen, denen er es gibt.

PETER BAMM, deutscher Schriftsteller, 1897–1975

In der Beschränkung zeigt sich erst der Meister.

JOHANN WOLFGANG VON GOETHE, deutscher Dichter, 1749–1832

Der Mensch hat zwei Beine und zwei Überzeugungen: eine, wenn's ihm gut geht, und eine, wenn's ihm schlecht geht. Die letztere heißt Religion.

KURT TUCHOLSKY, deutscher Schriftsteller und Journalist, 1890–1935

Heutzutage kennen die Leute von allem den Preis und nicht den Wert.

OSCAR WILDE, englischer Schriftsteller, 1856–1900

Meine güldenen Dukaten,
Sagt, wo seid ihr hingeraten?

HEINRICH HEINE, deutscher Dichter und Publizist, 1797–1856

173

Auf dieser Welt ist nichts sicher, außer der Tod und die Steuern. – In this world nothing can be said to be certain, except death and taxes.

BENJAMIN FRANKLIN, *amerikanischer Schriftsteller, Naturwissenschaftler und Politiker, 1706–1790*

Ihr klagt über die vielen Steuern? Unsere Trägheit nimmt uns zweimal, unsere Eitelkeit dreimal soviel und unsere Torheit viermal soviel ab.

BENJAMIN FRANKLIN, *amerikanischer Schriftsteller, Naturwissenschaftler und Politiker, 1706–1790*

Die Kunst, Steuern einzunehmen, besteht darin, die Gans zu rupfen, ohne dass sie schreit.

MAXIMILIEN DE BETHUNE, *französischer Finanzminister, 1560–1641*

Steuern sind ein erlaubter Fall von Raub.

THOMAS VON AQUIN, *italienischer Theologe und Philosoph, 1225–1274*

Wird es nicht alle Tage schlimmer?
Gehorchen soll man mehr als immer
Und zahlen mehr als je vorher.

JOHANN WOLFGANG VON GOETHE, *deutscher Dichter, 1749–1832*

Wir wollen alle Tage sparen
Und brauchen alle Tage mehr.

JOHANN WOLFGANG VON GOETHE, *deutscher Dichter, 1749–1832*

Mancher will wie ein Fürst bedient werden und wie ein Handwerker bezahlen.

SPRICHWORT

Der Grund aller Verkehrtheit in Gesinnungen und Meinungen ist – Verwechselung des Zwecks mit dem Mittel.

NOVALIS, *deutscher Dichter der Romantik, 1772–1801*

174

Zum Thema Geld darf auch Karl Marx nicht fehlen:

Das Geld ist der allgemeine, für sich selbst konstituierte Wert aller Dinge. Es hat daher die ganze Welt, die Menschheit wie die Natur, ihres eigentümlichen Wertes beraubt. Das Geld ist das den Menschen entfremdete Wesen seiner Arbeit und seines Daseins, und dieses fremde Wesen beherrscht ihn, und er betet es an.

KARL MARX, *deutscher Philosoph und Politiker, 1818–1883*

Das Geld zieht nur den Eigennutz an und führt stets unwiderstehlich zum Missbrauch.

ALBERT EINSTEIN, *deutscher Physiker, 1879–1955*

Der moderne Mensch betrachtet Geld als ein Mittel, zu mehr Geld zu kommen.

BERTRAND RUSSELL, *englischer Philosoph, 1872–1970*

Geld wird nicht mehr nur als Transaktionsmittel benutzt zum Zwecke der Finanzierung, sondern Geld wird gehandelt wie eine Ware.

ALFRED HERRHAUSEN, *deutscher Bankmanager, 1930–1989*

Die höchste Bewunderung aber trifft den, auf den das Geld keinen Eindruck macht.

MARCUS TULLIUS CICERO, *römischer Staatsmann, Redner und Philosoph, 106–43 v. Chr.*

Vielleicht wollen Sie ja das Gegenteil davon beweisen:

Das sicherste Mittel, um arm zu bleiben, ist, ein ehrlicher Mensch zu sein.

NAPOLEON I., *französischer Kaiser, 1769–1821*

Der Schuldenmacher gräbt ein Loch, und ein zweites, um die Erde hineinzubringen.

WILHELM BUSCH, *deutscher Dichter und Maler, 1832–1908*

175

Wem Fortuna ein Haus schenkt, dem schenkt sie auch Möbeln.

WILHELM BUSCH, *deutscher Dichter und Maler, 1832–1908*

Geld gleicht dem Dünger, der wertlos ist, wenn man ihn nicht ausbreitet.

FRANCIS BACON, *englischer Philosoph, Schriftsteller und Politiker, 1561–1626*

Vielleicht die beste Eigenschaft des Geldes liegt darin, dass man damit Freude bereiten kann. Aber nur die wenigsten nützen das auch.

PEARL S. BUCK, *amerikanische Schriftstellerin, 1892–1973*

Wenn man das Geld richtig behandelt, ist es wie ein folgsamer Hund, der einem nachläuft.

HOWARD R. HUGHES, *amerikanischer Industrieller und Erfinder, 1905–1976*

Dem Geld darf man nicht nachlaufen. Man muss ihm entgegengehen.

ARISTOTELES ONASSIS, *griechischer Reeder, 1906–1975*

Nicht nur der Umgang mit Geld und Reichtum, auch der Umgang mit Schulden will gelernt sein. Die folgende römische Anekdote erzählt von einem gelungenen Versuch:

> Nach dem Tod eines römischen Ritters wurde offenbar, dass dieser immense Schulden hinterließ, die er zu Lebzeiten sehr geschickt verborgen hatte. Als der Kaiser Augustus davon hörte, ließ er bei der Versteigerung des Hausrates das Kopfkissen des Verstorbenen für sich erwerben. Seinen Freunden, die sich darüber wunderten, sagte er: „Das Kopfkissen wollte ich haben, auf dem ein so verschuldeter Mann schlafen konnte."

THEODOSIUS MACROBIUS, *ca. 4./5. Jh. n. Chr.*

Ach! Reines Glück genießt doch nie, wer zahlen soll und weiß nicht wie.

WILHELM BUSCH, *deutscher Dichter und Maler, 1832–1908*

Sorgt immer für den Augenblick, und Gott lass't für die Zukunft sorgen.

CHRISTOPH MARTIN WIELAND, *deutscher Dichter, 1733–1813*

Wenn man nicht weiß, wovon einer lebt, so ist das noch der günstigere Fall. Auch die Volkswirtschaft soll der Fantasie etwas Spielraum lassen.

KARL KRAUS, *österreichischer Schriftsteller und Kritiker, 1874–1936*

Das Alte stürzt, es ändert sich die Zeit, und neues Leben blüht aus den Ruinen.

FRIEDRICH SCHILLER, *deutscher Dichter, 1759–1805*

Aber hier, wie überhaupt, kommt es anders, als man glaubt.

WILHELM BUSCH, *deutscher Dichter und Maler, 1832–1908*

In der ersten Hälfte unseres Lebens opfern wir die Gesundheit um Geld zu erwerben, in der zweiten Hälfte opfern wir unser Geld um die Gesundheit wiederzuerlangen.

VOLTAIRE, *französischer Schriftsteller und Philosoph, 1694–1778*

Jede Wirtschaft beruht auf dem Kreditsystem, das heißt, auf der irrtümlichen Annahme, der andere werde gepumptes Geld zurückzahlen.

KURT TUCHOLSKY, *deutscher Schriftsteller und Journalist, 1890–1935*

Wenn ein Mensch behauptet, mit Geld lasse sich alles erreichen, darf man sicher sein, dass er nie welches gehabt hat.

ARISTOTELES ONASSIS, *griechischer Reeder, 1906–1975*

177

Als ich jung war, glaubte ich, Geld sei das Wichtigste im Leben; jetzt wo ich alt bin, weiß ich, dass es das Wichtigste ist.

OSCAR WILDE, englischer Schriftsteller, 1856–1900

Kennzahlen / Statistik / Bilanzen

Die meisten Zitate, die zu diesem Themenkreis passen, finden Sie im Kapitel „Börse / Geld und Finanzen" (S. 166). Hier sind zusätzlich noch einige ganz spezifische Zitate zusammengestellt.

Antizyklische Finanzpolitik besteht darin, den jährlichen Etatzuwachs mit konjunkturgerecht wechselnden Formulierungen zu begründen.

HELMAR NAHR, deutscher Mathematiker und Wirtschaftswissenschaftler,
1931–1990

Hier sind zwei Gesellschaften, eine jede von zehn Individuen: In der ersten finden wir einen Heiligen, drei Verbrecher und sechs vom Durchschnitt; in der zweiten zwei Verbrecher und acht vom Durchschnitt. Welches ist die bessere? Die Statistik sagt: diese, die zweite. Aber nur die Statistik sagt dies.

MORITZ HEIMANN, deutscher Schriftsteller, 1868–1925

Ich glaube erst an Statistiken, wenn ich sie selbst gefälscht habe.

WINSTON CHURCHILL, britischer Politiker und Schriftsteller, 1874–1965

Ich stehe Statistiken etwas skeptisch gegenüber. Denn laut Statistik haben ein Millionär und ein armer Kerl jeder eine halbe Million.

FRANKLIN DELANO ROOSEVELT, 32. Präsident der USA, 1882–1945

178

Es gibt drei Arten von Lügen: Lügen, verdammte Lügen und Statistiken. – There are three kind of lies: lies, damned lies, and statistics.

BENJAMIN DISRAELI, *englischer Schriftsteller und Politiker, 1804–1881*

Die gefährlichsten Wahrheiten sind Wahrheiten, mäßig entstellt.

GEORG CHRISTOPH LICHTENBERG, *deutscher Schriftsteller und Physiker, 1742–1799*

Dass in eine Bilanz nicht nur das unmittelbar Naheliegende einfließen muss, sondern noch vieles andere mit zu bedenken ist – dafür kann das folgende Zitat von Alfred Hitchcock ein schönes Beispiel liefern:

Ein Film ist gut, wenn das Geld für Eintritt, Essengehen und Babysitter es wert waren. – A good film is when the price of admission, dinner and the babysitter were well worth it.

ALFRED HITCHCOCK, *englischer Regisseur, 1899–1980*

Bilanzen sind wie Bikinis: Das Interessanteste zeigen sie nicht.

CYRIL NORTHCOTE PARKINSON, *englischer Historiker und Publizist, 1909–1993*

Probleme mit Geld sind besser als Probleme ohne Geld.

MALCOLM STEVENSON FORBES, *amerikanischer Verleger, 1919–1990*

Die Notwendigkeit ist jedem Urteil entzogen; auch dem zustimmenden.

MORITZ HEIMANN, *deutscher Schriftsteller, 1868–1925*

Gefährlich ist's, den Leu zu wecken,
Verderblich ist des Tigers Zahn,
Jedoch der schrecklichste der Schrecken,
Das ist der Mensch in seinem Wahn.

FRIEDRICH SCHILLER, *deutscher Dichter, 1759–1805*

Und noch ein Witz zum Thema knappe Kalkulation:

> „Den Jahresüberschuss tragen Sie in Schwarz ein.", sagt der
> Chef zu seinem Buchhalter: „Wir haben aber keine
> schwarze Tinte mehr." – „Mensch, dann kaufen Sie eben
> welche." – „Dann sind wir aber wieder in den roten Zah-
> len!"

Pressearbeit / Public Relations

Presse- und Öffentlichkeitsarbeit umfasst inhaltlich die verschiedensten Bereiche. In dieses Kapitel wurden deshalb vor allem solche Zitate
aufgenommen, die sich mit der Presse, mit Öffentlichkeit und mit PR-
Strategien auch in schwierigen Zeiten beschäftigen; dazu solche, die
Ihnen Tipps geben, wie Pressearbeit betrieben werden kann. (Unter Kollegen oder bei Konferenzen werden Sie das eine oder andere Zitat
sicher gebrauchen können.) Zitate, die Sie inhaltlich für Ihre Presse-
und PR-Arbeit einsetzen können – von der Konferenz bis zur schriftlichen Kommunikation mit Kunden und Geschäftspartnern – finden Sie
in den Kapiteln zum entsprechenden Thema.

> Ein Unternehmen ohne Öffentlichkeitsarbeit ist wie ein
> Mann, der einem Mädchen im Dunkeln zuwinkt: Er weiß
> zwar, was er will, aber das Mädchen sieht ihn nicht.
>
> WOLFGANG MÜLLER-MICHAELIS, *Unternehmensberater und*
> *Dozent für Kulturmanagement, geb. 1937*

> Es ist gut, eine Sache sofort doppelt auszudrücken und ihr
> einen rechten und linken Fuß zu geben. Auf einem Bein
> kann die Wahrheit zwar stehen; mit zweien aber wird sie
> gehen und herumkommen.
>
> FRIEDRICH NIETZSCHE, *deutscher Philosoph, 1844–1900*

> Es ist nicht genug, eine Sache zu beweisen, man muss die
> Menschen zu ihr auch noch verführen.
>
> FRIEDRICH NIETZSCHE, *deutscher Philosoph, 1844–1900*

Wir lernten sehr schnell, dass unkomplizierte Bilder, die das Gefühl ansprachen, das richtige Rezept waren, um zu kommunizieren.

Anita Roddick, *Unternehmerin, Gründerin von The Body Shop, geb. 1942*

Je weniger die Leute davon wissen, wie Würste und Gesetze gemacht werden, desto besser schlafen sie.

Otto von Bismarck, *deutscher Politiker, 1815–1898*

Die ganze Kunst des Redens besteht darin, zu wissen, was man nicht sagen darf.

George Canning, *britischer Politiker, 1770–1827*

Wer glaubwürdig sein will, muss den ständigen Dialog suchen.

Heinz M. Goldmann, *Unternehmensberater, geb. 1919*

Wo Nachrichten fehlen, wachsen die Gerüchte.

Alberto Moravia, *italienischer Schriftsteller, 1907–1990*

Wer sich mit wenig Ruhm begnügt, verdient nicht vielen.

Marie von Ebner-Eschenbach, *österreichische Erzählerin, 1830–1916*

Wenn man eine Marke bekannt machen will, gibt es zwei Wege: der eine ist, sehr viel Geld in PR und Werbung zu investieren. Der andere ist, Aufsehen zu erregen.

Otto Kern, *deutscher Modemacher, geb. 1952*

Der Journalismus ist ein Terminhandel, bei dem das Getreide auch in der Idee nicht vorhanden ist, aber effektives Stroh gedroschen wird.

Karl Kraus, *österreichischer Schriftsteller und Kritiker, 1874–1936*

Im Auslegen seid frisch und munter! Legt ihr's nicht aus, so legt was unter.

JOHANN WOLFGANG VON GOETHE, *deutscher Dichter, 1749–1832*

Gegen die Kritik kann man sich weder schützen noch wehren; man muss ihr zum Trutz handeln, und das lässt sie sich nach und nach gefallen.

JOHANN WOLFGANG VON GOETHE, *deutscher Dichter, 1749–1832*

Du musst über einen Menschen nichts Böses sagen. Du kannst es ihm antun – das nimmt er nicht so übel. Aber sage es ihm nicht. Er ist in erster Linie eitel und dann erst schmerzempfindlich.

KURT TUCHOLSKY, *deutscher Schriftsteller und Journalist, 1890–1935*

Es gibt nur eins, das schlimmer ist, als wenn die Leute über einen reden, und das ist, wenn sie nicht über einen reden. – There is only one thing in the world worse than being talked about, and that is not being talked about.

OSCAR WILDE, *englischer Schriftsteller, 1856–1900*

Als Pythagoras seinen bekannten Lehrsatz entdeckte, brachte er den Göttern eine Hekatombe dar. Seitdem zittern die Ochsen, sooft eine neue Wahrheit an das Licht kommt.

LUDWIG BÖRNE, *deutscher Schriftsteller, 1786–1837*

(„Hekatombe" bedeutet ein sehr großes Opfer, ursprünglich ganz konkret ein Opfer von 1000 Stieren. Im übertragenen Sinne wird der Begriff auch in Zusammenhang mit großen Menschenverlusten in Kriegen oder durch Seuchen gebraucht.)

Lichtenberg hat da gleich die finanzielle Seite im Blick:

> Pythagoras konnte einer einzigen Erfindung halber hundert Ochsen opfern, Kepler würde bei seinen vielen Entdeckungen zufrieden gewesen sein, wenn er 2 gehabt hätte.
>
> GEORG CHRISTOPH LICHTENBERG, *deutscher Schriftsteller und Physiker, 1742–1799*

> Der Rezensent braucht nicht besser machen zu können, was er tadelt.
>
> GOTTHOLD EPHRAIM LESSING, *deutscher Schriftsteller und Philosoph, 1729–1781*

> Wo die Wahrheit bekämpft werden muss, da hat sie schon gesiegt.
>
> CARL GUSTAV JOCHMANN, *deutscher Schriftsteller, 1789–1830*

> Es ist nichts im Innern wesentlich, das nicht zugleich im Äußern wahrgenommen wird.
>
> HUGO VON HOFMANNSTHAL, *österreichischer Dichter, 1874–1929*

> Wenn Schnee fällt: Das ist die bequemste Weise, alle Teufel weiß zu machen.
>
> CHRISTIAN FRIEDRICH HEBBEL, *deutscher Dichter, 1813–1863*

> Erwirbt ein Erdensohn sich Lob und Preis,
> Gleich bildet sich um ihn ein Sagenkreis.
>
> CONRAD FERDINAND MEYER, *schweizerischer Dichter, 1825–1898*

Wer eher den empirischen Standpunkt vertritt, der halte sich an Wilhelm Raabe:

> Man muss in den Dreck hineingeschlagen haben, um zu wissen, wie weit er spritzt.
>
> WILHELM RAABE, *deutscher Schriftsteller, 1831–1910*

Man behält immer die Spuren seiner Abstammung. – On garde toujours la marque de ses origines.

Ernest Renan, *französischer Religionshistoriker und Schriftsteller, 1823–1892*

Berühmtheit: der Vorzug, von jenen gekannt zu werden, die einen nicht kennen. – Célébrité: l'avantage d'être connu de ceux qui ne vous connaissent pas.

Chamfort, *französischer Schriftsteller, 1741–1794*

Wir sollten aus keinem Gedanken mehr machen, als er aus uns macht.

Moritz Heimann, *deutscher Schriftsteller, 1868–1925*

Unser Ansehen beruht mehr auf dem Geheimhalten als auf dem Tun.

Baltasar Gracián y Morales, *spanischer Schriftsteller, 1602–1658*

Fragen sind nie indiskret. Antworten zuweilen. – Questions are never indiscreet. Answers sometimes are.

Oscar Wilde, *englischer Schriftsteller, 1856–1900*

Der gute Ruf geht weit, aber unendlich weiter geht der schlechte Ruf.

Serbisches Sprichwort

Sponsoring

Schwerpunkt dieses Kapitels ist das Thema Kultursponsoring. Ob Sie für eine Sponsorship plädieren, eine Rede bei der feierlichen Übergabe eines Schecks oder zu Beginn einer Veranstaltung halten, die Ihr Unternehmen gesponsert hat – für all diese Situationen liefert Ihnen dieses Kapitel Material.

Reichtum muss durch Bewegung paralysiert werden, sonst wirkt er als Totes nach chemischen Gesetzen verderblich auf den Besitzer.

KARL LEBERECHT IMMERMANN, *deutscher Schriftsteller, 1796–1840*

Viele Kapitalisten verbringen ein Drittel ihres Lebens damit, Kapital zu schaffen, ein Drittel der Zeit, ihr Geld zu bewahren, und das letzte Drittel mit der Überlegung, wie sie es vererben sollen.

ANDRÉ KOSTOLANY, *amerikanischer Finanzexperte und Journalist, 1906–1999*

Wir würden uns oft unserer schönsten Taten schämen, wenn die Welt alle Beweggründe sähe, aus denen sie hervorgehen.

FRANÇOIS DE LA ROCHEFOUCAULD, *französischer Schriftsteller, 1613–1680*

Der Fortschritt der Menschheit besteht in der Zunahme ihres problematischen Charakters. Je polychromer die Ideale einer Zeit sind, je dehnbarer ihre Werte, desto vergeistigter erscheint sie uns. Der Pegel der Kultur steht am tiefsten, wenn sie am eindeutigsten ist.

EGON FRIEDELL, *österreichischer Schriftsteller, 1878–1938*

Der Staat sollte die Wohlhabenheit aller zu befördern suchen, befördert aber nur den Reichtum der Einzelnen.

JOHANN GOTTFRIED SEUME, *deutscher Dichter, 1763–1810*

Ohne Freiheit keine Kunst; die Kunst lebt nur von den Beschränkungen, die sie sich selbst auferlegt, an den anderen geht sie zu Grunde.

ALBERT CAMUS, *französischer Schriftsteller, 1913–1960*

Das Kunstwerk ist eine imaginäre Insel, die rings von Wirklichkeit umbrandet ist.

JOSÉ ORTEGA Y GASSET, *spanischer Kulturphilosoph und Essayist, 1883–1955*

Die Fähigkeit des Dichters bedeutet die Möglichkeit zu vielfältiger Existenz. Dichtung ist eben keine Arbeit neben dem Leben, sondern eine Form des Lebens.

GERTRUD VON LE FORT, *deutsche Schriftstellerin, 1876–1971*

Man kann nicht allen helfen, sagt der Engherzige – und hilft keinem.

MARIE VON EBNER-ESCHENBACH, *österreichische Erzählerin, 1830–1916*

Kultursponsoring ist hier zu Lande oft mit dem Ruch behaftet, neben dem kulturellen und sozialen Engagement und der zugestandenen Imagepflege des Unternehmens würde auch eine unlautere Beeinflussung kultureller Arbeit angestrebt. Ein Thema, das am besten offen angesprochen wird – warum nicht mit einem Zitat?

Wer den Daumen auf dem Beutel hat, hat die Macht.

OTTO VON BISMARCK, *deutscher Politiker, 1815–1898*

Mit Politik kann man keine Kultur machen; vielleicht kann man mit Kultur Politik machen.

THEODOR HEUSS, *deutscher Politiker (FDP), 1884–1963*

Man kann auf so vielerlei Weise Gutes tun, als man sündigen kann, nämlich mit Gedanken, Worten und Werken.

GEORG CHRISTOPH LICHTENBERG, *deutscher Schriftsteller und Physiker, 1742–1799*

Ohne Fantasie keine Güte, keine Weisheit.

MARIE VON EBNER-ESCHENBACH, *österreichische Erzählerin, 1830–1916*

Die Dinge singen hör ich so gern.
Ihr rührt sie an: sie sind starr und stumm.
Ihr bringt mir alle die Dinge um.

RAINER MARIA RILKE, *österreichischer Dichter, 1875–1926*

Es gäbe keine soziale Frage, wenn die Reichen von jeher Menschenfreunde gewesen wären.

MARIE VON EBNER-ESCHENBACH, *österreichische Erzählerin, 1830–1916*

Interpretation ist die Rache des Verstandes an der Kunst. – Interpretation is the revenge of the intellect upon art.

SUSAN SONTAG, *amerikanische Schriftstellerin, geb. 1933*

Die Bildung ist den Glücklichen ein Schmuck, den Unglücklichen ein Trost.

DEMOKRIT, *griechischer Philosoph, ca. 470–380 v. Chr.*

Um heutzutage in die beste Gesellschaft aufgenommen zu werden, muss man die Leute entweder bewirten, amüsieren oder schockieren – das ist alles!

OSCAR WILDE, *englischer Schriftsteller, 1856–1900*

Konflikte meistern

Meinungsverschiedenheiten, Profilierungskämpfe, Antipathien, Ellbogenmentalität – das gehört überall, wo Menschen zusammenarbeiten, zum Alltag. Konfliktsituationen zählen jedoch nicht zu den Standardsituationen, in denen ein Zitat immer gut passen würde. Besonders Konflikte, die in einem Gespräch unter vier Augen gelöst werden müssen – zum Beispiel in einem Mitarbeitergespräch –, können nicht mit „klugen Sprüchen" abgetan werden. Sprechen Sie in solchen Situationen mit eigenen Worten und in aller Offenheit das Problem an. Zitate wirken da schnell wie ein Rückzug oder eine Ausflucht und untergraben eher die Stärke Ihrer Position, als dass Sie Ihnen zu Hilfe kämen. Je heikler eine Konfliktsituation ist und je intimer der Rahmen, desto unangebrachter sind Zitate.

Anders verhält es sich im größeren Kreis oder wenn Sie selbst nicht direkt am Konflikt beteiligt sind und als Führungskraft ausgleichen können. Hier können Zitate wunderbare Dienste leisten, weil sie die Situation auflockern und für einen Moment vom Konfliktgegenstand ablenken. Das hilft oft schon, um die Wogen so weit zu glätten, dass in ruhigeren Gewässern ein klärendes Gespräch möglich wird.

Bevor bestimmte Konfliktsituationen behandelt werden, hier vorab ein paar allgemeine Zitate zum Thema „Konflikte meistern":

Da man Macht haben muss, um das Gute durchzusetzen, setzt man zunächst das Schlechte durch, um Macht zu gewinnen.

LUDWIG MARCUSE, *deutscher Philosoph und Literaturkritiker, 1894–1971*

Wer sich ärgert, büßt die Sünden anderer Menschen.

KONRAD ADENAUER, *deutscher Politiker (CDU), 1876–1967*

Jeder hat das Recht auf seine eigene Meinung, aber er hat keinen Anspruch darauf, dass andere sie teilen.

MANFRED ROMMEL, *deutscher Politiker (CDU), geb. 1928*

Die Welt, durch Vernunft dividiert, geht nicht auf.

JOHANN WOLFGANG VON GOETHE, *deutscher Dichter, 1749–1832*

Niemand käme auf die Idee, Tinte mit Tinte abzuwaschen; nur Blut soll immer wieder mit Blut abgewaschen werden.

MARIE VON EBNER-ESCHENBACH, *österreichische Erzählerin, 1830–1916*

Humor ist der Knopf, der verhindert, dass uns der Kragen platzt.

Joachim Ringelnatz, deutscher Schriftsteller, 1883–1934

Der Kreislauf bleibt erfreulich munter,
schluckt man nicht alles stumm hinunter.

Kalenderspruch

Wie einfach ließe sich das Leben an, wenn nur die Schlechten schlecht sein könnten.

Karl Heinrich Waggerl, österreichischer Schriftsteller, 1897–1973

Am meisten fühlt man sich von Wahrheiten getroffen, die man sich selbst verheimlichen wollte.

Friedl Beutelrock, deutsche Schriftstellerin, 1889–1958

Die Idee des Rechts kann nun keine andere sein als die Gerechtigkeit.

Gustav Radbruch, deutscher Jurist, 1878–1949

Das größte Gegenmittel gegen den Zorn ist der Aufschub.

Lucius Annaeus Seneca, römischer Politiker, Philosoph und Dichter,
ca. 4 v. Chr. – 65 n. Chr.

In keiner Sprache kann man sich so schwer verständigen wie in der Sprache.

Karl Kraus, österreichischer Schriftsteller und Kritiker, 1874–1936

Wenn der andre sich mit allen seinen Fehlern, die er noch besser kennt als ich, erträgt, warum sollte ich ihn nicht ertragen?

Jean Paul, deutscher Schriftsteller, 1763–1825

> Wenn unsere Freunde uns betrogen haben, sollen wir gegen ihre freundschaftlichen Gesten, aber nie gegen ihr Unglück gleichgültig sein.
>
> FRANÇOIS DE LA ROCHEFOUCAULD, *französischer Schriftsteller, 1613–1680*

> Gott hat den Menschen erschaffen, weil er vom Affen enttäuscht war. Danach hat er auf weitere Experimente verzichtet.
>
> MARK TWAIN, *amerikanischer Schriftsteller, 1835–1910*

Schlechte Atmosphäre zwischen den Kollegen

Der gängigste Konfliktfall sind kollegiale Probleme – verschiedene Mentalitäten prallen aufeinander, unterschiedliche Ansichten, andere Arbeitsstile. Meist kündigen sich Konflikte schon früh an, werden dann aber so lange unterdrückt, bis die Situation eskaliert und Ausgleich nur noch schwer möglich ist. Achten Sie als Führungskraft auf solche Signale und begegnen Sie den Problemen, bevor es wirklich welche werden. Sie finden in diesem Kapitel Zitate, die Ihnen Leitfaden für Ihren Umgang mit Konflikten sein können, und solche, die Sie im Konfliktfall einsetzen können. Natürlich fehlen auch die „bösen" Zitate nicht, die sich über typische Streitfälle lustig machen.

> Dass wir miteinander reden können, macht uns zu Menschen.
>
> KARL JASPERS, *deutscher Philosoph, 1883–1969*

> Toleranz darf nicht bestehen gegenüber der Intoleranz, wenn diese nicht als ungefährliche, private Verschrobenheit gleichgültig behandelt werden darf. Es darf keine Freiheit geben zur Zerstörung der Freiheit.
>
> KARL JASPERS, *deutscher Philosoph, 1883–1969*

> Die schlimmste Art der Ungerechtigkeit ist die vorgespielte Gerechtigkeit.
>
> PLATON, *griechischer Philosoph, ca. 428–348 v. Chr.*

Gleichgültigkeit ist die mildeste Form der Intoleranz.

KARL JASPERS, deutscher Philosoph, 1883–1969

Wer zu laut und zu oft seinen eigenen Namen kräht, erweckt den Verdacht, auf einem Misthaufen zu stehen.

OTTO VON LEIXNER, deutscher Schriftsteller, 1847–1907

Nehmen Sie die Menschen, wie sie sind, andere gibt es nicht.

KONRAD ADENAUER, deutscher Politiker (CDU), 1876–1967

Wie oft halten wir für Unversöhnlichkeit der Ansichten, was nichts anderes ist als Verschiedenheit der Temperamente.

ARTHUR SCHNITZLER, österreichischer Schriftsteller, 1862–1931

Das ist freilich auch wahr: Ein vollkommen guter Mensch wäre für nichts zu gebrauchen.

KARL HEINRICH WAGGERL, österreichischer Schriftsteller, 1897–1973

Der Gewinn anderer wird fast wie ein eigener Verlust empfunden.

WILHELM BUSCH, deutscher Dichter und Maler, 1832–1908

Es regnete so stark, dass alle Schweine rein und alle Menschen dreckig wurden.

GEORG CHRISTOPH LICHTENBERG, deutscher Schriftsteller und Physiker, 1742–1799

Leute, die immer die Gescheiteren sein wollen, sind genötigt, an diese ununterbrochene Mühe so viel Intensität des Verstandes zu wenden, dass sie am Ende meistens die Dümmeren gewesen sind.

ARTHUR SCHNITZLER, österreichischer Schriftsteller, 1862–1931

Ein Mann kann nie zu vorsichtig in der Wahl seiner Feinde sein.

Oscar Wilde, *englischer Schriftsteller, 1856–1900*

Das Streben nach Vollkommenheit macht manchen Menschen vollkommen unerträglich.

Pearl S. Buck, *amerikanische Schriftstellerin, 1892–1973*

Das Tier mag nicht auf den Menschen treten; auf den Menschen tritt immer nur der Mensch.

Gertrud von Le Fort, *deutsche Schriftstellerin, 1876–1971*

Wer die anderen neben sich klein macht, ist nie groß.

Johann Gottfried Seume, *deutscher Dichter, 1763–1810*

Es ist fast unmöglich, die Fackel der Wahrheit durch ein Gedränge zu tragen, ohne jemandem den Bart zu sengen.

Georg Christoph Lichtenberg, *deutscher Schriftsteller und Physiker, 1742–1799*

Widerwärtigkeiten sind Pillen, die man schlucken muss, nicht kauen.

Georg Christoph Lichtenberg, *deutscher Schriftsteller und Physiker, 1742–1799*

Über nichts regen sich die Leute so sehr auf wie gerade über die Dinge, die sie gar nichts angehen.

Albert Schweitzer, *deutsch-französischer Arzt und Kulturphilosoph, 1875–1965*

Die schärfsten Kritiker der Elche waren früher selber welche.

Robert Gernhardt, *deutscher Schriftsteller, geb. 1937*

Von einer schweren Kränkung kann man sich nur erholen, indem man vergibt.

Alan Paton, *südafrikanischer Schriftsteller, 1903–1988*

So fühlt man Absicht, und man ist verstimmt.

JOHANN WOLFGANG VON GOETHE, deutscher Dichter, 1749–1832

Erwarte nicht von Fremden, dass sie das für dich tun, was du selbst tun kannst.

QUINTUS ENNIUS, römischer Dichter, 239–169 v. Chr.

Wer sich zu wichtig für kleinere Arbeiten hält, ist meistens zu klein für wichtige Aufgaben.

JACQUES TATI, französischer Schauspieler und Regisseur, 1908–1982

Wenn wir fehlerfrei wären, würde es uns nicht so viel Vergnügen bereiten, sie an anderen festzustellen.

HORAZ, römischer Dichter, 65–8 v. Chr.

Hartnäckige Übellaunigkeit ist ein allzu klares Symptom dafür, dass ein Mensch gegen seine Bestimmung lebt.

JOSÉ ORTEGA Y GASSET, spanischer Kulturphilosoph und Essayist, 1883–1955

Nicht unbedingt zum Gebrauch empfohlen ist der folgende Ausspruch – doch wie könnte das berühmte Goetz-Zitat fehlen, wenn es um Konflikte geht? Und wenn Sie es doch einmal zitieren „müssen", dann wenigstens das Original. Bedenken Sie aber lieber zuvor die Warnung der beiden danach folgenden Sprichwörter.

Er aber, sag's ihm, er kann mich im Arsch lecken.

JOHANN WOLFGANG VON GOETHE, deutscher Dichter, 1749–1832

Das Wort ist wie ein Pfeil, der, einmal von der Sehne geschnellt, nicht zurückgehalten werden kann.

ARABISCHES SPRICHWORT

Man braucht viele Worte, um ein Wort zurückzunehmen.

SPRICHWORT

Als ob ein Stück von meinem Hornvieh spräche.

HEINRICH VON KLEIST, *deutscher Dramatiker und Erzähler, 1777–1811*

Unsere Pflichten, das sind die Rechte anderer auf uns.

FRIEDRICH NIETZSCHE, *deutscher Philosoph, 1844–1900*

Fanatismus ist die hochexplosive Mischung von Engstirnigkeit und Fantasie.

HERBERT VON KARAJAN, *österreichischer Dirigent, 1908–1989*

Wir sind geborene Polizisten. Was ist Klatsch andres als Unterhaltung von Polizisten ohne Exekutivgewalt.

CHRISTIAN MORGENSTERN, *deutscher Schriftsteller, 1871–1914*

Beim folgenden Gedicht eignet sich auch der letzte Vers allein ganz wunderbar als Zitat:

Dichter Dorlamm lässt nur äußerst selten
andre Meinungen als seine gelten.
Meinung, sagt er, kommt nun mal von mein,
deine Meinung kann nicht meine sein.
Meine Meinung – ja, das lässt sich hören!
Deine Deinung könnte da nur stören.
Und ihr andern schweigt! Du meine Güte!
Eure Eurung steckt euch an die Hüte!
Lasst uns schweigen, Freunde! Senkt das Banner!
Dorlamm irrt. Doch formulieren kann er.

ROBERT GERNHARDT, *deutscher Schriftsteller, geb. 1937*

Man wünscht sich den Bösen träge und schweigsam den Dummkopf. – On souhaite la paresse d'un méchant et le silence d'un sot.

CHAMFORT, *französischer Schriftsteller, 1741–1794*

Der Undank ist immer eine Art Schwäche. Ich habe nie gesehen, dass tüchtige Menschen undankbar gewesen wären.

JOHANN WOLFGANG VON GOETHE, *deutscher Dichter, 1749–1832*

Manch einer gelangt deshalb an die Spitze, weil er keine Fähigkeit besitzt, derentwegen man ihn unten festhalten möchte.

PETER USTINOV, *englischer Schauspieler, Regisseur und Schriftsteller, geb. 1921*

Wo das Aas ist, da sammeln sich die Geier.

BIBEL

Er nahm wohl einen Fußtritt hin, aber er musste von einem gewichsten Stiefel appliziert werden.

CHRISTIAN FRIEDRICH HEBBEL, *deutscher Dichter, 1813–1863*

Ein edler Mensch zieht edle Menschen an und weiß, sie festzuhalten.

JOHANN WOLFGANG VON GOETHE, *deutscher Dichter, 1749–1832*

Schließlich muss man Konflikte nicht immer negativ sehen, denn:

Wenn zwei Menschen immer dasselbe denken, ist einer von ihnen überflüssig.

WINSTON CHURCHILL, *britischer Politiker und Schriftsteller, 1874–1965*

Konrad Adenauer sieht denselben Sachverhalt etwas kritischer:

Wenn zwei Menschen immer die gleiche Meinung haben, taugen beide nichts.

KONRAD ADENAUER, *deutscher Politiker (CDU), 1876–1967*

Ein anderer entdeckte seinem Freund das Geheimnis, durch dessen Kraft er mit den zanksüchtigen Leuten immer im guten Frieden ausgekommen sei. Er sagte so: Ein verständiger Mann und ein törichter Mann können nicht einen Strohhalm miteinander zerreißen. Denn wenn der Tor zieht, so lässt der Verständige nach, und wenn jener nachlässt, zieht dieser. Aber wenn zwei Unverständige zusammenkommen, so zerreißen sie eiserne Ketten.

JOHANN PETER HEBEL, deutscher Dichter, 1760–1826

Wer seinen Nächsten verurteilt, der kann irren. Wer ihm verzeiht, der irrt nie.

KARL HEINRICH WAGGERL, österreichischer Schriftsteller, 1897–1973

Mit Pannen und Misserfolgen umgehen

So selbstverständlich Pannen und Misserfolge nun mal zum Leben gehören, so schwer fällt uns in der Regel der Umgang damit. Vielleicht steckt ein Stück Aberglaube dahinter, dass kaum jemand sich darauf vorbereitet, souverän mit einem persönlichen Misserfolg umzugehen. Wie oft werden Misserfolge verschwiegen, heruntergespielt oder einfach ausgesessen. Das mag zwar momentan helfen, doch meist verspielt man sich auf diese Weise wertvolle Sympathien und gibt ein Stück Glaubwürdigkeit preis. Andererseits können Misserfolge und Pannen für ein Unternehmen wie für Einzelpersonen auch als Korrektiv benutzt werden – allerdings nur, wenn man ihren Ursachen auf den Grund geht. Denken Sie zum Beispiel an ein kluges Beschwerdemanagement (siehe auch Kapitel „Kundenbindung und Beschwerdemanagement, S. 76). Wo auch immer Ihnen oder Ihren Kollegen Pannen unterlaufen sind, ob Sie selbst Rat und Trost suchen oder weitergeben wollen, die folgenden Zitate werden Ihnen den Umgang mit Pannen und Misserfolgen vielleicht leichter machen.

Irrtümer sind ironische Wegweiser zur Wahrheit.

ADOLF REITZ, deutscher Essayist, 1884–1964

Ein ehrlicher Misserfolg ist keine Schande; Furcht vor Misserfolg dagegen ist eine Schande.

HENRY FORD, *amerikanischer Automobilhersteller, 1863–1947*

Es ist falsch, wenn man sagt, der Erfolg verderbe den Menschen. Die meisten Menschen werden durch den Misserfolg verdorben.

KARL POPPER, *britisch-österreichischer Philosoph, 1902–1994*

Kleine Seelen werden durch Erfolge übermütig, durch Misserfolge niedergeschlagen.

EPIKUR, *griechischer Philosoph, 341–270*

Wenn Ihnen einmal etwas gar nicht einleuchten mag, womit andere prima zurechtkommen, und die Situation peinlich zu werden droht, können Sie mit einem der beiden folgenden Zitate die Lacher auf Ihre Seite bringen:

Das Recht auf Dummheit gehört zur Garantie der freien Entfaltung der Persönlichkeit.

MARK TWAIN, *amerikanischer Schriftsteller, 1835–1910*

Ich bin vielseitig ungebildet.

ROBERT MUSIL, *österreichischer Schriftsteller, 1880–1942*

Bedenke stets, dir im Unglück Gleichmut zu bewahren! – Aequam memento rebus in arduis, servare mentem.

HORAZ, *römischer Dichter, 65–8 v. Chr.*

Glück ist ein Stuhl, der plötzlich dasteht, wenn man sich zwischen zwei andere setzen will.

GEORGE BERNARD SHAW, *irischer Schriftsteller, 1856–1950*

Diogenes der Weise aber kroch ins Fass
Und sprach: „Ja, ja, das kommt von das!"

WILHELM BUSCH, *deutscher Dichter und Maler, 1832–1908*

Erfahrungen wären nur dann von Wert, wenn man sie hätte,
ehe man sie machen muss.

KARL HEINRICH WAGGERL, *österreichischer Schriftsteller, 1897–1973*

Eine Erkenntnis von heute kann die Tochter eines Irrtums
von gestern sein.

MARIE VON EBNER-ESCHENBACH, *österreichische Erzählerin, 1830–1916*

Und er kommt zu dem Ergebnis:
Nur ein Traum war das Erlebnis.
Weil, so schließt er messerscharf,
nicht sein kann, was nicht sein darf.

CHRISTIAN MORGENSTERN, *deutscher Schriftsteller, 1871–1914*

Unter Intuition versteht man die Fähigkeit gewisser Leute,
eine Lage in Sekundenschnelle falsch zu beurteilen.

FRIEDRICH DÜRRENMATT, *schweizerischer Erzähler und Dramatiker, 1921–1990*

Je planmäßiger ein Mensch vorgeht, desto wirksamer vermag ihn der Zufall zu treffen.

FRIEDRICH DÜRRENMATT, *schweizerischer Erzähler und Dramatiker 1921–1990*

Die Vergangenheit kann uns nicht sagen, was wir tun, wohl
aber, was wir lassen müssen.

JOSÉ ORTEGA Y GASSET, *spanischer Kulturphilosoph und Essayist, 1883–1955*

Mit größerer Majestät hat noch nie ein Verstand stillgestanden.

GEORG CHRISTOPH LICHTENBERG, *deutscher Schriftsteller und Physiker, 1742–1799*

Was Menschen Übles tun, das überlebt sie, das Gute wird mit ihnen oft begraben.

WILLIAM SHAKESPEARE, *englischer Dramatiker, 1564–1616*

Die Fliege, die nicht geklappt sein will, setzt sich am sichersten auf die Klappe selbst.

GEORG CHRISTOPH LICHTENBERG, *deutscher Schriftsteller und Physiker, 1742–1799*

Das Schämen kann überall an seiner rechten Stelle sein, nur bei dem Bekenntnisse unserer Fehler nicht.

GOTTHOLD EPHRAIM LESSING, *deutscher Schriftsteller und Philosoph, 1729–1781*

Dass doch die Einfalt immer Recht behält!

GOTTHOLD EPHRAIM LESSING, *deutscher Schriftsteller und Philosoph, 1729–1781*

Jeder Verlust ist für ein Glück zu achten, der höhere Gewinne zu Wege bringt.

JACOB GRIMM, *deutscher Sprach- und Literaturwissenschaftler, 1785–1863*

Zwei Dinge sind unendlich: Das Universum und die menschliche Dummheit, aber beim Universum bin ich mir noch nicht ganz sicher.

ALBERT EINSTEIN, *deutscher Physiker, 1879–1955*

Du solltest, musst du Lehrgeld zahlen, nicht knirschend mit den Zähnen mahlen: Es ist doch das auf dieser Welt am besten angelegte Geld.

KARL-HEINZ SÖHLER, *deutscher Publizist, geb. 1923*

Wenn man im Leben keinen Erfolg hat, braucht man sich deshalb nicht ohne weiteres für einen Idealisten zu halten.

HENRY MILLER, *amerikanischer Schriftsteller, 1891–1980*

Jeder junger Doctor mus haben
Ein newen Kirchhoff zum begraben.

GEORG ROLLENHAGEN, *deutscher Dichter, 1542–1609*

Wer mag es, wenn man ihn an seine Blödheit erinnert?

HERMANN KANT, *deutscher Schriftsteller, geb. 1926*

Unheil beklagen, das nicht mehr zu bessern ist, heißt das
Unheil nur umso mehr vergrößern.

WILLIAM SHAKESPEARE, *englischer Dramatiker, 1564–1616*

Die Qual von gestern muss die Tat von heute werden.

GERHART HAUPTMANN, *deutscher Schriftsteller, 1862–1946*

Wo aber Gefahr ist, wächst
Das Rettende auch.

FRIEDRICH HÖLDERLIN, *deutscher Dichter, 1770–1843*

Manchmal lässt sich mit der besten Strategie dem Schicksal kein
Schnippchen schlagen, wie die folgende Anekdote erzählt:

König Philippus von Mazedonien wurde von einem Orakel
angekündigt, dass ihm durch ein Viergespann Gefahr
drohe. Daraufhin ließ er in seinem ganzen Reich alle Vier-
spänner abschaffen und mied auch einen Ort, der „Viergespann" hieß. Seinem Schicksal entkam er dadurch dennoch
nicht. Das Viergespann, vor dem er sich zu fürchten hatte,
war nämlich auf dem Griff des Schwertes, mit dem Pausa-
nias ihn tötete, die Abbildung eines vierspännigen Wagens.

VALERIUS MAXIMUS, *1. Jh. n. Chr.*

Irrtümer muss man teuer bezahlen, wenn man sie loswerden
will.

JOHANN WOLFGANG VON GOETHE, *deutscher Dichter, 1749–1832*

Man muss das Unglück mit Händen und Füßen und nicht mit dem Maul angreifen.

JOHANN HEINRICH PESTALOZZI, *schweizerischer Pädagoge und Sozialreformer, 1746–1827*

Es ist keine Wiedergutmachung vergangener Fehler, neue Fehler in umgekehrter Richtung zu begehen.

RAYMOND ARON, *französischer Journalist und Soziologe, 1905–1983*

Alles zu retten, muss alles gewagt werden. Ein verzweifeltes Übel will eine verzweifelte Arznei.

FRIEDRICH SCHILLER, *deutscher Dichter, 1759–1805*

Anderen an seinem Unglück die Schuld geben ist ein Zeichen von Dummheit, sich selbst die Schuld geben ist der erste Schritt zur Einsicht; weder anderen noch sich selbst die Schuld geben ist ein Zeichen von Weisheit!

EPIKTET, *griechischer Philosoph, ca. 50–138*

Harre aus im Unglück; denn oft hat schon, was im Augenblick als Unglück erschien, zuletzt großes Glück gebracht.

EURIPIDES, *griechischer Dichter, 485 oder 484–406 v. Chr.*

Glücklich das Volk, dessen Geschichte sich langweilig liest.

CHARLES DE SECONDAT, BARON DE MONTESQUIEU, *französischer Schriftsteller und Staatsphilosoph, 1689–1755*

So manche Wahrheit ging von einem Irrtum aus.

MARIE VON EBNER-ESCHENBACH, *österreichische Erzählerin, 1830–1916*

Im Grunde ist jedes Unglück gerade nur so schwer, als man es nimmt.

MARIE VON EBNER-ESCHENBACH, *österreichische Erzählerin, 1830–1916*

Die stillstehende Uhr, die täglich zweimal die richtige Zeit angezeigt hat, blickt nach Jahren auf eine lange Reihe von Erfolgen zurück.

MARIE VON EBNER-ESCHENBACH, *österreichische Erzählerin, 1830–1916*

Die glücklichen Pessimisten! Welche Freuden empfinden sie, wenn sie bewiesen haben, dass es keine Freude gibt.

MARIE VON EBNER-ESCHENBACH, *österreichische Erzählerin, 1830–1916*

Napoleon wusste nach seiner Flucht aus Russland um die Bitterkeit eines Misserfolgs und darum, wie rasch das Blatt sich wenden kann:

Vom Erhabenen zum Lächerlichen ist nur ein Schritt. – Du sublime au ridicule il n'y a qu'un pas.

NAPOLEON I., *französischer Kaiser, 1769–1821*

Optimisten haben gar keine Ahnung von den freudigen Überraschungen, die Pessimisten erleben.

PETER BAMM, *deutscher Schriftsteller, 1897–1975*

Jeder will lieber fremde Fehler verbessert haben als eigene.

MARCUS FABIUS QUINTILIAN, *römischer Redner, 30–96 n. Chr.*

Noch keinen sah ich fröhlich enden,
Auf den mit immer vollen Händen
Die Götter ihre Gaben streun.

FRIEDRICH SCHILLER, *deutscher Dichter, 1759–1805*

Verstehen kann man das Leben rückwärts; leben muss man es vorwärts.

SØREN KIERKEGAARD, *dänischer Philosoph, 1813–1855*

Die besten Diagnosen stellt immer der Pathologe.

LOTHAR DE MAIZIÉRE, *deutscher Politiker (CDU), geb. 1940*

Misserfolg ist ein wesentlicher Teil des Neuerungsprozesses. Man muss bereit sein, über seine Misserfolge zu sprechen, oder man wird nie einen großen Erfolg haben.

FREDERICK W. SMITH, *amerikanischer Unternehmer, Gründer von Federal Express*

Wenn ein Mann etwas ganz Blödsinniges tut, so tut er es immer aus den edelsten Motiven.

OSCAR WILDE, *englischer Schriftsteller, 1856–1900*

Kleine Fehler geben wir gern zu, um den Eindruck zu erwecken, wir hätten keine großen.

FRANÇOIS DE LA ROCHEFOUCAULD, *französischer Schriftsteller, 1613–1680*

„Das habe ich getan", sagt mein Gedächtnis. „Das kann ich nicht getan haben", sagt mein Stolz und bleibt unerbittlich. Endlich – gibt das Gedächtnis nach.

FRIEDRICH NIETZSCHE, *deutscher Philosoph, 1844–1900*

Entschlossenheit im Unglück ist immer der halbe Weg zur Rettung.

JOHANN HEINRICH PESTALOZZI, *schweizerischer Pädagoge und Sozialreformer, 1746–1827*

Hohe Ämter scheinen einmal nicht für Philosophen gemacht, und auf Thronen waren Genies meist ein Unglück.

KARL JULIUS WEBER, *deutscher Jurist, 1767–1832*

Nichts Abgeschmackters find ich auf der Welt, als einen Teufel, der verzweifelt.

JOHANN WOLFGANG VON GOETHE, *deutscher Dichter, 1749–1832*

Da steh ich nun, ich armer Tor,
Und bin so klug als wie zuvor!

JOHANN WOLFGANG VON GOETHE, *deutscher Dichter, 1749–1832*

Dieses berühmte Zitat, mit dem Faust seine Verzweiflung angesichts seiner Ohnmacht und Beschränktheit vor der Fülle des Wissens ausdrückt, kommentierte eine Schülerin in einem Protokoll einer Deutschstunde so:

Am Schluss stellten wir fest, dass Faust am Anfang bereits am Ende war.

SCHÜLERIN, 11. KLASSE GYMNASIUM

Ersetzen Sie Fausts Namen durch den Ihren – und schon können Sie mit Selbstironie darauf reagieren, dass Sie an diesem Tag mit dem linken Fuß aufgestanden sind und die Malheurs vielleicht schon beim Einparken auf dem Betriebsparkplatz begonnen haben …

Die Freude flieht auf allen Wegen;
Der Ärger kommt uns gern entgegen.

WILHELM BUSCH, *deutscher Dichter und Maler, 1832–1908*

Ein andres Antlitz, eh sie geschehen, ein anderes zeigt die vollbrachte Tat.

FRIEDRICH SCHILLER, *deutscher Dichter, 1759–1805*

Ich will keinem Verein angehören, der mich als Mitglied aufnehmen würde. – I don't want to belong to any club that will accept me as a member.

GROUCHO MARX, *Filmkomiker, 1890–1977*

Reich ist man nicht durch das, was man besitzt, sondern mehr noch durch das, was man mit Würde zu entbehren weiß.

EPIKUR, *griechischer Philosoph, 341–270*

Niemand würde viel in Gesellschaften sprechen, wenn er sich bewusst wäre, wie oft er die anderen missversteht.

JOHANN WOLFGANG VON GOETHE, *deutscher Dichter, 1749–1832*

Es gibt kein Glück von Dauer und kein Unglück, das nicht schließlich zum Ende kommt.

SPANISCHES SPRICHWORT

Wenn er seinen Verstand gebrauchen sollte, so war es ihm, als wenn jemand, der beständig seine rechte Hand gebraucht hat, etwas mit der linken tun soll.

GEORG CHRISTOPH LICHTENBERG, *deutscher Schriftsteller und Physiker, 1742–1799*

Wir werden vom Schicksal hart oder weich gekocht; es kommt auf das Material an.

MARIE VON EBNER-ESCHENBACH, *österreichische Erzählerin, 1830–1916*

Tröstlich – wenn sonst nichts mehr zu trösten vermag – sind vielleicht die beiden folgenden Aussprüche:

Was liegt am Ruhm, da man den Nachruhm nicht erleben kann?

MARIE VON EBNER-ESCHENBACH, *österreichische Erzählerin, 1830–1916*

Unglücksfälle sind wie Messer, entweder sie arbeiten für uns oder schneiden uns, je nachdem, ob wir sie am Griff oder an der Schneide anfassen.

JAMES RUSSELL LOWELL, *amerikanischer Schriftsteller, 1819–1891*

Kann ich Armeen aus der Erde stampfen? Wächst mir ein Kornfeld in der flachen Hand?

FRIEDRICH SCHILLER, *deutscher Dichter, 1759–1805*

Hoffnung ist ein gutes Frühstück, aber ein schlechtes Abendbrot.

FRANCIS BACON, *englischer Philosoph, Schriftsteller und Politiker, 1561–1626*

Erfahrung ist das, was man kriegt, wenn man nicht bekommt, was man will.

SPRUCH

Wenn du geschwiegen hättest, wärst du ein Philosoph geblieben. – Si tacuisses philosophus mansisses.

BOETHIUS, *römischer Philosoph und Staatsmann, ca. 480–524*

Kein Geld ist vorteilhafter angewandt als das, um welches wir uns haben prellen lassen; denn wir haben dafür unmittelbar Klugheit eingehandelt.

ARTHUR SCHOPENHAUER, *deutscher Philosoph, 1788–1860*

Beim Schiffbruch hilft der Einzelne sich leichter.

FRIEDRICH SCHILLER, *deutscher Dichter, 1759–1805*

Wer über gewisse Dinge den Verstand nicht verliert, der hat keinen zu verlieren.

GOTTHOLD EPHRAIM LESSING, *deutscher Schriftsteller und Philosoph, 1729–1781*

Hier sieht man ihre Trümmer rauchen
Der Rest ist nicht mehr zu gebrauchen.

WILHELM BUSCH, *deutscher Dichter und Maler, 1832–1908*

Es gibt Menschen, die sich über den Weltuntergang trösten würden, wenn sie ihn nur vorhergesagt hätten.

CHRISTIAN FRIEDRICH HEBBEL, *deutscher Dichter, 1813–1863*

Statt zu klagen, dass wir nicht alles haben, was wir wollen, sollten wir lieber dankbar sein, dass wir nicht alles bekommen, was wir verdienen.

DIETER HILDEBRANDT, *deutscher Kabarettist, geb. 1927*

Misserfolge beruhen nicht immer auf Unvermögen oder Fehlern, manchmal sind sie schlicht Ergebnis zu hoch geschraubter Erwartungen. Wenn die Situation noch so viel Humor erlaubt – Lachen ist noch immer die beste Hilfe.

Ich sprach nachts: Es werde Licht!
Aber heller wurd' es nicht.
Ich sprach: Wasser werde Wein!
Doch das Wasser ließ dies sein.
Ich sprach: Lahmer, du kannst geh'n!
Doch er blieb auf Krücken stehn.
Da ward auch dem Dümmsten klar,
dass ich nicht der Heiland war.

ROBERT GERNHARDT, *deutscher Schriftsteller, geb. 1937*

Glücklicherweise kann der Mensch nur einen gewissen Grad des Unglücks fassen; was darüber hinausgeht, vernichtet ihn oder lässt ihn kalt.

JOHANN WOLFGANG VON GOETHE, *deutscher Dichter, 1749–1832*

Nun muss sich alles, alles wenden.

LUDWIG UHLAND, *deutscher Dichter, 1787–1862*

Die meisten unserer Fehler erkennen und legen wir erst dann ab, wenn wir sie an andern entdeckt haben und gesehen, wie sie denen stehen.

KARL GUTZKOW, *deutscher Schriftsteller, 1811–1878*

Es gibt auch Spiegel, in denen man sehen kann, was einem fehlt.

CHRISTIAN FRIEDRICH HEBBEL, *deutscher Dichter, 1813–1863*

Klage nicht zu sehr über einen kleinen Schmerz; das Schicksal könnte ihn durch einen größeren heilen!

CHRISTIAN FRIEDRICH HEBBEL, *deutscher Dichter, 1813–1863*

Diskussionen drehen sich im Kreis

Was tun in einer Situation, da eine Diskussion völlig aus dem Ruder läuft? Stundenlange Besprechungen ohne Ergebnis, Streit um Sachverhalte, die mit dem eigentlichen Thema gar nichts mehr zu tun haben. Zitate können gute Dienste leisten. Verblüffen Sie die Sitzungsteilnehmer mit einem absurden Ausspruch. So entsteht eine Situation, in der Sie gute Chancen haben einzuhaken und das Gespräch wieder auf sein Thema zurückzulenken oder endlich eine Entscheidung herbeizuführen.

Wenn du entdeckt hast, dass du ein totes Pferd reitest, steig ab.

WEISHEIT DER DAKOTA-INDIANER

Um klar zu sehen, genügt oft ein Wechsel der Blickrichtung.

ANTOINE DE SAINT-EXUPÉRY, *französischer Schriftsteller, 1900–1944*

Wer absolute Klarheit will, bevor er einen Entschluss fasst, wird sich nie entscheiden.

HENRI FRÉDÉRIC AMIEL, *schweizerischer Schriftsteller und Philosoph, 1821–1881*

Nichtstun ist besser als mit viel Mühe nichts schaffen.

LAO TSE, *chinesischer Philosoph, 6. Jh. v. Chr.*

Der oft unüberlegten Hochachtung gegen alte Gesetze, alte Gebräuche und alte Religion hat man alles Übel in der Welt zu verdanken.

GEORG CHRISTOPH LICHTENBERG, *deutscher Schriftsteller und Physiker, 1742–1799*

Innerhalb des Abendlandes diskutiert seit vier Jahrzehnten dieselbe Gruppe von Köpfen über dieselbe Gruppe von Problemen mit derselben Gruppe von Argumenten unter Zuhilfenahme derselben Gruppe von Kausal- und Konditionalsätzen und kommt zu derselben Gruppe von sei es Ergebnissen, die sie Synthese, sei es von Nicht-Ergebnissen, die sie dann Krise nennt.

GOTTFRIED BENN, *deutscher Dichter und Arzt, 1886–1956*

Um zur Wahrheit zu gelangen, sollte jeder die Meinung seines Gegners zu verteidigen versuchen.

JEAN PAUL, *deutscher Schriftsteller, 1763–1825*

Die Wahrheit ist nicht weniger tyrannisch als der Irrtum. Jedoch, die Wahrheit regiert, der Irrtum herrscht.

KARL HEINRICH WAGGERL, *österreichischer Schriftsteller, 1897–1973*

Wir suchen die Wahrheit, finden wollen wir sie aber nur dort, wo es uns beliebt.

MARIE VON EBNER-ESCHENBACH, *österreichische Erzählerin, 1830–1916*

Die Menschen fürchten das Denken wie nichts anderes in der Welt. Denken ist umstürzlerisch und revolutionär, zerstörend und erschreckend, erbarmungslos gegen Privilegien, festgesetzte Institutionen und bequeme Gebräuche.

BERTRAND RUSSELL, *englischer Philosoph, 1872–1970*

Still mit dem Aber! Die Aber kosten Überlegung.

GOTTHOLD EPHRAIM LESSING, *deutscher Schriftsteller und Philosoph, 1729–1781*

Die Geschichte der intellektuellen Systeme demonstriert, wie sehr das menschliche Denken durch Logik korrumpiert werden kann.

Hans Kasper, *deutscher Schriftsteller und Satiriker, geb. 1916*

Du solltest nicht vor einem Argument in die Knie brechen. Vielleicht überzeugt es nur, beweist aber nichts.

Ludwig Marcuse, *deutscher Philosoph und Literaturkritiker, 1894–1971*

Es hört doch jeder nur, was er versteht.

Johann Wolfgang von Goethe, *deutscher Dichter, 1749–1832*

Leben heißt parteiisch sein.

Christian Friedrich Hebbel, *deutscher Dichter, 1813–1863*

Manchmal muss eine Blockadehaltung auch direkt als solche angesprochen werden, um sie zu brechen – wenn der Versuch auflockernd mit einem Schiller-Zitat daherkommt, mag es vielleicht gelingen:

Ich hab hier bloß ein Amt und keine Meinung.

Friedrich Schiller, *deutscher Dichter, 1759–1805*

Nachdenken enthält eine unerschöpfliche Quelle von Trost und Beruhigung.

Novalis, *deutscher Dichter der Romantik, 1772–1801*

Es gibt Menschen, welche Schlagworte wie Münzen schlagen, und Menschen, welche mit Schlagworten wie mit Schlagringen zuschlagen. Nichts ist so verbreitet wie das Schlagwort. Es wird bis in die höchsten Geisteskreise hinauf gebraucht und hängt oft noch dem Scharfsinnigsten als Zöpfchen hinten.

Christian Morgenstern, *deutscher Schriftsteller, 1871–1914*

Es ist ein wahres Glück, dass der liebe Gott die Fliegen nicht so groß wie die Elefanten gemacht hat, sonst würde uns, sie zu töten, viel mehr Mühe machen und auch weit mehr Gewissensbisse.

CHRISTIAN MORGENSTERN, *deutscher Schriftsteller, 1871–1914*

Es hat alles zwei Seiten. Aber erst wenn man erkennt, dass es drei sind, erfasst man die Sache.

HEIMITO VON DODERER, *österreichischer Schriftsteller, 1896–1966*

Es gilt, auf der Spitze streitiger Fragen zu balancieren.

RÜDIGER SAFRANSKI, *deutscher Schriftsteller, geb. 1945*

Warum sind die zehn Gebote so einfach, kurz und klar und für jedermann verständlich abgefasst? Weil sie ohne eine Kommission aufgestellt wurden.

CHARLES DE GAULLE, *französischer General und Politiker, 1890–1970*

Bei der Eroberung des Weltraums sind zwei Probleme zu lösen: die Schwerkraft und der Papierkrieg. Mit der Schwerkraft wären wir fertig geworden.

WERNHER VON BRAUN, *deutsch-amerikanischer Physiker und Raketeningenieur, 1912–1977*

Diskussionen haben lediglich diesen Wert: dass einem gute Gedanken hinterher einfallen.

ARNO SCHMIDT, *deutscher Schriftsteller, 1914–1979*

Der eine hält eine Meinung fest, weil er sich etwas darauf einbildet, von selbst auf sie gekommen zu sein, der andere, weil er sie mit Mühe gelernt hat und stolz darauf ist, sie begriffen zu haben: beide also aus Eitelkeit.

FRIEDRICH NIETZSCHE, *deutscher Philosoph, 1844–1900*

Falls Ihnen die Diskussion allzu hypothetisch wird, können Sie mit diesem Zitat Heiner Geißlers wieder etwas mehr Bodenhaftung erzeugen:

> Wenn die Katze ein Pferd wäre, könnte man mit ihr auf Bäume reiten.
>
> HEINER GEISSLER, *deutscher Politiker (CDU), geb. 1930*

> Der schlimmste Weg, den man wählen kann, ist der, keinen zu wählen.
>
> FRIEDRICH II., *König von Preußen, 1712–1786*

> Viele verlieren den Verstand deshalb nicht, weil sie keinen haben.
>
> BALTASAR GRACIÁN Y MORALES, *spanischer Schriftsteller, 1602–1658*

> Es ist nur eine (wahre) Religion; aber es kann vielerlei Arten des Glaubens geben.
>
> IMMANUEL KANT, *deutscher Philosoph, 1724–1804*

> Was ist der langen Rede kurzer Sinn?
>
> FRIEDRICH SCHILLER, *deutscher Dichter, 1759–1805*

> Ich dank es dem lieben Gott tausendmal, dass er mich zum Atheisten hat werden lassen.
>
> GEORG CHRISTOPH LICHTENBERG, *deutscher Schriftsteller und Physiker, 1742–1799*

> Eines Tages entstand ein schrecklicher Streit zwischen Fröschen und Mäusen, wer von beiden über die Sümpfe herrsche. Als zwei ihrer Ritter den Streit gerade zwischen sich ausmachen wollten, schießt ein Habicht herab und verschlingt sie beide.
>
> ÄSOP, *griechischer Fabeldichter, ca. 6. Jh. v. Chr.*

> Mein Herr, Ihr Stil ist flüssig, Ihr Buch aber überflüssig.
>
> GOTTFRIED KELLER, *schweizerischer Schriftsteller, 1819–1890*

Ungehorsam ist für jeden, der die Geschichte kennt, die recht eigentliche Tugend des Menschen.

Oscar Wilde, *englischer Schriftsteller, 1856–1900*

Es gibt Situationen, in denen immer absurdere Argumente getauscht werden und das eigentliche Thema der Diskussion nicht einmal mehr von Ferne gestreift wird – die Flucht nach vorne ist da ein ungewöhnliches Mittel, das einigen Mut erfordert. Wenn es damit aber gelingt, dass die Diskussionspartner einen Moment innehalten, findet man den roten Faden meist schneller wieder als mit langatmigen Ermahnungen.

Wär dieser nicht dem Elch vergleichbar,
der tief im Sumpf und unerreichbar
nach Wurzeln, Halmen, Stauden sucht
und dabei stumm den Tag verflucht,
an dem er dieser Erde Licht ...
Nein? Nicht vergleichbar? Na, dann nicht!

Robert Gernhardt, *deutscher Schriftsteller, geb. 1937*

Bornierte Menschen soll man nicht widerlegen wollen. Widerspruch ist immerhin ein Zeichen von Anerkennung.

Richard Schaukal, *österreichischer Schriftsteller, 1874–1942*

Betriebsblindheit

Diesem Thema ist ein eigenes Kapitel gewidmet, denn Betriebsblindheit ist ein weit verbreitetes Phänomen, das von Borniertheit bis zur Bequemlichkeit reicht. Dabei ist niemand dagegen gefeit, und langjährige Erfahrung kann den Blick manches Mal auch verengen. Jeder von uns reitet letztlich mehr oder weniger festgefahrene Prinzipien. Der erste Schritt zur Besserung aber ist die Selbsterkenntnis. Vielleicht können diese Zitate Ihnen oder Ihren Partnern im einen oder anderen Falle dazu verhelfen. Ein witzig angebrachtes Zitat öffnet die Augen oft leichter als eine problemschwere Kritik.

Die Herren dieser Art blendt oft zu vieles Licht, sie sehn den Wald vor lauter Bäumen nicht.

CHRISTOPH MARTIN WIELAND, *deutscher Dichter, 1733–1813*

Wenn jemand meinte, die Bäume seien dazu da, um den Himmel zu stützen, so müssten sie ihm alle zu kurz vorkommen.

FRANZ GRILLPARZER, *österreichischer Schriftsteller, 1791–1872*

Es gibt Leute, welche den Vogel ganz genau zu kennen glauben, weil sie das Ei gesehen, woraus er hervorgekrochen ist.

HEINRICH HEINE, *deutscher Dichter und Publizist, 1797–1856*

Kein Klang der aufgeregten Zeit
Drang noch in diese Einsamkeit.

THEODOR STORM, *deutscher Schriftsteller, 1817–1888*

Wenn du einen viel betretenen Weg lange gehst, so gehst du ihn endlich allein.

MARIE VON EBNER-ESCHENBACH, *österreichische Erzählerin, 1830–1916*

Jeder Mensch hat ein Brett vor dem Kopf – es kommt nur auf die Entfernung an.

MARIE VON EBNER-ESCHENBACH, *österreichische Erzählerin, 1830–1916*

Sehr viele Leute denken, dass sie denken, wenn sie lediglich ihre Vorurteile neu sortieren. – A great many people think they are thinking when they are merely rearranging their prejudices.

WILLIAM JAMES, *amerikanischer Philosoph und Psychologe, 1842–1910*

Unsere Köchin, als sie Krebse in allmählich siedendem Wasser lebendig kochte, wunderte sich, dass wir dieses Verfahren eine unmenschliche Grausamkeit nannten, und versicherte uns, die armen Tiere seien von jeher daran gewöhnt.

HEINRICH HEINE, *deutscher Dichter und Publizist, 1797–1856*

Die so genannten Wahrheiten habe ich doch ein wenig im Verdacht der Unbeständigkeit.

WILHELM BUSCH, *deutscher Dichter und Maler, 1832–1908*

Ausdauer ist eine Tochter der Kraft, Hartnäckigkeit eine Tochter der Schwäche, nämlich – der Verstandesschwäche.

MARIE VON EBNER-ESCHENBACH, *österreichische Erzählerin, 1830–1916*

Ich bin ein Esel, und will getreu,
Wie meine Väter, die Alten,
An der alten, lieben Eselei,
Am Eseltume halten.

HEINRICH HEINE, *deutscher Dichter und Publizist, 1797–1856*

Gott hat das Rindvieh erschaffen, weil Fleischsuppen den Menschen stärken, und die Esel erschaffen, damit sie den Menschen zu Vergleichungen dienen können, und den Menschen selbst erschaffen, damit er Fleischsuppe essen und kein Esel sein soll.

HEINRICH HEINE, *deutscher Dichter und Publizist, 1797–1856*

Manchmal ist die Menschheit einem kleinen Mädchen zu vergleichen. Tritt ein großer Mann an sie heran, so wird sie verlegen, läuft in die Kinderstube und spielt mit ihren Puppen weiter.

ARTHUR SCHNITZLER, *österreichischer Schriftsteller, 1862–1931*

Einen Wahn verlieren macht weiser als eine Wahrheit finden.

LUDWIG BÖRNE, *deutscher Schriftsteller, 1786–1837*

Verfallen wir nicht in den Fehler, bei jedem Andersmeinenden entweder an seinem Verstand oder an seinem guten Willen zu zweifeln.

OTTO VON BISMARCK, *deutscher Politiker, 1815–1898*

Stillstand bedeutet Rückschritt.

WOLFGANG SCHÄUBLE, *deutscher Politiker (CDU), geb. 1942*

Am feinsten lügt das Plausible.

EMIL GÖTT, *deutscher Schriftsteller, 1864–1908*

Fremde Fehler sehen wir, nicht aber die unsrigen.

LUCIUS ANNAEUS SENECA, *römischer Politiker, Philosoph und Dichter, ca. 4 v. Chr. – 65 n. Chr.*

Das Fremde zu schauen hindert die Fremdheit, das Vertraute zu erkennen verwehrt die Vertrautheit.

HUGO VON HOFMANNSTHAL, *österreichischer Dichter, 1874–1929*

Der Aberglauben schlimmster ist, den seinen für den erträglichern zu halten.

GOTTHOLD EPHRAIM LESSING, *deutscher Schriftsteller und Philosoph, 1729–1781*

Anders, begreif ich wohl, als sonst in Menschenköpfen malt sich in diesem Kopf die Welt.

FRIEDRICH SCHILLER, *deutscher Dichter, 1759–1805*

Mit der Dummheit kämpfen Götter selbst vergebens.

FRIEDRICH SCHILLER, *deutscher Dichter, 1759–1805*

Einen Fall von ganz persönlicher Betriebsblindheit schildert der folgende Witz:

„Den Salmeier, den schmeiß' ich raus!" – „Aber warum denn?", fragt die Sekretärin. „Er hat gesagt, ich sei ein Idiot!" – „Ach, darauf brauchen Sie nichts zu geben. Der hat doch keine eigene Meinung, der plappert nur nach, was alle anderen sagen!"

Schwierige Aufgaben verteilen

Ungeliebte Tätigkeiten begleiten unseren Alltag, den privaten wie den beruflichen. Immer muss irgendetwas eingekauft, repariert oder sauber gemacht werden. Schwierige Kunden oder Geschäftspartner sollen betreut werden, bestimmte Betriebsdaten müssen für eine spezielle Anfrage unter hohem Zeitaufwand (und bei geringem Nutzen) zusammengestellt werden, dringende Arbeiten eines Kollegen, der aus irgendwelchen Gründen ausfiel, müssen zusätzlich und natürlich „gestern" erledigt werden, jemand soll ein Projekt übernehmen, dessen Ausgang äußerst ungewiss ist – als Führungskraft sind Sie ständig damit konfrontiert, Mitarbeiter für solche Aufgaben zu gewinnen. Vielleicht helfen Ihnen die folgenden Zitate auf die eine oder andere Weise dabei.

In der Welt kann man sich mit allem befassen, wenn man nur die dazu nötigen Handschuhe anzieht.

HEINRICH HEINE, *deutscher Dichter und Publizist, 1797–1856*

Werde also nicht müde, deinen Nutzen zu suchen, indem du anderen Nutzen gewährst.

MARC AUREL, *römischer Kaiser, 121–180*

Wer sich keine Annehmlichkeiten versagen kann, wird sich nie ein Glück erobern.

MARIE VON EBNER-ESCHENBACH, *österreichische Erzählerin, 1830–1916*

Wenn man von den Leuten Pflichten fordert und ihnen keine Rechte zugestehen will, muss man sie gut bezahlen.

JOHANN WOLFGANG VON GOETHE, *deutscher Dichter, 1749–1832*

Wenn man als Werkzeug nur einen Hammer hat, sieht jedes Problem wie ein Nagel aus.

ABRAHAM MASLOW, *amerikanischer Psychologe, 1908–1970*

Nur Pessimisten schmieden das Eisen, solange es heiß ist. Optimisten vertrauen darauf, dass es nicht erkaltet.

PETER BAMM, *deutscher Schriftsteller, 1897–1975*

Um an die Quelle zu kommen, muss man gegen den Strom schwimmen.

STANISLAW JERZY LEC, *polnischer Lyriker, 1909–1966*

Es ist immer verkehrt zu befehlen, wenn man des Gehorsams nicht sicher ist.

GRAF MIRABEAU, *französischer Publizist und Politiker, 1749–1791*

Bittet, so wird euch gegeben, suchet, so werdet ihr finden; klopfet an, so wird euch aufgetan.

BIBEL

Das von selbst Verständliche wird gemeinhin am gründlichsten vergessen und am seltensten getan.

CHRISTIAN MORGENSTERN, *deutscher Schriftsteller, 1871–1914*

Intelligenz ist die Fähigkeit, seine Umgebung zu akzeptieren. – Intelligence is the ability to accept one's surroundings.

WILLIAM FAULKNER, *amerikanischer Schriftsteller, 1897–1962*

Lass nicht deinen Willen brüllen, wenn deine Macht nur flüstern kann.

Thomas Fuller, *englischer Theologe, Historiker und Philosoph, 1608–1661*

Wenn Arbeit adelt, dann bleibe ich lieber bürgerlich.

Paul Flora, *österreichischer Grafiker und Karikaturist, geb. 1922*

Wie wir die Arbeit anschauen, so schaut uns die Arbeit wieder an.

Sprichwort

Es ist tragisch, dass so viele gut aussehende junge Männer ins Leben treten, um in einem nützlichen Beruf zu enden.

Oscar Wilde, *englischer Schriftsteller, 1856–1900*

Das folgende Zitat ist geeignet, wenn Sie mit Ihren Überredungskünsten die Flucht nach vorne antreten wollen:

Schöne Worte werfen sie als Köder hin und brüten über Schändlichem.

Euripides, *griechischer Dichter, 485 oder 484–406 v. Chr.*

Freiheit bedeutet Verantwortlichkeit. Das ist der Grund, weshalb die meisten Menschen sich vor ihr fürchten.

George Bernard Shaw, *irischer Schriftsteller, 1856–1950*

Man muss das Brett bohren, wo es am dicksten ist.

Friedrich Schlegel, *deutscher Dichter, 1772–1829*

Jede Lösung eines Problems ist ein neues Problem.

Johann Wolfgang von Goethe, *deutscher Dichter, 1749–1832*

... diejenigen fürchten das Pulver am meisten, die es nicht erfunden haben ...

HEINRICH HEINE, *deutscher Dichter und Publizist, 1797–1856*

Bitter ist es, das heute tun zu müssen, was man gestern noch wollen konnte.

KARL GUTZKOW, *deutscher Schriftsteller, 1811–1878*

Sadisten sind Menschen, die sich zuliebe anderen etwas zu Leide tun.

HANNELORE ELSNER, *deutsche Schauspielerin, geb. 1944*

Das ist im Leben hässlich eingerichtet,
Dass bei den Rosen gleich die Dornen stehn ...

JOSEPH VICTOR VON SCHEFFEL, *deutscher Schriftsteller, 1826–1886*

Die Schwierigkeiten wachsen, je näher man dem Ziel kommt.

JOHANN WOLFGANG VON GOETHE, *deutscher Dichter, 1749–1832*

Das Tun-Können ist oft die Strafe für das Tun-Wollen.

CHRISTIAN FRIEDRICH HEBBEL, *deutscher Dichter, 1813–1863*

Das Einzige, was wir fürchten müssen, ist die Furcht selbst.
– The only thing we have to fear is fear itself.

FRANKLIN DELANO ROOSEVELT, *32. Präsident der USA, 1882–1945*

Wettbewerber

Gegen Konkurrenten werden die giftigsten Pfeile geschossen. Wettbewerbssituationen sind geradezu der klassische Fall, unserer Aggressivität freien Lauf zu lassen oder sie durch Hinterlist zu „kompensieren".

Die folgenden Zitate spiegeln wider, wie verschieden Menschen mit Konkurrenzsituationen umgehen.

So begegnet wohl auch manchem Menschen gerade dasjenige selber, was er aus Eigennutz oder Schadenfreude einem andern bereitet.

JOHANN PETER HEBEL, *deutscher Dichter, 1760–1826*

Wer etwas ist, hat alle gegen sich, die etwas werden wollen.

RICHARD SCHAUKAL, *österreichischer Schriftsteller, 1874–1942*

Die Schwierigkeiten scheinen nur da zu sein, um überwunden zu werden.

AUGUST HEINRICH HOFFMANN VON FALLERSLEBEN, *deutscher Lyriker und Germanist, 1798–1874*

Wenn irgendwo zwischen zwei Mächten ein noch so harmlos aussehender Pakt geschlossen wird, muss man sich sofort fragen, wer hier umgebracht werden soll.

OTTO VON BISMARCK, *deutscher Politiker, 1815–1898*

Man lobt oder tadelt, je nachdem das eine oder das andere mehr Gelegenheit gibt, unsere Urteilskraft leuchten zu lassen.

FRIEDRICH NIETZSCHE, *deutscher Philosoph, 1844–1900*

Die eigentliche Aufgabe der Regierung in einem demokratischen System der freien Marktwirtschaft ist nicht, das survival of the fattest zu sichern, sondern die Konkurrenz zu erhalten.

LEE IACOCCA, *amerikanischer Industriemanager, geb. 1924*

Halte dir einen tüchtigen Feind! Er wird dir ein Sporn sein, dich zu tummeln.

KARL GUTZKOW, *deutscher Schriftsteller, 1811–1878*

Auf Bajonette kann man sich stützen, doch nicht darauf sitzen.

Spanisches Sprichwort

Unsere Feinde kommen in ihren Urteilen über uns der Wahrheit näher als wir selbst. – Nos ennemis approchent plus de la vérité dans les jugements qu'ils font de nous, que nous n'en approchons nous-mêmes.

François de la Rochefoucauld, *französischer Schriftsteller, 1613–1680*

Ein Hund schwamm mit einem Stück Fleisch im Maul durch einen Fluss. Im Wasser entdeckte er sein Spiegelbild, glaubte aber, einen anderen Hund zu sehen, der auch ein Stück Fleisch im Maul hielt. Er schnappte nach dem vermeintlich zweiten Stück Fleisch und verlor dabei das wirkliche Stück.

Äsop, *griechischer Fabeldichter, ca. 6. Jh. v. Chr.*

Manche Menschen würden eher sterben als nachzudenken. Und sie tun es auch.

Bertrand Russell, *englischer Philosoph, 1872–1970*

… und was nicht reizt, ist tot.

Johann Wolfgang von Goethe, *deutscher Dichter, 1749–1832*

Am Walde hätte nicht die Axt so leichtes Spiel, hätt' ihr der Wald nicht selbst geliefert ihren Stiel.

Friedrich Rückert, *deutscher Dichter, 1788–1866*

Man sagte dem Wolf so oft, er habe nichts vom Lamm, dass er sich zuletzt entschloss, das Lamm aufzufressen, um alles vom Lamm zu haben.

Christian Friedrich Hebbel, *deutscher Dichter, 1813–1863*

Einen Bären schlägt man nicht mit einem Strohhalm.

SPRICHWORT

Die Feinde meines Feindes sind meine Freunde.

ARABISCHES SPRICHWORT

Kavaliersdelikt ist ein völlig falscher Begriff. Es handelt sich weder um Kavaliere, noch handelt es sich um ein Delikt.

HEINER GEISSLER, *deutscher Politiker (CDU), geb. 1930*

Konkurrenz ist die ungewollte Tochter der Freiheit und die ungeliebte Mutter des Wohlstands.

HELMAR NAHR, *deutscher Mathematiker und Wirtschaftswissenschaftler, 1931–1990*

Welch seltsame Blüten der Kampf gegen die Konkurrenz treiben kann, erzählt diese Anekdote von Johann Peter Hebel:

Zu diesem [dem Löwenwirt] kam ein wohl gekleideter Gast. Kurz und trotzig verlangte er für sein Geld eine gute Fleischsuppe. Hierauf forderte er auch ein Stück Rindfleisch und ein Gemüs für sein Geld. Der Wirt fragte ganz höflich: ob ihm nicht auch ein Glas Wein beliebe? O freilich ja, erwiderte der Gast, wenn ich etwas Gutes haben kann für mein Geld. Nachdem er sich alles wohl hatte schmecken lassen, zog er einen abgeschliffenen Sechser aus der Tasche und sagte: „Hier, Herr Wirt, ist mein Geld. Mehr hab ich nicht, und mehr hab ich euch nicht versprochen." Dieser Einfall war eigentlich nicht weit her. Es gehörte nur Unverschämtheit dazu und ein unbekümmertes Gemüt, wie es am Ende ablaufen werde. Aber das Beste kommt noch. „Ihr seid ein durchtriebener Schalk," erwiderte der Wirt, „und hättet wohl etwas anderes verdient. Aber ich schenke euch das Mittagessen und hier noch ein Vierundzwanzig-Kreuzer-Stück dazu. Nur seid stille zur Sache, und geht zu meinem

Nachbarn, dem Bärenwirt, und macht es ihm eben so." Das sagte er, weil er mit seinem Nachbarn, dem Bärenwirt, aus Brotneid im Unfrieden lebte, und einer dem andern jeglichen Tort und Schimpf gerne antat und erwiderte. Aber der schlaue Gast griff lächelnd mit der einen Hand nach dem angebotenen Geld, mit der andern vorsichtig nach der Türe, wünschte dem Wirt einen guten Abend, und sagte: „Bei Eurem Nachbarn, dem Herrn Bärenwirt, bin ich schon gewesen, und eben der, und kein anderer, hat mich zu euch geschickt."

JOHANN PETER HEBEL, deutscher Dichter, 1760–1826

Der Neid ist die aufrichtigste Form der Anerkennung.

WILHELM BUSCH, deutscher Dichter und Maler, 1832–1908

Die geschickteste Art, einen Konkurrenten zu besiegen, ist, ihn in dem zu bewundern, worin er besser ist.

PETER ALTENBERG, österreichischer Schriftsteller, 1859–1919

Gegen Feinde schützt man sich am besten dadurch, dass man sie nicht als Menschen betrachtet, die uns schaden, sondern als solche, die uns nützen können.

EMIL OESCH, schweizerischer Schriftsteller, 1894–1974

Jeder muss sich ein Ziel setzen, das er nicht erreichen kann, damit er stets zu ringen und zu streben habe.

JOHANN HEINRICH PESTALOZZI, schweizerischer Pädagoge und Sozialreformer,
1746–1827

Kühn verleumden – etwas bleibt immer hängen. – Audacter clumniare, semper aliquid haeret.

PLUTARCH, griechischer Schriftsteller, ca. 46–120

Freiheit ist, wie Glück, dem schädlich und jenem nützlich.

Novalis, deutscher Dichter der Romantik, 1772–1801

Wenn wir keine Fehler hätten, würden wir nicht so viel Vergnügen daran finden, solche bei den andern zu entdecken. – Si nous n'avions point de défauts, nous ne prendrions pas tant de plaisir à en remarquer dans les autres.

François de la Rochefoucauld, französischer Schriftsteller, 1613–1680

Kaum hat mal einer ein Bissel was, gleich gibt es welche, die ärgert das.

Wilhelm Busch, deutscher Dichter und Maler, 1832–1908

Ganz so krass wie Goethe es formuliert, muss es im Wettbewerb ja nicht unbedingt zugehen:

Du musst herrschen und gewinnen oder dienen und verlieren, leiden oder triumphieren, Amboss oder Hammer sein.

Johann Wolfgang von Goethe, deutscher Dichter, 1749–1832

Raum für alle hat die Erde,
Was verfolgst du meine Herde?

Friedrich Schiller, deutscher Dichter, 1759–1805

Die Rechtschaffenheit wird gepriesen und friert dabei. – Probitas laudatur et alget.

Juvenal, römischer Satiriker, ca. 50–128

Ich weiß den Mann von seinem Amt zu unterscheiden.

Friedrich Schiller, deutscher Dichter, 1759–1805

Richtet nicht, damit ihr nicht gerichtet werdet.

Bibel

Hindernisse machen uns groß.

ANDRÉ CHÉNIER, *französischer Lyriker, 1762–1794*

Man fällt selten über seine Fehler. Man fällt meistens über seine Feinde.

KURT TUCHOLSKY, *deutscher Schriftsteller und Journalist, 1890–1935*

Ich kenne nichts Ärmeres unter der Sonn' als euch, Götter!

JOHANN WOLFGANG VON GOETHE, *deutscher Dichter, 1749–1832*

Man muss nicht reicher scheinen wollen, als man ist.

GOTTHOLD EPHRAIM LESSING, *deutscher Schriftsteller und Philosoph, 1729–1781*

Gestern noch auf stolzen Rossen,
Heute durch die Brust geschossen,
Morgen in das kühle Grab!

WILHELM HAUFF, *deutscher Dichter, 1802–1827*

Wenn man von einem sagt, er sei tot: wie kann der besser zeigen, dass er lebt, als indem er um sich haut.

CHRISTIAN FRIEDRICH HEBBEL, *deutscher Dichter, 1813–1863*

Der besiegte Feind gleicht selten jenem, den es zu besiegen galt. Er erinnert einen an das Elend, das man selber erlitten hat.

MANÉS SPERBER, *deutsch-französischer Schriftsteller, 1905–1984*

Wenn wir die ersehnte Ruhe endlich haben werden, werden wir nichts mehr von ihr haben.

MARIE VON EBNER-ESCHENBACH, *österreichische Erzählerin, 1830–1916*

Es ist ein glückliches Gefühl, für einen Hass, den wir bis dahin nur instinktmäßig nährten, plötzlich einen triftigen Grund zu erhalten.

Karl Gutzkow, *deutscher Schriftsteller, 1811–1878*

Offizielle Anlässe

Es gehört zum Alltagsgeschäft einer Führungskraft, vor größerem Kreis zu sprechen. Oft sind es nur ein paar spontane Sätze, häufig wird aber auch eine kurze Ansprache oder eine ausgearbeitete Rede daraus. Ob es die Präsentation eines neuen Projekts ist, die Verabschiedung eines Kollegen, ein Betriebsjubiläum oder ein runder Geburtstag – man erwartet von Ihnen passende Worte und misst Sie daran, wie souverän Sie die Situation meistern. Einige Tipps von Rhetorikprofis von der Antike bis zur Gegenwart seien den verschiedenen Situationen deshalb vorangestellt.

Die Kunst des Redens

Diese Zitate über die Kunst, Reden zu halten, sind nicht nur als Rhetoriktipps oder zum Trost gedacht: Sie können einige davon durchaus auch direkt in Ihre Ansprachen einflechten. Werben Sie um Sympathie für sich, indem Sie augenzwinkernd auf die Schwierigkeit Ihrer Situation oder die Ihrer „armen" Zuhörer hinweisen. In der Rhetorik nennt man dies „Captatio benevolentiae", also das Werben um das Wohlwollen der Zuhörer. Doch wie überall gilt auch hier: Kokettieren Sie nicht allzu sehr damit, Ihre eigenen (Rede-)Fähigkeiten herabzusetzen – der Schuss kann leicht nach hinten losgehen, wenn Sie nicht mit dem nötigen Humor auftreten. Bei Reden, in denen Sie wichtige Fakten mitteilen wollen, sollten Sie auf Zitate über das Reden an sich verzichten und lieber Zitate verwenden, die das Interesse Ihrer Zuhörer auf den konkreten Redegegenstand lenken.

Denn das Herz ist es, was den Redner macht, und die Ausdruckskraft der Empfindung. – Pectus est enim quod disertos facit, et vis mentis.

MARCUS FABIUS QUINTILIAN, *römischer Redner, 30–96*

Reden lernt man durch reden.

MARCUS TULLIUS CICERO, *römischer Staatsmann, Redner und Philosoph, 106–43 v. Chr.*

Es ist ein Beweis hoher Bildung, die größten Dinge auf die einfachste Art zu sagen!

RALPH WALDO EMERSON, *amerikanischer Dichter und Philosoph, 1803–1882*

Dunkelheit und Undeutlichkeit des Ausdrucks ist alle Mal ein sehr schlimmes Zeichen.

ARTHUR SCHOPENHAUER, *deutscher Philosoph, 1788–1860*

Beispiele sind die Schwimmbojen der Logik.

HELMAR NAHR, *deutscher Mathematiker und Wirtschaftswissenschaftler, 1931–1990*

Komplizierte Begriffe verwenden heißt, das Denken den Worten überlassen.

HELMAR NAHR, *deutscher Mathematiker und Wirtschaftswissenschaftler, 1931–1990*

Gleichgültig, zu welchem Anlass Sie in aller Öffentlichkeit sprechen müssen, den Grundsatz Martin Luthers zu beherzigen, ist in jedem Falle richtig:

Ihr könnt predigen, über was ihr wollt, aber predigt niemals über vierzig Minuten.

MARTIN LUTHER, *deutscher Reformator, 1483–1546*

Nicht nur die Konzentration lässt nach einer gewissen Zeit nach, die Zuhörer geraten auch an physische Grenzen. Und was für Filme gilt, sollte auch für Reden gelten:

228

Die Länge eines Filmes sollte in Relation stehen zur Belast-
barkeit einer menschlichen Harnblase. – The length of a
film should be directly related to the endurance of a human
bladder.

ALFRED HITCHCOCK, englischer Regisseur, 1899–1980

Was den Rednern an Tiefe mangelt, ersetzen sie durch Weitschweifigkeit.

CHARLES DE SECONDAT, BARON DE MONTESQUIEU, französischer Schriftsteller
und Staatsphilosoph, 1689–1755

Die folgende Anekdote von Mark Twain schildert, wie zu lange Reden
wirken können:

Statt des Pfarrers hielt ein Missionar die Sonntagspredigt,
der eine großartige Stimme hatte. Er erzählte in herzbewe-
genden Worten von den Nöten schwarzer Ureinwohner. Ich
war so ergriffen, dass ich statt der fünfzig Cents, die ich
vorhatte zu opfern, die Spende verdoppeln wollte. Die
Schilderungen des Missionars wurden immer bewegender,
und ich beschloss, noch mehr zu geben: zwei, drei, fünf
Dollar. Schließlich war ich dem Weinen nahe. Ich fand, das
gesamte Geld, das ich bei mir hatte, wäre noch zu wenig,
und sucht mein Scheckbuch. Der Missionar aber redete und
redete, und allmählich wurde es langweilig. Ich ließ die Idee
mit dem Scheckbuch wieder fallen und ging auf fünf Dollar
zurück. Der Missionar redete. Ich dachte: Ein Dollar genügt.
Der Missionar redete. Als er fertig war, legte ich zehn Cents
auf den Teller.

nach MARK TWAIN, amerikanischer Schriftsteller, 1835–1910

Um eine gut improvisierte Rede halten zu können, braucht
man mindestens drei Wochen.

MARK TWAIN, amerikanischer Schriftsteller, 1835–1910

Jede Zahl in einem Vortrag halbiert die Zahl der Zuhörer.

ROMAN HERZOG, deutscher Jurist und Politiker (CDU), geb. 1934

Wer vor anderen lange allein spricht, ohne den Zuhörern zu schmeicheln, erregt Widerwillen.

JOHANN WOLFGANG VON GOETHE, *deutscher Dichter, 1749–1832*

Scharfsinn ist ein Vergrößerungsglas, Witz ein Verkleinerungsglas. Das Letztere leitet doch auf das Allgemeine.

GEORG CHRISTOPH LICHTENBERG, *deutscher Schriftsteller und Physiker, 1742–1799*

Die Grundlage der Gerechtigkeit bildet die Treue, das heißt Zuverlässigkeit und Wahrheit in Reden und Versprechen.

MARCUS TULLIUS CICERO, *römischer Staatsmann, Redner und Philosoph, 106–43 v. Chr.*

Wer so spricht, dass er verstanden wird, spricht immer gut.

MOLIÈRE, *französischer Komödiendichter, ca. 1622–1673*

Weckt bitte keine Assoziationen, wenn ihr sie nicht auch einschläfern könnt.

STANISLAW JERZY LEC, *polnischer Lyriker, 1909–1966*

Beredsamkeit ist die Kunst, die Dinge so auszudrücken, dass die, zu denen wir sprechen, mit Vergnügen zuhören.

BLAISE PASCAL, *Philosoph und Mathematiker, 1623–1662*

Eine gute Rede soll das Thema erschöpfen, nicht die Zuhörer.

WINSTON CURCHILL, *britischer Politiker und Schriftsteller, 1874–1965*

Jeder spricht Unsinn. Ein Unglück nur, wenn man es feierlich tut.

MICHEL DE MONTAIGNE, *französischer Schriftsteller und Moralist, 1533–1592*

Ein guter Propagandist kann sogar mithilfe der Wahrheit überzeugen.

WIESLAW BRUDZINSKI, *polnischer Schriftsteller, geb. 1920*

Die Leidenschaften sind die einzigen Redner, die immer überzeugen.

François de la Rochefoucauld, *französischer Schriftsteller, 1613–1680*

Der Spaß verliert alles, wenn der Spaßmacher selber lacht.

Friedrich Schiller, *deutscher Dichter, 1759–1805*

Man versteht das Künstliche gewöhnlich besser als das Natürliche. Es gehört mehr Geist zum Einfachen als zum Komplizierten, aber weniger Talent.

Novalis, *deutscher Dichter der Romantik, 1772–1801*

Wenn ihr's nicht fühlt, ihr werdet's nicht erjagen,
Wenn es nicht aus der Seele dringt
Und mit urkräftigem Behagen
Die Herzen aller Hörer zwingt.

Johann Wolfgang von Goethe, *deutscher Dichter, 1749–1832*

Demagogie ist die Fähigkeit, die kleinsten Ideen in die größten Worte zu kleiden.

Abraham Lincoln, *16. Präsident der USA, 1809–1865*

Herrlich! Etwas dunkel zwar –
Aber's klingt recht wunderbar.

Pius Alexander Wolf, *deutscher Schriftsteller, 1782–1828*

Und zum Gebrauch von Zitaten oder Aphorismen:

Im Herzen jedes Aphorisma, so neu oder gar paradox es sich gebärden möge, schlägt eine uralte Weisheit.

Arthur Schnitzler, *österreichischer Schriftsteller, 1862–1931*

Der Aphorismus deckt sich nie mit der Wahrheit; er ist entweder eine halbe Wahrheit oder anderthalb.

Karl Kraus, *österreichischer Schriftsteller und Kritiker, 1874–1936*

Sprachkürze gibt Denkweite.

JEAN PAUL, *deutscher Schriftsteller, 1763–1825*

Ein Aphorismus soll auf der Zunge zergehn wie ein Bonbon und – weg ist er! So nach üblicher Auffassung.

ROBERT MUSIL, *österreichischer Schriftsteller, 1880–1942*

Auf einzelne Personen bezogen

Auf Kollegen, Mitarbeiter oder Geschäftspartner Reden zu halten, ist keine einfache Sache. Sie müssen möglichst genau den Ton treffen, der Ihre Beziehung widerspiegelt. Ist Ihr Verhältnis locker und freundschaftlich, kann eine zu ernste und distanzierte Rede das Vertrauen zwischen Ihnen erschüttern; sprechen Sie dagegen zu flapsig, frech oder witzig, mag sich ein Kollege gekränkt fühlen, der viel Wert auf Respekt legt. Wenn Sie als Vorgesetzter sprechen, werden Ihre Worte umso mehr auf die Waagschale gelegt – jede unbedachte Bemerkung kann als Anspielung aufgefasst werden. Vor allem anderen sollten Sie sich deshalb Gedanken über Ihr Verhältnis zum jeweiligen Kollegen machen und Ihre Rede danach ausrichten. Mark Twains Diktum: „Um eine gut improvisierte Rede halten zu können, braucht man mindestens drei Wochen" trifft das Problem ganz gut. Suchen Sie die Zitate in den folgenden Kapiteln also nicht nur nach dem eigenen Geschmack aus, sondern immer mit Blick auf die Person, zu der oder über die Sie sprechen.

Lob, Dank, Anerkennung für besondere Leistungen

Für Dankesreden gilt ebenso wie für Festreden: Sprechen Sie möglichst kurz. Gerade bei kurzen Reden aber kommt es auf einen gekonnten Einstieg und einen pointierten Schluss an. Zitate können da gute Dienste leisten. Nutzen Sie Lob und Anerkennung als Motivationsinstrument, mit dem Sie das gesamte Betriebsklima verbessern können (vgl. auch das Kapitel „Motivieren" S. 28). Unter den folgenden Zitaten werden Sie auch etliche finden, die Sie dann nutzen können, wenn Sie selbst der Geehrte sind und sich für die Ehrung bedanken möchten.

> Eine Persönlichkeit ist der Ausgangspunkt und Fluchtpunkt alles dessen, was gesagt wird und dessen, wie es gesagt wird.
>
> ROBERT MUSIL, *österreichischer Schriftsteller, 1880–1942*

> Nicht, was er mit seiner Arbeit erwirbt, ist der eigentliche Lohn des Menschen, sondern was er durch sie wird.
>
> JOHN RUSKIN, *englischer Schriftsteller und Sozialphilosoph, 1819–1900*

> Die meisten Poeten kommen erst nach ihrem Tode zur Welt.
>
> GEORG CHRISTOPH LICHTENBERG, *deutscher Schriftsteller und Physiker, 1742–1799*

Wollen Sie eine Führungskraft loben, die mit flachen Hierarchien arbeitet und es versteht, Ideen und Kritik der Mitarbeiter in sachlichen Diskussionen zu konstruktiven Ergebnissen zu führen, ist das Zitat des Autovermieters Erich Sixt geeignet:

> Die größte Gefahr ist nicht, dass ich alles mache, sondern dass ich überheblich werde, dass ich mich auf irgendwelchen Erfolgen ausruhe. Gefährlich wird es, wenn meine Leute mir nicht mehr widersprechen. Ich muss den Widerspruch herausfordern.
>
> ERICH SIXT, *Vorstandschef und Großaktionär des Autovermieters, geb. 1944*

Das folgende Zitat thematisiert dieselbe Problematik, denn was für Reichtum gilt, gilt in diesem Falle sicher auch für Macht:

> Zu den Villenbesitzern kommt die Wahrheit nicht mit den Gästen, sie kommt mit den Lieferanten.
>
> MARTIN KESSEL, *deutscher Schriftsteller, 1901–1990*

233

Auch der innere Mensch hat Stellen, an denen er sich nicht selber kratzen kann.

KARL HEINRICH WAGGERL, österreichischer Schriftsteller, 1897–1973

Es ist einfach falsch, wenn Personalchefs behaupten, nur die Guten würden gehen, die schlechten aber bleiben. Langjährige Mitarbeiter sind unser Kapital.

RUDOLF MIELE, deutscher Unternehmer, geb. 1929

Unternehmer sein kann man nicht lernen. Entweder man hat's im Blut oder man wird's nie.

MAX GRUNDIG, Unternehmensgründer, 1908–1989

Die wahre Ehrfurcht geht niemals aus der Furcht hervor.

MARIE VON EBNER-ESCHENBACH, österreichische Erzählerin, 1830–1916

Keine Schuld ist dringender als die, Dank zu sagen.

MARCUS TULLIUS CICERO, römischer Staatsmann, Redner und Philosoph, 106–43 v. Chr.

Der Zartheit ist die Geduld zur Erhalterin beigegeben; der Kraft bereitet die Ungeduld oft den Untergang.

ERNST VON FEUCHTERSLEBEN, österreichischer Schriftsteller, 1806–1849

Das Werk eines Meisters riecht nicht nach Schweiß, verrät keine Anstrengung und ist von Anfang an fertig.

JAMES MCNEILL WHISTLER, amerikanisch-englischer Maler, 1834–1903

Mich erstaunen Leute, die das Universum begreifen wollen, wo es schwierig genug ist, in Chinatown zurechtzukommen.

WOODY ALLEN, amerikanischer Filmregisseur und -schauspieler, geb. 1935

Dilettant sein, das heißt: seiner eigenen Einfälle nicht wert, aber auf sie stolz sein.

ARTHUR SCHNITZLER, *österreichischer Schriftsteller, 1862–1931*

Wenn du einmal Erfolg hast, kann es Zufall sein. Wenn du zweimal Erfolg hast, kann es Glück sein. Wenn du dreimal Erfolg hast, so ist es Fleiß und Tüchtigkeit.

FRANZÖSISCHES SPRICHWORT

Wem Gott ein Amt gibt, dem gibt er auch Verstand, – ist ein alter Scherz, den man wohl in unseren Zeiten nicht gar für Ernst wird behaupten wollen.

GEORG WILHELM FRIEDRICH HEGEL, *deutscher Philosoph, 1770–1831*

Der Erfolg ist eine Folgeerscheinung, niemals darf er zum Ziel werden.

GUSTAVE FLAUBERT, *französischer Dichter, 1821–1880*

So mancher wurde von der Welt bewundert, an dem seine Frau und sein Diener nichts Besonderes fanden. Wenige Menschen sind noch von ihren Hausgenossen bewundert worden.

MICHEL DE MONTAIGNE, *französischer Schriftsteller und Moralist, 1533–1592*

Besondere Leistungen verdanken sich gewiss zu einem erheblichen Teil der Gaben der Natur – doch sie setzen immer auch Engagement voraus.

Gaben, wer hätte sie nicht? Talente – Spielzeug für Kinder, erst der Ernst macht den Mann, erst der Fleiß das Genie.

THEODOR FONTANE, *deutscher Schriftsteller, 1819–1898*

Gewiss ist der allein glücklich und groß, der weder zu herrschen noch zu gehorchen braucht, um etwas zu sein.

JOHANN WOLFGANG VON GOETHE, *deutscher Dichter, 1749–1832*

235

Einen Titel muss der Mensch haben. Ohne Titel ist er nackt und ein gar grauslicher Anblick.

KURT TUCHOLSKY, *deutscher Schriftsteller und Journalist, 1890–1935*

Ich glaube deine Weisheit nur, wenn sie dir aus dem Herzen, deine Güte nur, wenn sie dir aus dem Verstande kommt.

ARTHUR SCHNITZLER, *österreichischer Schriftsteller, 1862–1931*

Charaktere ohne Handlung sind lahm, Handlungen ohne Charaktere blind.

HUGO VON HOFMANNSTHAL, *österreichischer Dichter, 1874–1929*

Es sind immer nur die Schwachen, welche die Schwachen verachten.

GERTRUD VON LE FORT, *deutsche Schriftstellerin, 1876–1971*

Der Mensch muss Erde unter seinen Füßen haben, sonst verdorrt ihm das Herz.

GERTRUD VON LE FORT, *deutsche Schriftstellerin, 1876–1971*

Aber der Ruhm, welcher vor denen flieht, die ihn suchen, folgt denen nach, welche sich nicht um ihn bemühen.

JAKOB BURCKHARDT, *schweizerischer Kultur- und Kunsthistoriker, 1818–1897*

Das Recht des Stärkeren ist das stärkste Unrecht.

MARIE VON EBNER-ESCHENBACH, *österreichische Erzählerin, 1830–1916*

Was uns in den Schoß fällt, fällt sehr oft unter den Tisch.

FRIEDL BEUTELROCK, *deutsche Schriftstellerin, 1889–1958*

Schade, dass die meisten sofort aufhören zu rudern, wenn sie ans Ruder gekommen sind.

ALFRED POLGAR, *österreichischer Schriftsteller und Theaterkritiker, 1875–1955*

Wer lächelt, statt zu toben, ist immer der Stärkere.

Japanisches Sprichwort

Seines Fleißes darf sich jedermann rühmen.

Friedrich Schiller, *deutscher Dichter, 1759–1805*

Wer sich vornimmt, Gutes zu wirken, darf nicht erwarten, dass die Menschen ihm deswegen Steine aus dem Weg räumen.

Albert Schweitzer, *deutsch-französischer Arzt und Kulturphilosoph, 1875–1965*

Die großen Gedanken kommen aus dem Herzen.

Oscar Wilde, *englischer Schriftsteller, 1856–1900*

Es ist mehr wert, jederzeit die Achtung der Menschen zu haben, als gelegentlich ihre Bewunderung.

Jean-Jacques Rousseau, *französischer Philosoph und Schriftsteller, 1712–1778*

Der eine wartet, dass die Zeit sich wandelt,
der andere packt sie kräftig an und handelt.

Dante Alighieri, *italienischer Dichter, 1265–1321*

Die größte Weisheit verrat̃et sich in der einfachen und natürlichen Einrichtung der Dinge und man erkennt sie nicht, eben weil alles so einfach und natürlich ist.

Johann Peter Hebel, *deutscher Dichter, 1760–1826*

Ich hab nur einen Grundsatz, und das ist der, gar keinen Grundsatz zu haben. Grundsätze sind enge Kleidungsstücke, die einen bei jeder freien Bewegung genieren.

Johann Nestroy, *österreichischer Dramatiker und Schauspieler, 1801–1862*

Die folgenden Zitate sind vor allem dazu geeignet, auf eine Gratulation zu reagieren und sich für die Ehrung zu bedanken. Lob einigermaßen souverän anzunehmen, ist gar nicht so leicht. Der häufigste Fehler dabei ist falsche Bescheidenheit. Es wirkt meist besser, wenn man sich einfach freut und diese Freude auch zeigt. Dabei darf ruhig auch ein wenig Selbstironie mitschwingen.

Ehrgeiz ist die letzte Zuflucht des Misserfolges.

OSCAR WILDE, *englischer Schriftsteller, 1856–1900*

Die Sonne der Fürstengunst hat das mit der am Himmel gemein, dass die Menschen, die sie am wärmsten bestrahlt, gerade die schwärzesten sind.

FRANZ GRILLPARZER, *österreichischer Schriftsteller, 1791–1872*

Man wünscht sich selber Glück, wenn man etwas Gutes tut.

MICHEL DE MONTAIGNE, *französischer Schriftsteller und Moralist, 1533–1592*

Es ist leichter, eine gute Gewohnheit annehmen, als sich einer schlechten zu entwöhnen.

AUGUST VON PLATEN, *deutscher Dichter, 1796–1835*

Die falsche Bescheidenheit ist die dezenteste von allen Lügen. – La fausse modestie est le plus décent de tous les mensonges.

CHAMFORT, *französischer Schriftsteller, 1741–1794*

Ansehen ist der gute Ruf, den man genießt, weil viele schweigen.

LORD PHILIP DORMER STANHOPE CHESTERFIELD, *englischer Staatsmann, Vizekönig von Irland und Schriftsteller, 1694–1773*

Über den Tadel sind viele erhaben; wenige über das Lob.

CARL GUSTAV JOCHMANN, *deutscher Schriftsteller, 1789–1830*

Die Wortkargen imponieren immer. Man glaubt schwer, dass jemand kein anderes Geheimnis zu bewahren hat als das seiner Unbedeutendheit.

MARIE VON EBNER-ESCHENBACH, *österreichische Erzählerin, 1830–1916*

Mit siebzig 'ne Jubiläumsfeier,
Artikel im Brockhaus und im Meyer ...

THEODOR FONTANE, *deutscher Schriftsteller, 1819–1898*

Lob und Anerkennung auszusprechen, fällt leider vielen schwer. Noch schwerer aber tun sich manche damit, gelobt zu werden. Wie reagiert man richtig, wenn man vor Publikum geehrt wird, ohne entweder allzu bescheiden oder allzu selbstgefällig zu wirken? – Rilkes Angst vor der Menschen Wort gilt zwar weniger dem Lob als der seiner Meinung nach trügerischen Sicherheit der Menschen im Umgang mit der Wirklichkeit – als augenzwinkerndes Zitat wird es in diesem Zusammenhang seine Wirkung aber nicht verfehlen:

Ich fürchte mich so vor der Menschen Wort. Sie sprechen alles so deutlich aus.

RAINER MARIA RILKE, *österreichischer Dichter, 1875–1926*

Wenn wir es recht überdenken, so stecken wir doch alle nackt in unseren Kleidern.

HEINRICH HEINE, *deutscher Dichter und Publizist, 1797–1856*

Die Bescheidenheit, die zum Bewusstsein kommt, kommt ums Leben.

MARIE VON EBNER-ESCHENBACH, *österreichische Erzählerin, 1830–1916*

Der Ruhm der kleinen Leute heißt Erfolg.

MARIE VON EBNER-ESCHENBACH, *österreichische Erzählerin, 1830–1916*

Man kann niemanden überholen, wenn man in seine Fuß-stapfen tritt.

FRANÇOIS TRUFFAUT, *französischer Filmregisseur, 1932–1984*

Was man scheint,
Hat jedermann zum Richter,
Was man ist, hat keinen.

FRIEDRICH SCHILLER, *deutscher Dichter, 1759–1805*

Der Ruhm zu Lebzeiten ist eine fragwürdige Sache, man tut gut, sich nicht davon blenden, sich kaum davon erregen zu lassen.

THOMAS MANN, *deutscher Schriftsteller, 1875–1955*

Unsterblichkeit ist nicht jedermanns Sache.

KURT SCHWITTERS, *deutscher Schriftsteller und Maler, 1887–1948*

Selbstliebe und Selbsthass sind die tiefsten von den irdi-schen produktiven Kräften.

HUGO VON HOFMANNSTHAL, *österreichischer Dichter, 1874–1929*

Gute Einfälle sind Geschenke des Glücks.

GOTTHOLD EPHRAIM LESSING, *deutscher Schriftsteller und Philosoph, 1729–1781*

Man muss den Leuten nur ein bisschen verrückt vorkom-men, dann kommt man schon weiter!

WILHELM RAABE, *deutscher Schriftsteller, 1831–1910*

Wir sind alle Würmer, nur glaube ich, dass ich ein Glüh-würmchen bin.

WINSTON CURCHILL, *britischer Politiker und Schriftsteller, 1874–1965*

Die Aufgabe, die Sie mir übertragen wollen, ist so schwie-rig, dass ich nicht wage, sie abzulehnen.

ERNEST STARLING, *amerikanischer Arzt, 1866–1927*

Bescheidenheit ist die letzte Raffinesse der Eitelkeit.

JEAN DE LA BRUYÈRE, *französischer Schriftsteller, 1645–1696*

Objektiv sein heißt den andern behandeln wie ein Objekt, wie einen Kadaver, sich ihm gegenüber wie der Leichenbestatter betragen.

E. M. CIORAN, *französisch-rumänischer Essayist und Philosoph, 1911–1995*

Sollen Sie selbst auf ein Lob reagieren, das Ihnen vielleicht etwas übertrieben scheint, zitieren Sie doch augenzwinkernd den in seiner Zeit für seine unerbittlich kritische Haltung bekannten Karl Kraus:

Wenn die Sonne der Kultur niedrig steht, werfen selbst die Zwerge lange Schatten.

KARL KRAUS, *österreichischer Schriftsteller und Kritiker, 1874–1936* (zugeschrieben)

Wie wird man aufs einfachste Prophet? (kann man Prophet werden?) Wenn man eine Dummheit ausspricht und andere sie nachmachen. Es ist das Sicherste, einen Unsinn zu sagen: irgendwann geschieht er! Es genügt, eine Dummheit auf den Markt zu werfen.

ROBERT MUSIL, *österreichischer Schriftsteller, 1880–1942*

Kein Vogel fliegt zu hoch, wenn er mit eigenen Schwingen fliegt.

WILLIAM BLAKE, *englischer Dichter und Maler, 1757–1827*

Es heißt, dass wir Könige Gottes Ebenbilder auf Erden sind. Ich habe mich daraufhin im Spiegel betrachtet. Sehr schmeichelhaft für den lieben Gott ist das nicht.

FRIEDRICH II., *König von Preußen, 1712–1786*

Wenn Karrieren schwindelnde Höhen erreichen, ist der Schwindel häufig nicht mehr nachzuweisen.

WERNER SCHNEYDER, *österreichischer Kabarettist und Schriftsteller, geb. 1937*

Helft den Ehrgeizigen nicht.

GÜNTHER EICH, *deutscher Schriftsteller, 1907–1972*

Manche Talente bewahren ihre Frühreife bis ins späte Alter.

KARL KRAUS, *österreichischer Schriftsteller und Kritiker, 1874–1936*

Beförderung

Eine kleine Rede zur Beförderung eines Mitarbeiters ist ähnlich einer Dankesrede. Sie finden in diesem Kapitel deshalb vorwiegend Zitate, die Sie anwenden können, wenn Sie zu Ihrer eigenen Beförderung eine kurze Ansprache halten wollen. So können Sie sich zum Beispiel von den alten Kollegen verabschieden oder die neuen begrüßen.

Nicht was der Mensch ist, was er tut, ist sein unverlierbares Eigentum.

CHRISTIAN FRIEDRICH HEBBEL, *deutscher Dichter, 1813–1863*

Menschen können an Elfen oder an Kobolde glauben und trotzdem als Manager oder Frauenbeauftragte ganz normal funktionieren.

HANS PETER DUERR, *deutscher Ethnologe, geb. 1943*

Der Ehrgeiz ist für die Seele, was der Hunger für den Leib ist.

LUDWIG BÖRNE, *deutscher Schriftsteller, 1786–1837*

Als Achtjähriger beschloss ich, mein Leben dem Film zu widmen. Und schon 56 Jahre später war es so weit.

LORIOT (VICCO VON BÜLOW), *deutscher Satiriker, geb. 1923*

Mit den Jahren steigern sich die Prüfungen.

JOHANN WOLFGANG VON GOETHE, *deutscher Dichter, 1749–1832*

Wer die Wahrheit verrät, verrät sich selbst. Es ist hier nicht die Rede vom Lügen, sondern vom Handeln gegen Überzeugung.

NOVALIS, *deutscher Dichter der Romantik, 1772–1801*

Im engen Kreis verengert sich der Sinn, es wächst der Mensch mit seinen großen Zwecken.

FRIEDRICH SCHILLER, *deutscher Dichter, 1759–1805*

Wer fertig wird, dem ist nichts recht zu machen; ein Werdender wird immer dankbar sein.

JOHANN WOLFGANG VON GOETHE, *deutscher Dichter, 1749–1832*

Abwechslung macht Freude. – Variatio delectat.

EURIPIDES, *griechischer Dichter, 485 oder 484–406 v. Chr.*

Die Beförderung bedeutet nicht nur, dass man neue, interessantere Aufgaben übertragen bekommt, man verabschiedet sich auch vom alten Kollegenkreis. Eine Beförderung hat also meist auch einen zwiespältigen Charakter:

Mit einem heiteren und einem tränenden Auge. – With one auspicious and one dropping eye.

WILLIAM SHAKESPEARE, *englischer Dramatiker, 1564–1616*

Am Abend wird man klug für den vergangenen Tag, doch niemals klug für den, der kommen mag.

FRIEDRICH RÜCKERT, *deutscher Dichter, 1788–1866*

Für das Können gibt es nur einen Beweis: das Tun.

MARIE VON EBNER-ESCHENBACH, *österreichische Erzählerin, 1830–1916*

Mensch werden ist eine Kunst.

NOVALIS, *deutscher Dichter der Romantik, 1772–1801*

Das Glück deines Lebens hängt von der Beschaffenheit deiner Gedanken ab.

MARC AUREL, *römischer Kaiser, 121–180*

Den Charakter eines Menschen erkennt man dann, wenn er Vorgesetzter geworden ist.

ERICH MARIA REMARQUE, *deutscher Schriftsteller, 1898–1970*

Vor dem Frisör sind alle gleich.

KARL KRAUS, *österreichischer Schriftsteller und Kritiker, 1874–1936*

Nur die Lumpe sind bescheiden,
Brave freuen sich der Tat.

JOHANN WOLFGANG VON GOETHE, *deutscher Dichter, 1749–1832*

Der ist beglückt, der sein darf, was er ist.

FRIEDRICH VON HAGEDORN, *deutscher Dichter, 1708–1754*

Merkmal großer Menschen ist, dass sie an andere weit geringere Anforderungen stellen als an sich selbst.

MARIE VON EBNER-ESCHENBACH, *österreichische Erzählerin, 1830–1916*

Nur eins beglückt zu jeder Frist: Schaffen, wofür man geschaffen ist.

PAUL HEYSE, *deutscher Schriftsteller, 1830–1914*

Hat man genügend Erfahrungen gesammelt, ist man zu alt, um sie auszuführen.

WILLIAM SOMERSET MAUGHAM, *englischer Schriftsteller, 1874–1965*

Die Erfahrungen sind wie Samenkörner, aus denen die Klugheit emporwächst.

KONRAD ADENAUER, *deutscher Politiker (CDU), 1876–1967*

Nichts fällt schwer, wenn man wahrhaft liebt und seine Pflicht kennt, es ist das einzige Mittel, glücklich und zufrieden zu werden.

KAISERIN MARIA THERESIA, *1717–1780*

Der Weg entsteht im Gehen.

REINHOLD MESSNER, *italienischer Bergsteiger, geb. 1944*

Das Glück, kein Reiter wird's erjagen,
es ist nicht dort, es ist nicht hier;
lern überwinden, lern entsagen,
und ungeahnt erblüht es dir.

THEODOR FONTANE, *deutscher Schriftsteller, 1819–1898*

O Freund, werd' ja kein Wärter
An einer Eisenbahn,
Denn dieses Los ist härter
Als jeder andre Plan.

HERMANN VON LINGG, *deutscher Dichter, 1820–1905*

Ohne Leistung entwickelt man sich schnell vom Häuptling zum Indianer.

PIERRE LITTBARSKI, *deutscher Fußballprofi, geb. 1960*

Das schwere Leben ist am leichtesten zu ertragen, wenn man sich schwere Aufgaben stellt.

PETER ROSEGGER, *österreichischer Schriftsteller, 1843–1918*

Sobald einer in einer Sache Meister geworden ist, sollte er in einer anderen Sache Schüler werden.

GERHART HAUPTMANN, *deutscher Schriftsteller, 1862–1946*

Arbeit ist eine Sucht, die wie eine Notwendigkeit aussieht.

Peter Altenberg, *österreichischer Schriftsteller, 1859–1919*

Die negativen Aspekte der Karriere, seien es die neuen Repräsentationspflichten oder die größere Verantwortung, die eben auch mehr Ver-
pflichtungen zeitlicher Art mit sich bringt, können auch Thema bei
einer Beförderung sein:

Nun muss ich sitzen so fein und klar
Gleich einem artigen Kinde,
Und darf nur heimlich lösen mein Haar
Und lassen es flattern im Winde.

Annette von Droste-Hülshoff, *deutsche Dichterin, 1797–1848*

Man muss im Leben für seine Erfahrungen bezahlen. Wenn
man Glück hat, bekommt man Rabatt.

Oskar Kokoschka, *österreichischer Maler und Dichter, 1886–1980*

Schwer ist zu tragen das Unglück, aber schwerer das Glück.

Friedrich Hölderlin, *deutscher Dichter, 1770–1843*

Der Dichter Johannes R. Becher wurde zum Kulturminister
der DDR ernannt. Sein Dichterkollege Bertolt Brecht rief ihn
am Morgen seines ersten Diensttages an. „Lieber Johannes,
sitzt du schon am Schreibtisch?" „Natürlich", antwortet
Becher. „Siehst du, lieber Johannes, und ich schlaf' jetzt
weiter", erwiderte Brecht fröhlich und legte auf.

Das Vertrauen in den Lorbeer als Küchengewürz scheint in Italien wie
in Deutschland stärker ausgeprägt zu sein als das Vertrauen in den Lor-
beerkranz:

Lorbeer ist ein gutes Kraut
Für die Saucenköche;
Wer's als Kopfbedeckung wünscht,
Wisse, dass es steche.

OTTO JULIUS BIERBAUM, deutscher Schriftsteller, 1865–1910

Lorbeer ist ein schnell welkendes Gemüse.

GIOVANNI GUARESCHI, italienischer Schriftsteller, 1908–1968

Nicht Rosen bloß, auch Dornen hat der Himmel …

FRIEDRICH SCHILLER, deutscher Dichter, 1759–1805

Dem Unglück ist die Hoffnung zugesendet. Furcht soll das Haupt des Glücklichen umschweben, denn ewig wanket des Geschickes Waage.

FRIEDRICH SCHILLER, deutscher Dichter, 1759–1805

Glücklich, wem von allen Gaben klaren Sinn die Götter gaben.

SOPHOKLES, griechischer Tragiker, ca. 496–406 v. Chr.

Geburtstag

Eine Geburtstagsfeier im Betrieb ist meist eine fröhliche Sache – seltene Gelegenheit, einmal ein bisschen privater zu werden. In diesem Kapitel finden Sie Zitate, mit denen Sie auf eine Gratulation zum eigenen Geburtstag reagieren können und solche, die Sie als Gratulant einsetzen können. Wenn Sie einem befreundeten Kollegen eine kleine Geburtstagsrede halten wollen, suchen Sie doch auch einmal im Kapitel „Selbstmanagement / Selbstorganisation" (S. 51) nach geeigneten Zitaten.

Nicht wer wenig hat, sondern wer viel wünscht, ist arm.

LUCIUS ANNAEUS SENECA, römischer Politiker, Philosoph und Dichter,
ca. 4 v. Chr. – 65 n. Chr.

Der Geburtstag ist das Echo der Zeit.

EVELYN ARTHUR WAUGH, *englischer Schriftsteller, 1903–1966*

Was die Zeit dem Menschen an Haar entzieht, das ersetzt sie ihm an Witz.

WILLIAM SHAKESPEARE, *englischer Dramatiker, 1564–1616*

Die meisten Menschen sind ungefähr so glücklich, wie sie es zu sein bereit sind.

ABRAHAM LINCOLN, *16. Präsident der USA, 1809–1865*

Kein Heiliger ist so gering, dass er nicht doch darauf hielte, seine eigene Kerze zu haben.

KARL HEINRICH WAGGERL, *österreichischer Schriftsteller, 1897–1973*

Je älter man wird, desto mehr ähnelt die Geburtstagstorte einem Fackelzug.

KATHARINE HEPBURN, *amerikanische Filmschauspielerin, 1929–1993*

Man umgebe mich mit Luxus. Auf das Notwendige kann ich verzichten.

OSCAR WILDE, *englischer Schriftsteller, 1856–1900*

Man jagt mit vierzig Jahresringen
Wohl nicht mehr gern nach Schmetterlingen,
Denn manches hat man in reiferen Jahren
Sowohl von Welt als Kunst erfahren …

OTTO JULIUS BIERBAUM, *deutscher Schriftsteller, 1865–1910*

Man soll das Schicksal nicht mit Vorschlägen verärgern, es legt zu viel Wert auf seine eigenen Einfälle.

KARL HEINRICH WAGGERL, *österreichischer Schriftsteller, 1897–1973*

Die Menschen werden geboren, die Menschen sterben, und die Zeit dazwischen verbringen sie mit dem Tragen der Digitaluhren.

DOUGLAS ADAMS, *englischer Schriftsteller, geb. 1952*

Nur die Frauen und Ärzte wissen, wie gern sich die Männer belügen lassen.

ANATOLE FRANCE, *französischer Schriftsteller, 1844–1924*

Es muss in der Seele etwas geben, ähnlich den Jahresringen der Bäume.

GERHART HAUPTMANN, *deutscher Schriftsteller, 1862–1946*

Reifer werden heißt schärfer trennen, inniger verbinden.

HUGO VON HOFMANNSTHAL, *österreichischer Dichter, 1874–1929*

Du kannst einen Elefanten festhalten, wenn er fliehen, aber nicht das kleinste Haar auf deinem Kopfe, wenn es fallen will.

GERHART HAUPTMANN, *deutscher Schriftsteller, 1862–1946*

Keine Grenze verlockt uns mehr zum Schmuggeln als die Altersgrenze.

KARL KRAUS, *österreichischer Schriftsteller und Kritiker, 1874–1936*

Dass Verstand mit den Jahren kommt, sieht man nicht eher ein, als bis der Verstand und die Jahre da sind.

JEAN PAUL, *deutscher Schriftsteller, 1763–1825*

Unglückliches Geschick der Menschen! Kaum ist der Geist zu seiner Reife gelangt, beginnt der Körper dahinzuwelken.

CHARLES DE SECONDAT, BARON DE MONTESQUIEU,
französischer Schriftsteller und Staatsphilosoph, 1689–1755

Die überraschendste Erfahrung des Alternden ist das vergebliche Warten auf den Zeitpunkt, da er sich selber als einen Gealterten und durch Alter Gewandelten erkennt. Das Bewusstsein der eigenen Lebenskontinuität ist stärker als das der zurückgelegten Jahre, und, einige Erfahrungen abgerechnet, ist man noch genau so kindisch wie in Tertia.

WERNER BERGENGRUEN, deutscher Schriftsteller, 1892–1964

Auch ich war ein Jüngling mit lockigem Haar. An Mut wie an Hoffnung reich.

ALBERT LORTZING, deutscher Operettenkomponist, 1801–1851

Mit beißender Selbstironie können Sie vielleicht leise Wehmut bei einem eigenen Geburtstag verjagen:

Hat einer dreißig Jahr vorüber,
So ist er schon so gut wie tot.

JOHANN WOLFGANG VON GOETHE, deutscher Dichter, 1749–1832

Es tritt der Mensch in jedes Alter als Novize ein. – L'homme arrive novice à chaque âge de la vie.

CHAMFORT, französischer Schriftsteller, 1741–1794

Ich weiß, dass meine Geburt ein Zufall, ein lachhaftes Akzidens ist, und dennoch: sobald ich mich gehen lasse, führe ich mich auf, als wäre sie ein Ereignis erster Ordnung, unentbehrlich für den Fortgang und das Gleichgewicht der Welt.

E. M. CIORAN, französisch-rumänischer Essayist und Philosoph, 1911–1995

Ich habe ganz einfache Bedürfnisse: Ich bin immer mit dem Besten zufrieden.

OSCAR WILDE, englischer Schriftsteller, 1856–1900

Der Mensch wird schließlich mangelhaft.
Die Locke wird hinweggerafft.

WILHELM BUSCH, *deutscher Dichter und Maler, 1832–1908*

Der Öffentlichkeit Einzelheiten über mich selbst mitzuteilen, ist eine bourgeoise Versuchung, der ich stets widerstanden habe.

GUSTAVE FLAUBERT, *französischer Dichter, 1821–1880*

Ich bin jung, mein Herz ist voll Schwung,
soll niemand drin wohnen als Mao Tse Tung.

ROBERT GERNHARDT, *deutscher Schriftsteller, geb. 1937*

Am Anfang gehören alle Gedanken der Liebe. Später gehört dann alle Liebe den Gedanken.

ALBERT EINSTEIN, *deutscher Physiker, 1879–1955*

Die Fortschritte der Medizin sind ungeheuer – man ist sich seines Todes nicht mehr sicher.

HERMANN KESTEN, *deutscher Schriftsteller, 1900–1996*

Es reden und träumen die Menschen viel
Von bessern künftigen Tagen,
Nach einem glücklichen goldenen Ziel
Sieht man sie rennen und jagen.

FRIEDRICH SCHILLER, *deutscher Dichter, 1759–1805*

Wenige Leute verstehen es, alt zu werden.

FRANÇOIS DE LA ROCHEFOUCAULD, *französischer Schriftsteller, 1613–1680*

Rosenzeit! Wie schnell vorbei,
Schnell vorbei
Bist du doch gegangen!

EDUARD MÖRIKE, *deutscher Dichter, 1804–1875*

Man hat es so leicht, seine Erinnerungen zu schreiben, wenn man ein schlechtes Gedächtnis hat.

ARTHUR SCHNITZLER, *österreichischer Schriftsteller, 1862–1931*

So oft man das Haus für Neujahr mit Kiefern schmückt, setzt man einen Meilenstein auf dem Wege zur Unterwelt.

JAPANISCHES SPRICHWORT

Hochzeit

Mitarbeitern oder Kollegen zur Hochzeit zu gratulieren, ist immerhin ein schöner Anlass, und doch gerät man im konkreten Fall leicht ins Stottern. Man will nicht zu steif, nicht zu flapsig und nicht zu langweilig sein – und die abgegriffenen Warnungen vor der Ehe kommen ohnehin zu spät. Hier finden Sie Stoff für Ihre Gratulationsrede, mit dem Sie auch ruhig ein wenig spielen können.

Soweit die Erde Himmel sein kann, soweit ist sie es in einer glücklichen Ehe.

MARIE VON EBNER-ESCHENBACH, *österreichische Erzählerin, 1830–1916*

Seine Freude in der Freude des anderen finden können, das ist das Geheimnis des Glücks.

GEORGES BERNANOS, *französischer Dichter, 1888–1948*

Die Ehe ist und bleibt die wichtigste Entdeckungsreise, die der Mensch unternehmen kann.

SØREN KIERKEGAARD, *dänischer Philosoph, 1813–1855*

Die Ehe funktioniert am besten, wenn beide Partner ein bisschen unverheiratet bleiben.

CLAUDIA CARDINALE, *italienische Schauspielerin, geb. 1939*

Denn das Glück, geliebt zu werden, ist das höchste Glück auf Erden.

JOHANN GOTTFRIED HERDER, *deutscher Philosoph und Dichter, 1744–1803*

Die Menschen kommen durch nichts den Göttern näher, als wenn sie Menschen glücklich machen.

MARCUS TULLIUS CICERO, *römischer Staatsmann, Redner und Philosoph, 106–43 v. Chr.*

Die Ehe ist kein Fertighaus, sondern ein Gebäude, an dem ständig konstruiert und repariert werden muss.

JEAN GABIN, *französischer Schauspieler, 1904–1976*

Wer keinen Humor hat, sollte nicht heiraten.

EDUARD MÖRIKE, *deutscher Dichter, 1804–1875*

Welch ein Glück, geliebt zu werden! Und lieben, Götter, welch ein Glück!

JOHANN WOLFGANG VON GOETHE, *deutscher Dichter, 1749–1832*

Über die Liebe lächelt man nur so lange, bis sie einen selber erwischt.

ELEONORA DUSE, *italienische Schauspielerin, 1858–1924*

Die Liebe ist so unproblematisch wie ein Fahrzeug. Problematisch sind nur die Lenker, die Fahrgäste und die Straße.

FRANZ KAFKA, *österreichischer Schriftsteller, 1883–1924*

Die Liebe ist der Endzweck der Weltgeschichte, das Amen des Universums.

NOVALIS, *deutscher Dichter der Romantik, 1772–1801*

Wer die Einsamkeit fürchtet, sollte nicht heiraten.

ANTON TSCHECHOW, *russischer Schriftsteller, 1860–1904*

Glück in der Ehe ist allein eine Sache des Zufalls. – Happiness in marriage is entirely a matter of chance.

JANE AUSTEN, *englische Schriftstellerin, 1755–1817*

Das Glück ist nur die Liebe, die Liebe ist das Glück.

ADELBERT VON CHAMISSO, *deutscher Dichter und Naturforscher, 1781–1838*

Liebe ist das charmanteste Unglück, das uns zustoßen kann.

CURT GOETZ, *Schauspieler und Schriftsteller, 1888–1960*

Der ideale Ehemann ist ein unbestätigtes Gerücht.

BRIGITTE BARDOT, *französische Schauspielerin, geb. 1934*

Heirat ist die einzige lebenslange Verurteilung, bei der man wegen schlechter Führung begnadigt werden kann.

ALFRED HITCHCOCK, *englischer Regisseur, 1899–1980*

Abschied / Pensionierung

Die folgenden Zitate können Sie benutzen, wenn Sie selbst die Stelle wechseln oder Ihren Ruhestand antreten und eine Abschiedsrede halten wollen, oder wenn Sie einem Kollegen für seine langjährige Mitarbeit danken wollen. Bei vielen dieser Aussprüche gehört eine gehörige Portion Selbstironie dazu, sie in diesem Kontext zu verwenden – doch Heiterkeit ist sicherlich nicht die schlechteste Methode, die Ambivalenz, die in jedem Abschied steckt, elegant zu überbrücken.

Es muss das Herz bei jedem Lebensrufe
Bereit zum Abschied sein und Neubeginne,
Um sich in Tapferkeit und ohne Trauern
In andre, neue Bindungen zu geben.
Und jedem Anfang wohnt ein Zauber inne,
der uns beschützt und der uns hilft, zu leben.

HERMANN HESSE, *deutscher Dichter, 1877–1962*

Ein Abschied schmerzt immer, auch wenn man sich schon lange darauf freut.

ARTHUR SCHNITZLER, *österreichischer Schriftsteller, 1862–1931*

Doppelt lebt, wer auch Vergangenes genießt.

MARTIAL, *römischer Dichter, ca. 30–103*

Arbeit ist oft die einzige Erholung von der Last des Daseins.

PETER ROSEGGER, *österreichischer Schriftsteller, 1843–1918*

Auf eine letzte Wahrheit gebracht: Die Arbeit ist weniger langweilig als das Vergnügen.

CHARLES BAUDELAIRE, *französischer Dichter, 1821–1867*

Das einzige Mittel gegen Geburt und Tod besteht darin, die Zeit zwischendurch zu nutzen.

GEORGE SANTAYANA, *amerikanischer Philosoph und Dichter, 1863–1952*

Man kann nie etwas Vernünftiges leisten, es sei denn, man hat einen längeren Zeitraum ohne Unterbrechung zur Verfügung.

CYRIL NORTHCOTE PARKINSON, *englischer Historiker und Publizist, 1909–1993*

Der Besitz macht uns nicht halb so glücklich, wie uns der Verlust unglücklich macht.

JEAN PAUL, *deutscher Schriftsteller, 1763–1825*

Jede Zeit ist umso kürzer, je glücklicher man ist.

PLINIUS DER JÜNGERE, *römischer Politiker und Schriftsteller, 61/62–113*

Am Abend schätzt man erst das Haus.

JOHANN WOLFGANG VON GOETHE, *deutscher Dichter, 1749–1832*

Solange ich denken kann, gingen die Uhren immer zu
schnell.

MARIE LUISE KASCHNITZ, *deutsche Schriftstellerin, 1901–1974*

Du siehst in etwa 100 Meter Entfernung einen Mann Holz
spalten. Das auf den Hackblock geschmetterte Scheit sinkt
bereits nach links und rechts auseinander – da erreicht dich
erst der Schall. So mögen wir die Welt ein halbes Leben
lang betrachten, bis wir das Wort vernehmen, das zu ihr
gehört, die Seele, die von ihr redet.

CHRISTIAN MORGENSTERN, *deutscher Schriftsteller, 1871–1914*

Je schwerer sich ein Erdensohn befreit,
Je mächt'ger rührt er unsre Menschlichkeit.

CONRAD FERDINAND MEYER, *schweizerischer Dichter, 1825–1898*

Bedenke stets, dass alles vergänglich ist, dann wirst du im
Glück nicht zu fröhlich und im Leid nicht zu traurig sein.

SOKRATES, *griechischer Philosoph, ca. 470–399 v. Chr.*

Wir arbeiten nicht nur, um etwas zu produzieren, sondern
auch, um der Zeit einen Wert zu geben.

EUGÈNE DELACROIX, *französischer Maler, 1798–1863*

Kein Mensch ist unersetzbar in Geschäften.

WILHELM VON HUMBOLDT, *deutscher Philosoph, 1767–1835*

Der Hang, von uns selbst zu sprechen und unsere Fehler in
einem Licht zu zeigen, das wir für wünschenswert halten,
macht einen Teil unserer Offenheit aus.

FRANÇOIS DE LA ROCHEFOUCAULD, *französischer Schriftsteller, 1613–1680*

Die größte Kulturleistung eines Volkes sind die zufriedenen Alten.

JAPANISCHE WEISHEIT

Voltaire hat auf den Punkt gebracht, welche Unwägbarkeiten der Rückzug aus dem Berufsleben mit sich bringen kann, welche nicht unbeträchtliche Aufgabe also vor Ihnen steht:

Die Arbeit hält drei große Übel fern: die Langeweile, das Laster und die Not.

VOLTAIRE, *französischer Schriftsteller und Philosoph, 1694–1778*

Jung sein ist schön, alt sein ist bequem.

MARIE VON EBNER-ESCHENBACH, *österreichische Erzählerin, 1830–1916*

O wünsche nichts vorbei und wünsche nichts zurück! Nur ruhiges Gefühl der Gegenwart ist Glück.

FRIEDRICH RÜCKERT, *deutscher Dichter, 1788–1866*

Wie bei einem Theaterstück kommt es im Leben nicht darauf an, wie lange es dauert, sondern wie gut es gespielt wird.

LUCIUS ANNAEUS SENECA, *römischer Politiker, Philosoph und Dichter, ca. 4 v. Chr. – 65 n. Chr.*

Revolutionäre gehen nie in Pension.

FIDEL CASTRO, *kubanisches Staatsoberhaupt, geb. 1926*

Alte Zeiten, linde Trauer, und es schweifen leise Schauer wetterleuchtend durch die Brust.

JOSEPH VON EICHENDORFF, *deutscher Dichter, 1788–1857*

Eine Anekdote erzählt, dass Eisenhower auf die Frage, was er denn in seinem Ruhestand vorhabe, antwortete:

Ich werde mich auf einen Schaukelstuhl auf die Veranda setzen. Nach einem Monat fange ich vielleicht an, ganz langsam zu schaukeln.

Dwight D. Eisenhower, *34. Präsident der USA, 1890-1969*

Alle Menschen zerfallen, wie zu allen Zeiten so auch jetzt noch, in Sklaven und Freie; denn wer von seinem Tage nicht zwei Drittel für sich hat, ist ein Sklave, er sei übrigens, wer er wolle: Staatsmann, Kaufmann, Beamter, Gelehrter.

Friedrich Nietzsche, *deutscher Philosoph, 1844-1900*

Ich habe genossen das irdische Glück, ich habe gelebt und geliebet!

Friedrich Schiller, *deutscher Dichter, 1759-1805*

Arbeit ist eine Art Gefängnis. Wie viele schöne Dinge gehen vorbei, die zu sehen sie hindert.

Paul Valéry, *französischer Schriftsteller, 1871-1945*

Des Menschen Lage ist so, dass er im Allgemeinen dankbar sein muss, wenn sein Leben langweilig ist.

Erich Brock, *deutscher Schriftsteller, 1889-1976*

Angenehm sind die erledigten Arbeiten. – Jucundi acti labores.

Marcus Tullius Cicero, *römischer Staatsmann, Redner und Philosoph, 106–43 v. Chr.*

Im Grunde nimmt man jeden Tag von irgendetwas Abschied, ohne es zu wissen.

Lion Feuchtwanger, *deutscher Schriftsteller, 1884-1958*

Erinnerungsfälschung, das ist die ohnmächtige Rache, die unser Gedächtnis an der Unwiderruflichkeit alles Geschehens nimmt.

ARTHUR SCHNITZLER, *österreichischer Schriftsteller, 1862–1931*

Zum Abschiednehmen just das rechte Wetter, grau wie der Himmel steht vor mir die Welt.

JOSEPH VICTOR VON SCHEFFEL, *deutscher Schriftsteller, 1826–1886*

Die Zeit ist immer reif, es fragt sich nur wofür.

FRANÇOIS MAURIAC, *französischer Schriftsteller, 1885–1970*

Es ist immer schmerzlich, von Leuten zu scheiden, die man erst kurze Zeit kennt.

OSCAR WILDE, *englischer Schriftsteller, 1856–1900*

Kleinigkeiten im Leben ersetzen uns die „großen Ereignisse". Das ist ihr Wert, wenn man ihn begreift.

PETER ALTENBERG, *österreichischer Schriftsteller, 1859–1919*

Gefühl ist alles. Name ist Schall und Rauch.

JOHANN WOLFGANG VON GOETHE, *deutscher Dichter, 1749–1832*

Greise geben gern gute Lehren, um sich zu trösten, dass sie nicht mehr im Stande sind, schlechte Beispiele zu geben.

FRANÇOIS DE LA ROCHEFOUCAULD, *französischer Schriftsteller, 1613–1680*

Wer zufrieden ist, ist reich.

LAO TSE, *chinesischer Philosoph, 6. Jh. v. Chr.*

Wenn die Situation entspannt genug ist und die Anwesenden mit schwarzem Humor umgehen können, dürfen Sie Alfred Polgar sprechen lassen:

> Ruhm bedeutet vor allem, dass man zum richtigen Zeitpunkt stirbt.
>
> ALFRED POLGAR, *österreichischer Schriftsteller und Theaterkritiker, 1875–1955*

> Abschiedsworte müssen kurz sein wie Liebeserklärungen.
>
> THEODOR FONTANE, *deutscher Schriftsteller, 1819–1898*

> Abschied ist immer ein wenig wie Sterben. – Partir c'est toujours mourrir un peu.
>
> FRANZÖSISCHES SPRICHWORT

> Unsre Väter sind gesessen
> Auch vor vollen Gläsern hier;
> Unsre Väter sind vergessen,
> Und vergessen werden wir.
>
> AUGUST HEINRICH HOFFMANN VON FALLERSLEBEN, *deutscher Lyriker und Germanist,*
> *1798–1874*

> Meistens hat, wenn zwei sich scheiden, einer etwas mehr zu leiden.
>
> WILHELM BUSCH, *deutscher Dichter und Maler, 1832–1908*

> Die Menschen bewohnen und bewegen das große Tretrad des Schicksals und glauben darin, sie steigen, wenn sie gehen.
>
> JEAN PAUL, *deutscher Schriftsteller, 1763–1825*

Im etwas größeren Kreis

In diesem Kapitel geht es um die typischen Repräsentationspflichten von Führungskräften: Weihnachts- und Betriebsfeiern, Tischreden bei

Empfängen mit Geschäftspartnern oder wichtigen Kunden oder auch Projektpräsentationen vor größerem Kreis. Sie erreichen die Aufmerksamkeit Ihres Publikums am besten, wenn Sie solche Reden auch einmal mit Anekdoten aus dem persönlichen Bereich auflockern. Gleichzeitig schaffen Sie damit eine gelöste Atmosphäre.

Präsentation

Mit Präsentationen wollen wir unser Publikum gewinnen – für eine neue Marketingstrategie, eine veränderte Produktgruppe, für die Unternehmensphilosophie oder die Eröffnung einer neuen Filiale. Wer andere für sich und seine Sache einnehmen will, darf sich jedoch nicht nur als Spezialist und Fachmann präsentieren, sondern muss dies immer auch als Mensch tun. Sprechen Sie von Ihren persönlichen Erfahrungen, erzählen Sie von dem einen oder anderen Malheur bei der Produktentwicklung, fesseln Sie Ihre Zuhörer mit Ihrer persönlichen Offenheit *und* Ihrer Sachkenntnis. Wenn Sie im Präsentieren noch unsicher sind, versuchen Sie aus den Fehlern anderer zu lernen: Warum haben Sie sich bei Präsentationen von Kollegen gelangweilt, was hat Sie gestört?

Zitate und Anekdoten sind bei Präsentationen höchst wertvoll. Suchen Sie sich einen Ausspruch, der Sie selbst stark anspricht und Ihre persönliche Meinung widerspiegelt. Auch Zitate, die Ihren Argumente extrem zuwiderlaufen, können Sie gut einsetzen. Wichtig ist, dass Sie mit Herz und Verstand für Ihre Sache sprechen.

> Die entscheidende Frage für ein Unternehmen ist letztlich immer: Wie lässt sich Gewähr leisten, zum richtigen Zeitpunkt mit innovativen und kundengerechten Produkten am Markt zu sein? Ein Patentrezept gibt es dafür nicht. Die Entfesselung der Kreativität und des Engagements der Mitarbeiter ist eine Voraussetzung.
>
> HEINRICH VON PIERER, *Vorstandsvorsitzender der Siemens AG, geb. 1941*

Über die Angebotsfülle der Kommunikationsgesellschaft von morgen – die schon heute begonnen hat – müssen die

Bürger nicht nur als „User", sondern vor allem als freie Individuen informiert werden. Bei vielen dominieren Unsicherheit und Furcht. Aber alle Erfahrungen aus den Zeiten des Wandels belegen, dass die Furchtsamkeit schmilzt, je näher man der Innovation kommt.

RON SOMMER, Vorstandsvorsitzender der Deutschen Telekom AG, geb. 1949

Man bauet selten seine Meinung auf festem Grunde, man baut sie in die Luft, gibt dem Zimmerwerke schwache Stützen, und erst wenn man mit dem Dache fertig ist, unterwölbt man das Gebäude. Auch vor dem gerechten Urteile geht oft ein Vorurteil her.

LUDWIG BÖRNE, deutscher Schriftsteller, 1786–1837

Man glaubt gar nicht, wie schwer es oft ist, eine Tat in einen Gedanken umzusetzen!

KARL KRAUS, österreichischer Schriftsteller und Kritiker, 1874–1936

Die Tiefe muss man verstecken. Wo? An der Oberfläche.

HUGO VON HOFMANNSTHAL, österreichischer Dichter, 1874–1929

Schlendrian und Pedantismus in der Kunst urteilen immer nach Gattungen, diese billigen, die verwerfen sie; der offene Kunstsinn aber kennt keine Gattungen, sondern nur Individuen.

FRANZ GRILLPARZER, österreichischer Schriftsteller, 1791–1872

Heute ist die Utopie vom Vormittag die Wirklichkeit vom Nachmittag.

TRUMAN CAPOTE, amerikanischer Schriftsteller, 1924–1984

Alles Beweisen besteht eigentlich darin, dass man den Zusammenhang des zu beweisenden Satzes mit einem andern deutlich macht, der selbst keines Beweises bedarf.

FRANZ GRILLPARZER, österreichischer Schriftsteller, 1791–1872

Die entscheidende Triebkraft des heute globalen Wettbewerbs ist die Geschwindigkeit, mit der Ideen in Produkte umgesetzt werden. Dem Kick folgt der Blick – auf die Märkte. Dieses Talent, die Marktfähigkeit einer neuen Problemlösung zu erahnen und abzuschätzen, ist das Sahnehäubchen auf der Kreativität.

RON SOMMER, *Vorstandsvorsitzender der Deutschen Telekom AG, geb. 1949*

Nichts auf der Welt ist so mächtig wie eine Idee, deren Zeit gekommen ist.

VICTOR HUGO, *französischer Dichter, 1802–1885*

Es ist wahres Gift für eine Erfindung, wenn sie zu früh und zu schnell auf den offenen Markt getrieben wird! Der Rückschlag bleibt nicht aus und zerstört auch den gesunden Kern, der Zeit zum Wachsen braucht und Ruhe.

WERNER VON SIEMENS, *deutscher Ingenieur und Unternehmer, 1816–1892*

Wenn sich Friedrich Schlegel im 19. Jahrhundert den folgenden Vergleich erlauben durfte, warum nicht ein Manager des 20. Jahrhunderts? Die Präsentation eines neuen Produktes steht zur Planung meist in ähnlichem Verhältnis:

Das Druckenlassen verhält sich zum Denken wie eine Wochenstube zum ersten Kuss.

FRIEDRICH SCHLEGEL, *deutscher Dichter, 1772–1829*

Erfolg hat nur, wer etwas tut, während er darauf wartet.

THOMAS ALVA EDISON, *amerikanischer Erfinder, 1847–1931*

Dies ist ein kleiner Schritt für einen Menschen, aber ein Riesenschritt für die Menschheit. – That's one small step for a man, one giant leap for mankind.

NEIL ARMSTRONG, *amerikanischer Astronaut, geb. 1930*

Mit Blitzen kann man die Welt erleuchten, aber keinen Ofen heizen.

CHRISTIAN FRIEDRICH HEBBEL, *deutscher Dichter, 1813–1863*

Intelligenz lässt sich nicht am Weg, sondern nur am Ergebnis feststellen.

GARRY KASPAROW, *russischer Schachspieler, geb. 1963*

Einen Gedanken verfolgen – wie bezeichnend dies Wort! Wir eilen ihm nach, erhaschen ihn, er entwindet sich uns, und die Jagd beginnt von Neuem. Der Sieg bleibt zuletzt dem Stärkeren. Ist es der Gedanke, dann lässt er uns nicht ruhen, immer wieder taucht er auf – neckend, quälend, unserer Ohnmacht, ihn zu fassen, spottend. Gelingt es aber der Kraft unseres Geistes, ihn zu bewältigen, dann folgt dem heißen Ringkampf ein beseligendes, unwiderstehliches Bündnis auf Leben und Tod, und die Kinder, die ihm entspringen, erobern die Welt.

MARIE VON EBNER-ESCHENBACH, *österreichische Erzählerin, 1830–1916*

Nur Richtung ist Realität, das Ziel ist immer eine Fiktion, auch das erreichte – und dieses oft ganz besonders.

ARTHUR SCHNITZLER, *österreichischer Schriftsteller, 1862–1931*

Eine Erkenntnis geht manchmal über uns nieder wie Wolkenbruch über eine Landschaft – man erkennt sie nachher nicht wieder.

EMIL GÖTT, *deutscher Schriftsteller, 1864–1908*

Der Einzug der PCs in die Arbeitswelt hat das Ausdrucken nichts sagender Charts mit ihren vielen ins Leere zeigenden Pfeilen leider so vereinfacht, dass auch weniger Begabte in der Lage sind, ihre Umwelt mit einem Haufen Papier zu beeindrucken. Oft möchte ich schon am Beginn solcher Präsentationen den Vortragenden fragen: „Haben Sie Folien oder haben Sie etwas zu sagen?"

THEO LIEVEN, Unternehmer, Mitgründer der VOBIS AG, geb. 1952

Die Idee braucht die Kritik wie die Lunge den Sauerstoff.

JOSÉ ORTEGA Y GASSET, spanischer Kulturphilosoph und Essayist, 1883–1955

Alles Denken ist Zurechtmachen.

CHRISTIAN MORGENSTERN, deutscher Schriftsteller, 1871–1914

Eng ist die Welt, und das Gehirn ist weit, leicht beieinander wohnen die Gedanken, doch hart im Raume stoßen sich die Sachen.

FRIEDRICH SCHILLER, deutscher Dichter, 1759–1805

Antrittsrede

Mit Ihrer Antrittsrede können Sie viel erreichen, wenn es Ihnen gelingt, die Sympathie Ihrer Zuhörer zu gewinnen. Schließlich sind Sie auf die Kooperationsbereitschaft Ihrer künftigen Mitarbeiter angewiesen. Je natürlicher Sie auftreten, desto besser wird Ihnen dies gelingen. Zerstreuen Sie mögliche Ängste und stillen Sie die Neugier Ihrer Zuhörer. Schildern Sie Ihren Lebensweg bildhaft und exemplarisch; eine trockene, lückenlose Aufzählung Ihrer beruflichen Erfolge kommt weniger gut an. Zitate können Sie bei Antrittsreden zur Auflockerung einsetzen: Bringen Sie Ihre Zuhörer zum Lachen. Oder Sie bringen mit einem Zitat auf den Punkt, was Ihnen persönlich und beruflich wichtig ist. In den Kapiteln „Motivieren" (S. 28) und „Konversation mit Klasse" (S. 295) finden Sie weitere Zitate, die Ihnen bei Ihrer Antrittsrede helfen können.

Das höchste Ziel des Kapitals darf es nicht sein, Geld zu verdienen, sondern der Einsatz von Geld zur Verbesserung des Lebens.

HENRY FORD, *amerikanischer Automobilhersteller, 1863–1947*

Wer nur um Gewinn kämpft, erntet nichts, wofür es sich lohnt zu leben.

ANTOINE DE SAINT-EXUPÉRY, *französischer Schriftsteller, 1900–1944*

Über einen Regenten muss man kein Urteil haben, als bis er zwanzig Jahre regiert hat.

JOHANN GOTTFRIED SEUME, *deutscher Dichter, 1763–1810*

Die Vergangenheit und die Gegenwart sind unsere Mittel. Die Zukunft allein ist unser Zweck.

BLAISE PASCAL, *Philosoph und Mathematiker, 1623–1662*

Ehren entehren. Titel setzen herab. Ein Amt verblödet.

GUSTAVE FLAUBERT, *französischer Dichter, 1821–1880*

Der Schlüssel zum Erfolg sind nicht Informationen. Das sind Menschen.

LEE IACOCCA, *amerikanischer Industriemanager, geb. 1924*

Ich habe niemals einen wirklich großen Geschäftsmann gesehen, dem das Verdienen die Hauptsache war.

WALTHER RATHENAU, *deutscher Industrieller und Politiker, 1867–1922*

Der Sieg über die Angst, das ist auch ein Glücksgefühl, in dem ich mir nahe bin.

REINHOLD MESSNER, *italienischer Bergsteiger, geb. 1944*

Wenn Sie wissen oder auch nur ahnen, dass Sie von Ihren künftigen Mitarbeitern mit Skepsis erwartet werden, hilft oft die Flucht nach vorne, um sich Sympathien zu erringen. Der bittere Menschenhasser und Pessimist Schopenhauer ist da eine wunderbare Quelle. Sprechen Sie die Hoffnung aus, für Ihre Mitarbeiter doch den einen Fall darzustellen, der wider alle Erwartung positiv ausfällt:

> Der Anblick und die Bekanntschaft eines jeden neuen Menschen gibt, in 100 Fällen gegen einen, nichts als ein ganz neues, wirklich originales Beispiel eines compositi von Hässlichkeit, Plattheit, Gemeinheit, Verkehrtheit, Dummheit, Bosheit, mit einem Wort Widerlichkeit und Abscheulichkeit.
>
> ARTHUR SCHOPENHAUER, *deutscher Philosoph, 1788–1860*

Firmenübergabe

Bei einer Firmenübergabe gibt es häufig mehrere Reden: Der bisherige Firmenchef zieht Bilanz und wünscht eine erfolgreiche Zukunft, der künftige Chef lobt die Verdienste seines Vorgängers und stellt sich vor. Möglicherweise spricht auch ein Vertreter der Belegschaft, um den alten Chef zu verabschieden und den neuen zu begrüßen. Welche Rolle dabei auch immer die Ihre ist – im Folgenden finden Sie Zitate, die Ihrer Rede Struktur verleihen können. Weitere einschlägige Zitate finden Sie in den Kapiteln „Antrittsrede" (S. 265) und „Abschied / Pensionierung" (S. 254).

> Den Dingen, mit denen du durch das Schicksal verkettet bist, denen passe dich an. Und die Menschen, mit denen dich das Geschick zusammengestellt hat, die habe lieb, aber von Herzen!
>
> MARC AUREL, *römischer Kaiser, 121–180*

> Die Politik ist keine Wissenschaft, wie viele der berühmten Herren Professoren sich einbilden, sie ist eben eine Kunst ...
>
> OTTO VON BISMARCK, *deutscher Politiker, 1815–1898*

... ich stehe allerdings auf den Schultern der Vorfahren, aber auch auf den Schultern derselben stehe ich doch noch auf meinen eigenen Beinen.

LUDWIG FEUERBACH, deutscher Philosoph, 1804–1872

Als ich 14 Jahre alt war, war mein Vater so dumm, dass ich ihn kaum aushalten konnte. Im Alter von 21 stellte ich mit Erstaunen fest, dass er in sieben Jahren eine Menge gelernt hatte.

MARK TWAIN, amerikanischer Schriftsteller, 1835–1910

Konflikte zwischen Senior und Junior sind keine Schande, sondern Notwendigkeit – wenn sie offen und fair ausgetragen werden.

RANDOLF RODENSTOCK, Chef der Firma Rodenstock GmbH, geb. 1948

Regierungen sind Segel, das Volk ist Wind, der Staat ist Schiff, die Zeit ist See.

LUDWIG BÖRNE, deutscher Schriftsteller, 1786–1837

Die Tugend ist immer im Fortschreiten und hebt doch auch immer von vorne an.

IMMANUEL KANT, deutscher Philosoph, 1724–1804

Immer dasselbe tun, wenn auch noch so gedankenlos – endlich wird's eine Methode.

MARIE VON EBNER-ESCHENBACH, österreichische Erzählerin, 1830–1916

In ererbtem Hause wohnen, ist Glück. Nur schließt dies Glück den einen Verzicht ein: nicht Bauherr sein zu dürfen.

WILHELM VON SCHOLZ, deutscher Schriftsteller, 1874–1969

Der Alte verliert eins der größten Menschenrechte: Er wird nicht mehr von seinesgleichen beurteilt.

JOHANN WOLFGANG VON GOETHE, deutscher Dichter, 1749–1832

Der Juniorchef beschwert sich beim Vater: „Unser Vertreter erzählt allen Kunden, ich sei ein Trottel." – „Schade", sagt der Vater, „er ist ein tüchtiger Mann. Aber Geschäftsgeheimnisse darf er nicht ausplaudern."

WITZ

Das war ein Cäsar: Wann kommt seinesgleichen? – Here was a Caesar. When comes such another?

WILLIAM SHAKESPEARE, *englischer Dramatiker, 1564–1616*

In den Armen liegen sich beide
Und weinen vor Schmerzen und Freude.

FRIEDRICH SCHILLER, *deutscher Dichter, 1759–1805*

Jedermann erfindet sich früher oder später eine Geschichte, die er für sein Leben hält.

MAX FRISCH, *schweizerischer Schriftsteller, 1911–1991*

Tischrede / Geschäftsessen

Eine Tischrede sollte von der üblichen Atmosphäre überleiten zu einer gelösteren Stimmung. Vielleicht feiern Sie bei einem Geschäftsessen erfolgreiche Vertragsverhandlungen mit Ihren Geschäftspartnern oder Sie geben für Ihre Abteilung ein festliches Essen, mit dem Sie sich für die gute Zusammenarbeit bedanken wollen. Bei einer Tischrede darf auf keinen Fall der Humor fehlen, die Arbeit dagegen müssen Sie nicht unbedingt zum Thema machen. Suchen Sie auch im Kapitel „Konversation mit Klasse" (S. 295) nach geeigneten Zitaten, denn bei einer Tischrede können Sie alles zum Thema machen, was sich auch für die Konversation eignet.

Vergiss nicht – man benötigt nur wenig, um ein glückliches Leben zu führen.

MARC AUREL, *römischer Kaiser, 121–180*

Der gedeckte Tisch, das ist die schönste Gegend.

JOHANN NESTROY, österreichischer Dramatiker und Schauspieler, 1801–1862

Wenn die Großmut vollkommen sein soll, muss sie eine kleine Dosis Leichtsinn enthalten.

MARIE VON EBNER-ESCHENBACH, österreichische Erzählerin, 1830–1916

Kein Ärmerer auf der Welt als der Reiche, der es nicht versteht, zu verschwenden.

ARTHUR SCHNITZLER, österreichischer Schriftsteller, 1862–1931

Das Leben ist bezaubernd, man muss es nur durch die richtige Brille sehen.

ALEXANDRE DUMAS DER ÄLTERE, französischer Schriftsteller, 1802–1870

Mit dem Leben ist's wie mit dem Gelde: Man muss beide ausgeben um etwas davon zu haben.

EMIL GÖTT, deutscher Schriftsteller, 1864–1908

In einer irrsinnigen Welt vernünftig sein zu wollen, ist schon wieder ein Irrsinn für sich.

VOLTAIRE, französischer Schriftsteller und Philosoph, 1694–1778

Alle Lebewesen außer den Menschen wissen, dass der Hauptzweck des Lebens darin besteht, es zu genießen.

SAMUEL BUTLER, englischer Schriftsteller, 1612–1680

Aufrichtigkeit ist die Zuflucht derer, die weder Fantasie noch Taktgefühl haben.

HENRY DE MONTHERLANT, französischer Schriftsteller, 1896–1972

Jedes Lebewesen hat seinen Instinkt, und der Instinkt des Menschen, verstärkt durch die Vernunft, treibt ihn zum gesellschaftlichen Zusammenleben wie zum Essen und zum Trinken.

VOLTAIRE, *französischer Schriftsteller und Philosoph, 1694–1778*

Trink ihn aus, den Trank der Labe,
Und vergiss den großen Schmerz!
Wundervoll ist Bacchus Gabe,
Balsam für's zeriss'ne Herz.

FRIEDRICH SCHILLER, *deutscher Dichter, 1759–1805*

Heutzutage hat keiner genug, weil jeder zu viel hat.

KARL HEINRICH WAGGERL, *österreichischer Schriftsteller, 1897–1973*

Sie können sich dem Thema Essen natürlich auch von der negativen Seite nähern und sich von dem folgenden Ausspruch abgrenzen:

Hör auf mit dem vielen Essen; dann wirst du angenehmer, billiger und gesünder leben!

XENOPHON, *griechischer Geschichtsschreiber, ca. 430–354*

Jeder Mensch kommt mit einer sehr großen Sehnsucht nach Herrschaft, Reichtum und Vergnügen sowie mit einem starken Hang zum Nichtstun auf die Welt.

VOLTAIRE, *französischer Schriftsteller und Philosoph, 1694–1778*

Strenge Moralisten sagen: um glücklich zu sein, muss man alle Leidenschaften aus sich verdammen. Dieser Rat ist ungefähr so gut, als wenn man einem, der über enge Stiefel klagt, sagt: er soll sich beide Füß' amputieren lassen, damit er kein' Verdruss mehr mit dem Schuster hat.

JOHANN NESTROY, *österreichischer Dramatiker und Schauspieler, 1801–1862*

Essen und Beischlaf sind die beiden großen Begierden des Mannes.

Konfuzius, chinesischer Philosoph, 551–479 v. Chr.

Man soll schweigen oder Dinge sagen, die noch besser sind als das Schweigen.

Pythagoras, griechischer Mathematiker und Philosoph, ca. 570–480 v. Chr.

Lebe mit deinem Jahrhundert, aber sei nicht sein Geschöpf; leiste deinen Zeitgenossen, aber was sie bedürfen, nicht was sie loben.

Friedrich Schiller, deutscher Dichter, 1759–1805

Tages Arbeit! Abends Gäste! Saure Wochen! Frohe Feste!

Johann Wolfgang von Goethe, deutscher Dichter, 1749–1832

Eines Tags geschah es Kant,
dass er keine Worte fand.
Stundenlang hielt er den Mund,
und er schwieg – nicht ohne Grund.
Ihm fiel absolut nichts ein,
drum ließ er das Sprechen sein.
Erst als man zum Essen rief,
wurd' er wieder kreativ,
und er sprach die schönen Worte:
„Gibt es hinterher noch Torte?"

Robert Gernhardt, deutscher Schriftsteller, geb. 1937

Alle Zufälle unseres Lebens sind Materialien, aus denen wir machen können, was wir wollen. Wer viel Geist hat, macht viel aus seinem Leben.

Novalis, deutscher Dichter der Romantik, 1772–1801

Wo man raucht, da kannst du ruhig harren,
Böse Menschen haben nie Zigarren …

David Kalisch, deutscher Schriftsteller, 1820–1872

Zu viel kann man wohl trinken,
Doch nie trinkt man genug.

GOTTHOLD EPHRAIM LESSING, *deutscher Schriftsteller und Philosoph, 1729–1781*

Mich ergreift, ich weiß nicht wie, himmlisches Behagen.

JOHANN WOLFGANG VON GOETHE, *deutscher Dichter, 1749–1832*

Verzeih, ich kann nicht hohe Worte machen,
Und wenn mich auch der ganze Kreis verhöhnt …

JOHANN WOLFGANG VON GOETHE, *deutscher Dichter, 1749–1832*

Hei! bairisch Bier, ein guter Schluck, sollte mir gar köstlich munden!

LUDWIG UHLAND, *deutscher Dichter, 1787–1862*

Wenn die Gäst' wüssten, wie z'wider sie einem oft sind, es ließ' sich gar kein Mensch mehr einladen auf der Welt.

JOHANN NESTROY, *österreichischer Dramatiker und Schauspieler, 1801–1862*

Alles wirkliche Leben ist Begegnung.

MARTIN BUBER, *österreichischer Religionsphilosoph, 1878–1965*

Solang' man trinken kann, lässt sich's noch glücklich sein.

JOHANN WOLFGANG VON GOETHE, *deutscher Dichter, 1749–1832*

In den meisten Fällen ist Glück kein Geschenk, sondern ein Darlehen.

ALBRECHT GOES, *deutscher Schriftsteller, 1908–2000*

Auf dem Markt der Welt kann jeder billig kaufen, der sich mit dem Unbezahlbaren begnügt.

KARL HEINRICH WAGGERL, *österreichischer Schriftsteller, 1897–1973*

Gäbe es Wesen, die den Menschen alle Wünsche erfüllen, so wären das keine Götter, sondern Dämonen.

FRIEDRICH GEORG JÜNGER, *deutscher Schriftsteller, 1898–1977*

(Friedrich Georg Jünger ist übrigens der Bruder des Schriftstellers Ernst Jünger, der für seine Ästhetik des Kampfes und Grauens, besonders in seinen Werken nach dem 1. Weltkrieg, stark umstritten war.)

Fremd ist der Fremde nur in der Fremde.

KARL VALENTIN, *bayerischer Komiker und Schriftsteller, 1882–1948*

Die Speisen haben vermutlich einen sehr großen Einfluss auf den Zustand der Menschen, wie er jetzo ist, der Wein äußert seinen Einfluss mehr sichtbarlich, die Speisen tun es langsamer, aber vielleicht ebenso gewiss, wer weiß, ob wir nicht einer gut gekochten Suppe die Luftpumpe und einer schlechten den Krieg oft zu verdanken haben. Es verdiente dieses eine genauere Untersuchung.

GEORG CHRISTOPH LICHTENBERG, *deutscher Schriftsteller und Physiker, 1742–1799*

Das Vergnügen ist so nötig als die Arbeit.

GOTTHOLD EPHRAIM LESSING, *deutscher Schriftsteller und Philosoph, 1729–1781*

Berg und Tal kommen nicht zusammen, aber die Menschen. – Les hommes se rencontrent et les montagnes non.

FRANZÖSISCHES SPRICHWORT

Es ist gut, wenn man die Zeichen der Zeit versteht, besser aber, wenn man keine Ahnung davon hat. Nur die Augenblicke der Zeitlosigkeit gewähren reinen Genuss am Dasein.

RICHARD SCHAUKAL, *österreichischer Schriftsteller, 1874–1942*

Bei leerem Magen
Sind alle Übel doppelt schwer.

CHRISTOPH MARTIN WIELAND, deutscher Dichter, 1733–1813

Die unerträglichsten Heuchler sind diejenigen, die jedes Vergnügen, das ihnen geboren wird, von der Pflicht zur Taufe tragen lassen.

MARIE VON EBNER-ESCHENBACH, österreichische Erzählerin, 1830–1916

Ich mag es gerne leiden, wenn auch der Becher überschäumt.

FRIEDRICH SCHILLER, deutscher Dichter, 1759–1805

Lasst uns die Franzosen preisen! Sie sorgten für die zwei größten Bedürfnisse der menschlichen Gesellschaft, für gutes Essen und bürgerliche Gleichheit.

HEINRICH HEINE, deutscher Dichter und Publizist, 1797–1856

Betriebsfeiern und private Feste im Unternehmen

Zu Betriebsfeiern und Festen im Unternehmen gehört auch eine kleine Begrüßungsrede oder Ansprache. Mit einem Zitat aus diesem Kapitel können Sie Ihren Worten Schwung verleihen. Auch im Kapitel „Tischrede / Geschäftsessen" (S. 269) können Sie passende Zitate finden.

Ein Leben ohne Feste ist wie eine weite Reise ohne Gasthaus.

DEMOKRIT, griechischer Philosoph, ca. 470–380 v. Chr.

Mich deucht, das Größt bei einem Fest
Ist, wenn man sich's wohl schmecken lässt.

JOHANN WOLFGANG VON GOETHE, deutscher Dichter, 1749–1832

275

Oh, wunderschön ist Gottes Erde, und wert, darauf vergnügt zu sein.

Ludwig Christoph Hölty, deutscher Dichter, 1748–1776

Ich bin immer zum Feiern aufgelegt.

Jeanne Calment, ältester Mensch der Welt, 1875–1997

Die Arbeit soll dein Pferd sein, nicht dein Reiter.

Persisches Sprichwort

Jeder Mensch, der eine so genannte Wissenschaft oder eine Berufstätigkeit betreibt, ohne dass sie ihm jemals nichtig scheinen könnte, ist unbedingt dumm.

Richard Schaukal, österreichischer Schriftsteller, 1874–1942

Dass es Leut' gibt, die auf einen Ball gehn, das find' ich begreiflich; aber dass es Leut' gibt, die einen Ball geben, das ist das, was mir ewig ein Rätsel bleibt.

Johann Nestroy, österreichischer Dramatiker und Schauspieler, 1801–1862

Geselligkeit gehört zu den gefährlichen, ja verderblichen Neigungen, da sie uns in Kontakt bringt mit Wesen, deren große Mehrzahl moralisch schlecht und intellektuell stumpf oder verkehrt ist.

Arthur Schopenhauer, deutscher Philosoph, 1788–1860

Der Mensch lebt nicht vom Brot allein. Nach einer Weile braucht er einen Drink.

Woody Allen, amerikanischer Filmregisseur und -schauspieler, geb. 1935

Hätte die Natur nicht gewollt, dass der Kopf den Forderungen des Unterleibs Gehör geben sollte, was hätte sie nötig gehabt, den Kopf an einen Unterleib anzuschließen.

Georg Christoph Lichtenberg, deutscher Schriftsteller und Physiker, 1742–1799

Die meisten Menschen, die die Eigenschaft besitzen, viel Geld zu machen, haben selten auch die Eigenschaft, es zu genießen.

ANDRÉ KOSTOLANY, amerikanischer Finanzexperte und Journalist, 1906–1999

Ein Mädchen und ein Gläschen Wein kurieren alle Not; und wer nicht trinkt und wer nicht küsst, der ist so gut wie tot.

JOHANN WOLFGANG VON GOETHE, deutscher Dichter, 1749–1832

Jeder Tag hat seine Plage,
Und die Nacht hat ihre Lust.

JOHANN WOLFGANG VON GOETHE, deutscher Dichter, 1749–1832

Dem Glücklichen schlägt kein Gewissen.

WILHELM BUSCH, deutscher Dichter und Maler, 1832–1908

Kann man denn nicht auch lachend sehr ernsthaft sein? Lieber Major, das Lachen erhält uns vernünftiger als der Verdruss.

GOTTHOLD EPHRAIM LESSING, deutscher Schriftsteller und Philosoph, 1729–1781

Wer Freude genießen will, muss sie teilen. Das Glück wurde als Zwilling geboren.

LORD BYRON, englischer Dichter, 1788–1824

Weihnachtsfeier

Weihnachten ist nur einmal im Jahr, aber das ist auch genug.

ROBERT LEMBKE, deutscher Journalist und Quizmaster, 1913–1989

... dennoch muss Ihnen einmal im Jahr etwas Passendes für Ihre Rede während der Feier einfallen. Zitate können Ihnen dazu Anregungen geben. Doch man muss gar nicht allzu sehr in die Ferne schweifen, so viele Überlegungen und Fragen haben im Arbeitsalltag keinen Platz – warum sollten sie nicht Gegenstand einer kleinen Rede zu Weihnachten sein?

Man muss das Gute tun, damit es in der Welt sei.

MARIE VON EBNER-ESCHENBACH, österreichische Erzählerin, 1830–1916

Fliehet aus dem engen, dumpfen Leben
In des Ideales Reich!

FRIEDRICH SCHILLER, deutscher Dichter, 1759–1805

Nur Sitten- und Charakterverbesserungen sind wahre Verbesserungen, alle andern ohne Ausnahme sind nur Moden, nur Wechsel, nur unbedeutende Verbesserungen.

NOVALIS, deutscher Dichter der Romantik, 1772–1801

Das Schwierigste am Leben ist es, Herz und Kopf dazu zu bringen, zusammenzuarbeiten. In meinem Fall verkehren sie noch nicht mal auf freundschaftlicher Basis.

WOODY ALLEN, amerikanischer Filmregisseur und -schauspieler, geb. 1935

Die Tragik des modernen Menschen ist nicht, dass er immer weniger über den Sinn des eigenen Lebens weiß, sondern dass ihn das immer weniger stört.

VÁCLAV HAVEL, tschechischer Staatspräsident und Schriftsteller, geb. 1936

Die moderne Zivilisation ist wie ein Flugzeug mit einem einzigen defekten Motor. – Modern civilization is like an airplane with a single defective engine.

HERBERT GEORGE WELLS, englischer Schriftsteller, 1866–1946

Eines Tages wird alles gut sein, das ist unsere Hoffnung. Heute ist alles in Ordnung, das ist unsere Illusion.

VOLTAIRE, französischer Schriftsteller und Philosoph, 1694–1778

Die meisten jagen so sehr dem Genusse nach, dass sie an ihm vorbeilaufen.

SØREN KIERKEGAARD, dänischer Philosoph, 1813–1855

Wenn's alte Jahr erfolgreich war, dann freue dich aufs Neue, und war es schlecht, ja dann erst recht.

KARL-HEINZ SÖHLER, deutscher Publizist, geb. 1923

Durch so viel Formen geschritten,
durch Ich und Wir und Du,
doch alles blieb erlitten
durch die ewige Frage wozu?

GOTTFRIED BENN, deutscher Dichter und Arzt, 1886–1956

Das Merkwürdigste an der Zukunft ist wohl die Vorstellung, dass man unsere Zeit einmal die gute alte Zeit nennen wird.

ERNEST HEMINGWAY, amerikanischer Schriftsteller, 1899–1961

Der Plan, die Welt zu beglücken, spart nicht selten den Nachbarn aus.

HANS KASPER, deutscher Schriftsteller und Satiriker, geb. 1916

Die Welt hat genug für jedermanns Bedürfnisse, aber nicht für jedermanns Gier.

MAHATMA GANDHI, Führer der indischen Unabhängigkeitsbewegung, 1869–1948

Der Himmel verhüte, dass wir gegen die Nöte unserer Mitmenschen gleichgültig werden!

HENRY FORD, amerikanischer Automobilhersteller, 1863–1947

Erste Morgenpflicht: über sich erröten.

E. M. CIORAN, *französisch-rumänischer Essayist und Philosoph, 1911–1995*

Wirft man nun noch einen Blick auf die Führer der Völker, aller und in allen Regierungsformen, so muss man sich vorstellen, sie stünden zeitlich vor dem Auftreten einer der großen Menschheitsbewegungen und hätten machtmäßig die Möglichkeit, sie zu unterdrücken. Wie verhielten sie sich? Hinsichtlich des Christentums würden sie fragen, ob es steuerpolitisch tragbar sei. Vor dem Buddhismus, wie die Schallplatten- und Fahnenindustrie dabei bestünde. Bei Mohammed, ob die Bananenernte nicht litte. Vor der Kunst, ob sie auch die Siedlungsfreudigkeit nicht untergrübe. Vor jeder Religion, ob sie nicht den Kartoffelexport verzögere. Vor der Abstraktion, dem zusammenfassenden Denken, ob es auch dem Kleinbürger die Gießkanne nicht verböge.

GOTTFRIED BENN, *deutscher Dichter und Arzt, 1886–1956*

Sollten Sie sich in einem Kreis befinden, der Ihnen etwas Humor erlaubt, können Sie ruhig auch mal auf die so weit verbreitete „Weihnachtsverdrossenheit" anspielen und die Hoffnung ausdrücken, die Weihnachtsfeier möge doch noch zu einem echten Vergnügen werden:

Manches Vergnügen besteht darin, dass man mit Vergnügen darauf verzichtet.

PETER ROSEGGER, *österreichischer Schriftsteller, 1843–1918*

Trauerrede

Auf den Tod eines Mitarbeiters, eines ehemaligen Kollegen oder Angehörigen angemessen zu reagieren, ist schwer. Viele Menschen sind geneigt, sich hinter pathetischen Worten zu verstecken. Das ist hier nicht angebracht. Versuchen Sie auch nicht, intellektuell oder gar originell zu sein. Sprechen Sie lieber in schlichten, einfachen Worten. Ein Zitat kann in dieser Situation hilfreich sein.

Es nimmt der Augenblick, was Jahre geben.

JOHANN WOLFGANG VON GOETHE, deutscher Dichter, 1749–1832

Der Tod ist nicht die absolute Aufhebung des Lebens, sondern die Befreiung der Hindernisse des vollständigen Lebens.

IMMANUEL KANT, deutscher Philosoph, 1724–1804

Die Erinnerung ist das einzige Paradies, aus welchem wir nicht getrieben werden können.

JEAN PAUL, deutscher Schriftsteller, 1763–1825

Der Mensch erfährt, er sei auch, wer er mag, ein letztes Glück und einen letzten Tag.

JOHANN WOLFGANG VON GOETHE, deutscher Dichter, 1749–1832

Der Schmerz ist ein Eigentum, wie das Glück und die Freude.

CHRISTIAN FRIEDRICH HEBBEL, deutscher Dichter, 1813–1863

Wir hoffen immer, und in allen Dingen ist besser hoffen als verzweifeln.

JOHANN WOLFGANG VON GOETHE, deutscher Dichter, 1749–1832

Der Tod entwaffnet den Hass, bringt Neid und Verleumdung zum Schweigen und erlaubt der Gerechtigkeit, ihre Stimme zu Gunsten derer zu erheben, die ein Recht auf Bewunderung durch die Nachwelt haben.

FRIEDRICH MELCHIOR GRIMM, deutscher Schriftsteller, 1723–1807

Dem anderen gegenüber ist es möglich, sich Sicherheit zu verschaffen, aber im Hinblick auf den Tod bewohnen wir Menschen alle eine Stadt ohne Mauern.

EPIKUR, *griechischer Philosoph, 341–270*

Der Tod wird zum Sinn des Lebens wie der auflösende Akkord zum Sinn der Melodie.

JEAN-PAUL SARTRE, *französischer Philosoph und Schriftsteller, 1905–1980*

Der, den der Tod nicht weiser macht, hat nie mit Ernst an ihn gedacht.

CHRISTIAN FÜRCHTEGOTT GELLERT, *deutscher Dichter, 1715–1769*

Was einer ist, was einer war,
beim Scheiden wird es offenbar.
Wir hören's nicht, wenn Gottes Weise summt,
Wir schaudern erst, wenn sie verstummt.

HANS CAROSSA, *deutscher Schriftsteller, 1878–1956*

Lasst uns guten Muts sein in Bezug auf den Tod, da das kein Übel für uns sein kann, was das natürliche Gesetz der Götter, die über das Wohl der Menschen walten, zu unserem Besten so eingesetzt hat.

PLATON, *griechischer Philosoph, ca. 428–348 v. Chr.*

Es ist gut, den Toten die Treue zu halten. Wenn wir tun, was sie tun wollten, werden wir glücklich sein.

ELSA TRIOLET, *französische Schriftstellerin, 1896–1970*

Ein Rauch seid ihr, der eine kleine Zeit bleibt und dann verschwindet.

BIBEL

Fest steht jedem sein Tag, kurz und unwiederbringlich ist für alle die Zeit des Lebens. – Stat sua cuique dies, breve et inreparabile tempus omnibus est vitae.

VERGIL, *römischer Dichter, 70–19 v. Chr.*

Den, der zu sterben wünscht, lässt der Tod niemals im Stich.

LUCIUS ANNAEUS SENECA, *römischer Politiker, Philosoph und Dichter, ca. 4 v. Chr. – 65 n. Chr.*

Angeblich waren dies die letzten Worte Mozarts:

Der Geschmack des Todes ist auf meiner Zunge, ich fühle etwas, das nicht von dieser Welt ist.

WOLFGANG AMADEUS MOZART, *österreichischer Komponist, 1756–1791*

Der Tod ist nicht für schlimm zu achten, dem ein gutes Leben vorangegangen.

HL. AUGUSTINUS, *Kirchenvater, 354–430*

Glücklich ist der, der stirbt, bevor er den Tod gerufen hat.

FRANCIS BACON, *englischer Philosoph, Schriftsteller und Politiker, 1561–1626*

Der Tod ist die Ruhe, aber der Gedanke an den Tod ist der Störer jeglicher Ruhe.

CESARE PAVESE, *italienischer Schriftsteller, 1908–1950*

Dieses brüchige Leben zwischen Geburt und Tod kann eine Erfüllung sein, wenn es eine Zwie-Sprache ist.

MARTIN BUBER, *österreichischer Religionsphilosoph, 1878–1965*

In aller Öffentlichkeit

In diesem Kapitel sind Situationen zusammengefasst, in denen Sie vor die große Öffentlichkeit treten müssen, um Ihr Unternehmen zu repräsentieren. Dazu gehört die Einweihung eines neuen Firmengebäudes ebenso wie eine Pressekonferenz, eine Betriebseröffnung oder ein großes Firmenjubiläum.

Pressekonferenz

Eine Warnung Äsops stehe am Anfang dieses Kapitels. Quintessenz seiner Fabel vom Berg in Kindesnöten: Mit zu viel Pauken und Trompeten weckt man auch allzu große Erwartungen – am Ende hat man sich mit dem Ergebnis schnell lächerlich gemacht:

> Es ging das Geschrei, der Berg wäre in Kindesnöten, und die ganze Nachbarschaft lief zusammen, um zu sehen, was so eine große Mutter für ein Ungeheuer hervorbringen werde, als plötzlich, man denke! eine lächerliche Maus herauslief.

Äsop, griechischer Fabeldichter, ca. 6. Jh. v. Chr.

> Ihr jubelt über die Macht der Presse – graut euch nie vor ihrer Tyrannei?

Marie von Ebner-Eschenbach, österreichische Erzählerin, 1830–1916

> In früheren Zeiten bediente man sich der Folter. Heutzutage bedient man sich der Presse. Das ist gewiss ein Fortschritt.

Oscar Wilde, englischer Schriftsteller, 1856–1900

> Die Presse hat auch die Aufgabe, das Gras zu mähen, das über etwas zu wachsen droht.

Alfred Polgar, österreichischer Schriftsteller und Theaterkritiker, 1875–1955

Die Realitäten richten sich nicht immer nach den Progno-
sen.

NORBERT BLÜM, deutscher Politiker (CDU), geb. 1935

Die Mission der Presse ist, Geist zu verbreiten und zugleich
die Aufnahmefähigkeit zu zerstören.

KARL KRAUS, österreichischer Schriftsteller und Kritiker, 1874–1936

Große Gedanken brauchen nicht nur Flügel, sondern auch
ein Fahrgestell zum Landen.

NEIL ARMSTRONG, amerikanischer Astronaut, geb. 1930

Die abgestorbne Eiche steht im Sturm, doch die gesunde
stürzt er schmetternd nieder, weil er in ihre Krone greifen
kann.

HEINRICH VON KLEIST, deutscher Dramatiker und Erzähler, 1777–1811

Der Bau von Luftschlössern kostet nichts, aber ihre Zerstörung ist sehr teuer.

FRANÇOIS MAURIAC, französischer Schriftsteller, 1885–1970

Die Wahrheit ist dem Menschen zumutbar.

INGEBORG BACHMANN, österreichische Dichterin, 1926–1973

Am Anfang war das Wort und nicht das Geschwätz, und am
Ende wird nicht die Propaganda sein, sondern wieder das
Wort.

GOTTFRIED BENN, deutscher Dichter und Arzt, 1886–1956

Der gute Ruf gleicht dem Winde; man weiß nicht, von wan-
nen er kommt, noch wohin er fährt.

AUGUST VON KOTZEBUE, deutscher Dramatiker, 1761–1819

Betriebsgründung / Geschäftseröffnung

Als Existenzgründer wird es Ihnen kaum schwer fallen, Stoff für eine Rede zur Betriebsgründung zu finden und Ihrer Freude und Zuversicht Ausdruck zu verleihen. Mit einer sympathischen Eröffnungsrede haben Sie möglicherweise schon die ersten Kunden gewonnen. Ein gut gewähltes Zitat kann dabei vielleicht einmal zum Leitspruch Ihres Unternehmens werden.

> Der Glaube, das, was man wünscht, zu erreichen, ist immer lustvoll.
>
> ARISTOTELES, *griechischer Philosoph, 384–322 v. Chr.*

> Ein Unternehmensgründer hat einen entscheidenden Vorteil: Er muss alles neu machen und braucht keine Rücksicht auf überkommene Traditionen zu nehmen.
>
> JOST STOLLMANN, *deutscher Unternehmer, geb. 1955*

> Das Leben ist eine Anstrengung, die einer besonderen Sache würdig wäre.
>
> KARL KRAUS, *österreichischer Schriftsteller und Kritiker, 1874–1936*

> Eine Reise von tausend Meilen beginnt mit dem ersten Schritt.
>
> LAO TSE, *chinesischer Philosoph, 6. Jh. v. Chr.*

> Mut steht am Anfang des Handelns, Glück am Ende.
>
> DEMOKRIT, *griechischer Philosoph, ca. 470–380 v. Chr.*

> Es ist nicht genug zu wissen: Man muss auch anwenden; es ist nicht genug zu wollen: Man muss auch tun.
>
> JOHANN WOLFGANG VON GOETHE, *deutscher Dichter, 1749–1832*

> Ein Mann mit einer Idee ist unausstehlich, bis ihm die Idee zum Erfolg verholfen hat.
>
> MARK TWAIN, *amerikanischer Schriftsteller, 1835–1910*

Wirkliche Unternehmerpersönlichkeiten sind ebenso sehr Macher wie Träumer: Sie suchen nach dem besten Weg, wie sie eine Idee vorantreiben können, und setzen Geld ein, um die Räder zu schmieren.

ANITA RODDICK, Unternehmerin, Gründerin von The Body Shop, geb. 1942

Unternehmen mit einer Vision wachsen schneller als die Konkurrenz, schaffen neue Werte, erarbeiten sich Vorteile und bewegen sich mit hoher Geschwindigkeit. Ihr Zeichen ist Unternehmensvitalität.

BOLKO VON OETINGER, Unternehmensberater, geb. 1943

Der Tag, an dem man einen Entschluss fasst, ist ein Glückstag.

JAPANISCHES SPRICHWORT

Der Edle hasst den Gedanken, die Welt zu verlassen, ohne etwas geleistet zu haben, was bleibender Anerkennung wert ist.

KONFUZIUS, chinesischer Philosoph, 551–479 v. Chr.

Der Drang zur Selbstständigkeit muss Hauptmotivationsfaktor sein! Sein „eigener Herr" zu sein, ist der primäre Lohn für harte, intensive Arbeit. Man muss seine Visionen vorleben und die Freude am eigenen Tun ist immens wichtig.

MARTIN IMDAHL, deutscher Unternehmer, geb. 1958

Vielleicht gibt es schönere Zeiten, aber diese ist die unsrige.

JEAN-PAUL SARTRE, französischer Philosoph und Schriftsteller, 1905–1980

Schau der Furcht in die Augen, und sie wird zwinkern.

RUSSISCHES SPRICHWORT

Erfolg braucht immer eine Vision.

ERICH J. LEJEUNE, *Unternehmer und Motivationstrainer, geb. 1944*

Wer zu früh Erfolg hat, fängt an, sich selbst zu kopieren.

FRIEDENSREICH HUNDERTWASSER, *österreichischer Maler, 1928–2000*

Ein Geschäft zu eröffnen ist leicht; schwer ist es, es geöffnet zu halten.

CHINESISCHES SPRICHWORT

Alles in der Welt kommt auf einen gescheiten Einfall und auf einen festen Entschluss an.

JOHANN WOLFGANG VON GOETHE, *deutscher Dichter, 1749–1832*

Ein entschlossener Mensch wird mit einem Schraubenschlüssel mehr anzufangen wissen als ein unentschlossener mit einem Werkzeugladen.

EMIL OESCH, *schweizerischer Schriftsteller, 1894–1974*

Unternehmen sind keine von der Gesellschaft scharf abgegrenzte Gebilde. Das Unternehmen sendet Impulse aus, empfängt selbst Anregungen und wird teilweise erheblichen Anforderungen ausgesetzt, unter denen es sich zu bewähren und zu behaupten hat.

RANDOLF RODENSTOCK, *Chef der Firma Rodenstock GmbH, geb. 1948*

Dass auch unter den widrigsten Umständen ein florierendes Unternehmen aufgebaut werden kann, beweist die Geschichte des Rodenstock-Gründers Josef Rodenstock:

Im Jahr 1859 wurde Josef Rodenstock mit 14 Jahren, ausgestattet mit einem Kapital von 4,50 Mark, ins Leben entlassen. Er verkaufte zunächst Nähnadeln und Porzellanknöpfe, fing aber schon bald an, selbst gebastelte Instrumente zu vertreiben: vom Barometer bis zur Wasserwaage und bald schon die ersten Brillenfassungen. Mit einer unglaublichen Sparsamkeit, die er sein Leben lang nicht ablegte, schaffte er es, sich ein Startkapital für die Unternehmensgründung aufzubauen. Er starb 1932 und hinterließ ein Weltunternehmen und ein beachtliches Privatvermögen.

Auf Grund meiner jetzigen Tätigkeit als Förderer von jungen Unternehmensgründern weiß ich, dass die persönliche Einstellung des Gründers zum absolut sparsamsten Umgang mit allen Ressourcen ein aussagekräftiges Indiz für große Erfolgsaussichten des neuen Unternehmens ist.

THEO LIEVEN, Unternehmer, Mitgründer der VOBIS AG, geb. 1952

Zu Beginn, also in der eigentlichen Gründungsphase, sind ein ausgeprägter Geschäftssinn, Kostenbewusstsein sowie ein Gefühl für den Kunden und seine Bedürfnisse viel wichtiger als etwa strategisches Management oder gar Controlling.

ANITA RODDICK, Unternehmerin, Gründerin von The Body Shop, geb. 1942

Einweihung / Grundsteinlegung / Richtfest

Festredner sind Leute, die im Schlaf anderer Menschen sprechen.

JERRY LEWIS, amerikanischer Filmkomiker, geb. 1926

Ein neues Gebäude kostet immer viele Stunden Ärger: mit Baugenehmigungen, mit Zeitvorgaben, Kostenüberschreitungen und tausenden von anderen Problemen. Und nun stehen viele Veränderungen bevor, die vielleicht nicht den Umzug allein betreffen; denn ein neuer Ort kann gleichzeitig Anlass sein, die Unternehmensstruktur zu verändern. Mit den folgenden Zitaten können Sie Anstrengungen der vergangenen Jahre würdigen, Ihren Optimismus für die Zukunft ausdrücken oder die Architektur des neuen Gebäudes thematisieren.

Sei mir getrost, nach trüben und widerwärtigen Tagen eilet des sanften Glücks frohere Stunde herbei.

PROPERZ, römischer Elegiendichter, 50– ca. 16 v. Chr.

Die Umgebung, in der sich der Mensch den größten Teil des Tages aufhält, bestimmt seinen Charakter.

ANTIPHON, *griechischer Redner, ca. 480–411 v. Chr.*

Man feiere nur, was glücklich vollendet ist. Alle Zeremonien zum Anfang erschöpfen Lust und Kräfte, die das Streben hervorbringen.

JOHANN WOLFGANG VON GOETHE, *deutscher Dichter, 1749–1832*

Drei Dinge sind an einem Gebäude zu beachten: dass es am rechten Fleck stehe, dass es wohlgegründet, dass es vollkommen ausgeführt sei.

JOHANN WOLFGANG VON GOETHE, *deutscher Dichter, 1749–1832*

Kleinliche Gebäude beherbergen kleinliche Gedanken.

JOHN D. ROCKEFELLER, *amerikanischer Industrieller, 1839–1937*

Um wirklich glücklich zu sein, muss man eine Aufgabe und eine große Hoffnung haben.

RICARDA HUCH, *deutsche Schriftstellerin, 1864–1947*

Ist die Fantasie oder die Fantasielosigkeit der modernen Architekten grauenhafter?

ERICH BROCK, *deutscher Schriftsteller, 1889–1976*

Die Architektur ist erstarrte Musik.

FRIEDRICH WILHELM VON SCHELLING, *deutscher Philosoph, 1775–1854*

Architektur ist die Kunst, Platz zu verschwenden.

PHILIP C. JOHNSON, *amerikanischer Architekt, geb. 1906*

Alles Reden ist so voll Mühe, dass niemand damit zu Ende kommt.

BIBEL

So selten kommt der Augenblick im Leben, der wahrhaft wichtig ist und groß.

FRIEDRICH SCHILLER, *deutscher Dichter, 1759–1805*

Wo das Glück einmal einkehrt, da greift es leicht um sich.

GOTTFRIED KELLER, *schweizerischer Schriftsteller, 1819–1890*

So kann man es natürlich auch sehen:

In der modernen Architektur stört der Mensch, die Natur sowieso.

FRIEDENSREICH HUNDERTWASSER, *österreichischer Maler, 1928–2000*

Dreimal umgezogen ist so gut wie einmal abgebrannt.

BENJAMIN FRANKLIN, *amerikanischer Schriftsteller, Naturwissenschaftler und Politiker, 1706–1790*

Bei jeder Art von Entwicklung besteht der bleibende Ruhm darin, den Grundstein gelegt zu haben.

ERNEST RENAN, *französischer Religionshistoriker und Schriftsteller, 1823–1892*

Die Kunst ist eine Vermittlerin des Unaussprechlichen; darum scheint es eine Torheit, sie wieder durch Worte vermitteln zu wollen.

JOHANN WOLFGANG VON GOETHE, *deutscher Dichter, 1749–1832*

Durch Weisheit wird ein Haus gebaut und durch Verstand erhalten.

BIBEL

Doch der Erfolg ruht in des Himmels Hand.

FRIEDRICH SCHILLER, *deutscher Dichter, 1759–1805*

291

Firmenjubiläum

Ein Firmenjubiläum ist natürlich Anlass für einen Rückblick, aber auch Anlass, sich über die aktuelle Situation des Unternehmens oder über Wirtschaft und Politik allgemeine Gedanken zu machen. Sie finden in diesem Kapitel deshalb auch Zitate, die sich mit der Marktwirtschaft befassen, auf die Problematik von Geschichte und Geschichtsschreibung hinweisen oder zum Thema Unternehmensgeschichte und -tradition passen.

> Der Unterschied zwischen Gott und den Historikern besteht hauptsächlich darin, dass Gott die Vergangenheit nicht mehr ändern kann.
>
> SAMUEL BUTLER, *englischer Schriftsteller, 1612–1680*

> Zum Erwerben eines Glücks gehört Fleiß und Geduld, und zur Erhaltung desselben gehört Mäßigung und Vorsicht. Langsam und Schritt für Schritt steigt man eine Treppe hinauf. Aber in einem Augenblick fällt man hinab und bringt Wunden und Schmerzen genug mit auf die Erde.
>
> JOHANN PETER HEBEL, *deutscher Dichter, 1760–1826*

> Die Geschichte der Kritik ist dazu da, zu beweisen, wie fehlbar die zeitgenössische Kritik ist.
>
> WILLIAM SOMERSET MAUGHAM, *englischer Schriftsteller, 1874–1965*

> Der vernünftige Mensch passt sich der Welt an; der unvernünftige besteht auf dem Versuch, die Welt sich anzupassen. Deshalb hängt aller Fortschritt vom unvernünftigen Menschen ab.
>
> GEORGE BERNARD SHAW, *irischer Schriftsteller, 1856–1950*

> Eine Chance zu sehen, ist keine Kunst. Die Kunst ist, eine Chance als Erster zu sehen.
>
> BENJAMIN FRANKLIN, *amerikanischer Schriftsteller, Naturwissenschaftler und Politiker, 1706–1790*

Weil es im Menschen zwischen Erinnerung und Sehnsucht klafft, haben wir die Einfälle. Das Tier hat keine.

RUDOLF KASSNER, *Kulturphilosoph, 1873–1959*

Gedenke der Quelle, wenn du trinkst.

CHINESISCHES SPRICHWORT

Glück ist Talent für das Schicksal.

NOVALIS, *deutscher Dichter der Romantik, 1772–1801*

In die Zukunft schauen ist schwer; in die Vergangenheit rein zurückblicken noch schwerer. Ich sage: rein, d. h. ohne von dem, was in der Zwischenzeit sich begeben oder herausgestellt hat, etwas in den Rückblick mit einzumischen.

FRANZ GRILLPARZER, *österreichischer Schriftsteller, 1791–1872*

Ältere Freundschaften haben vor neuen hauptsächlich voraus, dass man sich schon viel verziehen hat.

JOHANN WOLFGANG VON GOETHE, *deutscher Dichter, 1749–1832*

Früher brauchten Unternehmen Wagemut und Augenmaß. Heute brauchen sie Marktforschung und Werbeagenturen.

HELMUT SCHMIDT, *deutscher Politiker (SPD), geb. 1918*

Marktwirtschaft soll die Demokratie ergänzen, nicht aber ersetzen.

HANS KÜNG, *schweizerischer katholischer Theologe, geb. 1928*

Das Außerordentliche geschieht nicht auf glattem, gewöhnlichem Wege.

JOHANN WOLFGANG VON GOETHE, *deutscher Dichter, 1749–1832*

Eine Unternehmenskultur steht immer im Kontext zur Gesellschaftskultur, und damit kann das Verhalten der Menschen innerhalb von Unternehmen auch nur ein Abbild der Normen und Werte der sie umgebenden Gesellschaft sein.

UWE RENALD MÜLLER, *deutscher Verleger und Autor, geb. 1954*

Tüchtigkeit schwebt in ständiger Angst vor dem Geist. Da dieser weht wo er will, sucht der Tüchtige rechtzeitig vor ihm Türen und Fenster zu verschließen. Solche Verschlüsse sind feste Vorsätze, Programme, juristische Bestimmungen, moralische Vorurteile, schließlich auch Nüchternheit.

CARL AUGUST EMGE, *deutscher Schriftsteller, 1886–1970*

Wohl dem, der seiner Väter gern gedenkt …

JOHANN WOLFGANG VON GOETHE, *deutscher Dichter, 1749–1832*

Die Stätte, die ein guter Mensch betrat, ist eingeweiht;
Nach hundert Jahren klingt
Sein Wort und seine Tat dem Enkel wieder.
Der Rost macht erst die Münze wert.

JOHANN WOLFGANG VON GOETHE, *deutscher Dichter, 1749–1832*

In der Gegenwart, die uns umgibt, ist nicht weniger Fiktives als in der Vergangenheit, deren Abspiegelung wir Geschichte nennen. Indem wir das eine Fiktive durch das andere interpretieren, entsteht erst etwas, das der Mühe wert ist.

HUGO VON HOFMANNSTHAL, *österreichischer Dichter, 1874–1929*

Auf den leeren Seiten der Geschichte sind die glücklichen Tage der Menschheit verzeichnet.

LEOPOLD VON RANKE, *deutscher Historiker, 1795–1886*

Konversation mit Klasse

Kommunikative Fähigkeiten sind zu einer Kernkompetenz für erfolgreiche Führungskräfte avanciert. Keine Stellenanzeige für Managementaufgaben, in der nicht sicheres Auftreten, Kontaktfähigkeit oder Kommunikationsstärke vorausgesetzt würde. Wer den stilsicheren Small Talk beherrscht und souverän eine Unterhaltung initiieren kann, demonstriert damit Führungskompetenz – er versteht es, Kontakte zu knüpfen und Freunde zu gewinnen. Der leichten Konversation kann man nur schwer entkommen: Empfänge, Geschäftsessen, Messen sind omnipräsent.

Dabei ist die Angst vor dem Small Talk meist schon das ganze Problem, denn Konversation funktioniert nur, wenn Sie sich für die Situation öffnen. Wenn sich jemand darauf freut, neue Kontakte zu knüpfen, neugierig darauf ist, interessante Menschen kennen zu lernen, strahlt er auch Offenheit aus. Es fällt dann nicht nur leichter, Kontakt zu anderen aufzunehmen, man wird auch selbst eher angesprochen. Ihre positive Haltung ist das A und O eines jeden gelungenen Gesprächs – ob Small Talk oder Meinungsaustausch – nicht Ihr Bildungsstand oder Ihre rhetorischen Fähigkeiten. Im Gegenteil, je unverkrampfter und natürlicher Sie sprechen, desto besser.

Unter den folgenden Zitaten finden Sie einige, die sich über die Konversation als solche äußern oder Verhaltenstipps geben, und Aussagen, die sich selbst als Gesprächsbeitrag für die Konversation eignen.

> Geistvolle Aussprüche kommentieren hieße Schmetterlinge mit Hufeisen zu beschweren.
>
> MARTIN KESSEL, *deutscher Schriftsteller, 1901–1990*

> Mir tut es alle Mal weh, wenn ein Mann von Talent stirbt, denn die Welt hat dergleichen nötiger als der Himmel.
>
> GEORG CHRISTOPH LICHTENBERG, *deutscher Schriftsteller und Physiker, 1742–1799*

> Was bleibet aber, stiften die Dichter.
>
> FRIEDRICH HÖLDERLIN, *deutscher Dichter, 1770–1843*

Versuchungen sollte man nachgeben. Wer weiß, ob sie wiederkommen!

OSCAR WILDE, *englischer Schriftsteller, 1856–1900*

Setzt man das Böse der Tugend entgegen, so tut man ihr zu viel Ehre an.

NOVALIS, *deutscher Dichter der Romantik, 1772–1801*

Vor der Wahrheit der Kunst ist die Wirklichkeit nur eine optische Täuschung.

KARL KRAUS, *österreichischer Schriftsteller und Kritiker, 1874–1936*

Die Phrase ist das gestärkte Vorhemd vor einer Normalgesinnung, die nie gewechselt wird.

KARL KRAUS, *österreichischer Schriftsteller und Kritiker, 1874–1936*

Es gibt Wahrheiten, durch deren Entdeckung man beweisen kann, dass man keinen Geist hat.

KARL KRAUS, *österreichischer Schriftsteller und Kritiker, 1874–1936*

Die meisten verwechseln Dabeisein mit Erleben.

MAX FRISCH, *schweizerischer Schriftsteller, 1911–1991*

Klassiker möchte jeder gelesen haben, aber keiner lesen. – A classic is something that everybody wants to have read and nobody wants to read.

MARK TWAIN, *amerikanischer Schriftsteller, 1835–1910*

Es gibt keine lästigeren Dummköpfe als die witzigen.

FRANÇOIS DE LA ROCHEFOUCAULD, *französischer Schriftsteller, 1613–1680*

Der Wunsch, klug zu erscheinen, verhindert oft, es zu werden.

FRANÇOIS DE LA ROCHEFOUCAULD, *französischer Schriftsteller, 1613–1680*

Der Optimist erklärt, dass wir in der besten aller möglichen Welten leben, und der Pessimist fürchtet, dass dies wahr ist.

JAMES BRANCH Cabell, *amerikanischer Schriftsteller, 1879–1958*

Weh dem Manne, den weibliches Erröten mutig macht!

FRIEDRICH SCHILLER, *deutscher Dichter, 1759–1805*

Ironie würzt Gespräche, es ist aber sinnvoll, die Haltung des Gesprächspartners zu kennen, um Missklänge zu vermeiden.

Wegen ungünstiger Witterung fand die deutsche Revolution in der Musik statt.

KURT TUCHOLSKY, *deutscher Schriftsteller und Journalist, 1890–1935*

Mit Recht erscheint uns das Klavier,
Wenn's schön poliert, als Zimmerzier.
Ob's außerdem Genuss verschafft,
Bleibt hin und wieder zweifelhaft.

WILHELM BUSCH, *deutscher Dichter und Maler, 1832–1908*

Nichts ist zu schwer für den, der liebt.

MARCUS TULLIUS CICERO, *römischer Staatsmann, Redner und Philosoph, 106–43 v. Chr.*

Kunst ist schön. Macht aber viel Arbeit.

KARL VALENTIN, *bayerischer Komiker und Schriftsteller, 1882–1948*

In einer multikulturellen Gesellschaft will ich keinen Chinesen hören, der die Loreley vorträgt.

GEORG BASELITZ, *deutscher Maler, geb. 1938*

Kinder, die man nicht liebt, werden Erwachsene, die nicht lieben.

PEARL S. BUCK, *amerikanische Schriftstellerin, 1892–1973*

Wo Ehe ohne Liebe ist, da wird auch Liebe ohne Ehe sein. – Where there's marriage without love, there will be love without marriage.

BENJAMIN FRANKLIN, *amerikanischer Schriftsteller, Naturwissenschaftler und Politiker, 1706-1790*

Wenn ein Buch und ein Kopf zusammenstoßen und es klingt hohl, ist das alle Mal im Buch?

GEORG CHRISTOPH LICHTENBERG, *deutscher Schriftsteller und Physiker, 1742-1799*

Man kann nur Philosoph werden, nicht es sein. Sobald man es zu sein glaubt, hört man auf es zu werden.

FRIEDRICH SCHLEGEL, *deutscher Dichter, 1772-1829*

Der Geschmack ist die Kunst, sich auf Kleinigkeiten zu verstehen.

JEAN-JACQUES ROUSSEAU, *französischer Philosoph und Schriftsteller, 1712-1778*

Nichts gibt so sehr das Gefühl der Unendlichkeit als wie die Dummheit.

ÖDÖN VON HORVÁTH, *ungarisch-deutscher Schriftsteller, 1901-1938*

Nehmen Sie einem Durchschnittsmenschen die Lebenslüge, und Sie nehmen ihm zu gleicher Zeit das Glück.

HENRIK IBSEN, *norwegischer Dichter, 1828-1906*

Ein Ausspruch, der auch Vielschwätzer und Wichtigtuer zum – vorübergehenden – Luftschnappen bringt, kann folgender sein:

Viel von sich reden, kann auch ein Mittel sein, sich zu verbergen.

FRIEDRICH NIETZSCHE, *deutscher Philosoph, 1844-1900*

Wir meinen die Natur zu beherrschen, aber wahrscheinlich hat sie sich nur an uns gewöhnt.

KARL HEINRICH WAGGERL, *österreichischer Schriftsteller, 1897-1973*

298

Es gibt vier Typen von Menschen in der Welt: die Liebenden, die Opportunisten, die Zuschauer und die Schwachsinnigen. Die Letzteren sind die Glücklichsten.

HIPPOLYTE TAINE, *französischer Kulturkritiker und Historiker, 1828–1893*

Und wisset, wenn es den Kaiser juckt,
So müssen die Völker sich kratzen.

HEINRICH HEINE, *deutscher Dichter und Publizist, 1797–1856*

Gebildet sein heißt: sich nicht merken lassen, wie elend und schlecht man ist, wie raubtierhaft im Streben, wie eigensüchtig und wie schamlos im Genießen.

FRIEDRICH NIETZSCHE, *deutscher Philosoph, 1844–1900*

Unsere Zeit hat die Naivetät verloren. Naivetät aber ist die Grundlage aller Kunst, – sowohl zum Hervorbringen als zum Genießen.

ERNST VON FEUCHTERSLEBEN, *österreichischer Schriftsteller, 1806–1849*

Wer sich viel über Undankbarkeit beschwert, ist ein Taugenichts, der niemals aus Menschlichkeit, sondern aus Eigennutz andern gedienet hat.

EWALD CHRISTIAN VON KLEIST, *deutscher Dichter, 1715–1759*

Große Menschen sind Inhaltsverzeichnisse der Menschheit.

CHRISTIAN FRIEDRICH HEBBEL, *deutscher Dichter, 1813–1863*

Man liest manches Buch mit einem Gefühl, als ob man dem Verfasser ein Almosen erteilte.

CHRISTIAN FRIEDRICH HEBBEL, *deutscher Dichter, 1813–1863*

Kleider machen wohl Leute – aber nicht Menschen.

FRIEDL BEUTELROCK, *deutsche Schriftstellerin, 1889–1958*

… in unserem Lande ist es sehr frostig und feucht, unser Sommer ist nur ein grün angestrichener Winter, sogar die Sonne muss bei uns eine Jacke von Flanell tragen …

HEINRICH HEINE, *deutscher Dichter und Publizist, 1797–1856*

Was ist Kultur? Zu wissen, was einen angeht, und zu wissen, was einen zu wissen angeht.

HUGO VON HOFMANNSTHAL, *österreichischer Dichter, 1874–1929*

Politik ist der Spielraum, den die Wirtschaft ihr lässt.

DIETER HILDEBRANDT, *deutscher Kabarettist, geb. 1927*

Unter Kitsch versteht man das, wozu die Menschen nach ihrem innern Ebenbilde das ihnen ausgelieferte rohe Schöne gestalten.

RICHARD SCHAUKAL, *österreichischer Schriftsteller, 1874–1942*

Es ist ein angenehmes Gefühl der Unabhängigkeit, wenn man einen Bestseller nicht besitzt.

DANNY KAYE, *amerikanischer Schauspieler, 1913–1987*

Geistreich sein heißt, sich leicht verständlich zu machen, ohne deutlich zu werden.

JEAN ANOUILH, *französischer Dramatiker, 1910–1987*

Der Indianer, der als Erster den Columbus sah, hat eine böse Entdeckung gemacht.

GEORG CHRISTOPH LICHTENBERG, *deutscher Schriftsteller und Physiker,*
1742–1799

Jeder Mensch hat auch seine moralische backside, die er nicht ohne Not zeigt, und die er so lange als möglich mit den Hosen des guten Anstands zudeckt.

GEORG CHRISTOPH LICHTENBERG, *deutscher Schriftsteller und Physiker, 1742–1799*

Die Gesellschaft besteht aus zwei großen Klassen: die einen haben mehr Essen als Appetit, die andern mehr Appetit als Essen.

CHAMFORT, *französischer Schriftsteller, 1741–1794*

Der folgende Ausspruch passt für viele Gelegenheiten:

Wovon man nicht sprechen kann, darüber muss man schweigen.

LUDWIG WITTGENSTEIN, *österreichischer Philosoph, 1889–1951*

Denken ist die Arbeit des Intellekts, Träumen sein Vergnügen.

VICTOR HUGO, *französischer Dichter, 1802–1885*

Der Versuch, den Himmel auf Erden zu verwirklichen, produzierte stets die Hölle.

KARL POPPER, *britisch-österreichischer Philosoph, 1902–1994*

Meine eigenen Angelegenheiten langweilen mich zu Tode. Ich bevorzuge die Angelegenheiten anderer Leute.

OSCAR WILDE, *englischer Schriftsteller, 1856–1900*

Die Jugendlichkeit Amerikas ist seine älteste Tradition.

OSCAR WILDE, *englischer Schriftsteller, 1856–1900*

Wenn du einen Menschen glücklich machen willst, dann füge nichts seinen Reichtümern hinzu, sondern nimm ihm einige von seinen Wünschen.

EPIKUR, *griechischer Philosoph, 341–270*

Alle Gelegenheit glücklich zu werden, hilft nichts, wer den Verstand nicht hat, sie zu benutzen.

JOHANN PETER HEBEL, *deutscher Dichter, 1760–1826*

Die Kunst ist das Kompliment der Natur.

NOVALIS, *deutscher Dichter der Romantik, 1772–1801*

Der vollständige und vollkommene Künstler überhaupt ist von selbst sittlich – so auch der vollständige und vollkommene Mensch überhaupt.

NOVALIS, *deutscher Dichter der Romantik, 1772–1801*

Sagt, ist noch ein Land außer Deutschland, wo man die Nase eher rümpfen lernt als putzen?

GEORG CHRISTOPH LICHTENBERG, *deutscher Schriftsteller und Physiker, 1742–1799*

Toleranz heißt: die Fehler der anderen entschuldigen. Takt heißt: sie nicht bemerken.

ARTHUR SCHNITZLER, *österreichischer Schriftsteller, 1862–1931*

Literatur

Wir danken den Verlagen, die uns freundlicherweise gestattet haben, ihre Autoren zu zitieren. Natürlich kann ein einzelnes Zitat niemals die Lektüre eines ganzen Buches ersetzen. Wir empfehlen unseren Lesern, sich doch das eine oder andere Buch der hier zitierten Autoren zu kaufen und darin zu stöbern. Sicher finden Sie weitere interessante Passagen, die Sie in Ihrer nächsten Rede zitieren können.

Arntzen, Helmut: Kurzer Prozeß. Aphorismen und Fabeln. Nymphenburger Verlagshandlung, München 1966

Brecht, Bertolt: Werke. Aufbau und Suhrkamp, Berlin, Weimar und Frankfurt am Main 1995

Brock, Erich: Des Lebens Linien. Aphorismen. Classen, Zürich, Stuttgart 1975

Duden. Zitate und Aussprüche. Dudenverlag, Mannheim 1993

Ebner-Eschenbach, Marie von: Aphorismen. Reclam, Stuttgart 1988

Fieguth, Gerhard (Hrsg.): Deutsche Aphorismen. Reclam, Stuttgart 1998

Frisch, Max: Gesammelte Werke in zeitlicher Folge. Suhrkamp, Frankfurt am Main 1998

Gernhardt, Robert: Besternte Ernte. Gedichte aus fünfzehn Jahren. Zweitausendundeins, Frankfurt am Main 1976

Gernhardt, Robert: Die Wahrheit über Arnold Hau. Zweitausendundeins, Frankfurt am Main 1974

Gernhardt, Robert: Wörtersee. Gedichte und Bildgedichte. Zweitausendundeins, Frankfurt am Main 1981

Iacocca, Lee: Iacocca. Eine amerikanische Karriere. Econ, München 1995

Jenewein, Wolfgang P.; Dinger, Helmut: Erfolgsgeschichten selber schreiben. Carl Hanser Verlag, München 1998

John, Johannes: Reclams Zitaten-Lexikon. Reclam, Stuttgart 1992

Kasper, Hans: Revolutionäre sind Reaktionäre. Sätze zur Situation. Düsseldorf / Wien 1962

Kessel, Martin: Gegengabe. Aphoristisches Kompendium für hellere Köpfe. Luchterhand, Darmstadt 1960

Klaus Birkenauer: Phrasen-Dreschmaschine, Straelener Manuskripte Verlag, Straelen

Knischek, Stefan (Hrsg.): Lebensweisheiten berühmter Philosophen. Humboldt, München [Hoch]3 [HochEnde] 2000

Kostolany, André: Die Kunst über Geld nachzudenken. Econ, München 2000

Kraus, Karl: Aphorismen (Schriften, Bd. 8). Suhrkamp, Frankfurt am Main 1986

Kudszus, Hans: Jaworte, Neinworte. Aphorismen. Suhrkamp Verlag, Frankfurt am Main 1970

Kurtzman, Joel (Hrsg.): Statements. Visionen – Ideen – Strategien. Wirtschaftsführer der Welt im Gespräch. Haufe Verlag, Freiburg, München 1998

Laub, Gabriel: Denken verdirbt den Charakter. Alle Aphorismen. Sanssouci, München 1996

Le Fort, Gertrud von: Aphorismen. Ehrenwirt, München 1984

Lec, Stanislaw Jerzy: Sämtliche unfrisierte Gedanken. Sanssouci, München 1996

Magyar, Kasimir M.; Prange, Peter: Zukunft im Kopf. Wege zum visionären Unternehmen. Haufe Verlag, Freiburg 1993

Müller, Uwe Renald: Machtwechsel im Management. Haufe Verlag, Freiburg 1997

Müller, Uwe Renald: Schlanke Führungsorganisationen. Planegg 1996

Musil, Robert: Gesammelte Werke. Rowohlt, Reinbek bei Hamburg 1978

Oesch, Emil: Die Kunst, Zeit zu haben. Ratschläge für den Umgang mit unserem kostbarsten Gut. Oesch Verlag, Zürich 1999

Russel, Bertrand: Moral und Politik. Fischer Verlag, Frankfurt am Main 1992

Schnitzler, Arthur: Gesammelte Werke: Aphorismen und Betrachtungen. S. Fischer, Frankfurt am Main 1983

Tucholsky, Kurt: Schnipsel. Rowohlt, Reinbek bei Hamburg 1988

v. P v. Oetinger, Bolko: Wie kommt das Neue in die Welt? Carl Hanser Verlag, München 1997

Waggerl, Karl Heinrich: Kleine Münze (Sämtliche Werke, Bd. 2). Otto Müller, Salzburg 1970

Autorenverzeichnis

A

ADAMS, DOUGLAS   50, 249
Englischer Schriftsteller, geb. 11.3.1952
Autor des satirisch gesellschaftskritischen Romans „Per Anhalter durch die Galaxis".

ADENAUER, KONRAD   49, 85, 134, 143, 188, 191, 195, 245
Deutscher Politiker (CDU), 5.1.1876–19.4.1967
Adenauer war von 1949–1963 Bundeskanzler.

ALLEN, WOODY   64, 65, 94, 234, 276, 278
Amerikanischer Filmregisseur und -schauspieler, geb. 12.1.1935

ALTENBERG, PETER   33, 100, 142, 224, 246, 259
Österreichischer Schriftsteller, 9.3.1859–8.1.1919
Verfasste ironische Anekdoten und impressionistische Prosaskizzen zum Leben in der Großstadt.

AMIEL, HENRI FRÉDÉRIC   208
Schweizerischer Schriftsteller und Philosoph, 27.9.1821–11.5.1881

ANDERS, OLE   136
Deutscher Publizist, geb. 15.6.1926

ANOUILH, JEAN   53, 300
Französischer Dramatiker, 23.6.1910–3.10.1987

ANTIPHON   290
Griechischer Redner, ca. 480–411 v. Chr.
Gegner der Demokratie, initiierte im Jahr 411 einen oligarchischen Putsch. Er wurde später zum Tode verurteilt und hingerichtet.

ARCHIMEDES   111
Griechischer Mathematiker und Physiker, 285–212 v. Chr.

ARENDT, HANNAH   98
Deutsch-amerikanische Philosophin und Soziologin, 14.10.1906–4.12.1975

ARISTOPHANES   114
Griechischer Komödiendichter, ca. 445–385 v. Chr.

ARISTOTELES 38, 53, 61, 84, 126, 155, 160, 286
Griechischer Philosoph, 384–322 v. Chr.

ARMSTRONG, NEIL 264, 285
Amerikanischer Astronaut, erster Mensch auf dem Mond, geb. 5.8.1930

ARNTZEN, HELMUT 71, 121
Deutscher Schriftsteller, geb. 10.1.1931

ARON, RAYMOND 201
Französischer Journalist und Soziologe, 14.3.1905–17.10.1983
Analysierte die moderne Industriegesellschaft.

ASIMOV, ISAAC 162
Amerikanischer Biochemiker und Schriftsteller, 2.1.1920–6.4.1992
Autor zahlreicher Science-Fiction-Romane.

ÄSOP 40, 69, 81, 122, 141, 144, 146, 212, 222, 284
Griechischer Fabeldichter, ca. 6. Jh. v. Chr.

AUGUSTINUS 43, 283
Kirchenvater und Philosoph, 13.11.354–28.8.430
Sein bekanntestes Werk sind die „Confessiones" (Bekenntnisse).

AUSTEN, JANE 254
Englische Schriftstellerin, 16.12.1755–18.7.1817
Von Jane Austen stammen Romane wie „Emma", „Mansfield Park" (1999 verfilmt) oder der (1995 mit Emma Thompson erfolgreich verfilmte) Roman „Vernunft und Gefühl" („Sense and Sensibility").

AUSTER, PAUL 44
US-amerikanischer Schriftsteller, geb. 3.2.1947

B

BACHMANN, INGEBORG 285
Österreichische Dichterin, 25.6.1926–17.10.1973

BACON, FRANCIS 36, 159, 176, 206, 283
Englischer Philosoph, Schriftsteller und Politiker, 22.1.1561–9.4.1626

BAMM, PETER 92, 163, 173, 202, 218
Deutscher Schriftsteller, 20.10.1897–30.3.1975

BARDOT, BRIGITTE   162, 254
Französische Schauspielerin, geb. 28.9.1934

BASELITZ, GEORG   297
Deutscher Maler, geb. 23.1.1938
Baselitz ist bekannt dafür, dass er seine Motive auf den Kopf stellt, er gilt als Vertreter des
Neoexpressionismus.

BAUDELAIRE, CHARLES   255
Französischer Dichter, 9.4.1821–31.8.1867
Sein berühmtestes Werk ist die Gedichtsammlung „Les Fleurs du Mal" („Die Blumen des
Bösen), die mit höchstem ästhetischem Anspruch die Morbidität der Großstädte, den Tod
und das Böse thematisiert.

BECKENBAUER, FRANZ   47
Deutscher Fußballprofi und -manager, geb. 11.9.1945

BEETHOVEN, LUDWIG VAN   159
Deutscher Komponist, 17.12.1770–26.3.1827

BENN, GOTTFRIED   90, 99, 156, 209, 279, 280, 285
Deutscher Dichter und Arzt, 2.5.1886–7.7.1956
1951 erhielt Gottfried Benn den Georg-Büchner-Preis. Benn schockierte seine Zeitgenossen
mit einer „Ästhetik des Hässlichen", Krankheit, Tod und Ekel wurden ihm zum literarischen
Thema.

BENZ, RICHARD   124
Deutscher Kulturhistoriker, 12.6.1884–9.11.1966

BERGENGRUEN, WERNER   250
Deutscher Schriftsteller, 16.9.1892–4.9.1964

BERNANOS, GEORGES   252
Französischer Dichter, 20.2.1888–5.7.1948
Sein bekanntestes Werk ist das „Tagebuch eines Landpfarrers".

BETHUNE, MAXIMILIEN DE   174
Französischer Finanzminister, 1560–1641

BEUTELROCK, FRIEDL   139, 148, 189, 236, 299
Deutsche Schriftstellerin, 1889–1958

BIERBAUM, OTTO JULIUS   159, 247, 248
Deutscher Schriftsteller, 28.6.1865–1.2.1910
Bierbaum war nicht nur literarischer Bohémien (v. a. sein „Roman aus der Froschperspektive
– Stilpe"), sondern auch Herausgeber der Kunstzeitschriften „Pan" und „Die Insel".

BIERMANN, WOLF   68, 96
Deutscher Lyriker und Sänger, geb. 15.11.1936
Biermann übersiedelte 1953 in die DDR, bei einem Auftritt in Köln 1976 wurde ihm die
Staatsbürgerschaft der DDR entzogen. 1991 erhielt er den Georg-Büchner-Preis.

BINDER, HEINRICH   24
Industriemanager, geb. 6.11.1950

BISMARCK, OTTO VON   31, 41, 181, 186, 216, 221, 267
Deutscher Politiker, 1.4.1815–30.7.1898
Gründer des Deutschen Reiches, Reichskanzler von 1871–1890.

BLAKE, WILLIAM   241
Englischer Dichter und Maler, 28.11.1757–12.8.1827

BLÜM, NORBERT   285
Deutscher Politiker (CDU), geb. 21.7.1935

BLUMENTHAL, OSKAR   75
Deutscher Schriftsteller, 13.3.1852–24.4.1917

BODENSTEDT, FRIEDRICH M. VON   74
Deutscher Schriftsteller, 22.4.1819–18.4.1892

BOETHIUS   206
Römischer Philosoph und Staatsmann, ca. 480–524

BÖRNE, LUDWIG   69, 78, 104, 124, 157, 169, 182, 216, 242, 262, 268
Deutscher Schriftsteller, 6.5.1786–12.2.1837
Setzte sich leidenschaftlich für die Demokratie ein als die Voraussetzung für soziale und
geistige Freiheit.

BRAUN, WERNHER VON   211
Deutsch-amerikanischer Physiker und Raketeningenieur, 23.3.1912–16.6.1977

BRECHT, BERTOLT   105, 127, 137, 171
Deutscher Schriftsteller und Regisseur, 10.2.1898–14.8.1956

BRENTANO, CLEMENS   42
Deutscher Dichter, 8.9.1778–28.7.1842

BRITTEN, BENJAMIN   117
Komponist, 22.11.1913–4.12.1976

BROCK, ERICH   123, 258, 290
Deutscher Schriftsteller, 1889–1976

BRUDZINSKI, WIESLAW   230
Polnischer Schriftsteller, geb. 20.2.1920

BUBER, MARTIN   273, 283
Österreichischer Religionsphilosoph, 8.2.1878–13.6.1965

BUCHHOLZ, MARTIN   145
Deutscher Schauspieler, geb. 4.12.1933

BUCK, PEARL S.   135, 176, 192, 297
Amerikanische Schriftstellerin, 26.6.1892–6.3.1973
Als Tochter eines Missionars in China aufgewachsen, schildert sie v. a. chinesische Menschen im Konflikt zwischen Tradition und Moderne, 1938 erhielt sie den Literatur-Nobelpreis.

BUCKLE, HENRY THOMAS   93
Britischer Kulturhistoriker, 1821–1862

BURCKHARDT, JAKOB   236
Schweizerischer Kultur- und Kunsthistoriker, 25.5.1818–8.8.1897

BURDA, HUBERT   48
Verleger, Eigentümer der Burda GmbHs, geb. 2.9.1940

BURMANN, GOTTLOB WILHELM   51
Deutscher Lyriker, 18.5.1737–5.1.1805
Burmann war ein armer Sonderling. Er trat als Improvisator auf und schrieb „Gedichte ohne den Buchstaben R".

BUSCH, WILHELM   39, 41, 51, 54, 78, 133, 134, 175, 176, 177, 191, 198, 204, 206, 215, 224, 225, 251, 260, 277, 297
Deutscher Dichter, Zeichner und Maler, 15.4.1832–9.1.1908

BUTLER, SAMUEL   98, 270, 292
Englischer Schriftsteller, 8.2.1612–25.9.1680
Sein Hauptwerk ist die Verssatire „Hudibras", die sich gegen die Schwächen des Puritanismus richtet.

BYRON, GEORGE GORDON NOEL, genannt LORD   277
Englischer Dichter, 22.1.1788–19.4.1824

309

C

CABELL, JAMES BRANCH 297
Amerikanischer Schriftsteller, 14.4.1879–5.5.1958

CALMENT, JEANNE 276
ältester Mensch der Welt, 21.2.1875–4.8.1997

CAMUS, ALBERT 170, 185
Französischer Schriftsteller, 7.11.1913–4.1.1960
Camus erhielt 1957 den Nobelpreis für Literatur, seine bekanntesten Werke sind „Der Fremde" und „Die Pest".

CANETTI, ELIAS 93, 96
Schriftsteller, 25.7.1905–14.8.1994
1981 wurde Canetti mit dem Literaturnobelpreis ausgezeichnet, bekannt ist v. a. die autobiografische Trilogie „Die gerettete Zunge", „Die Fackel im Ohr" und „Das Augenspiel".

CANNING, GEORGE 181
Britischer Politiker, 11.4.1770–8.8.1827

CAPOTE, TRUMAN 50, 262
Amerikanischer Schriftsteller, 30.9.1924–25.8.1984

CARDINALE, CLAUDIA 252
Italienische Schauspielerin, geb. 15.4.1939

CARNEGIE, DALE 44, 60
Psychologe und Schriftsteller, 24.11.1888–1.11.1955

CAROSSA, HANS 282
Deutscher Schriftsteller, 15.12.1878–12.9.1956
Carossa praktiziert bis 1929 als Arzt. Schriftstellerisch war er ein Einzelgänger, fern aller literarischen Avantgarde, allein der abendländisch-humanistischen Tradition verpflichtet.

CÄSAR, GAJUS JULIUS 92, 151
Römischer Staatsmann, Feldherr und Schriftsteller, 13.7.100–15.3.44 v. Chr.

CASTRO, FIDEL 257
Kubanisches Staatsoberhaupt, geb. 13.8.1926

CHAMFORT 55, 87, 158, 184, 194, 238, 250, 301
Französischer Schriftsteller, 6.4.1741–13.4.1794

CHAMISSO, ADELBERT VON — 254
Deutscher Dichter und Naturforscher, 30.1.1781–21.8.1838
Weltruhm erlangte er durch die Geschichte des Mannes, der seinen Schatten verkaufte: „Peter Schlemihls wundersame Geschichte".

CHANEL, COCO — 41
Französische Modeschöpferin, 19.8.1883–10.1.1971

CHÉNIER, ANDRÉ — 226
Französischer Lyriker, 30.10.1762–25.7.1794
Wurde als Monarchist hingerichtet.

CHESTERFIELD, PHILIP DORMER STANHOPE LORD — 50, 73, 85, 238
Englischer Staatsmann, Vizekönig von Irland und Schriftsteller, 22.9.1694–24.3.1773

CHESTERTON, GILBERT KEITH — 122, 127
Englischer Schriftsteller, 29.5.1874–14.6.1936
Chesterton ist v. a. durch seine Krimiparodien mit Pater Brown bekannt, die später mit Heinz Rühmann in der Hauptrolle verfilmt wurden.

CHURCHILL, WINSTON — 37, 123, 124, 178, 195, 230, 240
Britischer Politiker und Schriftsteller, 30.11.1874–24.1.1965
Premierminister von 1940–1945 und von 1951–1955, Literatur-Nobelpreis 1953

CICERO, MARCUS TULLIUS — 75, 90, 157, 175, 228, 230, 234, 253, 258, 297
Römischer Staatsmann, Redner und Philosoph, 3.1.106–7.12.43 v. Chr.
Erfolgreicher Anwalt, verbreitete die griechische Philosophie in der römischen Welt.

CIORAN, EMILE M. — 241, 250, 280
Französisch-rumänischer Essayist und Philosoph, 8.4.1911–20.6.1995

CLAUDEL, PAUL — 87
Französischer Dichter, 6.8.1868–23.2.1955
Bruder der Bildhauerin Camille Claudel, seine Dichtung lebt aus dem katholischen Glauben, sein Hauptwerk ist „Der seidene Schuh".

CLAUDIUS, MATTHIAS — 58, 59, 89, 145
Deutscher Dichter, 15.8.1740–21.1.1815
Von ihm stammt der Text des berühmten Volksliedes „Der Mond ist aufgegangen".

COCTEAU, JEAN — 66
Französischer Dichter und Regisseur, 5.7.1889–11.10.1963
Berühmt sind Cocteaus Filme „La belle et la bête" und „Orphée".

COLETTE, SIDONIE GABRIELLE — 107
Französische Schriftstellerin, 28.1.1873–3.8.1954

CROMME, GERHARD   32
Industriemanager, geb. 25.2.1943
Vorstandsvorsitzender der Friedrich Krupp AG.

CROSBY, PHILIP B.   84
Amerikanischer Unternehmensberater, geb. 1926

D

DALÍ, SALVADOR   41
Spanischer Maler, 11.5.1904–23.1.1989
Exzentrischer Vertreter des Surrealismus, berühmt sind die Porträts seiner Frau Gala sowie
die Darstellung von fließenden Uhren (z. B. „Die Beständigkeit der Erinnerung").

DANTE ALIGHIERI   237
Italienischer Dichter, Mai 1265–14.9.1321
Sein Hauptwerk ist die „Göttliche Komödie".

DAVIDOFF, ZINO   64
Schweizerischer Unternehmer und Tabakhändler, 11.3.1906–14.1.1994

DELACROIX, EUGÉNE   256
Französischer Maler, 26.4.1798–13.8.1863
Delacroix gilt als der Hauptvertreter der französischen Romantik in der Malerei.

DEMOKRIT   49, 187, 275, 286
Griechischer Philosoph, ca. 470–380 v. Chr.

DEUTSCH, ERNST   102
Deutscher Schauspieler, 16.9.1890–22.3.1969

DISRAELI, BENJAMIN   179
Englischer Schriftsteller und Politiker, 21.12.1804–19.4.1881
Disraeli war 1868 und von 1874–1880 Premierminister.

DODERER, HEIMITO VON   211
Österreichischer Schriftsteller, 5.9.1896–23.12.1966
Bekannt wurde Heimito von Doderer durch den Roman „Strudlhofstiege".

DOUGLAS, NORMAN   65
Englischer Schriftsteller, 8.12.1868–9.2.1952

DROSTE-HÜLSHOFF, ANNETTE VON   246
Deutsche Dichterin, 10.1.1797–24.5.1848
Neben ihrem lyrischen Werk ist v. a. die Novelle „Die Judenbuche" bekannt geworden.

DUERR, HANS PETER   242
Deutscher Ethnologe, geb. 1943

DUMAS DER ÄLTERE, ALEXANDRE   270
Französischer Schriftsteller, 24.7.1802–5.12.1870
Dumas ist v. a. durch „Die drei Musketiere" und „Der Graf von Monte Christo" berühmt geworden.

DÜRRENMATT, FRIEDRICH   198
Schweizerischer Erzähler und Dramatiker, 5.1.1921–14.12.1990
Zu seinen bekanntesten Werken zählen: „Der Richter und sein Henker", „Grieche sucht Griechin", „Der Besuch der alten Dame" und „Die Physiker".

DUSE, ELEONORA   253
Italienische Schauspielerin, 3.10.1858–21.4.1924
Spielte vor allem in den Dramen ihres Freundes D'Annunzio, verkörperte den feinnervigen Frauentyp der Jahrhundertwende.

DUSSMANN, PETER   22, 77, 168
Deutscher Unternehmer, geb. 1938
Gründete 1963 die P. Dussmann GmbH, ein Dienstleistungsunternehmen, das inzwischen europaweit mit einem Jahresumsatz von 1,9 Mrd. DM 37.500 Mitarbeiter beschäftigt.

DYLAN, BOB   54
Amerikanischer Rockmusiker, geb. 24.5.1941

E

EBNER, MARTIN   19
Schweizerischer Banker, geb. 12.8.1945

EBNER-ESCHENBACH, MARIE VON   30, 44, 46, 57, 63, 70, 79, 83, 85, 96, 103, 104, 106, 113, 121, 127, 129, 135, 139, 149, 150, 153, 154, 157, 158, 161, 181, 186, 187, 188, 198, 201, 202, 205, 209
Österreichische Erzählerin, 13.9.1830–12.3.1916

ECO, UMBERTO   102
Italienischer Semiotiker und Schriftsteller, geb. 5.1.1932
Von Eco stammt der berühmte Roman „Der Name der Rose".

EDISON, THOMAS ALVA   35, 103, 263
Amerikanischer Erfinder, 2.11.1847–18.10.1931
Edison meldete weit über 1000 Patente an, darunter der Phonograph (1877) und die Glüh-
lampe (1879).

EICH, GÜNTHER   242
Deutscher Schriftsteller, 1.2.1907–20.12.1972
Mit der Schriftstellerin Ilse Aichinger verheiratet. Eich schrieb vor allem Gedichte und Hör-
spiele.

EICHENDORFF, JOSEPH VON   257
Deutscher Dichter, 10.3.1788–26.11.1857

EINSTEIN, ALBERT   31, 37, 62, 90, 100, 141, 161, 165, 175, 199, 251
Deutsch-amerikanischer Physiker, 14.3.1879–18.4.1955
Von ihm stammt die Relativitätstheorie zur Beschreibung der Struktur von Raum und Zeit.
1921 erhielt er den Nobelpreis für Physik.

EINSTEIN, CARL   138
Deutscher Schriftsteller, 26.4.1885–5.7.1940
Beim Einmarsch der deutschen Truppen beging Einstein Selbstmord.

EISENHOWER, DWIGHT D.   258
34. Präsident der USA, 14.10.1890–28.3.1969
Eisenhower war während des 2. Weltkrieges Oberbefehlshaber der US-Truppen, von 1950–
1952 NATO-Oberbefehlshaber, von 1953–1961 Präsident der USA.

ELIOT, GEORGE   131
Englische Schriftstellerin, 22.11.1819–22.12.1880

ELSNER, HANNELORE   220
Deutsche Schauspielerin, geb. 26.7.1944

EMERSON, RALPH WALDO   30, 70, 106, 171, 228
Amerikanischer Dichter und Philosoph, 25.5.1803–27.4.1882

EMGE, CARL AUGUST   5, 294
Deutscher Schriftsteller, 1886–1970

QUINTUS ENNIUS   193
Römischer Dichter, 239–169 v. Chr.
Führte den Hexameter in die römische Literatur ein.

EPIKTET   15, 47, 74, 97, 98, 201

Griechischer Philosoph, ca. 50–138

Geistige Unabhängigkeit und Genügsamkeit gehören zu den Hauptforderungen Epiktets, als Sklave wurde er von Nero freigelassen.

EPIKUR   135, 197, 204, 282, 301

Griechischer Philosoph, 341–270

Seine Lehre zielt auf Lebensglück und Freude frei von Schmerz und Unruhe. Die nach ihm benannte Lehre des Epikureismus steht für eine Lebenshaltung, deren einziges Ideal das persönliche Glück ist.

ERASMUS VON ROTTERDAM   56

Niederländischer Humanist, 28.10.1466/1469–12.7.1536

Erasmus von Rotterdam war ein umfassend gebildeter Humanist, der mit der gesamten europäischen Geisteswelt in Kontakt stand. Er forderte die Selbstständigkeit des Geistes, der uneingeschränkt von autoritären Traditionen wirken sollte.

ERHARD, LUDWIG   73

Deutscher Politiker (CDU), 4.2.1897–5.5.1977

Erhard setzte Ende der Vierziger-, Anfang der Fünfzigerjahre das Konzept der sozialen Marktwirtschaft durch und galt als der „Vater des deutschen Wirtschaftswunders". 1963–1966 war er Bundeskanzler.

ESSER, OTTO   29

Deutscher Unternehmer, geb. 1.6.1917

Esser war von 1978 bis 1986 BDI-Präsident.

EURIPIDES   53, 164, 201, 219, 243

Griechischer Dichter, 485 oder 484 oder um 480–406 v. Chr.

Von Euripides sind zahlreiche Tragödien erhalten, darunter „Medea", „Elektra", „Iphigenie bei den Tauren", „Bakchen".

F

FALLADA, HANS   135

Deutscher Schriftsteller, 21.7.1893–5.2.1947

Bekannt wurde Fallada für seine sozialkritischen Romane „Kleiner Mann – was nun?" und „Wer einmal aus dem Blechnapf frißt".

FAULKNER, WILLIAM   17, 218

Amerikanischer Schriftsteller, 25.9.1897–6.7.1962

1949 erhielt Faulkner den Nobelpreis für Literatur. Zu seinen bekanntesten Werken zählt „Requiem für eine Nonne", „Licht im August".

FEUCHTERSLEBEN, ERNST VON   234, 299
Österreichischer Schriftsteller, 29.4.1806–3.9.1849

FEUCHTWANGER, LION   258
Deutscher Schriftsteller, 7.7.1884–21.12.1958
Feuchtwangers bekanntesten Werke sind „Jud Süß", „Erfolg" und „Die Geschwister Oppermann".

FEUERBACH, LUDWIG   268
Deutscher Philosoph, 28.7.1804–13.9.1872
Das bekannteste Werk des Religionskritikers ist „Das Wesen des Christentums".

FICHTE, JOHANN GOTTLIEB   35, 44
Deutscher Philosoph, 19.5.1762–29.1.1814
Neben Hegel und Schelling gilt Fichte als bedeutendster Philosoph des deutschen Idealismus.

FLAUBERT, GUSTAVE   235, 251, 266
Französischer Dichter, 12.12.1821–8.5.1880
Flauberts berühmtestes Werk ist „Madame Bovary".

FLORA, PAUL   219
Österreichischer Grafiker und Karikaturist, geb. 29.6.1922

FOLDES, ANDOR   31
Pianist, Dirigent (USA / Ungarn), 21.12.1913–9.2.1992

FONTANE, THEODOR   1, 45, 47, 53, 57, 65, 87, 235, 239, 245, 260
Deutscher Schriftsteller, 30.12.1819–20.9.1898
Seine bekanntesten Werke sind „Effi Briest", „Irrungen, Wirrungen" und die „Wanderungen durch die Mark Brandenburg".

FORBES, MALCOLM STEVENSON   179
Amerikanischer Verleger, 19.8.1919–24.2.1990
Herausgeber des Wirtschaftsmagazins Forbes.

FORD, HENRY   32, 44, 49, 62, 64, 78, 120, 125, 160, 172, 197
Amerikanischer Automobilhersteller, 30.7.1863–7.4.1947
Gründer der Ford Motor Company, Ford führte die Fließbandproduktion ein.

FRANCE, ANATOLE   98, 249
Französischer Schriftsteller, 16.4.1844–12.10.1924
Erhielt 1921 den Nobelpreis für Literatur.

FRANKLIN, BENJAMIN   26, 54, 115, 170, 174, 291, 292, 298
Amerikanischer Schriftsteller, Naturwissenschaftler und Politiker, 17.1.1706–17.4.1790
Franklin war Mitunterzeichner der Unabhängigkeitserklärung von 1776. Seine Experimente zur Elektrizität führten zur Konstruktion von Blitzableitern.

FRIED, ERICH   80
Österreichischer Schriftsteller, 6.5.1921–22.11.1988
Seine Lyrik wurde geradezu zum Paradebeispiel politischer, engagierter Lyrik, 1987 erhielt er den Georg-Büchner-Preis.

FRIEDELL, EGON   97, 109, 122, 185
Österreichischer Schriftsteller, 21.1.1878–16.3.1938
Er arbeitete als Schauspieler, Kabarettist und Kritiker und schrieb vor allem Aphorismen und Essays. 1938 nahm er sich nach dem Einmarsch der deutschen Truppen in Österreich das Leben.

FRIEDRICH II.   212, 241
König von Preußen, 24.1.1712–17.8.1786
Auf das Konto Friedrichs des Großen gehen die Schlesischen Kriege und der Siebenjährige Krieg. Gleichzeitig gilt Friedrich der Große als bedeutender Förderer von Kunst und Wissenschaft.

FRISCH, MAX   102, 111, 158, 269, 296
Schweizerischer Schriftsteller, 15.5.1911–4.4.1991
Die bekanntesten Werke von Max Frisch sind „Homo faber", „Mein Name sei Gantenbein" und „Montauk".

FRÖBE, GERT   172
Deutscher Schauspieler, 25.2.1913–5.9.1988

FULLER, THOMAS   219
Englischer Theologe, Philosoph und Historiker, 1608–1661

G

GAARDER, JOSTEIN   38
Norwegischer Schriftsteller, Bestseller-Autor, geb. 8.8.1952
Von ihm stammt der Bestseller-Roman „Sofies Welt".

GABIN, JEAN   158, 253
Französischer Schauspieler, 17.5.1904–15.11.1976

GÁBOR, DENNIS   88
Englisch-ungarischer Physiker, 5.6.1900–9.2.1979
Erfinder der Holographie, 1971 erhielt er den Nobelpreis für Physik.

GANDHI, MAHATMA   99, 146, 279
Führer der indischen Unabhängigkeitsbewegung, 2.10.1869–30.1.1948
Entwickelte den gewaltlosen Widerstandes durch Verweigerung der Mitarbeit und zivilen
Ungehorsam als Methode; er wurde von einem fanatischen Hindu ermordet.

GAULLE, CHARLES DE   211
Französischer General und Politiker, 22.11.1890–9.11.1970
Seit 1943 Chef der französischen Exil-Regierung, 1958 wurde er zum ersten Präsidenten der
Fünften Republik gewählt, 1969 trat er zurück.

GEISSLER, HEINER   212, 223
Deutscher Politiker (CDU), geb. 3.3.1930

GELLERT, CHRISTIAN FÜRCHTEGOTT   56, 282
Deutscher Dichter, 4.7.1715–13.12.1769
Seine Fabeln und Erzählungen zählen zu den volkstümlichsten Dichtungen der Aufklärung.

GELLIUS, AULUS   69
Römischer Schriftsteller, ca. 2. Jh. n. Chr.

GENET, JEAN   138, 148
Französischer Schriftsteller, 19.12.1910–15.4.1986
Genet saß zahlreiche Gefängnisstrafen ab, wegen Raubes, Zuhälterei, Geldfälscherei,
Sexualdelikten u. a. Später wurde er auf Fürsprache Sartres, Cocteaus und Picassos von der
lebenslänglichen Haft begnadigt.

GERNHARDT, ROBERT   135, 192, 194, 207, 213, 251, 272
Deutscher Schriftsteller, geb. 13.12.1937

GETTY, JOHN PAUL   143
Amerikanischer Industrieller, Ölmilliardär, 15.12.1892–6.6.1976

GIDE, ANDRÉ   60, 96
Französischer Schriftsteller, 22.11.1869–19.2.1951
Er erhielt 1947 den Nobelpreis. Gide wendet sich gegen Normen und Konventionen und
proklamiert das Recht des Einzelnen auf eine selbstbestimmte Lebensgestaltung.

GMEINER, HERMANN   48
Österreichischer Sozialpädagoge, Gründer der SOS-Kinderdörfer, 23.6.1919–26.4.1986

GOES, ALBRECHT   273
Deutscher Schriftsteller und Pfarrer, 22.3.1908–23.2.2000

GOETHE, JOHANN WOLFGANG VON   5, 26, 30, 31, 36, 37, 38, 39, 40, 43, 44, 45, 47, 48, 53, 54, 56, 58, 59, 62, 64, 67, 71, 76, 78, 80, 81, 90, 96, 97, 99, 100, 103, 109, 111, 116, 118, 119, 120, 121, 124, 125, 128, 129, 130, 131, 132, 133, 134, 135, 137, 143, 148, 149, 151, 153, 154, 155, 156, 159, 160, 161, 163, 173, 174, 182, 188, 194, 195, 200, 203, 204, 205, 207, 210, 218, 219, 220, 222, 225, 226, 230, 231, 235, 243, 244, 250, 253, 255, 259, 268, 272, 273, 275, 277, 281, 286, 288, 290, 291, 293, 294
Deutscher Dichter, 28.8.1749–22.3.1832

GOETZ, CURT   61, 254
Schauspieler und Schriftsteller, 17.11.1888–12.9.1960
Goetz schrieb vor allem Gesellschaftskomödien, z. B. „Das Haus in Montevideo". Nach seiner Emigration im Jahr 1939 besaß er einige Jahre lang eine Hühnerfarm.

GOEUDEVERT, DANIEL   17, 25, 26, 172
Deutscher Industriemanager französischer Herkunft, geb. 31.1.1942

GOLDMANN, HEINZ M.   75, 76, 181
Unternehmensberater, geb. 11.8.1919

GORKI, MAXIM   38
Russischer Schriftsteller, 28.3.1868–18.6.1936

GÖTT, EMIL   96, 97, 159, 216, 264, 270
Deutscher Schriftsteller, 13.5.1864–13.4.1908

GOTTHELF, JEREMIAS   28, 30
Schweizerischer Pfarrer und Volksschriftsteller, 4.10.1797–22.10.1854

GRACIÁN Y MORALES, BALTASAR   78, 151, 184, 212
Spanischer Schriftsteller, 8.1.1602–6.12.1658
Jesuit, der vor allem durch seine pessimistischen Aphorismen „Handorakel" bekannt wurde, die Arthur Schopenhauer ins Deutsche übersetzt hat.

GREENAWAY, PETER   95, 108
Englischer Filmregisseur, geb. 5.4.1942
Bekannt wurde Greenaway durch Filme wie „Der Kontrakt des Zeichners", „Der Bauch des Architekten", „Der Koch, der Dieb, seine Frau und ihr Liebhaber"; „Prosperos Bücher".

GRILLPARZER, FRANZ 45, 106, 110, 111, 120, 139, 144,
150, 154, 214, 238, 262, 263, 293
Österreichischer Schriftsteller, 15.1.1791–21.1.1872
Seine bekanntesten Werke sind „König Ottokars Glück und Ende", „Weh' dem, der lügt" und „Ein Bruderzwist in Habsburg".

GRIMM, FRIEDRICH MELCHIOR 281
Deutscher Schriftsteller, 26.12.1723–19.12.1807

GRIMM, JACOB 199
Deutscher Sprach- und Literaturwissenschaftler, 4.1.1785–20.9.1863

GRUNDIG, MAX 234
Unternehmensgründer, 7.5.1908–8.12.1989

GUARDINI, ROMANO 28
Deutsch-italienischer Theologe und Religionsphilosoph, 17.2.1885–1.10.1968

GUARESCHI, GIOVANNI 247
Italienischer Schriftsteller, 1.5.1908–22.7.1968
Autor des berühmten satirischen Romans „Don Camillo und Peppone".

GUINNESS, ALEC 61
Englischer Schauspieler, 2.4.1914–5.8.2000

GULBRANSSON, OLAF 75
Norwegischer Maler, 26.5.1873–18.9.1958

GÜNTHER, JOACHIM 6
Deutscher Publizist, 13.2.1905–14.6.1990

GUTZKOW, KARL 79, 95, 119, 161, 207, 220, 221, 227
Deutscher Schriftsteller, 17.3.1811–16.12.1878
Er schrieb gesellschaftskritische, z. T. satirische Romane und Dramen.

H

HAGEDORN, FRIEDRICH VON 244
Deutscher Dichter, 23.4.1708–28.10.1754
Hagedorn schrieb spielerisch heitere Lyrik und Fabeln voller unbeschwerter Lebensfreude.

HANDY, CHARLES 24
Englischer Managementtheoretiker, geb. 1932

HASSENCAMP, OLIVER 74
Deutscher Schriftsteller, 1921–1988

HAUFF, WILHELM 226
Deutscher Dichter, 29.11.1802–18.11.1827

HAUPTMANN, GERHART 29, 30, 34, 35, 113, 152, 200, 245, 249
Deutscher Schriftsteller, 15.11.1862–6.6.1946
Erhielt 1912 den Nobelpreis für Literatur, sein berühmtestes Werk ist das soziale Drama „Die Weber".

HAVEL, VÁCLAV 278
Tschechischer Staatspräsident und Schriftsteller, geb. 5.10.1936
Havel war 1977 Mitbegründer und Sprecher der Bürgerrechtsbewegung „Charta 77", er wurde mehrfach inhaftiert (zuletzt 1989), 1989 erhielt er den Friedenspreis des Börsenvereins des Deutschen Buchhandels, 1991 den Karlspreis.

HEBBEL, CHRISTIAN FRIEDRICH 24, 48, 65, 79, 86, 95, 99, 102, 110,
112, 127, 139, 140, 148, 157, 159,
183, 195, 206, 208, 210, 220, 222,
226, 242, 264, 281, 299
Deutscher Dichter, 18.3.1813–13.12.1863
Hebbel gilt als der bedeutendste deutsche Dramatiker des 19. Jahrhunderts. Seine bekanntesten Dramen sind: „Maria Magdalene" und „Agnes Bernauer".

HEBEL, JOHANN PETER 26, 83, 85, 90, 126, 196, 221, 224, 237, 292, 301
Deutscher Dichter, 10.5.1760–22.9.1826
Bekannt v. a. durch seine Kalendergeschichten und Anekdoten.

HEGEL, GEORG WILHELM FRIEDRICH 235
Deutscher Philosoph, 27.8.1770–14.11.1831

HEIDEGGER, MARTIN 106
Deutscher Philosoph, 26.9.1889–26.5.1976

HEIMANN, MORITZ 27, 83, 139, 149, 178, 179, 184
Deutscher Verlagslektor und Schriftsteller, 19.7.1868–22.9.1925
Moritz Heimann war als langjähriger Lektor des S. Fischer Verlages eine Schlüsselfigur der deutschen Literatur. Heimann war mit Gerhart Hauptmann und Walther Rathenau befreundet.

HEINE, HEINRICH   3, 49, 83, 113, 115, 119, 148, 168, 170,
                                                   173, 214, 215, 217, 220, 239, 275, 299
Deutscher Dichter und Publizist, 13.12.1797–17.2.1856
Heine gilt als der bedeutendste deutsche Lyriker zwischen Romantik und Realismus. Er verstand es, romantische Schwermut mit geistreichem Spott zu verknüpfen. Heine verfasste
einerseits reine Stimmungslyrik im Volksliedton, später dann aber auch politische und scho-
nungslos zeitkritische Gedichte.

HEMINGWAY, ERNEST   53, 132, 279
Amerikanischer Schriftsteller, 21.7.1899–2.7.1961
Hemingway erhielt 1954 den Nobelpreis für Literatur. Seine bekanntesten Werke sind „Wem
die Stunde schlägt" und „Der alte Mann und das Meer".

HEPBURN, KATHARINE   248
Amerikanische Filmschauspielerin, 4.5.1929–20.1.1993

HERAKLIT   87
Griechischer Philosoph, ca. 550–480 v. Chr.

HERDER, JOHANN GOTTFRIED   36, 56, 253
Deutscher Philosoph und Dichter, 25.8.1744–18.12.1803

HERODOT   94, 151
Griechischer Geschichtsschreiber, ca. 490–430 v. Chr.

HERRHAUSEN, ALFRED   25, 175
Deutscher Bankmanager, 30.1.1930–30.11.1989
Vorstandssprecher der Deutschen Bank, er starb durch ein Attentat der RAF.

HERWEGH, GEORG   34, 107, 139
Deutscher Dichter und Revolutionär, 31.5.1817–7.4.1875

HERZOG, ROMAN   17, 229
Deutscher Jurist und Politiker (CDU), geb. 5.4.1934
Deutscher Bundespräsident von 1994–1999.

HESSE, HERMANN   47, 98, 254
Deutscher Dichter, 2.7.1877–9.8.1962
Hesses bekannteste Werke sind „Der Steppenwolf", „Narziß und Goldmund" sowie „Das
Glasperlenspiel", 1946 erhielt er den Nobelpreis für Literatur.

HEUSS, THEODOR   186
Deutscher Politiker (FDP), 31.1.1884–12.12.1963
Wurde 1949 erster Bundespräsident der BRD, 1959 erhielt er den Friedenspreis des Börsen-
vereins des Deutschen Buchhandels.

HEYSE, PAUL   244
Deutscher Schriftsteller, 15.3.1830–2.4.1914
Heyse erhielt 1910 den Nobelpreis.

HILDEBRANDT, DIETER   24, 42, 131, 207, 300
Deutscher Kabarettist, geb. 23.5.1927
Als Bühnenkabarettist ist Hildebrandt v. a. aus der Münchner Lach- und Schießgesellschaft bekannt, als Fernsehkabarettist aus seiner Sendung „Scheibenwischer".

HILDESHEIMER, WOLFGANG   156
Deutscher Schriftsteller, 9.12.1916–21.8.1991

HILTI, MICHAEL   22, 23, 25
Konzernchef der Hilti AG, geb. 14.11.1946
Hilti beschäftigt in seinem Unternehmen über 13.000 Mitarbeiter.

HITCHCOCK, ALFRED   179, 229, 254
Englischer Regisseur, 13.8.1899–29.4.1980
Sein Name steht exemplarisch für Thriller: „Bei Anruf – Mord", „Der unsichtbare Dritte", „Psycho", „Die Vögel".

HO CHI MINH   39
Vietnamesischer Politiker, 19.5.1890–3.9.1969
Mitbegründer der KP Indochinas in Hongkong, Führer des Kampfes um Unabhängigkeit Indochinas, ab 1945 Präsident der Demokratischen Republik Vietnam, ab 1954 Staatspräsident von Nord-Vietnam, treibende Kraft der Wiedervereinigung Vietnams unter kommunistischer Regierung, später Symbolfigur des vietnamesischen Kampfes gegen die USA.

HOBBES, THOMAS   152
Englischer Philosoph und Staatstheoretiker, 5.4.1588–4.12.1679

HØEG, PETER   104
Dänischer Schriftsteller, geb. 1957

HOFFMANN VON FALLERSLEBEN, AUGUST HEINRICH   159, 221, 260
Deutscher Lyriker und Germanist, 2.4.1798–19.1.1874
Er schrieb nationalliberal politische Lyrik, Dichter von „Alle Vögel sind schon da".

HOFMANNSTHAL, HUGO VON   72, 80, 89, 108, 109, 114, 121, 124, 142, 154, 158, 183, 216, 236, 240, 249, 262, 294, 300
Österreichischer Dichter, 1.2.1874–15.7.1929
Von Hofmannsthal stammt nicht nur das durch die Salzburger Festspiele bekannte Mysterienspiel „Jedermann", sondern auch das Opernlibretto für Richard Strauss' „Rosenkavalier".

HÖHLER, GERTRUD   74
Literaturwissenschaftlerin und Unternehmensberaterin, geb. 10.1.1941

HÖLDERLIN, FRIEDRICH   200, 246, 295
Deutscher Dichter, 20.3.1770–7.6.1843

HÖLTY, LUDWIG CHRISTOPH   276
Deutscher Dichter, 21.12.1748–1.9.1776
Gilt als Begründer der neueren deutschen Balladendichtung.

HOPE, BOB   169
Amerikanischer Komiker, geb. 29.5.1903

HORAZ   67, 132, 145, 193, 197
Römischer Dichter, 8.12.65–27.11.8 v. Chr.

HÖRBIGER, PAUL   123
Österreichischer Schauspieler, 29.4.1894–5.3.1981

HORVÁTH, ÖDÖN VON   55, 298
Ungarisch-deutscher Schriftsteller, 9.12.1901–1.6.1938
Bekannt sind seine Romane „Jugend ohne Gott" und „Ein Kind unserer Zeit". In seinem Werk demaskiert er die kleinbürgerliche Mentalität und setzt sich mit dem Wesen der Diktatur auseinander.

HUBBARD, ELBERT   161
Amerikanischer Schriftsteller, 1856–1915

HUCH, RICARDA   59, 290
Deutsche Schriftstellerin, 18.7.1864–17.11.1947

HUGHES, HOWARD R.   176
Amerikanischer Industrieller und Erfinder, 24.12.1905–5.4.1976

HUGO, VICTOR   263, 301
Französischer Dichter, 26.2.1802–22.5.1885
Gründer der französischen Romantik, Autor von „Der Glöckner von Notre Dame". Als demokratischer Abgeordneter trat er für liberale Ideen ein.

HUMBOLDT, WILHELM VON   32, 116, 256
Deutscher Philosoph, 22.6.1767–8.4.1835

HUNDERTWASSER, FRIEDENSREICH   33, 288, 291
Österreichischer Maler, 15.12.1928–19.2.2000

I

IACOCCA, LEE   16, 17, 29, 52, 84, 130, 221, 266
Amerikanischer Industriemanager, 15.10.1924

IBSEN, HENRIK   298
Norwegischer Dichter, 20.3.1828–23.5.1906
Seine bekanntesten Werke sind „Peer Gynt" und „Gespenster", Ibsen war ein radikaler Kritiker der gesellschaftlichen Verhältnisse.

IMDAHL, MARTIN   27, 287
Deutscher Unternehmer, geb. 1958
Gründete das Unternehmen Windsurfing Chiemsee, später Chiemsee Creation Textil Design GmbH sowie die Martin Imdahl Unternehmensberatung.

IMMERMANN, KARL LEBERECHT   31, 38, 120, 185
Deutscher Schriftsteller, 24.4.1796–25.8.1840

INGE, WILLIAM RALPH   117
Englischer Theologe, 1860–1954

J

JAMES, WILLIAM   214
Amerikanischer Philosoph und Psychologe, 11.1.1842–26.8.1910
Vertreter des amerikanischen Pragmatismus.

JASPERS, KARL   143, 190,191
Deutscher Philosoph, 23.2.1883–26.2.1969
Vertreter der Existenzphilosophie.

JEAN PAUL   79, 125, 152, 189, 209, 232, 249, 255, 260, 281
Deutscher Schriftsteller, 21.3.1763–14.11.1825

JEFFERSON, THOMAS   81
3. Präsident der USA, 13.4.1743–4.7.1826

JOCHMANN, CARL GUSTAV   183, 238
Deutscher Schriftsteller, 10.2.1789–24.7.1830

JOHNSON, PHILIP C.   290
Amerikanischer Architekt, geb. 8.7.1906
Von Johnson stammt u. a. die Kunsthalle in Bielefeld (1968). Er studierte bei W. Gropius und M. L. Breuer.

JOUVENEL, BERTRAND DE   33, 58
Französischer Schriftsteller, 1903-1979

JUNG, CARL GUSTAV   133
Schweizerischer Psychoanalytiker, 26.7.1875-6.6.1961

JÜNGER, FRIEDRICH GEORG   274
Deutscher Schriftsteller, 1.9.1898-20.7.1977
Nicht zu verwechseln mit seinem Bruder, dem Schriftsteller Ernst Jünger.

JUVENAL   225
Römischer Satiriker, ca. 50-128

K

KAFKA, FRANZ   253
Österreichischer Schriftsteller, 3.7.1883-3.6.1924

KALISCH, DAVID   272
Deutscher Schriftsteller, 23.2.1820-21.8.1872
Kalisch war Mitgründer der politisch-satirischen Zeitschrift „Kladderadatsch". Beruflich brachte er es vom Kaufmannslehrling bis zum Filialleiter.

KANT, HERMANN   200
Deutscher Schriftsteller, geb. 14.6.1926
Kant war von 1978-1990 Präsident des Schriftstellerverbandes der DDR. Sein bekanntestes Werk ist der Roman „Die Aula".

KANT, IMMANUEL   42, 85, 8, 105, 119, 121, 122, 212, 268, 281
Deutscher Philosoph, 22.4.1724-12.2.1804

KAO, JOHN   23
Professor an der Harvard University, Kreativitätstrainer, geb. 1952
John Kao studierte Medizin, Psychiatrie und Wirtschaft, er arbeitet an der Harvard Business School. Er gründete ein medizintechnisches Unternehmen und ist außerdem Konzertpianist und Filmproduzent („Sex, Lügen und Video").

KARAJAN, HERBERT VON   194
Österreichischer Dirigent, 5.4.1908-16.7.1989

KASCHNITZ, MARIE LUISE   256
Deutsche Schriftstellerin, 31.1.1901-10.10.1974
Marie-Luise Kaschnitz erhielt 1955 den Georg-Büchner-Preis.

KASPAROW, GARRY   264
Russischer Schachspieler, geb. 13.4.1963
Gewann 1985 die Schachweltmeisterschaft gegen A. J. Karpow, gegen den er sie 1986, 1987
und 1990 verteidigte.

KASPER, HANS   143, 210, 279
Deutscher Schriftsteller und Satiriker, geb. 24.5.1916
Er arbeitete als Journalist beim „Tagesspiegel", der „Welt" und bei der FAZ.

KASSNER, RUDOLF   293
Kulturphilosoph, 11.9.1873–1.4.1959

KATHARINA VON SIENA   42
Mystikerin und Dichterin, 25.3.1347–29.4.1380
Sie erreichte die Rückführung des Papsttums von Avignon nach Rom (Namenstag am
29. April).

KAYE, DANNY   19, 49, 147, 300
Amerikanischer Schauspieler, 18.1.1913–3.3.1987

KEKKONEN, URHO KALEVA   38
Finnischer Politiker, 3.9.1900–31.8.1986
1956–1981 Staatspräsident. Erhielt 1981 den Lenin-Friedenspreis der Sowjetunion.

KELLER, GOTTFRIED   30, 44, 142, 150, 212, 291
Schweizerischer Schriftsteller, 19.7.1819–15.7.1890

KELLER, HELEN   124
Amerikanische Schriftstellerin und Sozialreformerin, 27.6.1880–1.6.1968
Helen Keller war von ihrem 2. Lebensjahr an blind und taubstumm. Sie setzte sich für ein
internationales Einheitssystem der Blindenschrift ein.

KENNEDY, JOHN FITZGERALD   101
35. Präsident der USA, 29.5.1917–22.11.1963
Kennedy war von 1961–1963 Präsident, er wurde 1963 ermordet, die Umstände sind bis
heute nicht restlos geklärt.

KERN, OTTO   181
Deutscher Modemacher, geb. 1952

KESSEL, MARTIN   20, 131, 165, 233, 295
Deutscher Schriftsteller, 14.4.1901–14.4.1990
Er erhielt 1954 den Georg-Büchner-Preis, bekannt wurde v. a. seine satirische Erzählung
aus dem Angestelltenmilieu „Herrn Brechers Fiasko".

KESTEN, HERMANN
Deutscher Schriftsteller, 28.1.1900–3.5.1996
251

KIERKEGAARD, SØREN
Dänischer Theologe und Philosoph, 5.5.1813–11.11.1855
56, 202, 252, 279

KING, MARTIN LUTHER
Amerikanischer Bürgerrechtler, 15.1.1929–4.4.1968
89
Martin Luther King erhielt 1964 für seinen Kampf um Rassenintegration den Friedensnobelpreis. Er wurde von einem Fanatiker ermordet.

KINKEL, GOTTFRIED
Deutscher Schriftsteller, 11.8.1815–13.11.1882
126

KINKEL, KLAUS
Deutscher Politiker (FDP), geb. 17.12.1936
72

KIPLING, RUDYARD
Englischer Schriftsteller, 30.12.1865–18.1.1936
59
Er erhielt 1907 den Nobelpreis für Literatur. Kipling schrieb neben bedeutenden Kurzgeschichten u. a. die beiden Dschungelbücher und den Roman „Kim".

KLEIST, EWALD CHRISTIAN VON
Deutscher Dichter, 7.3.1715–24.8.1759
299
Ewald Kleist schrieb Naturdichtung und war eng mit Lessing befreundet. Er ist das Vorbild für den Tellheim aus Lessings „Minna von Barnhelm".

KLEIST, HEINRICH VON
Deutscher Dramatiker und Erzähler, 18.10.1777–21.11.1811
145, 194, 285
Seine bekanntesten Werke: die Komödie „Der zerbrochene Krug", das Drama „Penthesilea" und die Erzählung „Michael Kohlhaas", die den Konflikt zwischen persönlichem Rechtsempfinden und geltendem Recht zum Gegenstand hat.

KNIGGE, ADOLF FRANZ FRIEDRICH VON
Jurist und Schriftsteller, 16.10.1752–6.5.1796
45

KNIGHT, PHIL
Amerikanischer Industrieller, Gründer und Chef von Nike, geb. 24.2.1938
39

KOBJOLL, KLAUS
Deutscher Hotelier und Dozent für Marketing, geb. 1948
64, 80, 100
Wurde für sein „Kreativzentrum Schindlerhof" zum Unternehmer des Jahres 1997 gewählt und erhielt Preise für das innovativste Hotelkonzept.

KOKOSCHKA, OSKAR
Österreichischer Maler und Dichter, 1.3.1886–22.2.1980
246

KONFUZIUS   57, 74, 106, 126, 160, 272, 287
Chinesischer Philosoph, 551–479 v. Chr.

KOSTOLANY, ANDRÉ   36, 166, 167, 185, 277
Amerikanischer Finanzexperte und Publizist, geb. 2.9.1906–14.9.1999

KOTZEBUE, AUGUST VON   285
Deutscher Dramatiker, 3.5.1761–23.3.1819
Literarischer Gegner Goethes und der Romantiker, er schrieb mehr als 200 Dramen. 1819 wurde er von einem Studenten ermordet.

KRAUS, KARL   10, 34, 65, 66, 72, 89, 113, 177, 181, 189, 231, 242, 244, 249, 262, 285, 286, 296
Österreichischer Schriftsteller und Kritiker, 28.4.1874–12.6.1936
Kraus gilt als bitter satirischer und polemischer Zeitkritiker, dessen Werke eine sehr feinfühlige sprachliche Genauigkeit auszeichnen. Sein bekanntestes Werk: „Die letzten Tage der Menschheit".

KRITZFELD, RON   61
Deutscher Chemiekaufmann, geb. 1921

KUAN CHUNG TZU   27
Chinesischer Philosoph, 350–290 v. Chr.

KUDSZUS, HANS   100
Deutscher Schriftsteller, 1901–1977

KÜNG, HANS   293
Schweizerischer katholischer Theologe, geb. 19.3.1928

L

LA BRUYÉRE, JEAN DE   79, 241
Französischer Schriftsteller, 16.8.1645–10. oder 11.5.1696
Seine Werke gehören zur französischen Moralistik.

LA FONTAINE, JEAN DE   28, 137
Französischer Dichter, 8.7.1621–13.4.1695
Berühmt geworden ist er durch seine Fabeln, die v. a. auf Äsop und Phaedrus zurückgehen.

LAFONTAINE, OSKAR   72
Deutscher Politiker (SPD), geb. 16.9.1943

LAO TSE   69, 77, 105, 149, 208, 259, 286
Chinesischer Philosoph, 6. Jh. v. Chr.

LA ROCHEFOUCAULD, FRANÇOIS DE   222, 225, 296
Französischer Schriftsteller, 15.12.1613–17.3.1680
In seinen „Betrachtungen" stellt er den Menschen als rein vom Egoismus gesteuertes Wesen dar, die menschlichen Tugenden sind nichts anderes als versteckte Laster. La Rochefoucauld gilt als einer der bedeutendsten französischen Moralisten.

LAUB, GABRIEL   60, 162, 171
Deutsch-polnischer Schriftsteller, 24.10.1928–3.2.1998

LAUDA, NIKI   81, 84
Österreichischer Rennfahrer und Unternehmer, geb. 22.2.1949

LAY, RUPERT   74
Deutscher Jesuitenpater und Philosoph, geb. 1929

LEC, STANISLAW JERZY   163, 218, 230
Polnischer Lyriker, 6.3.1909–7.5.1966
Sein bekanntestes Werk sind seine Aphorismen „Unfrisierte Gedanken".

LE FORT, GERTRUD VON   119, 166, 186, 192, 236
Deutsche Schriftstellerin, 11.10.1876–1.11.1971
Ihr Werk befasst sich vor allem mit religiösen und historischen Themen.

LEIXNER, OTTO VON   191
Deutscher Schriftsteller, 1847–1907

LEJEUNE, ERICH J.   125, 164, 168, 288
Unternehmer und Motivationstrainer, geb. 1944

LEMBKE, ROBERT   8, 54, 170, 277
Deutscher Journalist und Quizmaster, 17.9.1913–14.1.1989

LEMMON, JACK   20
Amerikanischer Schauspieler und Regisseur, geb. 8.2.1925

LEONARDO DA VINCI   59, 78, 79, 124
Italienischer Maler, Bildhauer, Baumeister und Forscher, 15.4.1452–2.5.1519

LESSING, GOTTHOLD EPHRAIM   18, 38, 68, 70, 73, 83, 119, 129, 153, 164, 165, 183, 199, 206, 209, 216, 226, 240, 273, 274, 277
Deutscher Schriftsteller und Philosoph, 22.1.1729–15.2.1781
Dichter der Aufklärung, der sich für Vernunft, Humanität und Toleranz einsetzte. Sein bekanntestes Werk ist „Nathan der Weise".

LEWIS, JERRY   289
Amerikanischer Filmkomiker, geb. 16.3.1926

LICHTENBERG, GEORG CHRISTOPH   32, 37, 43, 55, 57, 76, 93, 99, 117, 120,
                                      147, 173, 179, 186, 191, 192, 198, 199,
                                      205, 209, 212, 230, 233, 274, 276, 295,
                                                            298, 300, 302
Deutscher Schriftsteller und Physiker, 1.7.1742–24.2.1799
Lichtenberg ist heute den meisten durch seine Sudelbücher bekannt, die er als Student
begonnen und bis an seine Lebensende weitergeführt hat. Sie enthalten bunt gemischte
Bemerkungen zur Literatur, Mathematik, Physik, private Notizen und Exzerpte.

LIEVEN, THEO   171, 265, 289
Unternehmer, Mitgründer der VOBIS AG, geb. 1952

LINCOLN, ABRAHAM   131, 231, 248
16. Präsident der USA, 12.2.1809–15.4.1865
Lincoln wurde von einem Rassenfanatiker im Theater erschossen.

LINDBERGH, CHARLES AUGUSTUS   94
Amerikanischer Flieger, 4.2.1902–26.8.1974
Lindbergh flog 1927 als erster Mensch allein von New York über den Atlantik nach Paris.

LINGG, HERMANN VON   245
Deutscher Dichter, 22.1.1820–18.6.1905

LISZT, FRANZ VON   164
Ungarischer Pianist und Komponist, 22.10.1811–31.7.1886

LITTBARSKI, PIERRE   245
Deutscher Fußballprofi, geb. 1960

LOHBERGER, HANS   99
Österreichischer Schriftsteller, 25.1.1920–4.10.1979

LOMBARDI, VINCE   46
Amerikanischer Footballtrainer, 1913–1970

LORIOT (VICCO VON BÜLOW)   242
Deutscher Satiriker, geb. 12.11.1923

LORTZING, ALBERT   250
Deutscher Operettenkomponist, 23.10.1801–21.1.1851
Einer seiner größten Erfolge war die komische Oper „Zar und Zimmermann".

LOWELL, JAMES RUSSELL   144, 205
Amerikanischer Schriftsteller und Professor an der Harvard University, 22.2.1819-12.8.1891

LUDWIG XIV.   138
Französischer König, 5.9.1638-1.9.1715
Ging als der Sonnenkönig in die Geschichte ein, der den absolutistischen Staat geprägt hat.

LUKIAN   63
Griechischer Satiriker, ca. 120-180
Polemisierte gegen religiöse Überlieferungen, Aberglauben und die Eitelkeit von Dichtern und Philosophen.

LUTHER, MARTIN   166, 228
Deutscher Reformator, 10.11.1483-18.2.1546

M

MAILER, NORMAN   80, 162
Amerikanischer Schriftsteller, geb. 31.1.1923

MAIWALD, PETER   156
Deutscher Schriftsteller, geb. 8.11.1946

MAIZIÉRE, LOTHAR DE   203
Deutscher Politiker (CDU), geb. 2.3.1940

MAKIHARA, MINORU   169
Präsident der Mitsubishi Corporation

MÂLE, ÉMILE   102
Französischer Kunsthistoriker, 2.6.1862-6.10.1954

MALRAUX, ANDRÉ   123
Französischer Politiker und Schriftsteller, 3.11.1901-23.11.1976

MANN, THOMAS   146, 240
Deutscher Schriftsteller, 6.6.1875-12.8.1955
Mit seinem Roman „Buddenbrooks" wurde Thomas Mann früh berühmt. 1929 erhielt er den Nobelpreis für Literatur. Weitere Werke: „Bekenntnisse des Hochstaplers Felix Krull", „Der Tod in Venedig", „Doktor Faustus" u. a.

MARIA THERESIA   245
Kaiserin, 13.5.1717-29.11.1780

MARC AUREL — 37, 76, 126, 217, 244, 267, 269
Römischer Kaiser, 26.4.121–17.3.180

MARC, FRANZ — 95
Deutscher Maler, 8.2.1880–4.3.1916
Marc war 1911 Mitbegründer des „Blauen Reiter", eines seiner berühmtesten Werke ist der „Turm der blauen Pferde".

MARCUSE, LUDWIG — 188, 210
Deutscher Philosoph und Literaturkritiker, 8.2.1894–2.8.1971

MARQUIS, DONALD — 80
Amerikanischer Schriftsteller, 29.7.1878–29.12.1937

MARQUISE DE POMPADOUR — 91
Mätresse Ludwigs XV., 29.12.1721–15.4.1764
Madame de Pompadour war eine Förderin von Wissenschaft und Kunst, die großen Einfluss auf Ludwig den XV. hatte. Das Volk konnte für ihren verschwenderischen Lebensstil allerdings keine Sympathie aufbringen.

MARTIAL — 255
Römischer Dichter, ca. 30–103

MARX, GROUCHO — 204
Filmkomiker, 2.10.1890–19.8.1977

MARX, KARL — 95, 175
Deutscher Philosoph und Politiker, 5.5.1818–14.3.1883

MASLOW, ABRAHAM — 218
Amerikanischer Psychologe, 1908–1970

MAUCHER, HELMUT — 75, 113
Schweizerischer Industriemanager, geb. 9.12.1927
Nestlé-Manager bis 2000. Maucher machte negative Schlagzeilen als er arbeitsunwillige, aber auch arbeitsunfähige und kranke Menschen als „Wohlstandsmüll" apostrophierte. 1997 wurde der Begriff zum Unwort des Jahres gewählt.

MAUGHAM, WILLIAM SOMERSET — 72, 164, 244, 292
Englischer Schriftsteller, 25.1.1874–16.12.1965

MAURIAC, FRANÇOIS — 259, 285
Französischer Schriftsteller, 11.10.1885–1.9.1970
Katholischer Romancier, während des 2. Weltkriegs in der Résistance tätig. 1952 erhielt er den Nobelpreis für Literatur.

MCNAMARA, ROBERT STRANGE   16
Amerikanischer Politiker, 1916–1997
Weltbankpräsident bis 1968.

MENANDER   125
Griechischer Dichter, 342/341–291/290 v. Chr.

MESSNER, REINHOLD   245, 266
Italienischer Bergsteiger, geb. 17.9.1944
Messner hat als Erster alle 14 Achttausender ohne Sauerstoffgerät bestiegen.

MEYER, CONRAD FERDINAND   183, 256
Schweizerischer Dichter, 11.10.1825–28.11.1898

MIELE, RUDOLF   23, 86, 234
Deutscher Unternehmer, geb. 4.11.1929

MILBERG, JOACHIM   91
Industriemanager, geb. 10.4.1943
BMW-Vorstandschef.

MILLER, ARTHUR   58
Amerikanischer Schriftsteller, geb. 17.10.1915

MILLER, HENRY   90, 199
Amerikanischer Schriftsteller, 26.12.1891–7.6.1980

MIRABEAU, HONORÉ GABRIEL RIQUETI GRAF   218
Französischer Publizist und Politiker, 9.3.1749–2.4.1791

MOLIÉRE   142, 230
Französischer Dramatiker, 15.1.1622–17.2.1673
Gilt als einer der größten Komödiendichter überhaupt. Seine bekanntesten Werke sind „Der Geizige", „Der eingebildete Kranke" und „Der Misanthrop".

MONTAIGNE, MICHEL DE   93, 230, 235, 238
Französischer Schriftsteller und Moralist, 28.2.1533–13.9.1592

MONTHERLANT, HENRY DE   270
Französischer Schriftsteller, 21.4.1896–21.9.1972
Schrieb Gewalt und Krieg verherrlichende sowie frauenfeindliche Romane.

MORAVIA, ALBERTO   181
Italienischer Schriftsteller, 28.11.1907–26.9.1990

MORGENSTERN, CHRISTIAN   82, 109, 112, 114, 130, 194, 198, 210, 211, 218, 256

Deutscher Schriftsteller, 6.5.1871–31.3.1914
Morgenstern schrieb Lyrik, Kinderlieder und Kabaretttexte.

MONTESQUIEU, CHARLES DE SECONDAT, BARON DE   147, 201, 229, 249

Französischer Schriftsteller und Staatsphilosoph, 18.1.1689–10.2.1755
Sein berühmtestes Werk sind die 1721 anonym erschienenen „Persischen Briefe", in denen er im Zeichen der Aufklärung die gesellschaftlichen und politischen Zustände unter Ludwig dem XVI. kritisiert.

MÖRIKE, EDUARD   251, 253

Deutscher Dichter, 8.9.1804–4.6.1875

MORITA, AKIO   33, 66, 91, 103, 104, 113

Japanischer Unternehmer, geb. 1931
Zusammen mit Masaru Ibuka gründete er 1946 das Unternehmen „Tokyo Tsushin Kogyo", das seit 1958 Sony heißt.

MOZART, WOLFGANG AMADEUS   283

Österreichischer Komponist, 27.1.1756–5.12.1791

MÜLLER, UWE RENALD   20, 21, 27, 29, 39, 94, 129, 155, 294

Deutscher Verleger und Autor, geb. 9.1.1954

MÜLLER-MICHAELIS, WOLFGANG   180

Unternehmensberater und Dozent für Kulturmanagement, geb. 1937

MUSIL, ROBERT   197, 232, 233, 241

Österreichischer Schriftsteller, 6.11.1880–15.4.1942
Seine bekanntesten Werke: „Die Verwirrungen des Zöglings Törleß" und „Der Mann ohne Eigenschaften".

N

NAHR, HELMAR   62, 68, 88, 92, 127, 134, 142, 162, 163, 167, 178, 223, 228

Deutscher Mathematiker und Wirtschaftswissenschaftler, 1931–1990

NAPOLEON I.   67, 153, 175, 202

Französischer Kaiser, 15.8.1769–5.5.1821

NERLINGER, MANFRED   172

Deutscher Gewichtheber, geb. 27.9.1960

NESTROY, JOHANN   80, 237, 270, 271, 273, 276

Österreichischer Dramatiker und Schauspieler, 7.12.1801–25.5.1862
Schrieb vor allem Volkskomödien und boshafte Gesellschaftssatiren, bekannt sind u. a. „Der
böse Geist Lumpazivagabundus oder Das liederliche Kleeblatt" und „Einen Jux will er sich
machen".

NIETZSCHE, FRIEDRICH   9, 30, 39, 68, 70, 80, 98, 128, 136, 145,
                                              180, 194, 203, 211, 221, 258, 298, 299

Deutscher Philosoph, 15.10.1844–25.8.1900
Zu seinen bekanntesten Werken gehören: „Menschliches, Allzumenschliches", „Also sprach
Zarathustra" und „Jenseits von Gut und Böse".

NIXDORF, HEINZ   172
Deutscher Computerindustrieller, 1925–1986

NIXON, RICHARD   22
37. Präsident der USA, geb. 9.1.1913
Präsident von 1969–1974. Auf Grund der Watergate-Affäre legte Nixon als erster amerikanischer Präsident sein Amt nieder.

NOVALIS   40, 58, 71, 83, 90, 108, 116, 123, 129, 137,
                                              138, 146, 174, 210, 225, 231, 243, 244, 253,
                                                             272, 278, 293, 296, 302

Deutscher Dichter der Romantik, 2.5.1772–25.3.1801

O

OESCH, EMIL   77, 157, 165, 224, 288
Schweizerischer Schriftsteller, 22.10.1894–1974

OETINGER, BOLKO VON   24, 94, 112, 113, 114, 127, 287
Unternehmensberater, geb. 1943

OETKER, AUGUST   56
Deutscher Unternehmer, 6.1.1862–15.1.1918

ONASSIS, ARISTOTELES   176, 177
Griechischer Reeder, 15.1.1906–15.3.1975

ORTEGA Y GASSET, JOSÉ   33, 79, 89, 101, 111, 186, 193, 198, 265
Spanischer Kulturphilosoph und Essayist, 9.5.1883–18.10.1955

ORWELL, GEORGE   130, 145
Englischer Schriftsteller, 25.6.1903–21.1.1950
Bekannt ist Orwell v. a. für seine Werke „Die Farm der Tiere" und „1984".

OSBORNE, JOHN   162
Englischer Dramatiker, 12.12.1929

OVID   40, 42, 49, 88, 142
Römischer Dichter, 43 v. Chr.–17 oder 18 n. Chr.
Sein bekanntestes Werk sind die 250 Mythen umfassenden „Metamorphosen".

P

PALLENBERG, MAX   133
Österreichischer Schauspieler, 18.12.1877–26.6.1934

PARKINSON, CYRIL NORTHCOTE   52, 55, 73, 81, 136, 150, 162, 179, 255
Englischer Historiker, Publizist (Parkinsonsches Gesetz), 30.7.1909–9.3.1993

PASCAL, BLAISE   45, 65, 230, 266
Philosoph und Mathematiker, 19.6.1623–19.8.1662

PATON, ALAN   192
Südafrikanischer Schriftsteller, 11.1.1903–12.4.1988

PAVESE, CESARE   33, 283
Italienischer Schriftsteller, 9.9.1908–27.8.1950

PENZIAS, ARNOLD   102
Amerikanischer Physiker, geb. 26.4.1933
Penzias entdeckte zusammen mit R. W. Wilson die kosmische Hintergrundstrahlung. 1978 erhielten beide den Nobelpreis für Physik.

PESTALOZZI, JOHANN HEINRICH   51, 120, 201, 203, 224
Schweizerischer Pädagoge und Sozialreformer, 12.1.1746–17.2.1827

PHAEDRUS   160
Römischer Fabeldichter, gest. um 50 nach Christus.

PICASSO, PABLO   116
Spanischer Maler, 25.10.1881–18.4.1973

PIERER, HEINRICH VON   93, 109, 162, 261
Vorstandsvorsitzender der Siemens AG, geb. 26.1.1941

PISCATOR, ERWIN 94
Deutscher Theaterregisseur, 17.12.1893–30.3.1966

PLATEN, AUGUST VON 96, 140, 238
Deutscher Dichter, 24.10.1796–5.12.1835

PLATON 120, 134, 190, 282
Griechischer Philosoph, ca. 428–348 v. Chr.
In seiner Ideenlehre postuliert Platon unwandelbare Ideen, darauf gründet er die Möglichkeit gesicherten Wissens. Im Bereich der Sinnendinge gibt es nur ungesicherte Meinung,
aber kein echtes Wissen.

PLATTNER, HASSO 146
Industriemanager, geb. 21.1.1944
Mitbegründer von SAP.

PLAUTUS 128
Römischer Komödiendichter, ca. 250–184 v. Chr.

PLINIUS DER JÜNGERE 255
Römischer Politiker und Schriftsteller, 61 oder 62–113

PLUTARCH 17, 224
Griechischer Schriftsteller, ca. 46–120

POE, EDGAR ALLAN 117
Amerikanischer Schriftsteller, 19.1.1809–7.10.1849
Poe ist vielen durch seine Kriminal- und Schauererzählungen bekannt.

POLGAR, ALFRED 236, 260, 284
Österreichischer Schriftsteller und Theaterkritiker, 17.10.1873–24.4.1955

POPE, ALEXANDER 118
Englischer Dichter, 21.5.1688–30.5.1744

POPPER, KARL 197, 301
Britisch-österreichischer Philosoph, 28.7.1902–17.9.1994

POSTMAN, NEIL 19
Amerikanischer Medienwissenschaftler, geb. 8.3.1931

PROPERZ 289
Römischer Elegiendichter, 50 bis ca. 16 v. Chr.

PYTHAGORAS 132, 272
Griechischer Mathematiker und Philosoph, ca. 570–480 v. Chr.

Q

QUINTILIAN, MARCUS FABIUS   202, 228
Römischer Redner, 30–96

R

RAABE, WILHELM   166, 183, 240
Deutscher Schriftsteller, 8.9.1831–15.11.1910

RADBRUCH, GUSTAV   24, 189
Deutscher Jurist, 21.11.1878–23.11.1949
Radbruch war 1921/22 und 1923 Reichsjustizminister (SPD), 1933 wurde er als erster deutscher Professor vom Amt enthoben. Rechtssicherheit, soziale Zweckmäßigkeit und Gerechtigkeit galten ihm als höchste Rechtswerte.

RANKE, LEOPOLD VON   294
Deutscher Historiker, 21.12.1795–23.5.1886

RATHENAU, WALTHER   71, 75, 266
Deutscher Industrieller und Politiker, 29.9.1867–24.6.1922
Aufsichtsratsvorsitzender der AEG, wirtschaftspolitischer Sachverständiger von der Reichsregierung bei den Versailler Konferenzen 1919, ab 1922 Außenminister, wurde aus politischen Motiven ermordet.

REINERS, LUDWIG   6
Deutscher Schriftsteller, 21.1.1896–10.8.1957

REITZ, ADOLF   196
Deutscher Essayist, 1884–1964

REMARQUE, ERICH MARIA   244
Deutscher Schriftsteller, 22.6.1898–25.9.1970
Das berühmteste Werk von Erich Maria Remarque ist der Antikriegsroman „Im Westen nichts Neues", der 1930 in den USA verfilmt wurde.

RENAN, ERNEST   184, 291
Französischer Religionshistoriker und Schriftsteller, 27.2.1823–2.10.1892

REPGOW, EIKE VON   68
Verfasser des Sachsenspiegels, ca. 1180–1233

REVON, CHARLES   67
Alt-Präsident von Revon

RIHM, WOLFGANG   108
Deutscher Komponist, geb. 13.3.1952

RILKE, RAINER MARIA   187, 239
Österreichischer Dichter, 4.12.1875–29.12.1926

RINGELNATZ, JOACHIM   60, 189
Deutscher Schriftsteller, 7.8.1883–17.11.1934

ROCKEFELLER, JOHN D.   290
Amerikanischer Industrieller, 8.7.1839–23.5.1937
Rockefeller war Mitbegründer des Standard Oil Trust, der zeitweise die gesamte Erdölwirtschaft Amerikas kontrollierte. Mit der Gründung der Rockefeller Foundation setzte er sich für die Förderung der Wissenschaften ein.

RODDICK, ANITA   33, 64, 65, 88, 168, 169, 172, 181, 287, 289
Unternehmerin, Gründerin von The Body Shop, geb. 1942

RODENSTOCK, RANDOLF   268, 288
Unternehmer, geb. 31.3.1948

RODENSTOCK, ROLF   20
Unternehmer, 1.7.1917–6.2.1997

ROLLENHAGEN, GEORG   200
Deutscher Dichter, 22.4.1542–20.5.1609

ROMER, PAUL M.   107
Amerikanischer Wirtschaftswissenschaftler, geb. 1957

ROMMEL, MANFRED   18, 82, 188
Deutscher Politiker (CDU), geb. 24.12.1928
Langjähriger Stuttgarter Oberbürgermeister.

ROOSEVELT, FRANKLIN DELANO   178, 220
32. Präsident der USA, 30.1.1882–12.4.1945

ROOSEVELT, THEODORE   25, 124
26. Präsident der USA, 27.10.1858–6.1.1919

ROSEGGER, PETER   115, 118, 245, 255, 280
Österreichischer Schriftsteller, 31.7.1843–26.6.1918

ROSENTHAL, PHILIP   19, 49, 91, 117, 143
Deutscher Unternehmer und Politiker (SPD), geb. 23.10.1916

ROUSSEAU, JEAN-JACQUES   136, 237, 298
Französischer Moralphilosoph und Schriftsteller, 28.6.1712–2.7.1778
Seine bekanntesten Werke: „Emile, oder über die Erziehung", „Du contrat social ...".

RÜCKERT, FRIEDRICH   68, 222, 243, 257
Deutscher Dichter, 16.5.1788–31.1.1866

RUSKIN, JOHN   233
Englischer Schriftsteller, Kunstkritiker und Sozialphilosoph, 8.2.1819–20.1.1900

RUSSELL, BERTRAND   28, 49, 88, 89, 102, 109, 110, 152, 175, 209, 222
Englischer Philosoph, 18.5.1872–2.2.1970
Erhielt 1950 den Nobelpreis für Literatur.

S

SACKS, OLIVER   70
Englischer Neurologe, geb. 1933

SAFRANSKI, RÜDIGER   211
Deutscher Schriftsteller, geb. 1.1.1945

SAINT-EXUPÉRY, ANTOINE DE   18, 20, 26, 208, 266
Französischer Schriftsteller und Pilot, 29.6.1900–31.7.1944
Weltberühmt wurde sein Werk „Der kleine Prinz". Sein Flugzeug wurde bei einem Aufklärungsflug über dem Mittelmeer abgeschossen.

SALLUST   153
Römischer Geschichtsschreiber, 86–35 v. Chr.

SANTAYANA, GEORGE   255
Amerikanischer Philosoph und Dichter, 16.12.1863–26.9.1952
Professor an der Harvard-University, sein kulturkritisches Hauptwerk „The life of reason or the phases of human progress" (5 Bände).

SARTRE, JEAN-PAUL   53, 282, 287
Französischer Philosoph und Schriftsteller, 21.6.1905–15.4.1980
Hat 1964 den Nobelpreis für Literatur abgelehnt, Lebensgefährte von Simone de Beauvoir.

SCHÄUBLE, WOLFGANG   216
Deutscher Politiker (CDU), geb. 18.9.1942

SCHAUKAL, RICHARD   17, 19, 97, 104, 105, 134, 137, 149, 213, 221, 274, 276, 300
Österreichischer Schriftsteller, 27.5.1874–10.10.1942

341

SCHEFFEL, JOSEPH VICTOR VON   220, 259
Deutscher Schriftsteller, 16.2.1826–9.4.1886

SCHELLING, FRIEDRICH WILHELM VON   290
Deutscher Philosoph, 27.1.1775–20.8.1854

SCHILLER, FRIEDRICH   20, 24, 31, 34, 43, 45, 56, 61, 62, 63, 66, 67,
96, 104, 114, 128, 130, 132, 136, 138, 142,
147, 148, 149, 151, 152, 154, 156, 165, 177,
179, 201, 202, 204, 205, 206, 210, 212, 216,
225, 231, 237, 240, 243, 247, 251, 258, 265,
269, 271, 272, 275, 278, 291, 297
Deutscher Dichter, 10.11.1759–9.5.1805

SCHLEGEL, FRIEDRICH   63, 122, 219, 263, 298
Deutscher Dichter, 10.3.1772–12.1.1829

SCHMIDT, ARNO   211
Deutscher Schriftsteller, 18.1.1914–3.6.1979

SCHMIDT, HELMUT   115, 137, 293
Deutscher Politiker (SPD), geb. 23.12.1918
1974–1982 deutscher Bundeskanzler.

SCHNEYDER, WERNER   71, 82, 242
Österreichischer Kabarettist und Schriftsteller, geb. 25.1.1937

SCHNITZLER, ARTHUR   51, 86, 105,108, 111, 118, 145, 153, 154, 160, 191,
215, 231, 235, 252, 255, 259, 264, 270, 302
Österreichischer Schriftsteller, 15.5.1862–21.10.1931

SCHOLL, HANS   47
Deutscher Student, Widerstand gegen das NS-Regime, 22.9.1918–22.2.1943

SCHOLZ, WILHELM VON   110, 115, 268
Deutscher Schriftsteller, 15.7.1874–29.5.1969
Wilhelm von Scholz war von 1926 bis 1928 Präsident der Preußischen Dichterakademie. In seinen Werken gehen traumhaft-okkulte und reale Bereiche ineinander über.

SCHOPENHAUER, ARTHUR   31, 58, 67, 77, 89, 93, 123, 158, 166, 171, 206, 228, 267, 276

Deutscher Philosoph, 22.2.1788–21.9.1860
Schopenhauer ist nicht nur für seinen philosophischen Pessimismus bekannt, sondern auch für seine extreme Frauenverachtung. Sein bekanntestes Werk ist „Die Welt als Wille und Vorstellung".

SCHRÖDER, GERHARD   36

Deutscher Politiker (SPD), 7.4.1944
Bundeskanzler seit 1998.

SCHWAB, GUSTAV   45

Pfarrer und Professor, 19.6.1792–4.11.1850

SCHWARZKOPF, NORMAN   26

US-amerikanischer General, geb. 22.8.1934

SCHWEITZER, ALBERT   52, 77, 90, 141, 192, 237

Deutsch-französischer Arzt, Kulturphilosoph und Musiker, 14.1.1875–4.9.1965
Gründete 1913 ein Tropenhospital an der afrikanischen Westküste, 1952 erhielt er den Friedensnobelpreis.

SCHWITTERS, KURT   240

Deutscher Schriftsteller und Maler, 20.6.1887–8.1.1948
Kurt Schwitters hatte enge Kontakte zur Dada-Bewegung. Seine eigene Kunst nannte er „Merzkunst". Von ihm stammt übrigens der Name „Commerz-Bank", den er aus einem Collagegeschnipsel erschuf.

SCOTT, WALTER   32

Schottischer Dichter, 15.8.1771–21.9.1832
Gilt als Begründer des historischen Romans, hat den Erfolg seines anonym erschienenen Romans „Waverley" geschickt genutzt und eine ganze Serie begonnen (insg. 27 Bände), erst 1827 gab er seine Identität preis.

SENECA, LUCIUS ANNAEUS   59, 118, 155, 158, 170, 189, 216, 247, 257, 283
Römischer Politiker, Philosoph und Dichter, ca. 4 v. Chr. – 65 n. Chr.

SERVAN-SCHREIBER, JEAN-JACQUES   75, 91
Französischer Journalist und Politiker, geb. 13.2.1924

SEUME, JOHANN GOTTFRIED   23, 95, 185, 192, 266
Deutscher Dichter, 29.1.1763–13.6.1810

SHAKESPEARE, WILLIAM   66, 67, 75, 134, 145, 150, 151,
                                     167, 199, 200, 243, 248, 269
Englischer Dramatiker, 26.4.1564–23.4.1616
Zumindest einige seiner Werke seien hier aufgezählt: „Romeo und Julia", „Macbeth", „Ein
Sommernachtstraum", „Der Widerspenstigen Zähmung", „Richard III.", „König Lear".

SHAW, GEORGE BERNARD   122, 197, 219, 292
Irischer Schriftsteller, 26.7.1856–2.11.1950

SIEMENS, WERNER VON   104, 106, 110, 116, 263
Deutscher Ingenieur und Unternehmer, 13.12.1816–6.12.1892

SIXT, ERICH   29, 233
Vorstandschef und Großaktionär des Autovermieters, geb. 25.6.1944

SKUPY, HANS-HORST   7
Slowakischer Schriftsteller und Aphoristiker, geb. 1.8.1942

SMILES, SAMUEL   46
Englischer Arzt und Sozialreformer, 23.12.1812–16.4.1904

SMITH, ADAM   115
Schottischer Nationalökonom und Moralphilosoph, 5.6.1723–17.7.1790

SMITH, FREDERICK W.   203
Amerikanischer Unternehmer, Gründer von Federal Express

SMITH, SYDNEY   131
Englischer Geistlicher, 3.6.1771–22.2.1845

SÖHLER, KARL-HEINZ   52, 199, 279
Deutscher Publizist, geb. 23.9.1923

SÖHNKER, HANS   41
Deutscher Schauspieler, 11.10.1903–20.4.1981

SOKRATES   52, 91, 122, 256
Griechischer Philosoph, ca. 470–399 v. Chr.
Von Sokrates gibt es keine schriftlichen Überlieferungen, er lehrte ausschließlich mündlich.
Besonders Platon machte seine Lehre bekannt. Sokrates wurde unterstellt, neue Götter ein-
geführt zu haben und die Jugend zu verführen. Man verurteilte ihn deshalb zum Tod durch
den Schierlingsbecher.

SOMMER, RON   107, 163, 262, 263
Industriemanager, geb. 1949
Vorstandsvorsitzender der Deutschen Telekom AG.

SONNENSCHEIN, CARL 46
Theologe, 15.7.1876–20.2.1929

SONTAG, SUSAN 187
Amerikanische Schriftstellerin, geb. 28.1.1933

SOPHOKLES 26, 247
Griechischer Tragiker, ca. 496–406 v. Chr.
Seine bekanntesten Werke sind „König Ödipus", „Elektra" und „Antigone".

SPAAK, PAUL HENRI 147
Belgischer Politiker, 25.1.1899–31.7.1972
Außenminister, später Ministerpräsident, setzte sich für die europäische Einigung ein, 1957–61 Generalsekretär der NATO.

SPERBER, MANÈS 226
Deutsch-französischer Schriftsteller, 12.12.1905–5.2.1984
1975 erhielt Sperber den Georg-Büchner-Preis, 1983 den Friedenspreis des Börsenvereins des Deutschen Buchhandels. Sein wohl bekanntestes Werk ist die Romantrilogie „Wie eine Träne im Ozean".

SPRENGER, REINHARD K. 19
Deutscher Unternehmensberater und Publizist

STARLING, ERNEST 240
Amerikanischer Arzt, 1866–1927

STEIN, GERTRUDE 138
Amerikanische Schriftstellerin, 3.2.1874–27.7.1946
Gertrude Stein war eine revolutionierende experimentelle Schriftstellerin und ein bedeutende Kunstsammlerin. Sie führte in Paris einen Salon, in dem sich u. a. Picasso, Matisse und Braque trafen.

STEINBECK, JOHN 18
Amerikanischer Schriftsteller, 27.2.1902–20.12.1968
1962 Nobelpreis für Literatur, bis heute einer der meistgelesenen Schriftsteller Amerikas. Sein bekanntestes Werk ist der Roman „Früchte des Zorns".

STEPHAN, KILIAN EMMERICH 169
Ökonom, 3.5.1867–3.7.1930

STEVENSON, ROBERT LOUIS BALFOUR 54
Schottischer Schriftsteller, 13.11.1850–3.12.1894

STOLLMANN, JOST   25, 66, 286
Deutscher Unternehmer, geb. 1955
Gründete 1984 mit wenigen Mitarbeitern die CompuNet AG.

STORM, THEODOR   70, 214
Deutscher Schriftsteller, 14.9.1817–4.7.1888

STRINDBERG, AUGUST   118
Schwedischer Dichter, 22.1.1849–14.5.1912

SWIFT, JONATHAN   39
Irisch-englischer Schriftsteller, 30.1.1667–19.10.1745
Verfasser des satirischen Romans „Gullivers Reisen", vertrat die Interessen der irischen Bevölkerung gegen die Engländer.

T

TAINE, HIPPOLYTE   299
Französischer Kulturkritiker und Historiker, 21.4.1828–5.3.1893

TATI, JACQUES   193
Französischer Schauspieler und Regisseur, 9.10.1908–4.11.1982

THEODOSIUS MACROBIUS   176
Ca. 4./5. Jh. n. Chr.

THERESIA VON LISIEUX   55
2.1.1873–30.9.1897

THIESS, FRANK   38
Deutscher Schriftsteller, 13.3.1890–22.12.1977
Thieß ist ein Vertreter der sog. „inneren Emigration". Mit seinen Romanen „Tsushima" und „Das Reich der Dämonen" erreichte er Riesenauflagen.

THOMAS VON AQUIN   174
Italienischer Theologe und Philosoph, 1225–7.3.1274

THOMSON OF FLEET, ROY HERBERT LORD   37
Kanadisch-britischer Zeitungsverleger, 1894–1976

TIECK, LUDWIG   149
Deutscher Schriftsteller, 31.5.1773–28.4.1853

TOMINAGA, MINORU   29
Berater, geb. 1950

TRIOLET, ELSA   282
Französische Schriftstellerin, 25.9.1896–16.6.1970
Die engagierte Kommunistin, seit 1939 mit Louis Aragon verheiratet, war Mitglied der
Résistance; sie schrieb gesellschaftskritische Romane.

TRØJBORG, JAN   107
Dänischer Minister für Entwicklungszusammenarbeit

TRUFFAUT, FRANÇOIS   240
Französischer Filmregisseur, 6.2.1932–21.10.1984

TSCHECHOW, ANTON   253
Russischer Schriftsteller, 29.1.1860–15.7.1904

TUCHOLSKY, KURT   52, 71, 82, 85, 130, 147, 152,
                                             173, 177, 182, 226, 236, 297
Deutscher Schriftsteller und Journalist, 9.1.1890–21.12.1935
Tucholsky gilt als einer der bedeutendsten deutschen Satiriker, 1933 wurde er ausgebürgert,
seine Bücher verbrannt, seine Werke richten sich vor allem gegen Militarismus und Natio-
nalismus. Beging 1935 Selbstmord.

TURGENJEW, IWAN   57
Russischer Dichter, 9.11.1818–3.9.1883

TWAIN, MARK   48, 54, 58, 70, 90, 150, 156, 163, 169,
                                         171, 190, 197, 229, 268, 286, 296
Amerikanischer Schriftsteller, 30.11.1835–21.4.1910
Seine Bücher „Tom Sawyers Abenteuer" und „Huckleberry Finns Abenteuer" waren Welt-
erfolge.

U

UHLAND, LUDWIG   207, 273
Deutscher Dichter, 26.4.1787–13.11.1862

UHSE, BEATE   37, 52, 77, 87, 101, 142, 171, 173
Unternehmerin, geb. 25.10.1919
Gründerin des größten deutschen Erotikunternehmens, Grande dame der Erotikbranche.

USTINOV, PETER   195
Englischer Schauspieler, Regisseur und Schriftsteller, geb. 16.4.1921

V

VALENTIN, KARL   42, 71, 274, 297
Bayerischer Komiker und Schriftsteller, 4.6.1882–9.2.1948

VALERIUS MAXIMUS   19, 41, 200
1. Jh. n. Chr.

VALÉRY, PAUL   258
Französischer Schriftsteller, 30.10.1871–20.7.1945

VAUVENARGUES, LUC DE CLAPIER   37
Französischer Schriftsteller, 6.8.1715–28.5.1747
Freund Voltaires, seine philosophischen Reflexionen richten sich gegen den Rationalismus.

VERGIL   44, 283
Römischer Dichter, 15.10.70–21.9.19 v. Chr.
Sein bekanntestes Werk ist die „Äneis", in denen er im Anschluss an Homer die Irrfahrten der Trojaner unter Äneas' Führung beschreibt.

VISCHER, FRIEDRICH THEODOR   126
Deutscher Schriftsteller und Philosoph, 30.6.1807–14.9.1887

VOLTAIRE   65, 145, 146, 177, 257, 270, 271, 279
Französischer Schriftsteller und Philosoph, 21.11.1694–30.5.1778
Voltaire ist ein Exponent der Aufklärung. Im Zeichen der Vernunft kritisierte er die absolutistische Monarchie, Klerus und Kirche, wie überhaupt Ignoranz und Fanatismus.

W

WAGGERL, KARL HEINRICH   51, 66, 69, 88, 101, 128, 136, 140, 143, 144, 148, 189, 191, 196, 198, 209, 234, 248, 271, 273, 298
Österreichischer Schriftsteller, 10.12.1897–4.12.1973

WATSON, THOMAS J.   93
Manager

WAUGH, EVELYN ARTHUR   248
Englischer Schriftsteller, 28.10.1903–10.4.1966

WEBER, KARL JULIUS   203
Deutscher Jurist, 16.4.1767–20.7.1832

WEBER, MAX   71, 103
Deutscher Wirtschafts- und Sozialwissenschaftler, 21.4.1864–14.6.1920

WEERTH, GEORG   108
Deutscher Schriftsteller, 17.2.1822–30.7.1856

WEISS, ERNST   130
Österreichischer Schriftsteller, 28.8.1884–15.6.1940

WEIZSÄCKER, CARL FRIEDRICH VON   89, 94, 95
Deutscher Physiker und Philosoph, geb. 28.6.1912
1963 mit dem Friedenspreis des Deutschen Buchhandels ausgezeichnet.

WELLS, HERBERT GEORGE   43, 278
Englischer Schriftsteller, 21.9.1866–13.8.1946

WERFEL, FRANZ   39
Österreichischer Schriftsteller, 10.9.1890–26.8.1945
Nach dem ersten Weltkrieg heiratete Werfel Alma Mahler, die Witwe Gustav Mahlers. Er starb in der Emigration in den USA. Zum Welterfolg wurde sein Roman „Das Lied von Bernadette", mit dem er ein Gelübde einhielt: Sollte er den NS-Schergen entkommen, würde er das Leben der Bernadette von Soubirous aufzeichnen.

WEST, MAE   72
Amerikanische Schauspielerin, 17.8.1893–22.11.1980

WESTWOOD, VIVIENNE   163
Englische Modeschöpferin, geb. 8.4.1941
Sie gilt als die Mitbegründerin der Punk-Bewegung und als eine der meistkopierten Designerinnen.

WEVER, ULRICH A.   17
Generalbevollmächtigter i. R. der Hypobank, geb. 1928

WHISTLER, JAMES MCNEILL   234
Amerikanisch-englischer Maler, 10.7.1834–17.7.1903

WHITEHEAD, ALFRED NORTH   101
Englischer Mathematiker und Philosoph, 15.2.1861–30.12.1947
Das berühmteste Werk Whiteheads hat er zusammen mit seinem Schüler Bertrand Russell verfasst, die „Principia Mathematica".

WIEDEKING, WENDELIN   86
Porsche-Vorstand, geb. 28.8.1952

WIELAND, CHRISTOPH MARTIN   177, 214, 275
Deutscher Dichter, 5.9.1733–20.1.1813

WILDE, OSCAR — 55, 57, 81, 106, 133, 150, 166, 173, 178, 182, 184, 187, 192, 203, 213, 219, 237, 238, 248, 250, 259, 284, 296, 301

Englischer Schriftsteller, 16.10.1856–30.11.1900
Vertreter des literarischen Ästhetizismus, bekanntestes Werk „Dorian Gray".

WILDER, BILLY — 68
Österreichisch-amerikanischer Filmregisseur, 22.6.1906
Wilder emigrierte 1933 zuerst nach Frankreich, dann in die USA. Berühmt wurde er mit Filmen wie: „Zeugin der Anklage", „Manche mögen's heiß", „Das Apartment", „Buddy, Buddy".

WILHELM VON ORANIEN — 65
König von England, Schottland und Irland, 14.11.1650–19.3.1702

WILLIAMS, TENNESSEE — 153
Amerikanischer Dramatiker, 26.3.1911–25.2.1983
Seine bekanntesten Theaterstücke sind „Die Glasmenagerie", „Die Katze auf dem heißen Blechdach" und „Endstation Sehnsucht".

WINCKELMANN, JOHANN JOACHIM — 167
Deutscher Archäologe, 9.12.1717–8.6.1768
Winckelmann gilt als Begründer der Archäologie. Seine Studien zur Antike (von ihm stammt der Ausspruch „edle Einfalt und stille Größe") prägten das Schönheitsideal der deutschen Klassik.

WIRZ, ADOLF — 63
Schweizerischer Werbefachmann, 26.1.1906–2.8.1997

WISSER, CLAUS — 78
Deutscher Unternehmer, geb. 1942

WITTGENSTEIN, LUDWIG — 61, 156, 301
Österreichischer Philosoph, 26.4.1889–29.4.1951
Sein bekanntestes Werk ist der „Tractatus logico-philosophicus".

WOLFF, PIUS ALEXANDER — 231
Deutscher Schriftsteller, 3.5.1782–28.8.1828

WOLFRAM VON ESCHENBACH — 50
Mittelhochdeutscher Dichter, ca. 1170/80–1220

WONDRATSCHEK, WOLF — 138
Deutscher Schriftsteller, geb. 14.8.1943

X

XENOPHON   271
Griechischer Geschichtsschreiber, ca. 430–354

Y

YOUNG, EDWARD   57
Englischer Dichter, 3.7.1683–5.4.1765

Z

ZUCKMAYER, CARL   47
Deutscher Schriftsteller, 27.12.1896–18.1.1977
Von Carl Zuckmayer stammt das berühmte, immer wieder verfilmte Stück „Der Hauptmann von Köpenick".

ZWEIG, STEFAN   140
Österreichischer Schriftsteller, 28.11.1881–23.2.1942
Stefan Zweig schrieb neben einer Autobiografie und zahlreichen Essays berühmte Novellen (z. B. „Verwirrung der Gefühle", „Brennendes Geheimnis") und den Roman „Ungeduld des Herzens". Zusammen mit seiner Frau nahm er sich in der Emigration das Leben.

Jahrestage

In diesem Kapitel sind die Geburts- und Sterbedaten der Autoren dieses Buches nach Kalendertagen geordnet. Nutzen Sie die Möglichkeit, am Tag Ihrer Rede das passende Zitat eines Autors zu nehmen, der an eben diesem Tag einen Jahrestag hat.

Januar

02.01.1873 * THERESIA VON LISIEUX (02.01.1873–30.09.1897)

02.01.1920 * ISAAC ASIMOV (02.01.1920–06.04.1992)

04.01.1785 * JACOB GRIMM (04.01.1785–20.09.1863)

04.01.1960 † ALBERT CAMUS (07.11.1913–04.01.1960)

05.01.1805 † GOTTLOB WILHELM BURMANN (18.05.1737–05.01.1805)

05.01.1876 * KONRAD ADENAUER (05.01.1876–19.04.1967)

05.01.1921 * FRIEDRICH DÜRRENMATT (05.01.1921–14.12.1990)

06.01.1862 * AUGUST OETKER (06.01.1862–15.01.1918)

06.01.1919 † THEODORE ROOSEVELT (27.10.1858–06.01.1919)

08.01.1602 * BALTASAR GRACIÁN Y MORALES (08.01.1602–06.12.1658)

08.01.1919 † PETER ALTENBERG (09.03.1859–08.01.1919)

08.01.1948 † KURT SCHWITTERS (20.06.1887–08.01.1948)

09.01.1890 * KURT TUCHOLSKY (09.01.1890–21.12.1935)

09.01.1908 † WILHELM BUSCH (15.04.1832–09.01.1908)

09.01.1954 * UWE RENALD MÜLLER (geb. 09.01.1954)

10.01.1797 * ANNETTE VON DROSTE-HÜLSHOFF (10.01.1797–24.05.1848)

10.01.1931 * HELMUT ARNTZEN (geb. 10.01.1931)

10.01.1941 *   GERTRUD HÖHLER (geb. 10.01.1941)

10.01.1971 †   COCO CHANEL (19.08.1883–10.01.1971)

11.01.1842 *   WILLIAM JAMES (11.01.1842–26.08.1910)

11.01.1903 *   ALAN PATON (11.01.1903–12.04.1988)

12.01.1746 *   JOHANN HEINRICH PESTALOZZI (12.01.1746–17.02.1827)

12.01.1829 †   FRIEDRICH SCHLEGEL (10.03.1772–12.01.1829)

12.01.1935 *   WOODY ALLEN (geb. 12.01.1935)

14.01.1875 *   ALBERT SCHWEITZER (14.01.1875–04.09.1965)

14.01.1989 †   ROBERT LEMBKE (17.09.1913–14.01.1989)

14.01.1994 †   ZINO DAVIDOFF (11.03.1906–14.01.1994)

15.01.1622 *   MOLIÉRE (15.01.1622–17.02.1673)

15.01.1791 *   FRANZ GRILLPARZER (15.01.1791–21.01.1872)

15.01.1906 *   ARISTOTELES ONASSIS (15.01.1906–15.03.1975)

15.01.1918 †   AUGUST OETKER (06.01.1862–15.01.1918)

15.01.1929 *   MARTIN LUTHER KING (15.01.1929–04.04.1968)

17.01.1706 *   BENJAMIN FRANKLIN (17.01.1706–17.04.1790)

18.01.1689 *   CHARLES DE SECONDAT, BARON DE MONTESQUIEU (18.01.1689–10.02.1755)

18.01.1913 *   DANNY KAYE (18.01.1913–03.03.1987)

18.01.1914 *   ARNO SCHMIDT (18.01.1914–03.06.1979)

18.01.1936 †   RUDYARD KIPLING (30.12.1865–18.01.1936)

18.01.1977 †   CARL ZUCKMAYER (27.12.1896–18.01.1977)

19.01.1809 *   EDGAR ALLAN POE (19.01.1809–07.10.1849)

19.01.1874 †   AUGUST HEINRICH HOFFMANN VON FALLERSLEBEN (02.04.1798–19.01.1874)

20.01.1813 † CHRISTOPH MARTIN WIELAND (05.09.1733–20.01.1813)

20.01.1900 † JOHN RUSKIN (08.02.1819–20.01.1900)

20.01.1993 † KATHARINE HEPBURN (04.05.1929–20.01.1993)

21.01.1815 † MATTHIAS CLAUDIUS (15.08.1740–21.01.1815)

21.01.1851 † ALBERT LORTZING (23.10.1801–21.01.1851)

21.01.1872 † FRANZ GRILLPARZER (15.01.1791–21.01.1872)

21.01.1878 * EGON FRIEDELL (21.01.1878–16.03.1938)

21.01.1896 * LUDWIG REINERS (21.01.1896–10.08.1957)

21.01.1944 * HASSO PLATTNER (geb. 21.01.1944)

21.01.1950 † GEORGE ORWELL (25.06.1903–21.01.1950)

22.01.1561 * FRANCIS BACON (22.01.1561–09.04.1626)

22.01.1729 * GOTTHOLD EPHRAIM LESSING (22.01.1729–15.02.1781)

22.01.1788 * LORD BYRON (22.01.1788–19.04.1824)

22.01.1820 * HERMANN VON LINGG (22.01.1820–18.06.1905)

22.01.1849 * AUGUST STRINDBERG (22.01.1849–14.05.1912)

23.01.1938 * GEORG BASELITZ (geb. 23.01.1938)

23.01.1989 † SALVADOR DALÍ (11.05.1904–23.01.1989)

24.01.1712 * FRIEDRICH II. (24.01.1712–17.08.1786)

24.01.1965 † WINSTON CHURCHILL (30.11.1874–24.01.1965)

25.01.1874 * WILLIAM SOMERSET MAUGHAM (25.01.1874–16.12.1965)

25.01.1899 * PAUL HENRI SPAAK (25.01.1899–31.07.1972)

25.01.1920 * HANS LOHBERGER (25.01.1920–04.10.1979)

25.01.1937 * WERNER SCHNEYDER (geb. 25.01.1937)

26.01.1906 * ADOLF WIRZ (26.01.1906–02.08.1997)

26.01.1941 * HEINRICH VON PIERER (geb. 26.01.1941)

27.01.1756 *   WOLFGANG AMADEUS MOZART (27.01.1756–05.12.1791)

27.01.1775 *   FRIEDRICH WILHELM VON SCHELLING
(27.01.1775–20.08.1854)

28.01.1873 *   SIDONIE GABRIELLE COLETTE (28.01.1873–03.08.1954)

28.01.1900 *   HERMANN KESTEN (28.01.1900–03.05.1996)

28.01.1933 *   SUSAN SONTAG (geb. 28.01.1933)

29.01.1763 *   JOHANN GOTTFRIED SEUME (29.01.1763–13.06.1810)

29.01.1814 †   JOHANN GOTTLIEB FICHTE (19.05.1762–29.01.1814)

29.01.1860 *   ANTON TSCHECHOW (29.01.1860–15.07.1904)

30.01.1667 *   JONATHAN SWIFT (30.01.1667–19.10.1745)

30.01.1781 *   ADELBERT VON CHAMISSO (30.01.1781–21.08.1838)

30.01.1882 *   FRANKLIN DELANO ROOSEVELT (30.01.1882–12.04.1945)

30.01.1930 *   ALFRED HERRHAUSEN (30.01.1930–30.11.1989)

30.01.1948 †   MAHATMA GANDHI (02.10.1869–30.01.1948)

31.01.1866 †   FRIEDRICH RÜCKERT (16.05.1788–31.01.1866)

31.01.1884 *   THEODOR HEUSS (31.01.1884–12.12.1963)

31.01.1901 *   MARIE LUISE KASCHNITZ (31.01.1901–10.10.1974)

31.01.1923 *   NORMAN MAILER (geb. 31.01.1923)

31.01.1942 *   DANIEL GOEUDEVERT (geb. 31.01.1942)

Februar

01.02.1874 *   HUGO VON HOFMANNSTHAL (01.02.1874–15.07.1929)

01.02.1907 *   GÜNTHER EICH (01.02.1907–20.12.1972)

01.02.1910 †   OTTO JULIUS BIERBAUM (28.06.1865–01.02.1910)

02.02.1970 †   BERTRAND RUSSELL (18.05.1872–02.02.1970)

03.02.1874 *   GERTRUDE STEIN (03.02.1874–27.07.1946)

03.02.1998 †   GABRIEL LAUB (24.10.1928–03.02.1998)

04.02.1897 *   LUDWIG ERHARD (04.02.1897–05.05.1977)

04.02.1902 *   CHARLES AUGUSTUS LINDBERGH (04.02.1902–26.08.1974)

05.02.1947 †   HANS FALLADA (21.07.1893–05.02.1947)

05.02.1984 †   MANÈS SPERBER (12.12.1905–05.02.1984)

06.02.1932 *   FRANÇOIS TRUFFAUT (06.02.1932–21.10.1984)

06.02.1997 †   ROLF RODENSTOCK (01.07.1917–06.02.1997)

08.02.1612 *   SAMUEL BUTLER (08.02.1612–25.09.1680)

08.02.1819 *   JOHN RUSKIN (08.02.1819–20.01.1900)

08.02.1878 *   MARTIN BUBER (08.02.1878–13.06.1965)

08.02.1880 *   FRANZ MARC (08.02.1880–04.03.1916)

08.02.1894 *   LUDWIG MARCUSE (08.02.1894–02.08.1971)

09.02.1948 †   KARL VALENTIN (04.06.1882–09.02.1948)

09.02.1952 †   NORMAN DOUGLAS (08.12.1868–09.02.1952)

09.02.1979 †   DENNIS GÁBOR (05.06.1900–09.02.1979)

09.02.1992 †   ANDOR FOLDES (21.12.1913–09.02.1992)

10.02.1755 †   CHARLES DE SECONDAT, BARON DE MONTESQUIEU (18.01.1689–10.02.1755)

10.02.1789 *   CARL GUSTAV JOCHMANN (10.02.1789–24.07.1830)

10.02.1898 *   BERTOLT BRECHT (10.02.1898–14.08.1956)

12.02.1804 †   IMMANUEL KANT (22.04.1724–12.02.1804)

12.02.1809 *   ABRAHAM LINCOLN (12.02.1809–15.04.1865)

12.02.1837 †   LUDWIG BÖRNE (06.05.1786–12.02.1837)

13.02.1905 *   JOACHIM GÜNTHER (13.02.1905–14.06.1990)

13.02.1924 *   Jean-Jacques Servan-Schreiber (geb. 13.02.1924)

15.02.1781 †   Gotthold Ephraim Lessing (22.01.1729–15.02.1781)

15.02.1861 *   Alfred North Whitehead (15.02.1861–30.12.1947)

16.02.1826 *   Joseph Victor von Scheffel (16.02.1826–09.04.1886)

17.02.1673 †   Molière (15.01.1622–17.02.1673)

17.02.1822 *   Georg Weerth (17.02.1822–30.07.1856)

17.02.1827 †   Johann Heinrich Pestalozzi (12.01.1746–17.02.1827)

17.02.1856 †   Heinrich Heine (13.12.1797–17.02.1856)

17.02.1885 *   Romano Guardini (17.02.1885–01.10.1968)

18.02.1546 †   Martin Luther (10.11.1483–18.02.1546)

19.02.1951 †   André Gide (22.11.1869–19.02.1951)

19.02.2000 †   Friedensreich Hundertwasser (15.12.1928–19.02.2000)

20.02.1888 *   Georges Bernanos (20.02.1888–05.07.1948)

20.02.1920 *   Wieslaw Brudzinski (geb. 20.02.1920)

20.02.1929 †   Carl Sonnenschein (15.07.1876–20.02.1929)

21.02.1875 *   Jeanne Calment (21.02.1875–04.08.1997)

22.02.1788 *   Arthur Schopenhauer (22.02.1788–21.09.1860)

22.02.1819 *   James Russell Lowell (22.02.1819–12.08.1891)

22.02.1845 †   Sydney Smith (03.06.1771–22.02.1845)

22.02.1943 †   Hans Scholl (22.09.1918–22.02.1943)

22.02.1949 *   Niki Lauda (geb. 22.02.1949)

22.02.1980 †   Oskar Kokoschka (01.03.1886–22.02.1980)

23.02.1820 *   David Kalisch (23.02.1820–21.08.1872)

23.02.1883 *   Karl Jaspers (23.02.1883–26.02.1969)

23.02.1942 †   Stefan Zweig (28.11.1881–23.02.1942)

23.02.1955†   PAUL CLAUDEL (06.08.1868–23.02.1955)

23.02.2000†   ALBRECHT GOES (22.03.1908–23.02.2000)

24.02.1799†   GEORG CHRISTOPH LICHTENBERG (01.07.1742–24.02.1799)

24.02.1938*   PHIL KNIGHT (geb. 24.02.1938)

24.02.1990†   MALCOLM STEVENSON FORBES (19.08.1919–24.02.1990)

25.02.1913*   GERT FRÖBE (25.02.1913–05.09.1988)

25.02.1943*   GERHARD CROMME (geb. 25.02.1943)

25.02.1983†   TENNESSEE WILLIAMS (26.03.1911–25.02.1983)

26.02.1802*   VICTOR HUGO (26.02.1802–22.05.1885)

26.02.1969†   KARL JASPERS (23.02.1883–26.02.1969)

27.02.1823*   ERNEST RENAN (27.02.1823–02.10.1892)

27.02.1902*   JOHN STEINBECK (27.02.1902–20.12.1968)

28.02.1533*   MICHEL DE MONTAIGNE (28.02.1533–13.09.1592)

März

01.03.1886*   OSKAR KOKOSCHKA (01.03.1886–22.02.1980)

03.03.1987†   DANNY KAYE (18.01.1913–03.03.1987)

04.03.1916†   FRANZ MARC (08.02.1880–04.03.1916)

05.03.1893†   HIPPOLYTE TAINE (21.04.1828–05.03.1893)

05.03.1981†   PAUL HÖRBIGER (29.04.1894–05.03.1981)

06.03.1909*   STANISLAW JERZY LEC (06.03.1909–07.05.1966)

06.03.1973†   PEARL S. BUCK (26.06.1892–06.03.1973)

07.03.1715*   EWALD CHRISTIAN VON KLEIST (07.03.1715–24.08.1759)

09.03.1749*   HONORÉ GABRIEL RIQUETI GRAF MIRABEAU
                (09.03.1749–02.04.1791)

09.03.1859*   PETER ALTENBERG (09.03.1859–08.01.1919)

09.03.1993†   CYRIL NORTHCOTE PARKINSON (30.07.1909–09.03.1993)

10.03.1772*   FRIEDRICH SCHLEGEL (10.03.1772–12.01.1829)

10.03.1788*   JOSEPH VON EICHENDORFF (10.03.1788–26.11.1857)

11.03.1906*   ZINO DAVIDOFF (11.03.1906–14.01.1994)

11.03.1952*   DOUGLAS ADAMS (geb. 11.03.1952)

12.03.1916†   MARIE VON EBNER-ESCHENBACH (13.09.1830–12.03.1916)

13.03.1852*   OSKAR BLUMENTHAL (13.03.1852–24.04.1917)

13.03.1890*   FRANK THIESS (13.03.1890–22.12.1977)

13.03.1952*   WOLFGANG RIHM (geb. 13.03.1952)

14.03.1879*   ALBERT EINSTEIN (14.03.1879–18.04.1955)

14.03.1883†   KARL MARX (05.05.1818–14.03.1883)

14.03.1905*   RAYMOND ARON (14.03.1905–17.10.1983)

15.03.1830*   PAUL HEYSE (15.03.1830–02.04.1914)

15.03.1975†   ARISTOTELES ONASSIS (15.01.1906–15.03.1975)

16.03.1926*   JERRY LEWIS (geb. 16.03.1926)

16.03.1938†   EGON FRIEDELL (21.01.1878–16.03.1938)

17.03.1680†   FRANÇOIS DE LA ROCHEFOUCAULD (15.12.1613–17.03.1680)

17.03.1811*   KARL GUTZKOW (17.03.1811–16.12.1878)

18.03.1813*   CHRISTIAN FRIEDRICH HEBBEL (18.03.1813–13.12.1863)

19.03.1702†   WILHELM VON ORANIEN (14.11.1650–19.03.1702)

19.03.1928*   HANS KÜNG (geb. 19.03.1928)

20.03.1770*   FRIEDRICH HÖLDERLIN (20.03.1770–07.06.1843)

20.03.1828*   HENRIK IBSEN (20.03.1828–23.05.1906)

21.03.1763*   JEAN PAUL (21.03.1763–14.11.1825)

22.03.1832† JOHANN WOLFGANG VON GOETHE (28.08.1749–22.03.1832)

22.03.1908* ALBRECHT GOES (22.03.1908–23.02.2000)

22.03.1969† ERNST DEUTSCH (16.09.1890–22.03.1969)

23.03.1819† AUGUST VON KOTZEBUE (03.05.1761–23.03.1819)

23.03.1912* WERNHER VON BRAUN (23.03.1912–16.06.1977)

24.03.1773† PHILIP DORMER STANHOPE LORD CHESTERFIELD
(22.09.1694–24.03.1773)

25.03.1347* KATHARINA VON SIENA (25.03.1347–29.04.1380)

25.03.1801† NOVALIS (02.05.1772–25.03.1801)

26.03.1827† LUDWIG VAN BEETHOVEN (17.12.1770–26.03.1827)

26.03.1911* TENNESSEE WILLIAMS (26.03.1911–25.02.1983)

28.03.1868* MAXIM GORKI (28.03.1868–18.06.1936)

28.03.1969† DWIGHT D. EISENHOWER (14.10.1890–28.03.1969)

30.03.1966† ERWIN PISCATOR (17.12.1893–30.03.1966)

30.03.1975† PETER BAMM (20.10.1897–30.03.1975)

31.03.1914† CHRISTIAN MORGENSTERN (06.05.1871–31.03.1914)

31.03.1948* RANDOLF RODENSTOCK (geb. 31.03.1948)

April

01.04.1815* OTTO VON BISMARCK (01.04.1815–30.07.1898)

01.04.1959† RUDOLF KASSNER (11.09.1873–01.04.1959)

02.04.1791† HONORÉ GABRIEL RIQUETI GRAF MIRABEAU
(09.03.1749–02.04.1791)

02.04.1798* AUGUST HEINRICH HOFFMANN VON FALLERSLEBEN
(02.04.1798–19.01.1874)

02.04.1914* ALEC GUINNESS (02.04.1914–05.08.2000)

02.04.1914 †   PAUL HEYSE (15.03.1830–02.04.1914)

04.04.1968 †   MARTIN LUTHER KING (15.01.1929–04.04.1968)

04.04.1991 †   MAX FRISCH (15.05.1911–04.04.1991)

05.04.1588 *   THOMAS HOBBES (05.04.1588–04.12.1679)

05.04.1765 †   EDWARD YOUNG (03.07.1683–05.04.1765)

05.04.1908 *   HERBERT VON KARAJAN (05.04.1908–16.07.1989)

05.04.1976 †   HOWARD R. HUGHES (24.12.1905–05.04.1976)

06.04.1741 *   CHAMFORT (06.04.1741–13.04.1794)

06.04.1992 †   ISAAC ASIMOV (02.01.1920–06.04.1992)

07.04.1875 †   GEORG HERWEGH (31.05.1817–07.04.1875)

07.04.1947 †   HENRY FORD (30.07.1863–07.04.1947)

08.04.1835 †   WILHELM VON HUMBOLDT (22.06.1767–08.04.1835)

08.04.1911 *   EMILE M. CIORAN (08.04.1911–20.06.1995)

09.04.1626 †   FRANCIS BACON (22.01.1561–09.04.1626)

09.04.1821 *   CHARLES BAUDELAIRE (09.04.1821–31.08.1867)

09.04.1886 †   JOSEPH VICTOR VON SCHEFFEL (16.02.1826–09.04.1886)

10.04.1943 *   JOACHIM MILBERG (geb. 10.04.1943)

10.04.1966 †   EVELYN ARTHUR WAUGH (28.10.1903–10.04.1966)

11.04.1770 *   GEORGE CANNING (11.04.1770–08.08.1827)

12.04.1945 †   FRANKLIN DELANO ROOSEVELT (30.01.1882–12.04.1945)

12.04.1988 †   ALAN PATON (11.01.1903–12.04.1988)

13.04.1695 †   JEAN DE LA FONTAINE (08.07.1621–13.04.1695)

13.04.1743 *   THOMAS JEFFERSON (13.04.1743–04.07.1826)

13.04.1794 †   CHAMFORT (06.04.1741–13.04.1794)

13.04.1908 †   EMIL GÖTT (13.05.1864–13.04.1908)

13.04.1963 *   GARRY KASPAROW (geb. 13.04.1963)

14.04.1879 *   JAMES BRANCH CABELL (14.04.1879–05.05.1958)

14.04.1901 *   MARTIN KESSEL (14.04.1901–14.04.1990)

14.04.1990†   MARTIN KESSEL (14.04.1901–14.04.1990)

15.04.1452 *   LEONARDO DA VINCI (15.04.1452–02.05.1519)

15.04.1764†   MARQUISE DE POMPADOUR (29.12.1721–15.04.1764)

15.04.1832 *   WILHELM BUSCH (15.04.1832–09.01.1908)

15.04.1865†   ABRAHAM LINCOLN (12.02.1809–15.04.1865)

15.04.1939 *   CLAUDIA CARDINALE (geb. 15.04.1939)

15.04.1942†   ROBERT MUSIL (06.11.1880–15.04.1942)

15.04.1980†   JEAN-PAUL SARTRE (21.06.1905–15.04.1980)

15.04.1986†   JEAN GENET (19.12.1910–15.04.1986)

16.04.1767 *   KARL JULIUS WEBER (16.04.1767–20.07.1832)

16.04.1844 *   ANATOLE FRANCE (16.04.1844–12.10.1924)

16.04.1904†   SAMUEL SMILES (23.12.1812–16.04.1904)

16.04.1921 *   PETER USTINOV (geb. 16.04.1921)

17.04.1790†   BENJAMIN FRANKLIN (17.01.1706–17.04.1790)

18.04.1892†   FRIEDRICH M. VON BODENSTEDT (22.04.1819–18.04.1892)

18.04.1955†   ALBERT EINSTEIN (14.03.1879–18.04.1955)

18.04.1973†   PABLO PICASSO (25.10.1881–18.04.1973)

19.04.1824†   LORD BYRON (22.01.1788–19.04.1824)

19.04.1881 †   BENJAMIN DISRAELI (21.12.1804–19.04.1881)

19.04.1967†   KONRAD ADENAUER (05.01.1876–19.04.1967)

20.04.1981 †   HANS SÖHNKER (11.10.1903–20.04.1981)

21.04.1828 *   HIPPOLYTE TAINE (21.04.1828–05.03.1893)

21.04.1864 *   MAX WEBER (21.04.1864–14.06.1920)

21.04.1896 *   HENRY DE MONTHERLANT (21.04.1896–21.09.1972)

21.04.1910 †   MARK TWAIN (30.11.1835–21.04.1910)

21.04.1924 †   ELEONORA DUSE (03.10.1858–21.04.1924)

22.04.1542 *   GEORG ROLLENHAGEN (22.04.1542–20.05.1609)

22.04.1724 *   IMMANUEL KANT (22.04.1724–12.02.1804)

22.04.1819 *   FRIEDRICH M. VON BODENSTEDT (22.04.1819–18.04.1892)

23.04.1616 †   WILLIAM SHAKESPEARE (26.04.1564–23.04.1616)

23.04.1708 *   FRIEDRICH VON HAGEDORN (23.04.1708–28.10.1754)

24.04.1796 *   KARL LEBERECHT IMMERMANN (24.04.1796–25.08.1840)

24.04.1917 †   OSKAR BLUMENTHAL (13.03.1852–24.04.1917)

24.04.1955 †   ALFRED POLGAR (17.10.1873–24.04.1955)

26.04.1564 *   WILLIAM SHAKESPEARE (26.04.1564–23.04.1616)

26.04.1787 *   LUDWIG UHLAND (26.04.1787–13.11.1862)

26.04.1798 *   EUGÈNE DELACROIX (26.04.1798–13.08.1863)

26.04.1885 *   CARL EINSTEIN (26.04.1885–05.07.1940)

26.04.1889 *   LUDWIG WITTGENSTEIN (26.04.1889–29.04.1951)

26.04.1933 *   ARNOLD PENZIAS (geb. 26.04.1933)

26.04.1986 †   HERMANN GMEINER (23.06.1919–26.04.1986)

27.04.1882 †   RALPH WALDO EMERSON (25.05.1803–27.04.1882)

28.04.1853 †   LUDWIG TIECK (31.05.1773–28.04.1853)

28.04.1874 *   KARL KRAUS (28.04.1874–12.06.1936)

29.04.1380 †   KATHARINA VON SIENA (25.03.1347–29.04.1380)

29.04.1806 *   ERNST VON FEUCHTERSLEBEN (29.04.1806–03.09.1849)

29.04.1894 *   PAUL HÖRBIGER (29.04.1894–05.03.1981)

29.04.1951 †   Ludwig Wittgenstein (26.04.1889–29.04.1951)

29.04.1980 †   Alfred Hitchcock (13.08.1899–29.04.1980)

Mai

01.05.1908 *   Giovanni Guareschi (01.05.1908–22.07.1968)

02.05.1519 †   Leonardo da Vinci (15.04.1452–02.05.1519)

02.05.1772 *   Novalis (02.05.1772–25.03.1801)

02.05.1886 *   Gottfried Benn (02.05.1886–07.07.1956)

03.05.1761 *   August von Kotzebue (03.05.1761–23.03.1819)

03.05.1782 *   Pius Alexander Wolff (03.05.1782–28.08.1828)

03.05.1867 *   Kilian Emmerich Stephan (03.05.1867–03.07.1930)

03.05.1996 †   Hermann Kesten (28.01.1900–03.05.1996)

04.05.1929 *   Katharine Hepburn (04.05.1929–20.01.1993)

05.05.1813 *   Søren Kierkegaard (05.05.1813–11.11.1855)

05.05.1818 *   Karl Marx (05.05.1818–14.03.1883)

05.05.1821 †   Napoleon I. (15.08.1769–05.05.1821)

05.05.1958 †   James Branch Cabell (14.04.1879–05.05.1958)

05.05.1977 †   Ludwig Erhard (04.02.1897–05.05.1977)

06.05.1786 *   Ludwig Börne (06.05.1786–12.02.1837)

06.05.1796 †   Adolf Franz Friedrich von Knigge
                (16.10.1752–06.05.1796)

06.05.1871 *   Christian Morgenstern (06.05.1871–31.03.1914)

06.05.1921 *   Erich Fried (06.05.1921–22.11.1988)

07.05.1908 *   Max Grundig (07.05.1908–08.12.1989)

07.05.1966 †   Stanislaw Jerzy Lec (06.03.1909–07.05.1966)

08.05.1880† GUSTAVE FLAUBERT (12.12.1821–08.05.1880)

09.05.1805† FRIEDRICH SCHILLER (10.11.1759–09.05.1805)

09.05.1883* JOSÉ ORTEGA Y GASSET (09.05.1883–18.10.1955)

10.05.1760* JOHANN PETER HEBEL (10.05.1760–22.09.1826)

11.05.1881† HENRI FRÉDÉRIC AMIEL (27.09.1821–11.05.1881)

11.05.1904* SALVADOR DALÍ (11.05.1904–23.01.1989)

13.05.1717* MARIA THERESIA (13.05.1717–29.11.1780)

13.05.1864* EMIL GÖTT (13.05.1864–13.04.1908)

14.05.1912† AUGUST STRINDBERG (22.01.1849–14.05.1912)

15.05.1862* ARTHUR SCHNITZLER (15.05.1862–21.10.1931)

15.05.1911* MAX FRISCH (15.05.1911–04.04.1991)

16.05.1788* FRIEDRICH RÜCKERT (16.05.1788–31.01.1866)

17.05.1904* JEAN GABIN (17.05.1904–15.11.1976)

18.05.1737* GOTTLOB WILHELM BURMANN (18.05.1737–05.01.1805)

18.05.1872* BERTRAND RUSSELL (18.05.1872–02.02.1970)

19.05.1762* JOHANN GOTTLIEB FICHTE (19.05.1762–29.01.1814)

19.05.1890* HO CHI MINH (19.05.1890–03.09.1969)

20.05.1609† GEORG ROLLENHAGEN (22.04.1542–20.05.1609)

21.05.1688* ALEXANDER POPE (21.05.1688–30.05.1744)

22.05.1885† VICTOR HUGO (26.02.1802–22.05.1885)

23.05.1886† LEOPOLD VON RANKE (21.12.1795–23.05.1886)

23.05.1906† HENRIK IBSEN (20.03.1828–23.05.1906)

23.05.1927* DIETER HILDEBRANDT (geb. 23.05.1927)

23.05.1937† JOHN D. ROCKEFELLER (08.07.1839–23.05.1937)

24.05.1848† ANNETTE VON DROSTE-HÜLSHOFF (10.01.1797–24.05.1848)

24.05.1916 * Hans Kasper (geb. 24.05.1916)

24.05.1941 * Bob Dylan (geb. 24.05.1941)

25.05.1803 * Ralph Waldo Emerson (25.05.1803–27.04.1882)

25.05.1818 * Jakob Burckhardt (25.05.1818–08.08.1897)

25.05.1862 † Johann Nestroy (07.12.1801–25.05.1862)

26.05.1873 * Olaf Gulbransson (26.05.1873–18.09.1958)

26.05.1976 † Martin Heidegger (26.09.1889–26.05.1976)

27.05.1874 * Richard Schaukal (27.05.1874–10.10.1942)

28.05.1747 † Luc de Clapier Vauvenargues (06.08.1715–28.05.1747)

29.05.1903 * Bob Hope (geb. 29.05.1903)

29.05.1917 * John Fitzgerald Kennedy (29.05.1917–22.11.1963)

29.05.1969 † Wilhelm von Scholz (15.07.1874–29.05.1969)

30.05.1744 † Alexander Pope (21.05.1688–30.05.1744)

30.05.1778 † Voltaire (21.11.1694–30.05.1778)

31.05.1773 * Ludwig Tieck (31.05.1773–28.04.1853)

31.05.1817 * Georg Herwegh (31.05.1817–07.04.1875)

Juni

01.06.1938 † Ödön von Horváth (09.12.1901–01.06.1938)

01.06.1968 † Helen Keller (27.06.1880–01.06.1968)

02.06.1862 * Émile Mâle (02.06.1862–06.10.1954)

03.06.1771 * Sydney Smith (03.06.1771–22.02.1845)

03.06.1924 † Franz Kafka (03.07.1883–03.06.1924)

03.06.1979 † Arno Schmidt (18.01.1914–03.06.1979)

04.06.1875 † Eduard Mörike (08.09.1804–04.06.1875)

04.06.1882 *	KARL VALENTIN (04.06.1882–09.02.1948)
05.06.1723 *	ADAM SMITH (05.06.1723–17.07.1790)
05.06.1900 *	DENNIS GÁBOR (05.06.1900–09.02.1979)
06.06.1875 *	THOMAS MANN (06.06.1875–12.08.1955)
06.06.1946 †	GERHART HAUPTMANN (15.11.1862–06.06.1946)
06.06.1961 †	CARL GUSTAV JUNG (26.07.1875–06.06.1961)
06.06.1976 †	JOHN PAUL GETTY (15.12.1892–06.06.1976)
07.06.1843 †	FRIEDRICH HÖLDERLIN (20.03.1770–07.06.1843)
07.06.1980 †	HENRY MILLER (26.12.1891–07.06.1980)
08.06.1768 †	JOHANN JOACHIM WINCKELMANN (09.12.1717–08.06.1768)
12.06.1884 *	RICHARD BENZ (12.06.1884–09.11.1966)
12.06.1936 †	KARL KRAUS (28.04.1874–12.06.1936)
13.06.1810 †	JOHANN GOTTFRIED SEUME (29.01.1763–13.06.1810)
13.06.1965 †	MARTIN BUBER (08.02.1878–13.06.1965)
14.06.1920 †	MAX WEBER (21.04.1864–14.06.1920)
14.06.1926 *	HERMANN KANT (geb. 14.06.1926)
14.06.1990 †	JOACHIM GÜNTHER (13.02.1905–14.06.1990)
15.06.1926 *	OLE ANDERS (geb. 15.06.1926)
15.06.1940 †	ERNST WEISS (28.08.1884–15.06.1940)
16.06.1970 †	ELSA TRIOLET (25.09.1896–16.06.1970)
16.06.1977 †	WERNHER VON BRAUN (23.03.1912–16.06.1977)
18.06.1905 †	HERMANN VON LINGG (22.01.1820–18.06.1905)
18.06.1936 †	MAXIM GORKI (28.03.1868–18.06.1936)
19.06.1623 *	BLAISE PASCAL (19.06.1623–19.08.1662)
19.06.1792 *	GUSTAV SCHWAB (19.06.1792–04.11.1850)

20.06.1887 * Kurt Schwitters (20.06.1887–08.01.1948)

20.06.1995† Emile M. Cioran (08.04.1911–20.06.1995)

21.06.1905 * Jean-Paul Sartre (21.06.1905–15.04.1980)

22.06.1767 * Wilhelm von Humboldt (22.06.1767–08.04.1835)

22.06.1898 * Erich Maria Remarque (22.06.1898–25.09.1970)

23.06.1910 * Jean Anouilh (23.06.1910–03.10.1987)

23.06.1919 * Hermann Gmeiner (23.06.1919–26.04.1986)

24.06.1922† Walther Rathenau (29.09.1867–24.06.1922)

25.06.1903 * George Orwell (25.06.1903–21.01.1950)

25.06.1926 * Ingeborg Bachmann (25.06.1926–17.10.1973)

25.06.1944 * Erich Sixt (geb. 25.06.1944)

26.06.1892 * Pearl S. Buck (26.06.1892–06.03.1973)

26.06.1918† Peter Rosegger (31.07.1843–26.06.1918)

26.06.1934† Max Pallenberg (18.12.1877–26.06.1934)

27.06.1880 * Helen Keller (27.06.1880–01.06.1968)

28.06.1712 * Jean-Jacques Rousseau (28.06.1712–02.07.1778)

28.06.1865 * Otto Julius Bierbaum (28.06.1865–01.02.1910)

28.06.1912 * Carl Friedrich von Weizsäcker (geb. 28.06.1912)

29.06.1900 * Antoine de Saint-Exupéry (29.06.1900–31.07.1944)

29.06.1922 * Paul Flora (geb. 29.06.1922)

30.06.1807 * Friedrich Theodor Vischer (30.06.1807–14.09.1887)

Juli

01.07.1742 * Georg Christoph Lichtenberg (01.07.1742–24.02.1799)

01.07.1917 * Rolf Rodenstock (01.07.1917–06.02.1997)

02.07.1778 † JEAN-JACQUES ROUSSEAU (28.06.1712–02.07.1778)

02.07.1877 * HERMANN HESSE (02.07.1877–09.08.1962)

02.07.1961 † ERNEST HEMINGWAY (21.07.1899–02.07.1961)

03.07.1683 * EDWARD YOUNG (03.07.1683–05.04.1765)

03.07.1883 * FRANZ KAFKA (03.07.1883–03.06.1924)

03.07.1930 † KILIAN EMMERICH STEPHAN (03.05.1867–03.07.1930)

04.07.1715 * CHRISTIAN FÜRCHTEGOTT GELLERT (04.07.1715–13.12.1769)

04.07.1826 † THOMAS JEFFERSON (13.04.1743–04.07.1826)

04.07.1888 † THEODOR STORM (14.09.1817–04.07.1888)

05.07.1889 * JEAN COCTEAU (05.07.1889–11.10.1963)

05.07.1940 † CARL EINSTEIN (26.04.1885–05.07.1940)

05.07.1948 † GEORGES BERNANOS (20.02.1888–05.07.1948)

06.07.1962 † WILLIAM FAULKNER (25.09.1897–06.07.1962)

07.07.1884 * LION FEUCHTWANGER (07.07.1884–21.12.1958)

07.07.1956 † GOTTFRIED BENN (02.05.1886–07.07.1956)

08.07.1621 * JEAN DE LA FONTAINE (08.07.1621–13.04.1695)

08.07.1839 * JOHN D. ROCKEFELLER (08.07.1839–23.05.1937)

10.07.1834 * JAMES MCNEILL WHISTLER (10.07.1834–17.07.1903)

15.07.1874 * WILHELM VON SCHOLZ (15.07.1874–29.05.1969)

15.07.1876 * CARL SONNENSCHEIN (15.07.1876–20.02.1929)

15.07.1890 † GOTTFRIED KELLER (19.07.1819–15.07.1890)

15.07.1904 † ANTON TSCHECHOW (29.01.1860–15.07.1904)

15.07.1929 † HUGO VON HOFMANNSTHAL (01.02.1874–15.07.1929)

16.07.1989 † HERBERT VON KARAJAN (05.04.1908–16.07.1989)

17.07.1790 † ADAM SMITH (05.06.1723–17.07.1790)

17.07.1903 †   JAMES MCNEILL WHISTLER (10.07.1834–17.07.1903)

18.07.1817 †   JANE AUSTEN (16.12.1755–18.07.1817)

18.07.1864 *   RICARDA HUCH (18.07.1864–17.11.1947)

19.07.1819 *   GOTTFRIED KELLER (19.07.1819–15.07.1890)

19.07.1868 *   MORITZ HEIMANN (19.07.1868–22.09.1925)

20.07.1832 †   KARL JULIUS WEBER (16.04.1767–20.07.1832)

20.07.1945 †   PAUL VALÉRY (30.10.1871–20.07.1945)

20.07.1977 †   FRIEDRICH GEORG JÜNGER (01.09.1898–20.07.1977)

21.07.1893 *   HANS FALLADA (21.07.1893–05.02.1947)

21.07.1899 *   ERNEST HEMINGWAY (21.07.1899–02.07.1961)

21.07.1935 *   NORBERT BLÜM (geb. 21.07.1935)

22.07.1968 †   GIOVANNI GUARESCHI (01.05.1908–22.07.1968)

24.07.1802 *   ALEXANDRE DUMAS DER ÄLTERE (24.07.1802–05.12.1870)

24.07.1830 †   CARL GUSTAV JOCHMANN (10.02.1789–24.07.1830)

25.07.1794 †   ANDRÉ CHÉNIER (30.10.1762–25.07.1794)

25.07.1905 *   ELIAS CANETTI (25.07.1905–14.08.1994)

26.07.1856 *   GEORGE BERNARD SHAW (26.07.1856–02.11.1950)

26.07.1875 *   CARL GUSTAV JUNG (26.07.1875–06.06.1961)

26.07.1944 *   HANNELORE ELSNER (geb. 26.07.1944)

27.07.1946 †   GERTRUDE STEIN (03.02.1874–27.07.1946)

28.07.1804 *   LUDWIG FEUERBACH (28.07.1804–13.09.1872)

28.07.1842 †   CLEMENS BRENTANO (08.09.1778–28.07.1842)

28.07.1902 *   KARL POPPER (28.07.1902–17.09.1994)

29.07.1878 *   DONALD MARQUIS (29.07.1878–29.12.1937)

30.07.1856 †   GEORG WEERTH (17.02.1822–30.07.1856)

30.07.1863 * HENRY FORD (30.07.1863–07.04.1947)

30.07.1898 † OTTO VON BISMARCK (01.04.1815–30.07.1898)

30.07.1909 * CYRIL NORTHCOTE PARKINSON (30.07.1909–09.03.1993)

31.07.1843 * PETER ROSEGGER (31.07.1843–26.06.1918)

31.07.1886 † FRANZ VON LISZT (22.10.1811–31.07.1886)

31.07.1944 † ANTOINE DE SAINT-EXUPÉRY (29.06.1900–31.07.1944)

31.07.1972 † PAUL HENRI SPAAK (25.01.1899–31.07.1972)

August

02.08.1971 † LUDWIG MARCUSE (08.02.1894–02.08.1971)

02.08.1997 † ADOLF WIRZ (26.01.1906–02.08.1997)

03.08.1954 † SIDONIE GABRIELLE COLETTE (28.01.1873–03.08.1954)

04.08.1997 † JEANNE CALMENT (21.02.1875–04.08.1997)

06.08.1715 * LUC DE CLAPIER VAUVENARGUES (06.08.1715–28.05.1747)

06.08.1868 * PAUL CLAUDEL (06.08.1868–23.02.1955)

07.08.1883 * JOACHIM RINGELNATZ (07.08.1883–17.11.1934)

08.08.1827 † GEORGE CANNING (11.04.1770–08.08.1827)

08.08.1897 † JAKOB BURCKHARDT (25.05.1818–08.08.1897)

08.08.1952 * JOSTEIN GAARDER (geb. 08.08.1952)

09.08.1962 † HERMANN HESSE (02.07.1877–09.08.1962)

10.08.1957 † LUDWIG REINERS (21.01.1896–10.08.1957)

11.08.1815 * GOTTFRIED KINKEL (11.08.1815–13.11.1882)

11.08.1919 * HEINZ M. GOLDMANN (geb. 11.08.1919)

12.08.1827 † WILLIAM BLAKE (28.11.1757–12.08.1827)

12.08.1891 † JAMES RUSSELL LOWELL (22.02.1819–12.08.1891)

12.08.1945*   MARTIN EBNER (geb. 12.08.1945)

12.08.1955†   THOMAS MANN (06.06.1875–12.08.1955)

13.08.1863†   EUGÈNE DELACROIX (26.04.1798–13.08.1863)

13.08.1899*   ALFRED HITCHCOCK (13.08.1899–29.04.1980)

13.08.1926*   FIDEL CASTRO (geb. 13.08.1926)

13.08.1946†   HERBERT GEORGE WELLS (21.09.1866–13.08.1946)

14.08.1943*   WOLF WONDRATSCHEK (geb. 14.08.1943)

14.08.1956†   BERTOLT BRECHT (10.02.1898–14.08.1956)

14.08.1994†   ELIAS CANETTI (25.07.1905–14.08.1994)

15.08.1740*   MATTHIAS CLAUDIUS (15.08.1740–21.01.1815)

15.08.1769*   NAPOLEON I. (15.08.1769–05.05.1821)

15.08.1771*   WALTER SCOTT (15.08.1771–21.09.1832)

17.08.1786†   FRIEDRICH II. (24.01.1712–17.08.1786)

17.08.1893*   MAE WEST (17.08.1893–22.11.1980)

19.08.1662†   BLAISE PASCAL (19.06.1623–19.08.1662)

19.08.1883*   COCO CHANEL (19.08.1883–10.01.1971)

19.08.1919*   MALCOLM STEVENSON FORBES (19.08.1919–24.02.1990)

19.08.1977†   GROUCHO MARX (02.10.1890–19.08.1977)

20.08.1854†   FRIEDRICH WILHELM VON SCHELLING
                (27.01.1775–20.08.1854)

21.08.1838†   ADELBERT VON CHAMISSO (30.01.1781–21.08.1838)

21.08.1872†   DAVID KALISCH (23.02.1820–21.08.1872)

21.08.1991†   WOLFGANG HILDESHEIMER (09.12.1916–21.08.1991)

22.08.1934*   NORMAN SCHWARZKOPF (geb. 22.08.1934)

24.08.1759†   EWALD CHRISTIAN VON KLEIST (07.03.1715–24.08.1759)

25.08.1744 *   Johann Gottfried Herder (25.08.1744–18.12.1803)

25.08.1840 †   Karl Leberecht Immermann (24.04.1796–25.08.1840)

25.08.1900 †   Friedrich Nietzsche (15.10.1844–25.08.1900)

25.08.1984 †   Truman Capote (30.09.1924–25.08.1984)

26.08.1910 †   William James (11.01.1842–26.08.1910)

26.08.1945 †   Franz Werfel (10.09.1890–26.08.1945)

26.08.1974 †   Charles Augustus Lindbergh (04.02.1902–26.08.1974)

27.08.1770 *   Georg Wilhelm Friedrich Hegel (27.08.1770–14.11.1831)

27.08.1950 †   Cesare Pavese (09.09.1908–27.08.1950)

28.08.1749 *   Johann Wolfgang von Goethe (28.08.1749–22.03.1832)

28.08.1828 †   Pius Alexander Wolff (03.05.1782–28.08.1828)

28.08.1884 *   Ernst Weiss (28.08.1884–15.06.1940)

28.08.1952 *   Wendelin Wiedeking (geb. 28.08.1952)

31.08.1867 †   Charles Baudelaire (09.04.1821–31.08.1867)

31.08.1986 †   Urho Kaleva Kekkonen (03.09.1900–31.08.1986)

September

01.09.1715 †   Ludwig XIV. (05.09.1638–01.09.1715)

01.09.1776 †   Ludwig Christoph Hölty (21.12.1748–01.09.1776)

01.09.1898 *   Friedrich Georg Jünger (01.09.1898–20.07.1977)

01.09.1970 †   François Mauriac (11.10.1885–01.09.1970)

03.09.1849 †   Ernst von Feuchtersleben (29.04.1806–03.09.1849)

03.09.1883 †   Iwan Turgenjew (09.11.1818–03.09.1883)

03.09.1900 *   Urho Kaleva Kekkonen (03.09.1900–31.08.1986)

03.09.1969 †   Ho Chi Minh (19.05.1890–03.09.1969)

04.09.1964 † WERNER BERGENGRUEN (16.09.1892–04.09.1964)

04.09.1965 † ALBERT SCHWEITZER (14.01.1875–04.09.1965)

05.09.1638 * LUDWIG XIV. (05.09.1638–01.09.1715)

05.09.1733 * CHRISTOPH MARTIN WIELAND (05.09.1733–20.01.1813)

05.09.1896 * HEIMITO VON DODERER (05.09.1896–23.12.1966)

05.09.1988 † GERT FRÖBE (25.02.1913–05.09.1988)

08.09.1778 * CLEMENS BRENTANO (08.09.1778–28.07.1842)

08.09.1804 * EDUARD MÖRIKE (08.09.1804–04.06.1875)

08.09.1831 * WILHELM RAABE (08.09.1831–15.11.1910)

09.09.1908 * CESARE PAVESE (09.09.1908–27.08.1950)

10.09.1890 * FRANZ WERFEL (10.09.1890–26.08.1945)

11.09.1873 * RUDOLF KASSNER (11.09.1873–01.04.1959)

11.09.1945 * FRANZ BECKENBAUER (geb. 11.09.1945)

12.09.1956 † HANS CAROSSA (15.12.1878–12.09.1956)

12.09.1960 † CURT GOETZ (17.11.1888–12.09.1960)

13.09.1592 † MICHEL DE MONTAIGNE (28.02.1533–13.09.1592)

13.09.1830 * MARIE VON EBNER-ESCHENBACH (13.09.1830–12.03.1916)

13.09.1872 † LUDWIG FEUERBACH (28.07.1804–13.09.1872)

14.09.1321 † DANTE ALIGHIERI (Mai 1265–14.09.1321)

14.09.1817 * THEODOR STORM (14.09.1817–04.07.1888)

14.09.1887 † FRIEDRICH THEODOR VISCHER (30.06.1807–14.09.1887)

16.09.1890 * ERNST DEUTSCH (16.09.1890–22.03.1969)

16.09.1892 * WERNER BERGENGRUEN (16.09.1892–04.09.1964)

16.09.1943 * OSKAR LAFONTAINE (geb. 16.09.1943)

17.09.1913 * ROBERT LEMBKE (17.09.1913–14.01.1989)

17.09.1944 *   REINHOLD MESSNER (geb. 17.09.1944)

17.09.1994 †   KARL POPPER (28.07.1902–17.09.1994)

18.09.1942 *   WOLFGANG SCHÄUBLE (geb. 18.09.1942)

18.09.1958 †   OLAF GULBRANSSON (26.05.1873–18.09.1958)

20.09.1863 †   JACOB GRIMM (04.01.1785–20.09.1863)

20.09.1898 †   THEODOR FONTANE (30.12.1819–20.09.1898)

21.09.1832 †   WALTER SCOTT (15.08.1771–21.09.1832)

21.09.1860 †   ARTHUR SCHOPENHAUER (22.02.1788–21.09.1860)

21.09.1866 *   HERBERT GEORGE WELLS (21.09.1866–13.08.1946)

21.09.1972 †   HENRY DE MONTHERLANT (21.04.1896–21.09.1972)

22.09.1694 *   PHILIP DORMER STANHOPE LORD CHESTERFIELD
               (22.09.1694–24.03.1773)

22.09.1826 †   JOHANN PETER HEBEL (10.05.1760–22.09.1826)

22.09.1918 *   HANS SCHOLL (22.09.1918–22.02.1943)

22.09.1925 †   MORITZ HEIMANN (19.07.1868–22.09.1925)

23.09.1923 *   KARL-HEINZ SÖHLER (geb. 23.09.1923)

25.09.1680 †   SAMUEL BUTLER (08.02.1612–25.09.1680)

25.09.1896 *   ELSA TIOLET (25.09.1896–16.06.1970)

25.09.1897 *   WILLIAM FAULKNER (25.09.1897–06.07.1962)

25.09.1970 †   ERICH MARIA REMARQUE (22.06.1898–25.09.1970)

26.09.1889 *   MARTIN HEIDEGGER (26.09.1889–26.05.1976)

26.09.1952 †   GEORGE SANTAYANA (16.12.1863–26.09.1952)

26.09.1990 †   ALBERTO MORAVIA (28.11.1907–26.09.1990)

27.09.1821 *   HENRI FRÉDÉRIC AMIEL (27.09.1821–11.05.1881)

27.09.1960 *   MANFRED NERLINGER (geb. 27.09.1960)

28.09.1934 *   BRIGITTE BARDOT (geb. 28.09.1934)

29.09.1867 *   WALTHER RATHENAU (29.09.1867–24.06.1922)

30.09.1897 †   THERESIA VON LISIEUX (02.01.1873–30.09.1897)

30.09.1924 *   TRUMAN CAPOTE (30.09.1924–25.08.1984)

Oktober

01.10.1968 †   ROMANO GUARDINI (17.02.1885–01.10.1968)

02.10.1869 *   MAHATMA GANDHI (02.10.1869–30.01.1948)

02.10.1890 *   GROUCHO MARX (02.10.1890–19.08.1977)

02.10.1892 †   ERNEST RENAN (27.02.1823–02.10.1892)

03.10.1858 *   ELEONORA DUSE (03.10.1858–21.04.1924)

03.10.1987 †   JEAN ANOUILH (23.06.1910–03.10.1987)

04.10.1797 *   JEREMIAS GOTTHELF (04.10.1797–22.10.1854)

04.10.1979 †   HANS LOHBERGER (25.01.1920–04.10.1979)

06.10.1954 †   ÉMILE MÂLE (02.06.1862–06.10.1954)

07.10.1849 †   EDGAR ALLAN POE (19.01.1809–07.10.1849)

09.10.1908 *   JACQUES TATI (09.10.1908–04.11.1982)

10.10.1942 †   RICHARD SCHAUKAL (27.05.1874–10.10.1942)

10.10.1974 †   MARIE LUISE KASCHNITZ (31.01.1901–10.10.1974)

11.10.1825 *   CONRAD FERDINAND MEYER (11.10.1825–28.11.1898)

11.10.1876 *   GERTRUD VON LE FORT (11.10.1876–01.11.1971)

11.10.1885 *   FRANÇOIS MAURIAC (11.10.1885–01.09.1970)

11.10.1903 *   HANS SÖHNKER (11.10.1903–20.04.1981)

11.10.1963 †   JEAN COCTEAU (05.07.1889–11.10.1963)

12.10.1924 †   ANATOLE FRANCE (16.04.1844–12.10.1924)

14.10.1890 *   DWIGHT D. EISENHOWER (14.10.1890–28.03.1969)

14.10.1906 *	HANNAH ARENDT (14.10.1906–04.12.1975)
15.10.1844 *	FRIEDRICH NIETZSCHE (15.10.1844–25.08.1900)
16.10.1752 *	ADOLF FRANZ FRIEDRICH VON KNIGGE (16.10.1752–06.05.1796)
16.10.1856 *	OSCAR WILDE (16.10.1856–30.11.1900)
17.10.1873 *	ALFRED POLGAR (17.10.1873–24.04.1955)
17.10.1915 *	ARTHUR MILLER (geb. 17.10.1915)
17.10.1973 †	INGEBORG BACHMANN (25.06.1926–17.10.1973)
17.10.1983 †	RAYMOND ARON (14.03.1905–17.10.1983)
18.10.1777 *	HEINRICH VON KLEIST (18.10.1777–21.11.1811)
18.10.1931 †	THOMAS ALVA EDISON (02.11.1847–18.10.1931)
18.10.1955 †	JOSÉ ORTEGA Y GASSET (09.05.1883–18.10.1955)
19.10.1745 †	JONATHAN SWIFT (30.01.1667–19.10.1745)
20.10.1897 *	PETER BAMM (20.10.1897–30.03.1975)
21.10.1931 †	ARTHUR SCHNITZLER (15.05.1862–21.10.1931)
21.10.1984 †	FRANÇOIS TRUFFAUT (06.02.1932–21.10.1984)
22.10.1811 *	FRANZ VON LISZT (22.10.1811–31.07.1886)
22.10.1854 †	JEREMIAS GOTTHELF (04.10.1797–22.10.1854)
23.10.1801 *	ALBERT LORTZING (23.10.1801–21.01.1851)
24.10.1796 *	AUGUST VON PLATEN (24.10.1796–05.12.1835)
24.10.1928 *	GABRIEL LAUB (24.10.1928–03.02.1998)
25.10.1881 *	PABLO PICASSO (25.10.1881–18.04.1973)
25.10.1919 *	BEATE UHSE (geb. 25.10.1919)
27.10.1858 *	THEODORE ROOSEVELT (27.10.1858–06.01.1919)
28.10.1754 †	FRIEDRICH VON HAGEDORN (23.04.1708–28.10.1754)

28.10.1903 *   Evelyn Arthur Waugh (28.10.1903–10.04.1966)

30.10.1762 *   André Chénier (30.10.1762–25.07.1794)

30.10.1871 *   Paul Valéry (30.10.1871–20.07.1945)

November

01.11.1955 †   Dale Carnegie (24.11.1888–01.11.1955)

01.11.1971 †   Gertrud von Le Fort (11.10.1876–01.11.1971)

02.11.1847 *   Thomas Alva Edison (02.11.1847–18.10.1931)

02.11.1950 †   George Bernard Shaw (26.07.1856–02.11.1950)

03.11.1901 *   André Malraux (03.11.1901–23.11.1976)

04.11.1850 †   Gustav Schwab (19.06.1792–04.11.1850)

04.11.1982 †   Jacques Tati (09.10.1908–04.11.1982)

06.11.1880 *   Robert Musil (06.11.1880–15.04.1942)

07.11.1913 *   Albert Camus (07.11.1913–04.01.1960)

09.11.1818 *   Iwan Turgenjew (09.11.1818–03.09.1883)

09.11.1966 †   Richard Benz (12.06.1884–09.11.1966)

09.11.1970 †   Charles de Gaulle (22.11.1890–09.11.1970)

10.11.1483 *   Martin Luther (10.11.1483–18.02.1546)

10.11.1759 *   Friedrich Schiller (10.11.1759–09.05.1805)

11.11.1855 †   Søren Kierkegaard (05.05.1813–11.11.1855)

12.11.1923 *   Loriot (Vicco von Bülow) (geb. 12.11.1923)

13.11.1850 *   Robert Louis Balfour Stevenson
               (13.11.1850–03.12.1894)

13.11.1862 †   Ludwig Uhland (26.04.1787–13.11.1862)

13.11.1882 †   Gottfried Kinkel (11.08.1815–13.11.1882)

14.11.1650 *   WILHELM VON ORANIEN (14.11.1650–19.03.1702)

14.11.1825 †   JEAN PAUL (21.03.1763–14.11.1825)

14.11.1831 †   GEORG WILHELM FRIEDRICH HEGEL (27.08.1770–14.11.1831)

14.11.1946 *   MICHAEL HILTI (geb. 14.11.1946)

15.11.1862 *   GERHART HAUPTMANN (15.11.1862–06.06.1946)

15.11.1910 †   WILHELM RAABE (08.09.1831–15.11.1910)

15.11.1936 *   WOLF BIERMANN (geb. 15.11.1936)

15.11.1976 †   JEAN GABIN (17.05.1904–15.11.1976)

17.11.1888 *   CURT GOETZ (17.11.1888–12.09.1960)

17.11.1934 †   JOACHIM RINGELNATZ (07.08.1883–17.11.1934)

17.11.1947 †   RICARDA HUCH (18.07.1864–17.11.1947)

18.11.1827 †   WILHELM HAUFF (29.11.1802–18.11.1827)

21.11.1694 *   VOLTAIRE (21.11.1694–30.05.1778)

21.11.1811 †   HEINRICH VON KLEIST (18.10.1777–21.11.1811)

21.11.1878 *   GUSTAV RADBRUCH (21.11.1878–23.11.1949)

22.11.1819 *   GEORGE ELIOT (22.11.1819–22.12.1880)

22.11.1869 *   ANDRÉ GIDE (22.11.1869–19.02.1951)

22.11.1890 *   CHARLES DE GAULLE (22.11.1890–09.11.1970)

22.11.1913 *   BENJAMIN BRITTEN (22.11.1913–04.12.1976)

22.11.1963 †   JOHN FITZGERALD KENNEDY (29.05.1917–22.11.1963)

22.11.1980 †   MAE WEST (17.08.1893–22.11.1980)

22.11.1988 †   ERICH FRIED (06.05.1921–22.11.1988)

23.11.1949 †   GUSTAV RADBRUCH (21.11.1878–23.11.1949)

23.11.1976 †   ANDRÉ MALRAUX (03.11.1901–23.11.1976)

24.11.1888 *   DALE CARNEGIE (24.11.1888–01.11.1955)

26.11.1857 †   JOSEPH VON EICHENDORFF (10.03.1788–26.11.1857)

28.11.1757 *   WILLIAM BLAKE (28.11.1757–12.08.1827)

28.11.1881 *   STEFAN ZWEIG (28.11.1881–23.02.1942)

28.11.1898 †   CONRAD FERDINAND MEYER (11.10.1825–28.11.1898)

28.11.1907 *   ALBERTO MORAVIA (28.11.1907–26.09.1990)

29.11.1780 †   MARIA THERESIA (13.05.1717–29.11.1780)

29.11.1802 *   WILHELM HAUFF (29.11.1802–18.11.1827)

30.11.1835 *   MARK TWAIN (30.11.1835–21.04.1910)

30.11.1874 *   WINSTON CHURCHILL (30.11.1874–24.01.1965)

30.11.1900 †   OSCAR WILDE (16.10.1856–30.11.1900)

30.11.1989 †   ALFRED HERRHAUSEN (30.01.1930–30.11.1989)

Dezember

03.12.1894 †   ROBERT LOUIS BALFOUR STEVENSON
                 (13.11.1850–03.12.1894)

04.12.1679 †   THOMAS HOBBES (05.04.1588–04.12.1679)

04.12.1875 *   RAINER MARIA RILKE (04.12.1875–29.12.1926)

04.12.1973 †   KARL HEINRICH WAGGERL (10.12.1897–04.12.1973)

04.12.1975 †   HANNAH ARENDT (14.10.1906–04.12.1975)

04.12.1976 †   BENJAMIN BRITTEN (22.11.1913–04.12.1976)

05.12.1791 †   WOLFGANG AMADEUS MOZART (27.01.1756–05.12.1791)

05.12.1835 †   AUGUST VON PLATEN (24.10.1796–05.12.1835)

05.12.1870 †   ALEXANDRE DUMAS DER ÄLTERE (24.07.1802–05.12.1870)

06.12.1658 †   BALTASAR GRACIÁN Y MORALES (08.01.1602–06.12.1658)

06.12.1892 †   WERNER VON SIEMENS (13.12.1816–06.12.1892)

07.12.1801 *   Johann Nestroy (07.12.1801–25.05.1862)

08.12.1868 *   Norman Douglas (08.12.1868–09.02.1952)

08.12.1989 †   Max Grundig (07.05.1908–08.12.1989)

09.12.1717 *   Johann Joachim Winckelmann (09.12.1717–08.06.1768)

09.12.1901 *   Ödön von Horváth (09.12.1901–01.06.1938)

09.12.1916 *   Wolfgang Hildesheimer (09.12.1916–21.08.1991)

10.12.1897 *   Karl Heinrich Waggerl (10.12.1897–04.12.1973)

12.12.1821 *   Gustave Flaubert (12.12.1821–08.05.1880)

12.12.1905 *   Manès Sperber (12.12.1905–05.02.1984)

12.12.1963 †   Theodor Heuss (31.01.1884–12.12.1963)

13.12.1769 †   Christian Fürchtegott Gellert (04.07.1715–13.12.1769)

13.12.1797 *   Heinrich Heine (13.12.1797–17.02.1856)

13.12.1816 *   Werner von Siemens (13.12.1816–06.12.1892)

13.12.1863 †   Christian Friedrich Hebbel (18.03.1813–13.12.1863)

13.12.1937 *   Robert Gernhardt (geb. 13.12.1937)

14.12.1990 †   Friedrich Dürrenmatt (05.01.1921–14.12.1990)

15.12.1613 *   François de la Rochefoucauld (15.12.1613–17.03.1680)

15.12.1878 *   Hans Carossa (15.12.1878–12.09.1956)

15.12.1892 *   John Paul Getty (15.12.1892–06.06.1976)

15.12.1928 *   Friedensreich Hundertwasser (15.12.1928–19.02.2000)

16.12.1755 *   Jane Austen (16.12.1755–18.07.1817)

16.12.1863 *   George Santayana (16.12.1863–26.09.1952)

16.12.1878 †   Karl Gutzkow (17.03.1811–16.12.1878)

16.12.1965 †   William Somerset Maugham (25.01.1874–16.12.1965)

17.12.1770 *   Ludwig van Beethoven (17.12.1770–26.03.1827)

17.12.1893 * ERWIN PISCATOR (17.12.1893–30.03.1966)

17.12.1936 * KLAUS KINKEL (geb. 17.12.1936)

18.12.1803 † JOHANN GOTTFRIED HERDER (25.08.1744–18.12.1803)

18.12.1877 * MAX PALLENBERG (18.12.1877–26.06.1934)

19.12.1807 † FRIEDRICH MELCHIOR GRIMM (26.12.1723–19.12.1807)

19.12.1910 * JEAN GENET (19.12.1910–15.04.1986)

20.12.1968 † JOHN STEINBECK (27.02.1902–20.12.1968)

20.12.1972 † GÜNTHER EICH (01.02.1907–20.12.1972)

21.12.1748 * LUDWIG CHRISTOPH HÖLTY (21.12.1748–01.09.1776)

21.12.1795 * LEOPOLD VON RANKE (21.12.1795–23.05.1886)

21.12.1804 * BENJAMIN DISRAELI (21.12.1804–19.04.1881)

21.12.1913 * ANDOR FOLDES (21.12.1913–09.02.1992)

21.12.1935 † KURT TUCHOLSKY (09.01.1890–21.12.1935)

21.12.1958 † LION FEUCHTWANGER (07.07.1884–21.12.1958)

22.12.1880 † GEORGE ELIOT (22.11.1819–22.12.1880)

22.12.1977 † FRANK THIESS (13.03.1890–22.12.1977)

23.12.1812 * SAMUEL SMILES (23.12.1812–16.04.1904)

23.12.1918 * HELMUT SCHMIDT (geb. 23.12.1918)

23.12.1966 † HEIMITO VON DODERER (05.09.1896–23.12.1966)

24.12.1905 * HOWARD R. HUGHES (24.12.1905–05.04.1976)

24.12.1928 * MANFRED ROMMEL (geb. 24.12.1928)

26.12.1723 * FRIEDRICH MELCHIOR GRIMM (26.12.1723–19.12.1807)

26.12.1891 * HENRY MILLER (26.12.1891–07.06.1980)

27.12.1896 * CARL ZUCKMAYER (27.12.1896–18.01.1977)

29.12.1721 * MARQUISE DE POMPADOUR (29.12.1721–15.04.1764)

29.12.1926†   RAINER MARIA RILKE (04.12.1875–29.12.1926)

29.12.1937†   DONALD MARQUIS (29.07.1878–29.12.1937)

30.12.1819 *   THEODOR FONTANE (30.12.1819–20.09.1898)

30.12.1865 *   RUDYARD KIPLING (30.12.1865–18.01.1936)

30.12.1947†   ALFRED NORTH WHITEHEAD (15.02.1861–30.12.1947)

Stichwortverzeichnis

A

Aas 195
Abend 159, 243, 255
Abendbrot 206
Abendland 209
Abendrot 139
Abenteuer, geistiges 104
Aberglaube 73, 216
Abgänger 99
Abhängigkeit 30
Ablehnung 150
Abmagerungskur 172
Abonnent 80
Absatz 65
Abschied 254 ff., 258, 260
Abschiednehmen 259
Abschiedsworte 260
Absicht 193
Abstammung 184
Abwechslung 243
Achtung 237
Acker 166
Adel 130
Advokat 148
Affe 26, 120, 190
Agitator 72
Agora 114
Ägypten 113
Ahnung, düstere 153
Akademie 75
Akademiker 116
Aktien 166 f.
Aktiengesellschaft 168
Aktionär 168
Alltäglichkeit 42, 68
Alltagsärgernis 135
Allwissenheit 154
Altauto 86
Alter 251, 257, 268
Alter, reifes 124
Alternde 250
Altersgrenze 249

Amboss 225
Ameise 60
Amerika 301
Amor 44
Amt 210, 225, 235, 266
Ämter, hohe 203
Analogie 60
Andersmeinende 216
Anekdote 5
Anerkennung 31, 125, 213, 224, 232 ff., 287
Anfang 38, 49, 142, 290
Anforderung 244
Angebot 74
Angel 40, 42, 77
Angelegenheiten anderer Leute 301
Angst 38 f., 59, 89, 94, 266
Angst vor dem Fremden 94
Anker 98
Anleihen 167
Annehmlichkeit 217
Anpassung 101, 150, 292
Anschauung 99
Ansehen 184, 238
Ansicht 34, 89, 191
Ansporn 51
Anstrengung 234
anthropozentrisch 89
Antilochus 69
Antriebskraft 31
Antrittsrede 265 ff.
Antwort 148, 156, 184
Anwendung 153, 286
Äpfel, goldene 155
Aphorismus 5 f., 9, 231 f.
Apostel 120
Appetit 301
Arbeit 28, 30 f., 42, 51, 53, 56, 103, 219, 233, 246, 255 ff., 274, 276
Arbeit, erledigte 258
Arbeiter 21
Arbeitgeber 21
Arbeitnehmer 23

Arbeitsamkeit 56
Arbeitsgruppe, gemischte 129
Arbeitsplatz 172
Archimedischer Punkt 111
Architekt, moderner 290
Architektur 290 f.
Ärger 52, 57, 164, 188, 204
Argument 60, 76, 133 f., 136 f., 210
Argumente, schlechte 131
Argwohn 39, 149
Arm 138
Armee 205
Armut 175, 247
Arsch 193
Arznei 153, 201
Ärzte 249
Asien 112
Assoziation 230
Atheist 212
Atmosphäre 29, 190 ff.
Atomenergie 90
Aufbruch 47
Aufgabe 113, 193, 240, 245, 290
Aufgabe, herausfordernde 33
Aufgaben, schwierige 217 ff.
Aufgang 97
Aufgeben 150
Aufmerksamkeit 78, 80
Aufrichtigkeit 155, 270
Aufschub 57, 150, 189
Aufschwung 145
Augenblick 36, 39, 62, 140, 177, 281,
    291
Ausbeuter 20
Ausbildung 121
Ausdauer 53, 215
Ausdruck 228
Ausnahme 33, 96
Außerordentliches 293
Aussprüche, geistvolle 295
Austausch 127
Auto 163
Autorität 25, 33, 58, 129, 154
Axt 222

B

Babysitter 179
Bacchus 271
backside, moralische 300
Bahnhofshalle 114
Bajonett 222
Ball 276
Ballon 21
Bank 169, 171
Bankier 169
Bankraub 171
Bär 141, 223
Bärenwirt 224
Bargeld 167
Barmherzigkeit 74
Barriere, hierarchische 32
Bauherr 268
Bauleute 130
Baum 27, 129, 212, 214
Becher 275
Bedauern 140
Bedürfnis 250, 279
Beethoven 43
Befehl 26, 218
Beförderung 242 ff.
Begabung, natürliche 134
Begabung, ungewöhnliche 31
Begegnung 273
Begeisterung 43 ff., 106
Beginn 42
Begriffe, allgemeine 156
Begriffe, komplizierte 228
Beharrlichkeit 75, 105
Beifall 8
Bein 141
Beischlaf 272
Beispiel 118, 228
Beispiel, gutes 52
Beistand 125
Bekanntschaft 267
Beleidigung 77, 136
Benchmarking 100, 160 ff.
Beobachter 63
Bequemlichkeit 87
Berater 63
Beratung 152 ff., 155

Beredsamkeit 230
Berg 84, 86, 120, 165, 274, 284
Beruf 122, 219
Berufstätigkeit 276
Beruhigung 210
Berühmtheit 184
Beschäftigte 24
Bescheidenheit 239, 241, 244
Bescheidenheit, falsche 238
Beschränkung 58, 173
Beschwerdemanagement 76 ff.
Besitz 204, 255
Besprechungen 131 ff.
Bestialität 112
Bestimmungen, juristische 294
Bestseller 300
Betragen 81
Betriebsblindheit 213 ff.
Betriebsfeiern 275 ff.
Betriebsgründung 286 ff.
Betriebskapital 77
Betrug 190
Beweggrund 185
Bewegung 91, 185
Beweis 159, 180, 210, 262
Bewunderung 175, 224, 235, 237
Bezahlen 173, 177
Beziehung 23
Bier 273
Bikini 179
Bilanzen 178 ff.
Bild 62, 75
Bildung 115, 117, 124, 187, 228, 299
Bindung 147
Biografie 22
Blase 136
Blickrichtung 208
Blitz 264
Blödheit 200
Blödsinn 138, 203
Blue Jeans 21
Blut 188
Blüte 142
Bogen 151
Bombe 88
Bonbon 232
Börse 166 ff.

Börsenkapital 168
Börsianer 166
böse Neigungen 83
Böses 296
Braten 148
Brauch 209
Brett vor dem Kopf 214
Brett 219
Brief 82
Brombeere 134
Brot 276
Brotneid 224
Buch 76, 120, 212, 298 f.
Büchergelehrsamkeit 121
Buchladen 48
Buchstabe 73
Buddhismus 280
Büroarbeit 162
Bürokrat 136
Bürokratie 136
Business 33

C

Cäsar 269
Cato 18
Champignon 21
Chance 49, 292
Chancengerechtigkeit 163
Chaos 54, 137, 153
Charakter 26, 55, 59, 98, 244, 290
Charakterstärke 46
Charakterverbesserung 278
Charts 265
Chauvinismus 89
Chinatown 234
Christentum 280
Columbus 300
Computer 161 ff.
Courage 53

D

Dabeisein 64, 296
Dank 232 ff.
Dankbarkeit 207, 243, 258
Darlehen 273

Daumenschrauben 89
Demagogie 231
Demokrat 127
Demokratie 24, 161, 293
Denken 37, 49, 55, 58, 85, 133, 209, 214, 265
Denker 122
Denkmuster, festgefahren 22
Denkweite 232
Detail 78, 84
Deutlichkeit 239
Deutsche 123, 144
Deutschland 91, 302
Devisenmarkt 113
Diagnose 203
Dialektiktraining 74
Dialog 181
Dichter Dorlamm 194
Dichter 145, 295
Dichtung 133, 186
Dienst nach Vorschrift 136
Dienst 53
Dienstleistung 22, 77, 80
Dienstleistungsunternehmen 168
Digitaluhr 249
Diktatur 20
Dilettant 106, 235
Dinge 187
Diogenes 198
Diskussion 208 ff., 211
Disziplin 47
Doctor, junger 200
Dollar 64, 167
Dornen 220, 247
Dreck 183
Drink 276
Druckenlassen 263
Dukaten 173
Dummheit 38, 65, 98, 118, 121, 134 f., 137, 139, 142, 150, 197, 199, 201, 216, 241, 298
Dummkopf 24, 194
Dummköpfe, witzige 296
Dünger 176
Dünkel 93, 156
Durchhalten 42
Durchschnitt 178

E

Ebenbilder, Gottes 241
Edle 157
Effizienz 52
Ehe 129, 148, 252 ff., 298
Ehe, glückliche 252
Ehemann, idealer 254
Ehestand 128
Ehre 67
Ehren 266
Ehrfurcht 234
Ehrgeiz 146, 238, 242
Ehrlichkeit 69 f., 79, 111, 175
Ehrlichkeit, sachzwangreduzierte 131
Ehrung 58
Ei 62, 153, 169, 214
Eiche, abgestorbene 285
Eierkuchen 153
Eifer 45, 56
Eigenheit 67, 121
Eigenkapital 172
Eigenliebe 55, 85
Eigennutz 175, 221, 299
Eigenschaft 67, 121
Eigentum 242
Einfachheit 61, 228
Einfall 63, 103, 132, 240, 288, 293
Einfalt 199
Einfluss 47, 59
Eingebung 85
Einigkeit 126
Einsamkeit 129, 214, 253
Einsicht 59, 121, 201
Eintracht 153
Einweihung 289 ff.
Einzelnutzen 129
Eisen 218
Eisen, heißes 147
Eisenbahn 245
Eitelkeit 57, 174, 182, 211, 241, 248
Elch 192, 213
Elefant 211, 249
Elfen 242
Eltern 79, 123
Empfänglichkeit 66
Empfindung 132

Ende 49, 151
Energie 46, 50
Energiequelle 91
Engagement 23, 261
Engel 126
Engherzigkeit 186
Engstirnigkeit 194
Enkel 294
Ennius 157
Entbehrung 204
Entdeckung 101, 107
Entdeckungsreise 252
Ente 62
Enthaltsamkeit 54
Entscheidung 105
Entscheidung, unternehmerische 77
Entscheidungsfreiheit 163
Entschlossenheit 203, 288
Entschluss 36, 148, 208, 287 f.
Enttäuschung 124
Entweder-Oder 132
Entwicklung 99 ff., 165, 291
Epoche 155
Erbe 268
Erdbeere 95
Erde 90, 100, 111, 225, 236, 276
Erdensohn 256
Erdkugel 143
Ereignisse, politische 150
Erfahrung 47, 49, 85, 119 f., 124, 153,
    160, 198, 206, 244 ff.
Erfindung 106, 110, 138, 263
Erfolg 29, 32, 37, 45, 49 f., 64 f., 73,
    87 f., 92, 94, 147 f., 160, 169, 172,
    197, 199, 202 f., 233, 235, 239, 263,
    266, 286, 288, 291
Erfolgserlebnis 142
Erfolgsfaktor 22, 44
Erhabenes 202
Erholung 255
Erinnerung 123, 281, 293
Erinnerungsfälschung 259
Erkenntnis 69, 89, 105, 107, 109, 115,
    117, 159, 198, 264
Erklärung, theoretische 104
Erleben 296
Erlebnis 109

Erleichterung 8
ernst genommen werden 134
Ernst 147, 235
Ernte 111
Erregung 192
Erröten 90, 280, 297
Erschlaffen 47
Erwartung 106
Erwerb 170
Erziehung 31, 79, 83, 119, 122
Esel 139, 146, 215
Eskimo 171
Essen 38, 77, 173, 271 f.
Etatzuwachs 178
Ethik 90, 172
Etikett 63
Euro-Manager 113
Europa 112
Existenz 101, 186
Existenzgefährdung 20
Experiment 108, 190
Experte 124, 152

F

Facharbeiter 116
Fackelzug 248
Fähigkeit 19, 117, 195, 218
Fahrgast 253
Fahrzeug 253
Fallschirm 115
Fanatismus 194
Fantasie 37, 110, 167, 194, 270
Faulheit 38, 107
Fehler 37, 39, 49, 58, 79, 87, 118, 123,
    154, 189, 193, 199, 201 ff., 207, 216,
    225 f., 256
Feiern 276
Feierrede 7
Feind 85, 160, 192, 221 ff., 226
Fertighaus 253
Fest 72, 275
Feste, private 275 ff.
Festredner 289
Fettdruck 71
Feuerwerk 65
Fiktion 294

Film 179, 229, 242
Finanzen 166 ff.
Finanzpolitik 178
Firma 87
Firmenjubiläum 292 ff.
Firmen-Stil 63
Fisch 40, 42
Fleiß 50, 52, 56, 235, 237
Fliege 199, 211
Fluch 142
Fluktuation 27
Form 105
Forschung 99 ff.
Fortbildung 115 ff.
Fortschritt 35, 88, 90, 93, 95, 99 ff.,
    105 f., 109, 111, 118, 185
Fortschritt, naturwissenschaftlicher 104
Fortschritt, sozialer 172
Fortschritte der Menschheit 110
Fortuna 176
Frage 148, 156, 159, 184
Frage, soziale 187
Frage, strittige 211
Franzosen 275
Frauen 95, 129, 249
Frauenbeauftragte 242
Freie 258
Freiheit 53, 80, 89, 101, 145, 149, 163,
    185, 190, 219, 223, 225
Freiwilligkeit 98, 150, 220
Freizeit 52
fremde Länder 124
Fremde 274
Fremdheit 92, 94, 130, 216
Freude 45, 134, 176, 202, 204, 243, 252,
    269, 277, 287
Freund 126, 128, 155, 190, 223
Freundlichkeit 26
Freundschaft 126, 130, 293
Frieden 58, 159, 195
Friedhofsmauer 171
Frisör 244
Fröhlichkeit 47
Frosch 40, 69, 212
Frühling 39, 163
Frühstück 206
Frust 39

Fuchs 141
Fügung 111
Führung 27
Führungskompetenz 23
Führungskraft 17, 25 ff., 29
Führungskrise 18
Führungskultur 21, 27, 155
Führungspersönlichkeit 19
Führungsqualität 26
Führungssystem 20
Führungsziel 29
Furcht 30, 23, 49, 220, 234, 263, 287
Furchtsamkeit 145
Fürst 174
Fürstengunst 238
Fußball 21
Fußstapfen 240
Fußtritt 195

G

Gang 61
Gans 174
Garten 68
Gäste 273
Gasthaus 275
Gates, Bill 50
Gaul, hölzerner 112
Gebäude 262, 290
Gebot 107
Gebote, Zehn 211
Geburt 250, 255, 283
Geburtstag 247 ff.
Geburtstagstorte 248
Gedächtnis 203, 259
Gedächtnis, schlechtes 136
Gedanke 55, 57, 63, 80, 95, 99, 104,
    108 f., 133, 149, 161, 184, 211, 237,
    244, 251, 262, 264, 285, 290
Gedanken-Mütter 99
Gedeihen, langfristiges 113
Gedenken 294
Geduld 109, 234
Gefahr 39, 145, 160
Gefängnis 258
Gefäß 105
Gefäß, hohles 140

geflügeltes Wort 6
Gefühl 181, 259
Gegensatz 137
Gegenteil 152
Gegenwart 42, 113, 257, 266, 294
Geheimnis 62, 151, 195
Gehirn 38, 136, 265
Gehorsam 218
Geier 195
Geist 51, 55, 73, 100, 123, 139, 231,
    272, 294
Geistesgläubigkeit, unerschütterli-
    che 132
geistiges Abenteuer 104
geistreich 300
Geld 31, 48, 62, 72, 76, 87, 115, 143,
    146, 166 ff., 169 ff., 175 ff., 179, 185,
    206, 223, 266, 270, 277, 287
Geldmarkt 113
Gelegenheit 36
Gemeinplatz 70
Genauigkeit 61
Genie 35, 119, 128, 203, 235
Genieprothese 162
Genius 161
Genuss 270, 277, 279
Gerechtigkeit 89, 189 f., 230
Gerücht 181, 254
Gesamtnutzen 129
Geschäft 80, 146, 172
Geschäfte 74, 256
Geschäftsbericht 168
Geschäftseröffnung 286 ff.
Geschäftsessen 269 ff.
Geschäftsleben 73
Geschäftsmann 266
Geschichte 28, 99, 102, 201, 269, 294
Geschick 96
Geschmack 298
Geschwätz 285
Geschwindigkeit 99 f., 109, 165, 261
Geselligkeit 276
Gesellschaft 88, 93, 107, 115, 187, 205,
    301
Gesellschaft, multikulturelle 297
Gesellschaftskultur 294
Gesetz 90, 97, 148, 181, 209

Gesicht 61
Gesprächsthema 138
Gesundheit 177
Gewalt 146
Gewinn 19, 42, 172, 191, 199, 266
Gewissen 135, 277
Gewissensbiss 211
Gewissheit 145
Gewitter 37, 163
Gewohnheit 93, 215, 238
Gewöhnung 47
Gier 279
Gift 153
Glanz 62
Glatze 131
Glaube 85, 103, 115, 118, 144, 212, 286
Glaubwürdigkeit 181
Gleichberechtigung 163
Gleichgewicht 87
Gleichgültigkeit 31, 191
Gleichheit 130
Gleichmut 197
Globalisierung 112 ff.
Glück 20, 30, 40 ff., 47, 51, 53 f., 56 ff.,
    62, 67, 74, 78, 81, 102, 106 f., 120,
    124 f., 127, 156, 167, 170, 177, 197,
    199, 201, 205, 217, 225, 238, 240,
    244 ff., 247 f., 252 ff., 256, 258, 273,
    286, 291 ff., 298, 301
Glühwürmchen 240
Golfspiel 87
Gott 83, 132, 139, 173, 190, 212, 292
Götter 216, 226,
Gottes Ebenbilder 241
Grab 99, 226
Gram 47
Gras 66
Grausamkeit 215
Greis 259
Großes 48
Grund 32, 131, 134
Grundbedürfnis 88
Grundlagen des Lebens 89
Grundsatz 61, 237
Grundstein 291
Grundsteinlegung 289 ff.
Gründungsphase 289

Gruppendienlichkeit 129
Güte 186, 236
Gutes 24, 30, 75, 84, 186, 237 f., 278

H

Haar 248 f.
Haar in der Suppe 140
Haar, lockiges 250
Habicht 212
Hahn 68
Halt im Leben 127
Haltung 61
Haltung, kritische 36
Hammer 218, 225
Handeln 32, 37
Handlungsweise 132
Handschuhe 217
Handwerker 174
Hanf 144
Hang zum Nichtstun 271
Hannibal 69
Harnblase 229
Hartnäckigkeit 67, 215
Hase 41
Hass 159, 227
Haus 72, 130, 176, 255, 291
Heftigkeit 135
Heiland 207
Heiliger 248
Heilung 88, 158
Heimat 114, 130
Heirat 254
heißes Eisen 147
Hekatombe 182
Helikopter 21
Herausforderung 33
Herbst 163
Herde 225
Hering 22
Heringsware 45
Herrschaft 271
Herz 26, 56, 65, 90, 147, 158, 236 f.,
    251, 278
Heu 66
Hierarchie 25
Hilfe 126, 186

Himmel 100, 214, 252, 301
Hindernis 226
Hintern 94
Hinterteil 80
Hirn 164
Hirsch 141
Historiker 292
Hochachtung, unüberlegte 209
Hochzeit 252 ff.
Hoffnung 44, 49, 67, 74, 98, 206, 247,
    279, 281, 290
Höflichkeit 77, 86, 138, 158
hohes Ross 148
Hölle 57, 301
Homer 132
homo sapiens 92
Hörer 231
Hornvieh 194
Hose 76
Huhn 62, 114, 128
Hühnerauge 80
Humanität 141
Humor 159, 189, 253
Hund 176, 222
Hunger 242
Hut 43

I

IBM 93
Ideal 33, 65, 100, 278
Ideal, deutsches 82
Idealist 199
Idee 32, 36, 47, 69, 72, 103, 106, 138,
    171, 263, 265, 286
Idee, globale 112
Idee, neue 29, 92 ff., 140
Identifikation 29
Idiot 131, 167
Idiotismus 114
Ignoranz 134
Illusion 54, 279
Imposantes 142
Industrie 104
Industrieller 20
Information 122, 266
Informationsfluss 19

Informationsfreiheit 163
Inneres 37
Innovation 99 ff., 107 f., 116, 261,
Innovationsakzeleration, ambiva-
 lente 132
Innovationsschub 100
Inspiration 35
Instinkt 25, 271
Intellekt 301
Intellektualisierung 71
Intelligenz 55, 77, 137, 145, 162, 218,
 264
Interesse 102
Internet 114
Interpretation 95, 187
Intoleranz 190 f.
Intuition 104, 198
Investition in Wissen 115
Irrsinn 270
Irrtum 36, 38, 62, 85, 96, 102 f., 122,
 143, 196, 198, 200 f., 209

J

Ja 132
Jahr 279
Jahresringe 248
Japan 168
Journalismus 181
Jubiläumsfeier 239
Jucken 79
Jugend 257
Jüngling 250
Junior 268
Jurist 75

K

Kadaver 241
Kaiser Augustus 176
Kampagne 63
Känguru 21
Kant 112, 272
Kapital 31, 158, 185, 266
Karikatur 154
Karriere 19, 22, 242
Karriereweg 22

Kartenhaus 37
Katze 83, 212
Kaufen 167
Kaufmann 75
Kavaliersdelikt 223
Kennenlernen 130
Kenntnis 121
Kennzahlen 178 ff.
Kepler 183
Kernkompetenz 59
Kerze 248
Kette 148
Kind 79, 119, 297
Kind, artiges 246
Kinderstube 215
Kindesnöte 284
Kitsch 300
Klage 207
Klarheit 208
Klasse 20
Klassiker 296
Klavier 297
Kleider 239, 299
Kleinaktionär 167
Kleinigkeiten 259, 298
Klugheit 65, 77, 85, 118, 139, 147, 206,
 245, 296
Knecht 20, 59
Knopfloch 143
Kobolde 242
Koch 77
Köchin 215
Köder 219
Kollege 102
Kommission 136, 211
Kommunikation 104
Kommunikation, zwischenmenschli-
 che 125
Kommunikationsgesellschaft 261
Kompetenz 25, 116
Kompromiss 144, 147, 195
Konflikte 187 ff.
König Philippus 200
Konkurrent 224
Konkurrenz 221, 223,
Können 26, 59, 243
Konservativer 98

Konsument 75
Konsumentenaufklärung 82
Konsumentenberatung 82
Kontakt 118
Kontinuität 23
Konversation 295 ff.
Kooperation 125 ff.
Kopf 43, 158, 216, 278
Kornfeld 205
Körper 114, 249
Kosmetik 67
Kosten 107, 143
Kostenfaktor 23
Kraft 36, 49, 135, 215, 234
Krähe 141
Krankheit 158
Kränkung 192
Kratzen 79
Kreativität 103, 107 f., 143, 261
Krebs 215
Kreditsystem 177
Kreislauf 189
Krise 209
Kritik 182, 265, 292
Kritiker 154
Kritiker der Elche 192
Kronenkranich 135
Kuh 165
Kühlschrank 171
Kultur 166, 185 f., 241, 300
Kulturleistung 257
Kulturminister 246
Kunde 64, 75, 77 f., 86
Kundenbindung 76 ff.
Kundendienst 84
Kundenschnittstelle 25
Kunst des Redens 181
Kunst 63, 185, 187, 262, 280, 291,
    296 f., 299, 302
Künstler 66, 116, 302
Künstlernatur 105
Künstlerseele 30
Künstliches 231
Kunsturteil 106
Kunstwerk 186
Kurs, niedriger 167
Kuss 79

L

Lächeln 80, 237
Lachen 55, 277
Lächerlichkeit 157, 202
Laie 122
Lamm 222
Länder, fremde 124
Langeweile 257 f., 301
Lärm 135
Last des Daseins 255
Laster 56, 257
Laune, gute 172
Leben 51, 54, 70, 98, 109, 202, 210,
    269 f., 281, 283, 286
Leben, glückliches 269
Leben, Verbesserung 32, 266
Lebensbegierde 89
Lebensklugheit 51
Lebenskunst 41
Lebenskünstler 53
Lebenslüge 298
Lehren 118
Lehrer, akademischer 124
Lehrgeld 199
Leichenbestatter 241
Leid 50, 57, 134
Leiden 108
Leidenschaft 231, 271
Leistung 25, 29, 33, 245, 287
Lenker 253
Lernen 117, 120, 122, 160
Licht 93, 95, 122
Liebe 30, 38, 45, 80, 114, 245, 251, 253,
    297 f.
Liebende 299
Liebeserklärung 260
Lob 31, 139, 183, 221, 232 ff., 238
Loch, viereckiges 150
Löcher 165
Locke 251
Logik 110, 210, 228
Logik, formale 137
Lohn 86
Lorbeer 247
Lösung 66, 113, 219
Löwe 81, 141

Löwenwirt 223
Luftkissen 158
Luftschloss 37, 285
Lüge 59, 79, 98, 131, 154, 179
Lump 244
Luxus 248

M

Macher 287
Macht 26, 158, 186, 188, 219
Mädchen 277
Magen, leerer 275
Maler 41, 122
Management by … 21 f.
Management der Kreativität 23
Management 16, 19
Managementaufgabe 112
Managementqualität 19
Manager 17, 25, 164, 242
Manager, globaler 112
Managerkrankheit 18
Mängel von Freunden 161
Manieren 158
Mann 129, 297
Mann, rundlicher 150
Männer 129, 219, 249
Mannschaft 47
Mao Tse Tung 251
Marke 181
Marketing 61 ff., 103
Markt 66, 68, 73 ff., 104, 115, 241, 261, 263, 273
Marktforschung 104, 293
Marktplatz Welt 114
Marktwirtschaft 221, 293
Marmelade 163
Maschine 161, 165
Maschinenwesen 163
Mäßigung 292
Maßregel, feste 36
Maus 81, 212, 284
Maxime 5
Medien, elektronische 163
Medizin 251
Mehrheit 109

Meinung 93, 96 f., 104, 136, 149, 159, 188, 194 f., 209 ff., 217, 262
Meißel 158
Meister 106, 124, 173, 245
Menge 62
Mensch 24, 27 f., 30, 56, 83 f., 90, 108 f., 130, 141, 158, 161, 165, 179, 190 ff., 215, 244, 253, 256, 266, 278, 291, 302
Mensch, gescheiter 139
Mensch, innerer 234
Mensch, vollkommen guter 191
Mensch, edler 195
Menschen, Entwicklung 118
Menschen, große 299
Menschenfreund 187
Menschenführung 22
Menschenhirn 85
Menschenkenntnis 158
Menschenkopf 216
Menschheit 30, 66, 89 f., 102, 113, 123, 215, 264, 294
Menschheit, Überleben 88
Menschlichkeit 154, 256
Messer 205
Messlatte 39
Metaphysik 112
Methode 71, 145, 268
Milchtopf 40
Minderheit 109
Missbrauch 175
Misserfolg 49, 142, 196 ff., 203, 238
Missgunst 67
Missionar 229
Misstrauen 126 f.
Missverständnis 69, 205
Misthaufen 68, 191
Mitarbeiter 22 f., 25, 29, 78, 84, 168, 234
Mitläufer 66
Mitmensch 279
Mittel 174
Mittelmäßigkeit 157
Moderation 152 ff.
Moderieren 23
Mögliches 98
Möglichkeit 100, 110
Mohammed 280

Mond 167
Mondlandefähre Apollo 165
Moral 53, 110, 133, 162, 172
Moralist 271
Morgenpflicht 280
Motiv 203
Motivation 16, 27, 31
Motivieren 28
Möwe 21
Mücke 125
Mühe, unnötige 135
Münze 294
Muschel 141
Musik 290, 297
Müßiggang 56
Mut 35, 96, 138 f., 286
Mutter 119

N

Nachahmen 160
Nachbar 279
Nachdenken 101, 132, 160, 210, 222
Nachfrage 74
Nachläufer 66
Nachmittag 262
Nachrichten 181
Nachruhm 205
Nächstenliebe 113
Nachwelt 281
Nagel 218
Naheliegendes 136
Name 259
Narr 159
Narrheit 104
Nase 302
Nationalitäten 113
Natur 63, 87 ff., 114, 135, 158 f., 276, 291, 298
Natur der Sache 61
Naturereignis 68
Natürliches 231
Natürlichkeit 55
Nebenbuhler 55
Neid 224
Neigungen 58
Nein 132

Neuanfang 95
Neubeginn 254
Neuerung 102
Neuerungsprozess 203
Neues 94
Neugier 113, 117
Nichtstun 105, 208
Nilpferd 21
Not 257
Notwendiges 135
Notwendigkeit 135, 179, 246
Nutzen 102, 134, 160, 217

O

Oberfläche 262
Objektivität 241
Ochse 69, 182
Ofen 264
Offenheit 156, 256
Öffentlichkeit 18, 104, 251
Öffentlichkeitsarbeit 180 ff.
Ohr 139
Ökomanagement 87 ff.
Opfer 127
Opportunisten 299
Optimist 202, 218, 297
Ordnung 53, 171
Organisation 19, 51 ff., 127
Osten 113
Ozean 110

P

Pakt 221
Panik 56
Pannen 196 ff.
Papierkrieg 211
Paradies 102
Parodie 47
Partei 157
Parteilichkeit 210
Parteinahme 142
Patentidee 138
Patentrezept 72
Pathologe 203
Pedantismus 262

Peitsche 34
Pension 257
Pensionierung 254 ff.
Perfektion 163
Personalführung 22 ff.
Personalchef 234
Personalentwicklung 22 ff.
Personalmanagement 22 ff.
Personalproblem 25
Persönlichkeit 23, 197, 233
Persönlichkeitsbildung 74
Pessimist 202, 218, 297
Pfeil 193
Pferd 41, 94, 112, 212
Pferd, totes 208
Pflicht 21, 54, 88, 151, 194, 218, 220,
    245, 275
Phantasie 186
Philippus von Mazedonien 200
Philosoph 95, 203, 206, 298
Philosophieren 111
Phrase 296
Pillen 192
Pingpong 21
Plage 277
Planet 88, 92
Plausibilität 216
Poet 233
Politik 72, 186, 267, 300
Politik, nationale 114
politische Ereignisse 150
Polizist 194
Post 81
Pragmatismus 61
praktische Gedanken 149
Präsentation 261 ff.
Präsident des Unternehmens 75
Präzision 84
Predigen 228
Preis 63 f., 76, 84, 173
Preisdruck 64
Presse 284 f.
Pressearbeit 180 ff.
Pressekonferenz 284 ff.
Prinz 31
Prinzip, schöpferisches 49
Problem 78, 179, 218 f.

Produkt 64, 66, 84, 86, 104, 130, 263
Produkt, kundengerechtes 261
Produkte, neue 103
Produktion 161 ff.
Produktplanung 103
Profit 130, 172
Prognose 124, 285
Prognostiker 153
Programme 294
Propaganda 285
Propagandist 230
Prophet 155, 241
Prophezeiung 152
Prosa 137
Provinz 31
Prozess, kreativer 23
Prüfung 243
Psychoanalyse 156
Public Relations 180 ff.
Publikum 65 f., 80
Pudels Kern 149
Pulver 220
Punkt, Archimedischer 111
Pünktlichkeit 138, 171
Pygmäe 40
Pythagoras 182 f.

Q

Qual 200
Qualität 17, 23, 84 ff.
Qualitätsmanagement 84 ff.
Quark 133
Quelle 78, 218, 293

R

Rabatt 246
Rat 139, 160
Rationalisierung 71, 107
Ratlosigkeit 35
Rätsel 66, 102, 133
Ratte 83
Raub 174
Rauch 259, 282
Raum 225
Raupe 39

Realität 264, 285
Rechenschaftspflicht 18
Recht des Stärkeren 236
Recht 97, 150, 194, 218
Rechthaberei 149
Rechtschaffenheit 225
Rede 212, 230
Rede, improvisierte 229
Reden 74, 131, 156, 228
Redner 8, 228, 231
Regel 96
Regelmäßigkeit 71
Regenbogen 148
Regenschirm 144, 169
Regent 266
Regierung 268
Regulierung 94
Reichtum 79, 166, 169 f., 185, 204, 259,
   270 f., 310
Reife 61, 90, 145, 249
reiner Tisch 156
Reise 30, 40, 275, 286
Reiz 148, 222
Reklame 65
Religion 173, 209, 212, 280
Rentabilität 92
Respekt 28
Retter 152
Rettung 203
Revolution, deutsche 297
Revolutionär 98, 257
Rezensent 183
Rheinwein 71
Richter 73, 240
Richtfest 289 ff.
Richtung 264
Riese 40, 81
Riesenschritt 264
Rinde 129
Rinderherde 34
Rindvieh 215
Ring 148
Risiko 75, 93, 169
Robinson 21
Rodenstock 288
Rohstoff 91
Roman 48, 151

Romanze 55
Rose 68, 138, 220, 247
Rosenzeit 251
Ross, hohes 148
Rost 294
rote Zahlen 143
Routinearbeit 101
Rübe 74
Rückblick 293
Rückschritt 216
Ruder 236
Ruf 184, 285
Ruhe 48, 59, 151, 226, 283
Ruhm 67, 181, 205, 236, 239 f., 260
Ruine 177

S

Saat 111
Sachkenntnis 106
Sadist 220
Samenkorn 27, 85
Sandbank 122
Sandkorn 86
Sarg 85
Sauerstoff 107, 265
Schaden 41, 85, 88
Schadenfreude 221
Schale, silberne 155
Schall 108, 256, 259
Schalter 82
Scham 199
Schande 197
Scharfsinn 153, 230
Schatten 95, 241
Schaukelstuhl 258
Schein 63
Schicksal 46, 70, 82, 99, 111, 114, 151,
   205, 208, 248, 260, 267, 293
Schicksal, deutsches 82
Schiff 98, 268
Schiffbruch 79, 206
Schiffsreise 122
Schirm 169
Schlaf 146, 289
Schlagfertigkeit 150
Schlagwort 210

schlechte Atmosphäre 190 ff.
Schlendrian 262
Schmerz 157, 208, 269, 281
Schnee 183
Schnur, dreifache 125
Schokoladenplätzchen 133
Schöpfung 139
Schoß 236
Schoßhund 146
Schraubenschlüssel 288
Schreckbild 35
Schritt 141, 264
Schritt, erster 286
Schuld 201, 234
Schulden 176
Schuldenmacher 175
Schüler 124, 245
Schurke 111
Schwäche 69, 195
Schwacher 236
Schwachsinnige 299
Schwalbe 144
Schwamm 103
Schwätzer 140
Schweigen 74, 131 f., 206, 272, 301
Schwein 128, 191
Schweiß 234
Schweißtropfen 48
Schwerkraft 211
Schwierigkeit 50, 97, 157, 220 f.
Schwindel 242
Schwingen 241
Schwung 46
Scipio Nasica 157
Seele 149, 231, 256
Seele, freie 107
Segel 70, 268
Seher 63, 154
Sehne 193
Sehnsucht 271, 293
Seiteneinsteiger 22
Selbstbeherrschung 25, 149
Selbstbespiegelung 154
Selbstbetrug 121
Selbstbewusstsein 73, 87
Selbsterkenntnis 56, 153 f., 156
Selbsthass 240

Selbstliebe 85, 240
Selbstmanagement 51 ff.
Selbstständigkeit 287
Senior 268
Servicefaktoren, weiche 80
Shareholder-Value 168
Sicherheit 38, 92, 96
Sinn des Lebens 282
Sinn für das Notwendige 79
Sinn 105 f., 212, 278
Sinn, klarer 247
Sinnvolles 92
Sintflut 91
Sittenverbesserung 278
Sittlichkeit 302
Sklave 258
Socken 165
Solidarität 129
Sommer 300
Sonnenaufgang 65
Sonnenkraftwerk 88
Sonnenstrahl 88
Sonntagspredigt 229
Sorge 47, 111, 143, 177
soziale Frage 187
sozialer Fortschritt 172
Sparmaßnahme 143
Sparsamkeit 171, 289
Spaß 231
Speise 274
Spekulation 111
Spiegel 208
Spiel 104, 108
Spieler, falscher 150
Spitze 195
Spitzenmanager 113
Sponsoring 184 ff.
Sport 56
Sprache 114, 139, 158, 189
Sprachkürze 232
Spruch 1, 15
Staat 93, 185, 268
Staatspapierkurs 168
Standardisierung 94
Standort 24
Star 68
Stärke 69

Statistik 178 ff.
Statussymbol 73
Staub 37, 48, 94
Steak 171
Steilwandfahren 72
Stein, geschliffener 120
Sterben 260
Stern 37, 72 f.
Steuern 174
Stiefel 65, 195
Stiel 142
Stil 65, 80, 212
Stillstand 216
Stimme des Gewissens 135
Stock 154
Stolz 203
Strafe 20
Straße 253
Streit 60
Stroh 165
Strohhalm 196, 223
Strom 218
Struktur, festgefahrene 22
Studienreise 100
Stuhlverstopfung 133
Stütze 127
Suche 152
Südbahnhof 113
Sünde 72, 150
Synthese 209
System 68, 87
Systematiker 68

T

Tadel 139, 221, 238
Takt 302
Taktgefühl 270
Tal 120, 274
Talent 16, 24, 115, 119, 128, 161, 204,
   231, 235, 242, 293, 295
Tat 57, 61, 142, 200, 244, 262
Tätigkeit 48, 108
Tatkraft 17
Tatsache 97, 99
Team 130
Team, kreatives 23

Teamarbeit 125 ff.
Teammitglied 26
Technik 110, 121, 161 ff., 165
Techniker 75, 161
Technologie 88, 91, 103
Telefon 134
Temperament 191
Teufel 57, 126, 183, 203
Theaterstück 257
theoretische Gedanken 149
Theorie 116
Thron 203
Tiefe 262
Tiere 130
Tinte 188
Tisch, gedeckter 270
Tisch, reiner 156
Tischrede 269 ff.
Titel 236, 266
Tod 174, 233, 251, 255, 281 ff.
Todesangst 113
Toleranz 125, 190, 302
Tollheit 145
Töne 159
Tor, armer 204
Torheit 125, 174
Torte 147
Tradition 95, 286, 301
Trägheit 174
Tragik 278
Träne 47
Transaktionsmittel 175
Transpiration 35
Trauerrede 280 ff.
Traum 33
Träumen 102
Träumer 287
Traurigkeit 59
Trend 100
Treue 96, 230, 282
Trinken 271, 273
Trümmer 206
Tüchtigkeit 111, 235, 294
Tugend 118, 213, 268, 296
Tun 134, 142, 145, 151, 243

U

Übel 145
Übellaunigkeit 193
Überfluss 44
Überflüssiges 65
Überredung 61
Überstunden 52
Überzeugung 24, 36, 60 f., 98, 102, 173, 210, 243
Überzeugungskraft 74
Überzeugungstechnik 74
Überzeugungsvermögen 74
Ufer 96
Uhr 62, 144, 202, 256
Uhrmacher 144
Umgebung 290
Umsatz 172
Umweltschutz 87 ff.
Umzug 291
Unbegreiflichkeit 94
Unbeständigkeit 122, 215
Unbestechlichkeit 71, 134
Unbildung 121
Undank 195
Undankbarkeit 299
Unendlichkeit 298
Unersetzlichkeit 256
Ungeduld 234
Ungehorsam 213
Ungerechtigkeit 89, 190
Unglück 39, 42, 56, 62, 78, 156, 190, 197, 201, 203, 205, 207, 246 f., 254
Unglücksfälle 205
Unheil 200
Unikat 64
Universum 50, 199, 234
Unkraut 70
Unmögliches 98
Unparteilichkeit 155
Unrecht 53, 83, 150
Unschlüssigkeit 44
Unsicherheit 263
Unsinn 230
Unsterblichkeit 102, 240
Untergang 97
Unterleib 276

Unternehmen 20, 22, 88, 142, 287 f., 293
Unternehmensgründer 286, 289
Unternehmensorganisation 103
Unternehmenswachstum 142
Unternehmer 18, 29, 75, 234
Unternehmerpersönlichkeit 287
Unternehmenskultur 294
Unterricht 83
Untertan 17, 126
Unterwerfung 128
Unversöhnlichkeit 191
Unzufriedenheit 35, 56
Urteil 83, 133, 179, 196, 222, 262
Urteilskraft 221
Utopie 90 f., 262

V

Väter 260, 294
Vater 268
Vaterland 71, 114, 124, 155
Veranda 258
Veränderung 66, 93 ff., 105 f.
Verantwortlichkeit 219
Verantwortung 88, 90, 142
Verbesserung 93, 278
Verbesserungsvorschlagswesen 100
Verbot 93, 98, 107
Verdienst 207, 266
Verdienste von Widersachern 161
Verdrängung 143
Verdruss 277
Verein 204
Verfinden 96
Verführung 180
Vergangenheit 198, 255, 266, 293 f.
Vergänglichkeit 83, 256
Vergebung 192
Vergleichen 56
Vergnügen 64, 66, 81, 193, 255, 271, 274 f., 280
Verhandeln 147 ff.
Verhüllung 148
Verkauf 73 ff.
Verkaufen 75, 167
Verkaufstraining 74

Verleumdung 224
Verlust 191, 199, 255
Vernachlässigung 78
Vernetzung, technische 125
Vernunft 45, 97, 121, 147, 188, 271
Verrücktheit 240
Versäumnis 140
Verschwendung 270
Verstand 57, 65, 110, 142, 158, 198,
  205 f., 212, 216, 235 f., 249, 291, 301
Verstandesschwäche 215
Verständnis 120, 152, 158
Versuch 94, 98
Versuchen 96
Versuchungen 296
Vertrag abschließen 147 ff.
Vertrauen 77, 127
Vertrautheit 216
Vertrieb 73 ff.
Verwirklichung 106
Verwunderung 155
verzeihen 160
Verzeihung 196
Verzug 88
Viergespann 200
Villenbesitzer 233
Vision 287 f.
Vogel 214, 241
Volk 114, 268
Volkswirtschaft 170, 177
Vollkommenheit 38, 97, 192
Voraussagen 152
Vorbild 31
Vorfahren 268
Vorgesetze, motivierte 29
Vorgesetzter 25, 17, 244
Vorläufer 66
Vormittag 262
Vorsätze 294
Vorschrift 107
Vorsicht 37, 292
Vorteil 64
Vortrag 229
Vorurteil 83, 133, 214, 262, 294
Vorwelt 100
Vorwurf 79
Vorzug 70

W

Waffe 138
Wagemut 94
Wahl 79, 150, 212
Wahn 216
Wahrheit 1, 36, 62, 79, 85, 92, 96 ff.,
  102 f., 135, 154, 179 f., 182 f., 189,
  192, 196, 201, 209, 215 f., 230 f., 243,
  285, 296
Wahrheit, absolute 85
Wahrheit, wissenschaftliche 101
Wahrnehmung 77, 119
Wahrscheinlichkeit 111
Wald 214, 222
Wandel 93
Ware 76, 175
Warnung 119, 140 ff.
Wäsche 148
Wassertopf 78
Wechsel 166
Weg 119 f., 212, 214, 245
Weihnachten 277
Weihnachtsfeier 277 ff.
Wein 274, 277
Weisheit 17, 70, 104, 110, 121, 125, 155,
  186, 201, 236 f., 291
Weitschweifigkeit 229
Weitsicht 136
Weitsprung 87
Welt 41, 87, 89, 91, 102, 108, 120, 133,
  173, 188, 265, 270, 273
Weltgeschichte 112, 143
Weltraum 211
Weltschmerz 135
Weltuntergang 206
Werbeagentur 293
Werbe-Stil 63
Werbung 61 ff.
Werdender 243
Werdendes 39
Werkzeug 218
Werkzeugladen 288
Wert 173
Werte 71
Wesen 105
Westen 113

Wettbewerb 64, 71
Wettbewerb, globaler 263
Wettbewerber 220 ff.
Wettbewerbsvorteil 64
Widersacher 161
Widerspruch 6, 78, 99, 129, 213, 233
Widerwärtigkeiten 192
Wiedergutmachung 201
Wiederherstellung 87
Wiederholung 67, 95
Wille 46, 49, 59, 121, 216, 219, 286
Willensstärke 54
Wind 70, 145, 268
Winter 39, 300
Wirklichkeit 33, 63, 100, 109 f., 186,
  262, 296
Wirtschaft 17, 73, 93, 107, 130, 177,
  300
Wissen 37, 49, 66, 85, 102 f., 110, 116,
  121, 136, 149, 152, 286
Wissenschaft 102, 165, 276
Wissenschaftlichkeit 143
Witz 10, 230
Wochenstube 263
Wohl, öffentliches 90
Wohlhabenheit 185
Wohlstand 66, 91, 223
Wolf 74, 141, 222
Wolke 22
Wolkenbruch 264
Wollust 146
Wort 61 f., 155, 193, 239, 256, 285
Wort, geflügeltes 6
Worte, schöne 219
Wortkargheit 239
Wunsch 54, 124, 247, 274, 286, 301
Würde 204
Würfel 143, 151
Wurm 77
Würmer 240
Wurst 181
Wurzel 105
Wut 41

Z

Zahl 229
Zahlen, rote 143
Zahlungsfähigkeit 75
Zartheit 234
Zehn Gebote 211
Zeichen der Zeit 274
Zeit 162, 237, 248, 255 f., 259, 52 f., 57
Zeitalter, rohes 134
Zeiten, schlechte 138
Zeitgeist 63
Zeitgenosse 272
Zeitlosigkeit 274
Zeitung 71
Zerstörung 87
Ziegelstein 86
Ziel 30, 40 f., 63, 84, 220, 224, 251, 264
Zigarre 272
Zinsen 115, 158
Zitat 2, 6, 60
Zivilisation 101, 113, 163, 166, 171, 278
Zoo 135
Zufall 40 f., 71, 96, 108, 198, 235, 254,
  272
Zufriedenheit 62, 259
Zugehörigkeitsgefühl 23
Zuhören 134, 230
Zuhörer 230
Zukunft 42, 113, 177, 266, 279, 293
Zukunftsfähigkeit 93
Zusammenarbeit 125 ff.
Zusammenarbeitskultur 129
Zusammenhalt 125
Zusammenkunft 125
Zuschauer 299
Zustimmung 6, 58
Zuverlässigkeit 230
Zwang 30, 98
Zweck 84, 141, 174
Zweifel 50, 103, 118, 137, 145
Zwerg 81, 241
Zwietracht 153
Zwilling 145, 277
Zynismus 138